马克思主义理论研究
和建设工程重点教材

博物馆学概论

《博物馆学概论》编写组
主　编　陈红京

主要成员
（以姓氏笔画为序）
史吉祥　吕　军　吕建昌
张文立　陆建松　陈　刚
项隆元　郭长虹　黄春雨

高等教育出版社·北京

图书在版编目(CIP)数据

博物馆学概论/《博物馆学概论》编写组编. -- 北京:高等教育出版社,2019.1(2025.5重印)
马克思主义理论研究和建设工程重点教材
ISBN 978-7-04-050853-6

Ⅰ.①博… Ⅱ.①博… Ⅲ.①博物馆学-高等学校-教材 Ⅳ.①G260

中国版本图书馆CIP数据核字(2018)第240958号

责任编辑 张 林　　封面设计 王 鹏　　版式设计 于 婕　　插图绘制 于 博
责任校对 王 雨　　责任印制 张益豪

出版发行	高等教育出版社	网　　址	http://www.hep.edu.cn
社　　址	北京市西城区德外大街4号		http://www.hep.com.cn
邮政编码	100120	网上订购	http://www.hepmall.com.cn
印　　刷	北京中科印刷有限公司		http://www.hepmall.com
开　　本	787mm×1092mm 1/16		http://www.hepmall.cn
印　　张	19		
字　　数	350千字	版　　次	2019年1月第1版
购书热线	010-58581118	印　　次	2025年5月第13次印刷
咨询电话	400-810-0598	定　　价	37.00元

本书如有缺页、倒页、脱页等质量问题,请到所购图书销售部门联系调换

物 料 号 50853-00

目　录

绪　论

博物馆是一个为社会及其发展服务的、面向公众开放的非营利性常设机构，以教育、研究、欣赏为目的，收藏、保护、研究并展出人类活动和自然环境的见证物。而博物馆学，则是研究博物馆的性质、特征、社会功能、实现方法、组织管理和博物馆事业发展规律的科学。从逻辑上讲，没有博物馆就不可能有博物馆学。博物馆如果不在社会、历史、文化中发挥重要的功能，成为一种社会现象、文化现象和历史现象，也就不需要发展具有世界性通识的博物馆学知识体系了。在高等学校，博物馆学也是为培养博物馆专业人才而设置的专业名称，作为该专业的一门基础课教材，本书绪论部分要论述的是博物馆学的基本概念、研究对象、内容、方法和学科体系等问题，以帮助初学者理解和把握该学科的基本面貌。

第一节　什么是博物馆学

博物馆学，是随着博物馆活动或博物馆现象演变发展而逐步形成的专门研究领域。同时也是一门较为年轻的学科，人们对其研究对象和研究方法的认识与时俱进，这影响到对博物馆学基本理论问题理解和认识的稳定性。在此首先讨论博物馆学的定义、性质特点和主要作用等基本理论问题。

一、博物馆学的定义

在博物馆学界，由于人们对博物馆的本质、特征、价值、规律，或者所谓博物馆现象等认知上的差异，出现了以博物馆机构、功能、人与现实特殊关系等为博物馆学研究对象的多种认识，并反映于博物馆学定义之中。

国际博物馆协会对博物馆学的定义是：博物馆学是关于博物馆的历史及背景，社会责任，有关研究、保护、教育、组织、与环境关系的特定系统，以及博物馆分类的研究。

法国学者乔治·亨利·里维耶认为：博物馆学是一门应用科学，也是博物馆的科学。它研究博物馆的历史与社会角色、研究、保存、展示、推广活动的特殊型态、组织与功用、建筑、基地、分类法及道义学。①

① ［法］安德烈·德瓦雷、方斯瓦·梅黑斯：《博物馆学关键概念》，引自国际博物馆协会网站。

上述两种定义的共同点是：把博物馆这种机构本身作为博物馆学的研究对象，这在国际博物馆界有较高的认同度。这种观点认为作为社会机构的博物馆，应该是博物馆学科学认识的客体，博物馆学是关于博物馆的目的和组织的分支学科。

斯洛伐克学者格雷戈罗娃将博物馆学定义为：博物馆学是一门检视人与其现实的特殊关系的学问。它的特点在于有意识且系统性收藏与保存对象并通过科学性、文化性与教育性地运用无生命的、物质的与可移动的（尤其是三度空间的）对象，以记录自然与社会的发展。① 该定义基于将人与现实的特殊关系作为博物馆学研究对象，属于以功能为研究对象倾向的一种有影响力的观点。这种观点认为博物馆学研究的对象应该是对博物馆组织关联中发生的特定活动的研究，或者是对更为抽象的活动的研究，即对人与现实特殊关系的表达。这种特定活动或更为抽象的活动，就是人类和博物馆机构如何选择藏品并以特有的方式满足人类更多样的需求。

荷兰学者彼得・冯・门施等把博物馆学界定为保护和使用文化和自然遗产的全部理论和实践。② 这一认知本质上也属于以功能为研究对象的观点。该观点注意到了世界文化领域出现的新动向，将人类与博物馆机构收藏活动的意义与价值聚焦于遗产的价值和价值的实现。持有这种观点的博物馆学被视为宽泛的博物馆学。

法国学者贝纳・德洛许则将博物馆学视为博物馆的哲学。认为：博物馆学是一种博物馆的哲学，它负有两项重责：（1）它可以作为直观具体的记录科学的超理论，（2）它也同时是一种所有负责管理以直观具体的方式记录功能的制度的规范伦理。③ 该观点试图包容所有与博物馆活动或博物馆现象有关的理论和实践，将通过一定的手段保留下来，并将信息传递出去的活动和现象作为研究对象和领域。如此，图书馆、档案馆、动物园、植物园等具有记录、储藏、展示或保存、研究、沟通功能的领域，特别是与探索博物馆学现象有关的学科，都可以被包括进来。

在我国，最具权威性的博物馆学定义见于《中国大百科全书・文物　博物馆》卷："博物馆学是研究博物馆的性质、特征、社会功能、实现方法、组织管理和博物馆事业发展规律的科学"。该定义用指明主要研究内容的方式加以表述，通俗易懂，影响广泛，也是我国博物馆工作者们的共识。这六个方面的主要内容分属于微观的博物馆系统与宏观的博物馆事业两个方面，其中微观的博物馆系统研究比较偏重应用性，而宏观的博物馆事业研究则比较偏重理论性。

---

① ［法］安德烈・德瓦雷、方斯瓦・梅黑斯：《博物馆学关键概念》，引自国际博物馆协会网站。

② ［荷］彼得・冯・门施：《博物馆学的研究对象》，宋向光译，《博物馆研究》2005 年第 4 期。

③ ［法］安德烈・德瓦雷、方斯瓦・梅黑斯：《博物馆学关键概念》，引自国际博物馆协会网站。

此外，我国博物馆学专业人员在学术交流中还有一种比较理论化的定义表述。认为：博物馆是人类文明的特殊现象。从机构属性而言，它属于公共文化机构；就特征而言，它是人类和自然遗产、见证物和信息的收藏保护者，又是研究、传播、教育者。博物馆的功能和人类社会的需要密切相关，又历史性地以自身的专业化走向社会化。因而综合博物馆学研究所取得的成果也可以形成这样的认识：博物馆学是研究具有遗产、见证物、信息价值的有形和无形资料的机构化、专业化和社会化的科学。

二、博物馆学的性质特点和主要作用

社会公众对博物馆的需求是随着社会发展而不断变化的，中国特色社会主义进入新时代后，人民群众对美好生活的需求快速增长，促使博物馆想方设法紧跟社会需求的发展与变化，以提高博物馆工作水平为己任的博物馆学研究随之备受重视。要想掌握博物馆学，必须了解该学科的性质特点和主要作用。

（一）博物馆学的性质特点

1. 归属社会科学。尽管国内外学术界或博物馆界就博物馆学的研究对象存在不同的认识，但基本上是在藏品、博物馆与社会的关联中有所侧重。研究指向的是：人与物的关系、物与机构的关系、物与社会的关系。无论是遗产、见证物与信息的收藏、利用，还是博物馆学意义上的机构活动或者特定文化行为的构成系统，都属于社会科学研究的领域。虽然遗产的保护涉及自然科学的理论与技术，但就整体而言，将博物馆学归属社会科学，成为其中的一个门类，符合科学体系构成原理。

2. 自我研究。与一般社会科学、人文科学和自然科学不同，博物馆学主要研究的是博物馆这一专门机构自身及其与社会的关系，带有自我研究性质，这是该学科的特点之一。目的在于通过对博物馆性质和目标的分析、博物馆历史的回顾、博物馆与社会关系的反省以及各项业务活动方法的探索，总结带有规律性的理论和适用性的方法，为博物馆进一步实践的合理化提供科学依据。可见，博物馆学是有一定局限性的，它在很大程度上并不直接服务于社会，而是一门直接为博物馆行业服务，通过博物馆面貌的改善间接服务于社会的学科。换言之，博物馆学不是大众知识，而是行业知识。

3. 应用性。作为机构的博物馆如何为社会和社会发展服务；遗产的收藏、保护、利用之目的何以达成；如何选择藏品并以特有的方式满足人类更多样的需求，都需要有明确、清晰、具体的技术途径和方法，博物馆学研究因此又具有明显的应用科学的特点。

4. 实践性。密切关注博物馆的实践，是博物馆学研究最基本的要求。事实上，博物馆学的产生与发展，首先是建立在博物馆的实务研究的基础上。如关注藏品的征集、保管问题，出现了藏品管理研究；关注陈列、教育问题，产生了博物馆陈列研究、博物馆教育研究和观众研究；关注博物馆信息的管理与利用问题，诞生了博物馆的信息化研究、数字博物馆研究等。这说明博物馆的各项业务需要作理论与方法的探索，也表明在这些看似枯燥而机械的博物馆实务领域，大有学问可做。

5. 多学科交叉。博物馆的产生与人类的收藏活动关系密切，博物馆现象属于人类社会的特殊文化现象，文化研究的复杂性决定了博物馆学研究必须吸收和借鉴诸如认识论、传播学、教育学、心理学等相关学科的理论和方法，博物馆学研究因而也具有明显的多学科交叉的特点。

6. 不够成熟。一个体系完备的学科，一般都应该有“基本固定的研究范畴”和“相对独立的研究方法”。从这个角度说，现今的博物馆学似乎有些尴尬，不仅基本固定的研究范畴存在争议，而且相对独立的研究方法也不甚明了。这说明，博物馆学是一门不够成熟的学科，此可谓该学科的特点之一。或许有人认为对博物馆学自身的理论与方法问题的探讨似乎有些“空洞”，但这是一个学科从产生到成熟的必经之路。即便是像历史学、考古学这样成熟的学科，史学理论与方法、考古学理论与方法仍然是历史学、考古学重点关注的领域之一。

（二）博物馆学的主要作用

这也是为什么要研究和学习博物馆学的问题。

首先，博物馆学研究能为博物馆实践活动带来目标感和方向感。在今天这个充满竞争的社会，博物馆学为博物馆实现目标而进行的理论与方法的探索，对博物馆生存和发展是至关重要的。

其次，博物馆学研究能从一个侧面为文化与自然遗产保护和利用提供科学的观念和方法。博物馆藏品是人类遗产的重要组成部分，博物馆学围绕藏品所开展的征集、保管、陈列、教育等研究，既能为博物馆实践提供必要的指导，也能为人类文化与自然遗产保护事业提供借鉴。

此外，博物馆学的学习与研究是培养博物馆人才的主要途径。博物馆工作涉及人文、社会、自然、技术等多种学科与技术，但博物馆学是各项工作的基础。博物馆工作者须有良好的博物馆学修养。

第二节 博物馆学的研究对象和内容

在博物馆学的建立和发展过程中，博物馆学的研究对象成为博物馆学学科建构的关键。与任何一门科学一样，博物馆学也有自己客观的研究对象。博物馆学的研究对象与博物馆学的研究内容密切相关，研究对象不同，研究内容也就有所差异。

国际博物馆协会提出的博物馆学研究内容为：博物馆的历史与宗旨；博物馆的组织运作与管理；建筑设计与设施；藏品的来源、相关记录、建设与运输；藏品的保护与管理；陈列、展出；公众文化教育活动。

美国博物馆协会将博物馆的作用和责任、博物馆的藏品管理、解释和交流、职业和道德视为博物馆学研究的重要内容。

英国莱斯特大学博物馆学系把博物馆背景、藏品管理、博物馆管理、博物馆交流作为博物馆学主要研究内容。

- 博物馆的作用和责任
  - (1) 博物馆和社区
  - (2) 博物馆管理
  - (3) 博物馆安全
- 博物馆的藏品管理
  - (1) 藏品管理
  - (2) 博物馆的藏品保护
  - (3) 展览品的保护
- 解释和交流
  - (1) 博物馆展览
  - (2) 项目管理
  - (3) 解释
  - (4) 实物解释
  - (5) 博物馆教育
- 职业和道德
  - (1) 职业主义和博物馆
  - (2) 博物馆和遗产
  - (3) 道德守则 (登记员)
  - (4) 道德守则 (保管员)

图 0-1　美国博物馆协会博物馆手册的博物馆学研究内容

- 博物馆背景
  - 博物馆研究导论、观众背景
  - 哲学和历史背景、组织和法律背景
  - 当代背景、专业背景
- 藏品管理
  - 藏品的性质、藏品的收集、藏品的研究
  - 赝品和伪造、藏品的著录
  - 物质文化理论、藏品的保存
- 博物馆管理
  - 管理机构、人事管理
  - 建筑、财务
  - 设备和物质
- 博物馆交流
  - 展出政策、遗产解释
  - 博物馆教育服务
  - 博物馆信息服务、辅助性服务

图 0-2　英国莱斯特大学博物馆学系的博物馆学研究内容

上述国际博物馆协会和美国博物馆协会等主张的博物馆学研究内容基本上是以博物馆实务为核心，同时也注意到了博物馆的历史、博物馆的宗旨目标、博物馆伦理等方面研究的重要性。以博物馆实务为博物馆学的核心研究内容，这种看法在国际博物馆界较为普遍，有较大的影响力。

我国学者按照马克思主义的辩证唯物主义和历史唯物主义观点方法看问题，认为任何一门科学都有其特定的研究对象，博物馆学也不例外。所谓研究对象，就是某一现象领域所特有的运动形式和内在规律。据此，博物馆所特有的运动形式和内在规律就是博物馆学的研究对象。在我国比较权威的看法见于《中国大百科全书·文物 博物馆》卷："博物馆学的研究对象是保存、研究和利用自然标本与人类文化遗存，以进行社会教育的理论和实践，包括博物馆事业发生、发展的历史及其与社会的关系，也包括博物馆社会功能的演进、内部机制的运营和相互作用的规律。"简而言之，博物馆学的研究对象是微观的博物馆系统与宏观的博物馆事业。所谓微观的博物馆系统就是"保存、研究和利用自然标本与人类文化遗存，以进行社会教育的理论和实践"，所谓宏观的博物馆事业就是"博物馆事业发生、发展的历史及其与社会的关系，也包括博物馆社会功能的演进、内部机制的运营和相互作用的规律。"其所对应的研究内容主要包括以下六个方面：（1）博物馆的性质；（2）博物馆的特征；（3）博物馆的社会功能；（4）博物馆事业发展规律；（5）博物馆的实现方法；（6）博物馆的组织管理。本书正文内容就是围绕这六个方面的内容展开的，其中前四个部分属于基础理论，后两个部分属于博物馆实务。

第三节 博物馆学的主要研究方法

科学的研究方法是实现科学研究目的的手段和保证。在科学研究的过程中，是否掌握和运用了正确的科学研究方法，将直接影响最终的研究结果。正确科学的方法可以使研究者根据科学发展的客观规律，确定正确的研究方向；可以为研究者提供研究的具体方法。科学的研究方法源于人类对科学真理的不懈追求，对揭示事物规律的执着探索，通过社会实践、生产实践和科学实验而逐步形成，在发展中丰富、完善和升华。根据不同研究对象，研究方法可以是综合的，也可以是针对性的。通常可分为三个层次：哲学方法、一般研究方法、专门研究方法。分述如下：

一、博物馆学研究中的哲学方法

在我国，博物馆学研究中的哲学方法，主要是指马克思主义的辩证唯物主义与历史唯物主义方法作为指导思想在研究工作中的应用。马克思主义哲学是在批判地继承和吸收人类关于自然科学、社会科学、思维科学优秀成果的基础上创立，并在实践中不断地丰富、发展和完善的开放的科学体系。马克思主义哲学以整个世界的最一般规律作为自己的研究对象，其理论具有一般性和普遍性的意义，包含着一系列基本的观点和方法，既是科学的世界观又是科学的方法论。

博物馆学研究的目的之一，在于将实物的价值与人类系统地结合起来，说明人与物，人与自然和社会的关系；研究博物馆学是以“物”为中心还是以“人”为中心等课题。马克思主义哲学的唯物论、唯物辩证法、辩证唯物主义认识论、唯物史观等有关理论对博物馆学研究具有重要的指导意义。

我国博物馆学界坚持以马克思主义哲学方法指导研究工作，用联系和发展的眼光看待问题，把发展规律作为博物馆学的对象；用唯物辩证法的对立统一规律看待问题，把“收藏与利用”这对特殊矛盾作为博物馆学的存在理由，均可谓具有中国特色的理论表述。

二、博物馆学研究的一般科学方法

科学研究方法实质上是哲学上的方法论原理在各门具体的科学中的应用，或者说，是自然科学、社会科学、数学与逻辑学普遍运用的最一般方法。马克思主义的历史唯物论、把事物视为系统来处理的思维方法、将数学作为辩证的辅助工具和表达方式等理论对于我们运用历史方法、系统方法和数学方法等研究博物馆学具有普遍的指导意义。

作为新兴学科的博物馆学，在研究方法上一开始就采取了借鉴的方式——根据自身的实际需要不断从其他学科中汲取方法论的营养。博物馆学研究所特别关注的是人与物的关系，因而现有科学学科中研究人的和研究物的科学方法有很多都能在博物馆学领域派用场，对博物馆学研究起到了很大的促进作用。在博物馆学中常见的一般科学方法主要有以下几种：

（一）历史研究法

历史研究法是通过对历史现象的史料收集、破译和整理，认识研究对象的过去，揭示其本质和发展规律的一种研究方法。博物馆产生和发展的本质和规律，以及博物馆学的产生和发展的本质和规律，只有在收集掌握翔实的第一手资料的基础上，通过概念、判断、综合、推理等逻辑分析的方法才能探明。严谨、科学的运用历史方法不仅能够认识博物馆和博物馆学的过去，也能有助于现实问题的认识和解决，并预测未来。

（二）系统方法

系统是一种普遍存在。一切事物和过程都可以看作组织性程度不同的系统。

系统科学是关于系统及其演化规律的科学，包括：一般系统论、控制论、信息论、系统工程论、大系统理论、运筹学、博弈论、耗散结构理论、超循环理论、一般生命系统论、社会系统论等。所谓系统科学方法，是指用系统科学的理论和观点，把研究对象放在系统的架构中，从整体和全局出发，从系统与要素、要素与要素、结构与功能和系统与环境的对立统一关系中，对研究对象进行考察和研究，使问题得到最优化处理的一种科学研究方法。博物馆是人类社会的一个特殊文化系统，属于社会系统的一个子系统。藏品、人（专业人员与利用者）、场馆是博物馆系统的基本要素。用整体性、综合性、动态性、模型化和最优化等系统科学方法的原则，研究藏品与机构、机构与人、机构与社会、藏品与社会和自然环境的对立统一关系，对于博物馆学学科的建设十分重要。

（三）数学方法

数学方法是一种抽象的思维方法，通过各种量、量的变化和各量之间的关系的确定，使科学概念或原理符号化、公式化，利用数学工具对研究对象进行逻辑推导、运算、演算和量的分析，形成数学解释和预测，从而从量的方面揭示研究对象的规律。博物馆学与不少社会科学门类一样，擅长经验描述和定性研究，定量研究比较薄弱。数学方法为博物馆学研究提供了简明精确的定量分析和理论计算方法。方程式或计算公式是最简明和最精确的形式化语言，通过数学模型的提炼、建构和验证，可以获得准确的博物馆藏品利用状况、观众参观行为与兴趣对象等数据，掌握博物馆藏品的利用规律和观众参观规律。运用数学语言可以促进博物馆学研究走向精确化。

（四）调查方法

调查方法是指为了达到设想的目的，制订某种计划，通过访谈法、电话调查法、问卷调查法等，获得研究对象的各种材料，经过分析、综合、统计得到某一结论的研究方法。调查法在博物馆学研究中普遍运用于博物馆满意度、影响力和博物馆观众参观情况研究。

（五）比较研究法

比较研究法是根据一定的标准，对两个或两个以上有联系的事物进行考察，寻找其异同，探求普遍规律与特殊规律的方法。通过单向比较和综合比较、横向比较和纵向比较、定性比较和定量比较、宏观比较和微观比较，可以研究分析不同类型、不同区域、不同管理体制下的博物馆的特征和异同，研究不同受众对于博物馆和博物馆藏品的认知，有助于博物馆公众政策的制定，更有效地策划设计展览与教育活动等，对不同博物馆学观点的比较研究则可促进博物馆学的发展。

由于博物馆学研究方法是根据博物馆自身的实际需要而借自其他学科的，而实际需要又是不断发展变化着的，所以很难说清博物馆学所可能借用方法的种类和边界，只能举例性地列出上述常见和主要的几种。

三、博物馆学研究的专门方法

博物馆学是否有自己相对独立的专门研究方法，国际国内博物馆学界对此曾长期争论不决，持否定论者也因此质疑博物馆学能否成为一门真正的科学学科。正如前述，博物馆学界至今尚未做出令人信服的解答。实际上，这也是交叉学科或边缘学科共同的问题。

按理说，任何一门科学学科都必然面临特殊矛盾的存在。而只要存在着特殊矛盾，就应该有独特的研究方法。那么，博物馆所面临的特殊矛盾是什么？早先有学者提出：博物馆所遇到的特殊矛盾，就是实物藏品的保存与利用之间的矛盾。但目前已有的实践表明，这对矛盾基本能够被现代化的展示技术条件或数字化传播手段所调和或化解。我们认为，博物馆本质上是一种以实物为主要媒介的信息服务机构，所以博物馆至少还有一对特殊矛盾，那就是人（观众）与物（藏品）在认识论层面的矛盾。博物馆学界借助教育学、心理学、传播学等相关学科方法进行过大量研究，其中也必然会产生某些独特的研究方法，甚至被社会其他领域所借鉴和使用，但缺乏理论上的总结与归纳。博物馆学界今后应该为建立独特的理论和方法论体系付出更多的努力。

第四节　博物馆学的学科体系

这里主要涉及博物馆学的体系结构、学科分支和相关学科三个方面的问题。

一、博物馆学的体系结构

博物馆学的研究内容可以非常具体，可以根据需要不断补充。而作为一门新兴科学，更需要建构一个由分支学科构成的科学体系，以呈现其结构性和功能特征。拥有一个具有逻辑性和功能性的博物馆学科学体系结构，是博物馆学走向成熟的标志。

欧洲一些博物馆学者提出，博物馆学的体系应该由普通博物馆学、应用博物馆学、专门博物馆学和博物馆实务构成。也有人主张博物馆学的体系结构可以从博物馆学理论、博物馆史、关于资源的博物馆学理论（教育资源、研究资源）、博物馆方法论以及博物馆的历史编撰学方面来构建。日本学者鹤田总一郎主张的博物馆学体系为：个体博物馆学、博物馆分类学、结构形态博物馆学、功能博物馆学、专门博物馆学、群体博物馆学、社会博物馆学、博物馆管理。彼得·冯·门施认为博物馆学体系可由理论博物馆学、普通博物馆学、应用博物馆学、历史博物馆学、专门博物馆学建构，并对分支学科的关系进行了阐释。

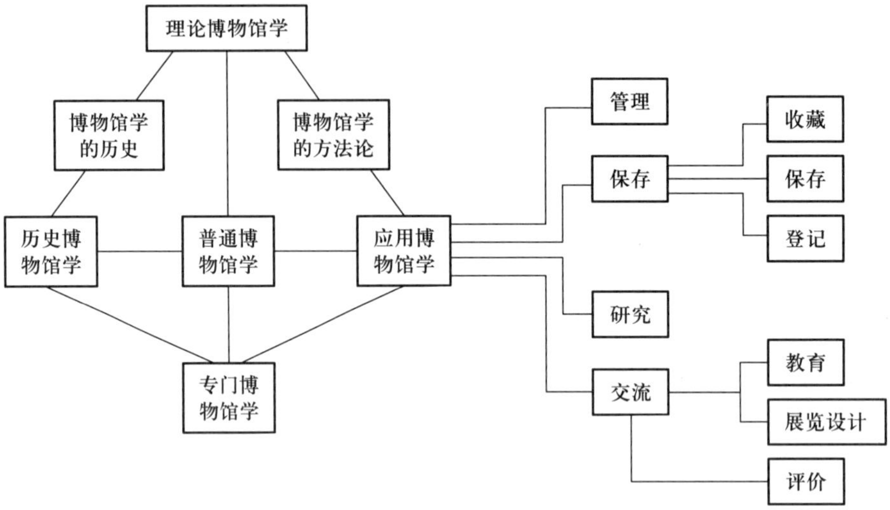

图 0-3 彼得·冯·门施的博物馆学结构示意图

综合博物馆学科学体系结构研究成果，结合目前普遍性的博物馆学研究内容范围以及未来博物馆学的发展，我们认为将博物馆学体系建构为理论博物馆学、应用博物馆学、历史博物馆学、专门博物馆学、信息博物馆学。既能涵盖现有博物馆学的研究内容，也能调和因为博物馆学研究对象的差异而造成的困扰，还可适应未来博物馆发展或博物馆现象的新变化。

二、博物馆学的学科分支

（一）理论博物馆学

理论博物馆学是博物馆学的基础。将博物馆学同马克思主义哲学中的认识论相联系，进而研究博物馆学原理、方法论，解释博物馆现象，指导博物馆实践活动，是理论博物馆学的目的和基本内容。具体可分为：

1. 博物馆学原理：研究博物馆学对象、学科性质，建构科学的博物馆学体系，形成博物馆学特有的基础理论和专业术语体系。

2. 博物馆学方法论：任何科学理论都遵循着一定的具有普适性的逻辑方法，每一种方法在理论的构建中都有其内在的合理性与有效性。吸收和借鉴其他学科成果，建立能够促进博物馆学不断完善和发展的方法论体系是博物馆学方法论研究的主要内容。

3. 博物馆伦理：研究制度化和机构化的博物馆的目的与价值，机构与藏品、机构与公众、机构与社群等关系处理的行为规范和责任义务。

4. 博物馆学史：梳理博物馆学的研究成果，阐释博物馆学发展的过程，为博物馆学的学科建设提供成果和借鉴。

（二）应用博物馆学

在博物馆学各分支学科的支持下，研究实现博物馆收藏、保护、教育功能的一般原则、方法和途径。

1. 博物馆治理与管理：以公共利益最大化为目标研究博物馆治理结构，博物馆治理基本职能——计划、组织、领导、控制的原则和方法。研究博物馆管理要素达成管理目标的方法，博物馆的法律地位与管理结构，评估标准，博物馆营销等。

2. 博物馆藏品管理：研究博物馆藏品的收藏政策、收藏理念和收集的途径方法，处理藏品保护与利用关系的原则和方法，藏品分类的理论与方法，藏品的登录编目原则和方法、藏品注销政策，藏品信息体系的建构等。

3. 藏品保护技术：主要研究藏品环境控制与监测，预防性保护和干预性保护的原则和手段；藏品风险评估，病害检测分析，藏品修复的原则与技术要求，藏品包装技术标准，运输模式与策略等。

4. 陈列展览策划、设计与实施：主要研究策划与组织实施陈列展览的基本原则，不同类型陈列展览的特点，目标观众需求分析，陈列展览项目管理，陈列展览流程，陈列展览的评估，灯光、色彩、展具等艺术设计的原则和要求，新技术新媒体的运用等。

5. 博物馆教育与服务：研究博物馆教育的原则和特征，解释、交流与教育的理论与方法，遗产与教育、物证与教育、信息与教育，博物馆教育与社区，博物馆教育活动的策划、设计与实施，博物馆教学资料设计与编撰，公共服务与公众利益，观众服务原则，观众服务政策，服务设施等。

6. 博物馆安全与风险控制：主要研究博物馆风险评估，安全规划与安全政策，安全系统等。

7. 博物馆建筑：主要研究博物馆建筑的功能与形式，博物馆建筑环境，博物馆建筑空间的规划，博物馆建筑的管理与维护等。

（三）历史博物馆学

主要研究博物馆的产生与演变，人类收藏活动与博物馆的关系，人类社会、经济与政治等因素对博物馆发展的影响，揭示不同历史发展阶段博物馆作用与价值的体现。

（四）专门博物馆学

当代博物馆发展不断出现新变化，出现了诸如科学技术中心、遗址博物馆、生态博物馆、社区博物馆、数字博物馆等源于传统博物馆，又和传统博物馆在藏品概念、展示与教育方式、博物馆建筑等方面有明显差异的新型专门博物馆。此外，动物园、植物园、水族馆、自然保护区、历史遗址公园等愈来愈博物馆化。这些新发展新变化不断丰富着博物馆学的研究内容。将博物馆学基本理论和方法与专门博物馆及其相关学科如人类学、自然史、遗产研究、信息科学、艺术史等有机结合、经纬联系所形成的研究领域即为专门博物馆学。突出不同类型博物馆的特征、致力于目的与目标的实现，是专门博物馆学的主要研究方向。

（五）信息博物馆学

信息博物馆学是将信息科学的理论、知识和技术与博物馆学相结合而形成的研究藏品信息采集、加工、存储、管理、利用和传播的新兴分支学科。博物馆信息学研究的主要内容有：博物馆藏品信息的数字化技术，博物馆数字资源的信息处理技术，博物馆数字资源的展示和传播技术，博物馆信息化系统和基础设施的运维和管理等。实现博物馆藏品信息的交流、分享、共享是信息博物学研究的重要目的。

三、博物馆学的相关学科

在科学体系中，博物馆学并非孤立的存在，而是与其他学科有所关联。由于博物馆学没有自己特有的研究方法，历来都是根据自身的需要不断从其他学科中汲取方法论的营养。所谓相关学科，是指与博物馆学研究方法有借鉴或应用关系的学科，尤其要关注那些有助于分析研究人与物的关系的学科，主要有以下几个。

（一）文化遗产学

文化遗产学是以文化遗产的保护、诠释与利用为对象形成的一种多学科或跨学科的新兴学科。人类文化主要通过文本和实物的遗存代代相传。通过考证、评判、总结，深入挖掘蕴藏和负载在文本和实物上有关人类经验的全部信息和深刻内涵，实现优秀文化遗产的传承和创造性转化是文化遗产研究的基本目的。对于文化遗产的保护、诠释与利用也是博物馆的工作重心和博物馆学研究的对象。有学者预测未来的博物馆学应该在文化遗产学的框架中建构。

（二）图书馆学、档案学

博物馆学与图书馆学、档案学是各自独立又有某种亲缘关系的相关学科。图书馆，是搜集、整理、收藏图书资料以供人阅览、参考的机构。档案馆是收集、保管档案的机构。保存人类文化遗产、开发信息资源、参与社会教育、为社会服务等是图书馆和档案馆的基本职能和任务。图书馆、档案馆的主要职能与机构属性与博物馆基本相同。从博物馆与图书馆、档案馆收集保存人类文化遗产的范围而言：图书馆集中于图书、文献方面，档案馆集中在纸质、录音、录像、照片等档案方面，博物馆则集中在实物领域。随着无形文化遗产成为博物馆收藏对象，许多传统图书馆、档案馆的收藏对象也进入了博物馆，而古籍善本、名人手稿、珍贵的历史文献、具有永久性收藏价值的档案如录音、录像、照片等早已成为博物馆藏品的一部分。如果仅就收藏探究而论，也可以说图书馆与档案馆是收藏、利用图书、文献、档案的一种特殊博物馆现象。从历史渊源来说，文字记录载体的收藏与特殊实物的收藏在人类文明的早期基本上是二位一体的。近代不少博物馆可谓脱胎于图书馆，或者说那时的图书馆有不少附设有展览实物的陈列室。当代中国不少专业博物馆的产生与档案馆有密切关系。图书与档案和博物馆藏品都可视为信息源，档案馆、图书馆、博物馆关于藏品的工作过程，基本上都可视为实现信息的搜集、研究、存储、检索和传播的过程。就图书馆学是研究“情报交流”“文献交流”和“知识交流”而言，就档案学是研究档案信息资源的管理、开发的理论、原则与方法来讲，这些与主张博物馆学是信息科学的认识特别是信息博物馆学非常相似。博物馆、图书馆和档案馆可以密切联系形成人类巨大的信息数据库，它们对人类社会经济发展的作用不可估量。博物馆学与图书馆学、档案学在未来或许可以融合为人类遗产信息学。

（三）传播学

传播学是研究人类如何运用符号进行社会信息交流的学科。博物馆的藏品或为人工制品或为天然之物，一件人工制品是一系列概念的产物，一件天然之物是大自然系统的结晶。它们承载着人类累积的价值、美德和智慧，与藏品的交流既是对过去的体验、传承、反思，也是对未来的启迪、创造、建构。这种交流并不局限于人与物的交流，也包含着人与人、人与环境的交流，不同文化、不同世代的交流。作为交流媒介的博物馆如何更有效地向公众或大众传播博物馆藏品蕴含的丰富信息，需要借鉴吸收传播学理论和方法特别是传者、媒介、受者、传播内容、传播效果的理论和方法。

（四）教育学

教育学是一门研究教育现象及其规律的社会科学，通过对教育现象、教育问题的研究来揭示教育的一般规律。博物馆是社会教育的重要机构，教育是博物馆的基本职能。博物馆陈列展览与各种教育活动的策划组织，都离不开教育学的有关理论和方法。而互动教育、体验教育和情境教育等既是博物馆学研究的内容，也是教育学研究的内容。

（五）心理学

心理学是一门研究人类的心理现象、精神功能和行为的科学。人类的收藏心理和行为与人类参观博物馆的心理和行为，是认知信息的接受、编码、储存、提取和使用的心理过程，也是对事物进行体验的情感过程。运用文化心理学、认知心理学、感觉与知觉心理学、学习心理学等的理论和方法，研究人类收藏和参观活动，有助于从本质上认识博物馆现象，认识人与物的特殊关系。

（六）公共关系学

公共关系学是研究组织与公众之间传播与沟通的行为、规律和方法的一门学科。博物馆作为社会公益文化组织，是公共文化服务体系的重要组成部分，藏品与机构、机构与人、机构与社会的关系是博物馆学的重要研究内容。基于公共利益和共同价值所制定的收藏政策、教育政策能否取得公众的认同和理解，博物馆所提供的公共服务能否满足公众需要，博物馆能否获得社会的捐赠与资助对于博物馆发展至关重要。运用公共关系学的相关理论和方法，如处理博物馆与公众间的信息传播活动的理论和方法，处理博物馆与不同公众的关系的理论和方法，有助于维护和不断提升博物馆的公众形象。

（七）管理学

管理学是一门综合性的交叉学科，是系统研究管理活动的基本规律和一般方法的科学。博物馆目标的高效率达成，博物馆宗旨使命的实现，需要借鉴和吸收管理目标、管理过程、治理职能、组织机构等管理学的理论和方法。

此外，博物馆学研究还应该尽可能地吸收历史学、考古学、社会学、信息科学、环境保护学、文化与自然多样性理论、可持续发展理论。注重跨学科研究，在相互渗透中发展博物馆学。

思考题

1. 试述你所认同的博物馆学研究对象的意义与价值。
2. 如何理解把博物馆工作内容作为博物馆学主要研究内容？
3. 如何理解认识马克思主义相关理论对于博物馆学研究的指导作用？
4. 试述文化遗产学、图书馆学、档案学与博物馆学的学科关系。
5. 简述你对数学方法作为博物馆学的一种研究方法的理解。

第一章　博物馆学发展史

博物馆学是从对遗产保护和利用实践的记录和描述开始的，并经历了一个萌芽、产生和发展的漫长过程。本章内容将采用马克思主义唯物论中的历史地看待问题的方法研讨博物馆学问题。

第一节　外国博物馆学发展史

在近代之前，世界各地不同文化均有遗产的保护和利用实践，也出现了不少有关这些实践活动的最初的记录和描述。在欧洲古典时期，像荷马、西塞罗和其他一些作家就曾对当时收藏情况做过记录、描述。地理学家和历史学家斯特拉博等人对希腊化时期最负盛名的亚历山大里亚博学园等机构的创设进行了细致描述。在亚洲，印度古代和中古时期的文献当中，充斥着像分别代表存放绘画、雕塑和陶器陈列场所的“Alekhyagriha”“Vithi”和“Citrasala”等术语，反映了该地区存在类似博物馆性质的机构以及收藏实践。日本的《日本书纪》《扶桑略记》等典籍则对日本古代的收藏有过记载。这些记录和描述构成最初的博物馆学性质的研究，标志着博物馆学研究的萌芽。但是，目前除了欧洲之外，其他地区的相关材料尚缺乏系统的挖掘与整理，这一领域的研究值得更多的关注与探索。

一、16—18 世纪欧美博物馆学

与古代世界不同，近代博物馆研究最先是从欧洲发展起来的，是与欧洲近代收藏和博物馆的发展联系在一起的。

从 16 世纪起，欧洲就出现了描述和研究收藏和博物馆的多种不同形式的成果，像藏品目录、实用手册、收藏机构名录等。其中，1565 年，比利时人昆齐贝在慕尼黑出版的《题铭》论述了收藏的性质与分类，被认为是最早的博物馆收藏登录册和最早的博物馆学论文。法国人鲍雷尔在 1649 年出版了藏品目录，该目录因同时包括了当时欧洲各主要城市的重要珍奇收藏室名录而成为 17 世纪最具影响力的目录。1727 年，德国人尼克利乌斯在莱比锡出版了一部名为《博物馆实务》的著作。作者在书中探讨了藏品的分类、展示等问题，也已认识到博物馆具有与图书馆一样的知识价值。

在美洲，美国博物馆运动的先驱者皮尔对博物馆的目标、功能等问题进行了探讨，并指出一个真正有用的博物馆既要满足严肃的参观者，也要满足偶然的参

观者，既要满足学者，也要满足希望娱乐的人。他因此而被认为是抓住现代美国博物馆本质结构的第一人。

在 16—18 世纪欧美博物馆研究当中，一些基本概念和术语相继出现，并逐渐为人们普遍接受。上述研究成果反映了当时人对博物馆学相关问题的思考水平，博物馆学更多地局限于“博物馆方法学”层面。

二、19 世纪到第一次世界大战之前的博物馆学

从 19 世纪到第一次世界大战之前，现代博物馆实体在世界范围内普遍兴起，现代博物馆观念广泛传播，19 世纪后期博物馆职业化进程的推进，加速了博物馆学的发展与转变。

（一）欧洲地区

在欧洲，为了给普通民众走进博物馆提供便利和指导以及博物馆专业化的需要，一批博物馆学著作涌现出来，其中不乏有关博物馆理论的论述，像克莱姆的《论德国科学和艺术藏品的历史》（1837）、爱德华兹的《论公共艺术馆和博物馆的维持和管理》（1840）、福布斯的《博物馆教育用途》（1853）、约文斯的《博物馆的利用和滥用》（1881）、福拉瓦的《博物馆及与自然史相关的其他学科论文集》（1898）和默里的《博物馆的历史与利用》（1904）、施洛塞尔的《文艺复兴晚期的艺术与珍宝收藏馆》（1908）等。福拉瓦主张的博物馆面向公众教育的“新博物馆理念”，为博物馆界创立了新的基本理念。默里的著作被认为是英语世界中首部现代意义上的综合性博物馆研究著作。一些专门的学术刊物如英国《博物馆杂志》（1902）、德国《博物馆学》（1905）的出现，扩大了博物馆学研究的专业园地。1903 年在德国召开的欧洲第一次博物馆馆员会议在区域博物馆学史上具有重要的意义。

（二）北美地区

与欧洲情况类似，在美国，为了解决博物馆快速发展过程中出现的一些实际问题，一些研究者像班森、塞斯诺拉、费诺拉萨、温克尔、阿加西斯、古德等人积极研究并讨论博物馆问题。其中，乔治·布朗·古德（George Brown Goode，1851—1896）被认为是 19 世纪晚期最有创新性的博物馆思想家之一。他的《博物馆历史与历史博物馆》《未来的博物馆》和《博物馆管理原则》等系列论述，已经成为博物馆学的经典。他提出的“博物馆是活思想摇篮”等主张，影响深远。1906 年，美国博物馆协会的成立和《博物馆新闻》等刊物的创刊，对博物馆学研究起了推波助澜的作用。

（三）其他地区

在亚洲等地，对于博物馆的关注和研究是在现代博物馆观念传播和实践推进

中逐步展开的。在日本幕府末期，海外使节团、留学生等，通过日记、见闻录、报告等形式，对西方博物馆设施进行了记录、描述，认识到博物馆“启增人之智巧技艺”① 等作用。福泽谕吉的《西洋情况》是其中影响较大的著作之一。这些描述和记录促成了日本人现代博物馆观念的形成和博物馆的兴起，也成为日本现代博物馆学研究的滥觞。

从 19 世纪到第一次世界大战期间，逐步明确了现代博物馆概念，突出了以教育为目的的宗旨，提出“博物馆学”学科概念、双分思想②等重要成果，现代博物馆学初步形成。但这一时期更多的研究仍然集中于博物馆的机构与组织。

三、两次世界大战之间的博物馆学

从第一次世界大战到第二次世界大战期间，博物馆学研究在国际上获得了重要突破。1926 年，国际联盟下属的“国际博物馆事务局”在巴黎成立。该组织成立之后，通过创办《博物馆》杂志（1927）等学术刊物、组织会议、出版著作等方式致力于推动博物馆学发展。1934 年国际联盟学术合作委员会在马德里组织召开了万国博物馆专家会议，同年还出版了两卷本的《博物馆学》，反映了当时博物馆技术层面的“革命”。该书出版后很快被译成多种文字，对于普及博物馆学知识，促进各国博物馆学研究，推动博物馆事业的发展产生了积极影响，被认为对博物馆的理论建设具有划时代意义。“国际博物馆事务局”是第一个国际性的博物馆专业组织。它的创建及其活动让博物馆学研究成为一项具有国际性的事业，开始了它的国际化进程。

受此影响，到 20 世纪 30 年代，在世界范围内，出现了博物馆学研究高潮。

（一）西欧地区

在西欧地区，一些新的学术刊物像《瑞典博物馆》（1932）等陆续创刊，进一步扩大了博物馆学信息交流的园地。同时，也有一些值得一提的著述，凯尼恩的《博物馆与国家生活》（1927）和迈尔斯的《不列颠公共博物馆报告》（1928），对英国博物馆实践有一定程度的反映。

（二）北美地区

基于对提升公众参观质量的深度关切和博物馆发展中存在问题的反思，这一

---

① ［日］伊藤寿朗、森田恒之主编：《博物馆概论》，吉林省博物馆学会译，吉林教育出版社 1986 年版，第 104 页。

② 双分思想，又称二分思想或二分概念。由评论家约翰·鲁金斯等人在 19 世纪提出。双分思想的基本内涵是博物馆材料可分为展出材料和研究收藏两大类。前者是面向公众的，后者是面向鉴赏家和专家的。双分思想是公共博物馆时代的产物。它的提出，有助于提升博物馆材料利用的有效性。

时期北美地区博物馆研究成就突出，产生了一批重要成果，像考尔曼的《美国博物馆批判研究》、达纳的《新博物馆》系列著作、T. R. 亚当姆的《博物馆的公民价值》（1937）、《博物馆与大众文化》（1939）、狄奥多尔·洛的《作为社会工具的博物馆》（1942）以及被后人誉为“博物馆观众研究之父”罗宾逊的《博物馆观众行为》（1928）等。1932 年，由迈尔斯-马克海姆发表的有关加拿大博物馆发展的报告，成为最早的有关该国博物馆的研究成果。在这些成果当中，达纳的社区服务思想和狄奥多尔·洛的“社会工具”思想等，尤为引人瞩目。它们蕴含了战后“新博物馆学”运动的思想种子，成为战后产生巨大影响的“新博物馆学”运动的思想先驱。当时提出的一些问题，如 20 世纪 30 年代美国博物馆界关于博物馆职业是否存在的争论，在很大程度上影响了当时及此后博物馆学的学科建设。

（三）苏联及其他地区

这一时期，苏联及亚洲、南美等地区的博物馆学研究获得较大的进展，甚至是突破性的进展。

在苏联（俄），俄国十月革命胜利后，伴随着社会主义博物馆事业的快速崛起，产生了一种全新的社会主义博物馆学。这种博物馆学依靠马克思列宁主义的方法论，采取各种不同的研究方法，分析博物馆现象，对研究方法多元化做出了贡献。与西方现代博物馆学相比，苏联社会主义博物馆学突出了博物馆学的目的性和工具性。它的崛起标志着社会主义博物馆学建设的开始，对后来其他社会主义国家的博物馆学研究产生了重要的影响，也在很大程度上改变了世界博物馆学发展的格局。苏联博物馆学也因此而确立了其在博物馆学发展史上的特殊地位。

在亚洲地区，日本在 1928 年成立了博物馆事业促进会（日本博物馆协会的前身），创办和发行了《博物馆研究》杂志，并积极开展活动，取得了不少成果。日本博物馆学鼻祖棚桥源太郎的《诉诸眼的教育机构》（1930）对博物馆的特征和职能等进行了论述，成为这一时期重要的博物馆学著作，对同一时期的中国博物馆学研究有一定的影响。在印度，1936 年受英国博物馆协会委托，马克海姆和哈格里夫斯根据实地调查完成了《印度博物馆》调查报告。该报告提出了包括将作为学科的博物馆学引入大学系统等改善印度博物馆条件和功能的多项建议，成为印度早期博物馆学发展史上的重要成果。

在南美，博物馆学发展更多地集中于博物馆知识传播和专业人才的培养。从 20 世纪 20 年代开始，阿根廷、巴西等国的大学和博物馆陆续开设了博物馆课程，培养在博物馆工作的专门人才。这使得博物馆学知识在更大范围得到传播。到 20 世纪 40 年代，巴西又成立了博物馆协会。正是在这一时期，巴西组织了第一次全国博物馆大会。

总之，在两次世界大战之间，博物馆学研究在不同层次和区域，均获得了进展。在传统的欧美地区，新思想不断涌现；在苏联，新的社会主义博物馆学兴起；在亚洲等地，博物馆学业已建立了它的研究基础，开始了专业人才培养。两次世界大战之间是博物馆学史上取得了诸多突破的革命性的时代。众多研究仍关注博物馆实务，博物馆学学科建设尚未系统地进入研究者的视野。

四、第二次世界大战以来的博物馆学

第二次世界大战结束后，博物馆学研究受到前所未有的关注。“博物馆学逐渐被认同作为博物馆工作整体的一部分。”① 博物馆学发展进入了激荡变革的时期。

1946 年国际博物馆协会成立。该协会成立后，出版了多语种的《国际博物馆协会新闻》等专业刊物。同一年，联合国教科文组织出版的《博物馆》（现《国际博物馆》的前身）杂志，进一步扩大了博物馆学专业刊物的队伍。此外，国际博物馆协会还成立了联合国教科文组织—国际博物馆协会文献中心（1946）及多个专业委员会。国际博物馆协会及其各专业委员会通过定期举办大会和年会的形式极大推动了世界范围的博物馆学的活跃与发展。

为适应博物馆的快速发展，着眼于解决实际问题，出现了一批有关博物馆实务方面的成果，像《博物馆、社会和知识》（联合国教科文组织，1972）、《博物馆组织》（联合国教科文组织，1978）、《剧烈变革国家的博物馆问题》（国际博物馆协会，1962）、《博物馆与现代世界》（国际博物馆协会，1975）、《世界博物馆专业人员训练手册》（国际博物馆协会，1972）、《博物馆经营实用手册》（2004）等。国际博物馆协会下属的博物馆学专业委员会出版的《博物馆学专业委员会研究丛刊》则汇集了博物馆学学科发展的重要成果，反映了学科发展的最新进展。专业学术刊物如雨后春笋般涌现出来。20 世纪 90 年代的一项数据显示，世界范围内，仅国家层面的博物馆学刊物，就有 50 多种。它们与先期创办的刊物一起为博物馆学研究提供了更大舞台。

（一）西欧地区

战后欧洲的博物馆学研究迎来了一个活跃时期。博物馆学研究体制建设得到加强，像联邦德国的博物馆研究所（1979）、位于荷兰的欧洲博物馆学院（2009）等纷纷建立。一批影响较大的成果涌现出来，其中历史与理论成果占据了相当比重，像法国学者巴赞的《博物馆时代》，联邦德国出版的论文集《未来的博物馆》（1970），英国学者赫德森所著的《八十年代的博物馆——世界趋势综览》（1977）、《有影响力的博物馆》（1987），英国学者格林黑尔的《博物馆与知识形塑》（1992），英国学者皮尔斯的《博物馆、实物与藏品：文化研究》（1992），芬

---

① 安来顺：《二十世纪博物馆的回顾与展望》，《中国博物馆》2001 年第 1 期。

兰学者海诺尼恩与拉蒂的《基础博物馆学》（1988），英国学者麦克唐纳主编的《博物馆研究指南》（2010）等。这些研究成果对博物馆理论发展做出了贡献，反映了战后博物馆学研究的新取向。

（二）北美地区

战后博物馆发展对于专业人才的需求和专业培训课程的普遍兴起，促使美国博物馆行业在20世纪70年代开始步入博物馆学时代。70年代之前，有关博物馆历史、理论、管理等的文献并不很多，从此时开始到21世纪初，博物馆学研究的环境大为改变。一些新刊物纷纷问世，甚至出现了像《博物馆史研究》（2008）等致力于基础研究的学术刊物。“二战”后博物馆学研究成果较之战前急剧增多，也出现了一批有影响的优秀著作。像美国学者维特林的《博物馆的历史与教育任务》（1949）、《寻求有用的未来博物馆》（1970），里普利的《神圣的园林：博物馆论文集》（1969），亚历山大的《博物馆的变迁》（1979），威尔的《博物馆再思考》（1990），詹诺维斯主编的《21世纪博物馆哲学》（2006）等，体现了博物馆学历史与理论研究的重要进展。美国博物馆协会出版的《危机中的博物馆》（1970）、伯尔考的《博物馆工作导论》（1975）、海因的《学在博物馆》（1998）等著作，着重探讨了当代博物馆面临的种种问题，强调博物馆应该为大多数公众服务的思想。在北美地区，研究者更多关注的是博物馆作为一项职业的存在与否，显示出与欧洲在博物馆学学科建设方面的不同路径。

（三）东欧地区

第二次世界大战后，一批东欧国家走上了社会主义道路，社会主义阵营形成。文化和意识形态领域的社会主义改造与建设全面铺开，博物馆学研究也相应地活跃起来。“二战”后东欧地区博物馆学的发展，可以20世纪80年代末和90年代初的东欧剧变、苏联解体为界划分为前、后两个阶段。

战后不久，东欧各国陆续出台了一些体制性的举措，推动博物馆学研究的发展。20世纪五六十年代，在苏联（1955）、捷克斯洛伐克（1962）、民主德国（1968）等国陆续建立了博物馆学研究所或研究中心，它们逐步发展成为理论和应用博物馆学研究的重镇。在南斯拉夫（1955）、捷克斯洛伐克（1962）还成立了博物馆文献中心等机构。这些机构的设立使得博物馆学发展获得了体制保障，极大推动了博物馆学的发展。为了建立博物馆学理论和哲学，作为一个专门学科的博物馆学在该地区各社会主义国家发展较快，也有了一批代表性的成果。由苏联学者集体编写的《苏联博物馆学基础》（1955）、苏联博物馆学者拉芝贡与民主德国的博物馆学家合作出版的《博物馆学：历史博物馆工作的理论基础和科学方法》（1987）是这一时期影响较大的两部著作。在苏联博物馆学研究中，规范专业术语，谋求建立统一的学科一直是一个重要努力方向。在这一领域，苏联是走在前面的。民主德国学者斯莱纳的《博物馆学基础》（1985）被认为是继《苏联博物馆学基础》之后，又一本马克思主义的博物馆学专著。与前者相比，后者在理论性及对当代社会的关注方面，均有所提升。捷克斯洛伐克则一直将博物馆理论建设作为博物馆学发展的努力方向。纽斯塔波涅、斯特朗斯基等学者在这一领域做出了突出贡献。斯特朗斯基提出的“博物馆不是博物馆研究的对象”① 的主张，在国际博物馆学界产生了巨大的影响，被誉为博物馆玄学派的代表。虽然这些捷克斯洛伐克学者的观点不尽相同，但他们致力于推动博物馆学理论建设，在国际博物馆学界逐渐形成了所谓的“伯尔诺学派”或“捷克学派”。

经过数十年不懈的努力，东欧地区在推动社会主义博物馆学发展和博物馆理论建设方面做出了独特贡献，呈现出鲜明的特色。到 80 年代初，世界范围的博物馆学出版物，主要来自东欧的社会主义国家。

东欧剧变、苏联解体之后，博物馆及相关机构被置于一种不同于以往的新环境。“从博物馆学观点看，许多新的问题有待研究、分析和回答”②，“需要用一种创造性的方式去抢救、记录、分析和利用过去”③。博物馆学研究迎来了一个痛苦的转型时期。博物馆学的方法论基础发生了根本性的转变。来自国际和国家不同层面的努力推动着该地区博物馆学研究的发展。国际博物馆协会博物馆学专业委员会对东欧地区博物馆表现出极大关注，并通过发起“‘革命性’变化下的博物馆”等研究项目，探讨处理包括政治变化如何影响博物馆工作等问题。在国家层面，各国也以不同方式努力实现博物馆学研究的转型。在俄罗斯，新一代的博物馆学家对研究整个博物馆系统的转变投入了大量的精力，并在纪念物、博物馆和展览的兴废中重新界定俄罗斯社会与过去的关系。捷克博物馆学者对前一个阶段博物馆和博物馆学展开了反思，匈牙利等国则开始与西方国家有更多的学术交流。在认识上，似乎出现了“融入民主欧洲的道路”的一边倒的态势,④ 博物馆学研究的区域特征和多样化在弱化。

（四）日本

由于战前博物馆学研究具有较好的基础，第二次世界大战结束后不久，日本博物馆学研究就得到恢复，并出现了像棚桥源太郎的《博物馆学纲要》（1950）、日本博物馆协会编撰发行的《博物馆学入门》（1956）等有影响的著述。棚桥源太

① Zbyněk Z. Stránský, “Museology's subject of study,” in Stránský ed., *A Bridge Brno – Brazil: Annals of the III Cycle of Debates of the School of Museology of UNIRIO*. Paris: ICOFOM, 2017, p. 35.

② Vinos Sofka, “Changes in the World and European Upheavals: Heritage, Museums, the Museum Profession”, *ISS*, vol. 33, 2003, p. 100.

③ Vinos Sofka, “From Oppression to Democrocy”, *ISS*, vol. 33, 2003, p. 94.

④ Vinos Sofka, “Changes in the World and European Upheavals: Heritage, Museums, the Museum Profession and Museology”, *ISS*, vol. 33, 2003, p. 98.

郎因最早以书面形式提倡博物馆学这一概念，推动了日本博物馆学的研究，被认为对探索日本博物馆学体系有开创之功。鹤田总一郎在《博物馆学入门》中撰文，阐述了博物馆学的目的及为达到此目的的方法，提出了博物馆是人与物的结合的著名观点。他们的学说在很大程度上代表了这一时期日本博物馆学研究的水平，并影响了此后日本博物馆和博物馆学的发展。到了七八十年代，日本博物馆学研究进入了一个活跃期。日本博物馆界与国际接触日益频繁，以鹤田总一郎等人为代表，开始活跃于世界博物馆舞台。一批新的成果也陆续出现，其中包括以博物馆学命名的著作，如加藤有次的《博物馆学绪论》（1977）、仓田公裕的《博物馆学》（1979）、中川成夫的《博物馆学论考》（1988）、椎名仙卓的《日本博物馆学发达史》（1988）以及已翻译成中文的伊藤寿朗、森田恒之主编的《博物馆概论》（1978），标志着博物馆学学科建设得到进一步发展。

（五）其他地区

第二次世界大战后，在其他地区，研究活动日趋活跃，博物馆学以多样化的方式获得了发展，这些地区在国际上的地位和影响力获得了较大提升。在亚洲，1964 年，印度巴罗达大学出版了《博物馆学研究》年刊，成为印度博物馆学史上一件有影响的事件。国际交流也更加频繁，研究者们积极参加并主办博物馆学国际会议。1988 年，以“在发展中国家发展鲜活的博物馆学概念和范式”为主题的国际博物馆协会博物馆学专业委员会年度会议在印度的海德拉巴举行。此次会议彻底终结了该委员会一直是以欧洲为中心，“西方思想”占据主导地位的历史，被认为是国际博物馆协会历史上一次有意义的区域上的突破。在南美，从 20 世纪五六十年代起，巴西博物馆学研究就活跃起来，并出现了“博物馆学是一门新科学”的论述。在 90 年代，巴西开展了诸如博物馆学领域研究文献分析等一些有影响的研究项目，作为对博物馆学发展反思性研究的具体行动。阿根廷则通过人才培养积极传播博物馆学知识，并与国际组织保持了较为密切的联系。80 年代，阿根廷一些学者开始在国际组织中担任重要角色，同时，一些国际性会议开始在阿根廷举行。1986 年，国际博物馆协会博物馆学专业委员会年会在阿根廷布宜诺斯艾利斯举行就是一次突破。1972 年的圣地亚哥圆桌会议是拉丁美洲地区博物馆学发展中一个重要的转折点。此次会议之后，该地区博物馆观念发生了重要转变。“拉丁美洲博物馆不仅被认为是认识遗产的合适机构，而且被看作获得持续性人类发展和集体福利的有用工具。”① 1992 年，国际博物馆协会博物馆学专业委员会拉美分委员会的创立则是拉美地区博物馆学研究地位提升的另一个标志。

① Monica Risnicoff de Gorgas，“The Value of Diversity：Regional Heritage Latin American Contributions”，*ISS*，vol. 33，2003，p. 73.

战后非洲博物馆学发展在一定程度上得益于来自外部的推动。为了革新博物馆发展观念，在国际文化组织，特别是国际博物馆协会的支持下，非洲先后在达累斯萨拉姆（坦桑尼亚，1968）、科托努（贝宁，1970）、尼亚美（尼日尔，1970）和利文斯敦（赞比亚，1972）等地多次举行有关博物馆的研讨会。1972 年，第一次非洲博物馆大会在赞比亚的利文斯敦举行。这些会议议题强调博物馆在独立后非洲的新角色，博物馆文化地位的提升以及如何促进非洲博物馆学研究。

上述地区博物馆学已经成为第二次世界大战后世界博物馆学发展中不容忽视的推动力量和组成部分。

五、"新博物馆学"：第二次世界大战后博物馆学发展的一个新趋向

在博物馆学文献中，"新博物馆学"并非单一的指称，至少可以区分为来自法文和英文两种。其中，法文中的"新博物馆学"是 1980 年由法国人安德烈·德斯沃里斯引入的。对于这些新博物馆学家来说，博物馆是为了使人们"了解和控制生态、社会和文化变化"的工具。① 这种"新博物馆学"的理论基础是社区驱动的；其焦点是社会和现实关注（故又被称为社会博物馆学），而不是实物；社区需求驱动博物馆学发展；博物馆不一定局限于一个建筑。生态博物馆、整体博物馆等是这种"新博物馆学"的实践形式。国内博物馆学文献中所谓的"新博物馆学"主要指这种博物馆学。而英文中的"新博物馆学"则出现在 20 世纪 80 年代末，而且是以对博物馆的社会与政治角色的批判论述的姿态呈现出来。彼得·伏格的《新博物馆学》等著作体现了这种新博物馆学思想。两种新博物馆学在出现的时间、地点、侧重点等方面有所不同，但是它们也有联系的一面。它们都是针对传统博物馆和博物馆学提出的，建立在批判方法基础之上，是对传统的一种批判。它们对于博物馆和博物馆学的发展影响巨大，但侧重不同。前者侧重实践，而后者侧重理论层面的影响。它们反映了博物馆学研究的新趋向，值得认真对待，并进行全面系统的研究。

总之，第二次世界大战后博物馆学发展在整体上呈现出一种活跃态势。博物馆学研究正日渐制度化，理论性在逐步加强。博物馆学作为一门学科的建设正在受到越来越多的关注，艰苦的理论构建的探索已经开始，尽管这种探索成果有限，但人们已经逐步明确了建设的方向。捷克斯洛伐克博物馆学者萨拉尔指出："博物馆学必须要独立构建其自身的支撑。它的社会重要性在于创造新的社会意识，表明从混乱走向秩序的路径。"②

---

① ［荷］彼得·冯·门施：《博物馆学与博物馆》，安来顺译，《中国博物馆通讯》1991 年第 7 期。

② Petr Suler, "The Role of Museology, Museology and Identity", *ISS*, vol. 10, 1986, pp. 283-286.

战后发展起来的“新博物馆学”是博物馆学在新的历史条件下的一种新探索，对于丰富博物馆学研究，推动博物馆学的整体发展做出了独特的贡献。

在战后博物馆学发展中，欧洲和北美仍然是新思想的重要策源地，在博物馆学发展整体格局中占据着重要的地位。但是，欧洲和北美以外地区博物馆学研究的快速崛起，无疑是战后国际博物馆学发展的最富有意义和价值的重要进展之一。伴随着这种崛起，博物馆学在更大范围内得以普及，从而促进博物馆学研究的多样化，丰富了博物馆学研究，并在一定程度上改变着世界博物馆知识生产的格局。

第二节 中国博物馆学发展史

中国博物馆学萌芽较早，现代意义上的博物馆学研究则是伴随着 19 世纪中后期中国人对现代博物馆的接触和认识开始的。百余年来，中国博物馆学走过了一条具有自身特点的发展道路。

一、古代传统收藏与保存设施研究

中国博物馆学萌芽是从遗产保护和利用实践的记录、描述和研究开始的。这种研究实践活动在时间上甚至可以追溯到古代。

中国有着悠久的收藏、保存和利用遗产的文化传统。早在先秦时期，就出现了相关的收藏和保存设施。与此相适应，中国比较早地出现了有关这一方面的记录、描述和研究。这些记录、描述和研究可以看作博物馆学研究的萌芽，或最初的“博物馆学”研究。

而且，中国古代对于遗产保护与利用的记录、描述和研究，历经数千年，赓续不断，产生了大批研究成果（如相关收藏品的目录、说明等），并围绕着古器物学研究形成了金石学这样一门颇具中国特色的学问。它们构成了中国传统的“博物馆学”研究，做出了多方面的贡献。这些成果保存了有关中国古代的收藏和保护实践及相关设施的大量记载，为今人了解当时的实践和相关设施提供了途径。同时，这些成果也包含了对收藏品的分类、搜集、保护、鉴定、分级和研究等相关工作方法的记述。更为重要的是，它们反映了古人对收藏及相关设施功能的初步认识，形成了中国人最初的“博物馆”观念。从这些成果来看，古代的这些收藏设施具有多方面的功能，其突出者如“彰德”“耀势”“休闲”“研究”等，其中蕴含了中国人对遗产收藏、保护、利用与研究的丰富思想。此外，这些记录、描述和研究以直接或间接的方式影响了近代以来的博物馆事业和博物馆学研究。

目前，对中国古代传统收藏与保存设施研究成果的整理与挖掘已取得了一些进展，但相关领域进一步探索的空间仍很大。如何在其中挖掘中国博物馆学固有的思想资源、构建中国博物馆学自身学术传统，可能将是未来博物馆学研究需要关注和面对的重要课题之一。

二、晚清至民国时期的博物馆学

晚清至民国时期的博物馆学并非对中国传统的"博物馆学"研究的简单继承，而是在近代以来西方现代博物馆在中国的传播和实践中发展起来的。

（一）19世纪中后期到20世纪初的博物馆学

鸦片战争之后，面对西方列强的入侵，为探索救亡图存之道，包括清政府官员、外交使节、学者、留学生、维新派成员在内的一批有识之士纷纷走出国门看世界。他们在西方看到了现代博物馆这种新奇之物，给予极大的关注，并以笔记、日记、游记、上书等方式对他们所见到的博物馆进行了记录和描述，留下了一大批有价值的文献。此外，近代早期的一些报刊如《申报》等，也经常刊载有关博物馆的介绍性的研究成果。

从这些文献内容看，业已涉及博物馆功能、类型、陈列展示（含展示技术等）、文物保护技术、管理，甚至是博物馆建设与规划等诸多方面。其中，最突出的贡献是将博物馆的概念引入中国。在稍早时期，人们试图在中国固有文化中去寻求与"博物馆"对应的概念，利用"楼""园""苑""阁""库"等词语去表述他们所见到的博物馆，反映出对博物馆这种现代组织尚缺乏本质性的认识。同时，人们也认识到博物馆的多种功能。除了认识到博物馆的精神功能如保存文化、传播知识、开风气、公共教育、研究等方面的作用之外，也看到了博物馆"有益于民生""裨实用""以为通商之助"等实用性功能，突出了博物馆的社会使命，反映了中国现代博物馆兴起之初的一种入世、务实的价值取向。这一时期博物馆学研究的集大成者和代表性人物是清末状元、近代著名实业家张謇。他提出的"与众共守""设苑为教育"等思想，成为这一时期博物馆学研究的重要成果。

这一时期对现代博物馆的记录和描述多是在非专业的基础上进行的，且以介绍性为主，整体水平不高；对博物馆的认识呈现出更多直观、感性的特点；研究具有比较广阔的视野，本土博物馆实践基础较弱。尽管如此，这一时期的研究促成了中国现代博物馆学的起步，开启了中国现代博物馆学研究的历史进程，因而意义重大。

（二）民国时期的博物馆学

与这一时期中国博物馆事业发展的艰难曲折相同步，博物馆学研究也经历了起伏波折的发展历程。

中华民国成立之后，越来越多的报刊、政府公报、研究院院报、年度报告等，对博物馆相关主题给予关注，刊载博物馆学研究方面的成果。1935 年 5 月中国博物馆协会在北平成立，确立了“研究博物馆学术，发展博物馆事业，并谋博物馆之互助”的宗旨。博物馆协会下设专门委员会，职权包括分工研究博物馆学术及与博物馆相关的各项学术，设计博物馆建筑及陈列或设备上种种改进事项，审查博物馆学的书籍、专门论文，举办学术讲演会等。博物馆协会成立之后积极开展学术活动，举办学术会议，编印有关博物馆丛书。同年 9 月，刊行中国第一份博物馆学专业刊物——《中国博物馆协会会报》，主要登载“博物馆界工作概况专门论文，及关于博物馆学书报之介绍”。会刊的出版，使我国博物馆工作和博物馆学研究第一次有了一个公开交流的园地，推动了博物馆学研究的活跃。

20 世纪 30 年代中期，在经历了初期的探索之后，我国博物馆学研究进入一个比较活跃的时期，研究成果日渐增多。除了中国博物馆协会编印《中国博物馆一览》和《博物馆学书目》等书籍之外，出现了以费畊雨、费鸿年的《博物馆学概论》、陈端志的《博物馆学通论》等为代表的一批系统的博物馆学著作。费氏兄弟的《博物馆学概论》与陈端志的《博物馆学通论》等通论性质的著作起到了开风气的作用。中国博物馆学发展迎来了历史上的第一个高潮期。

同时，思想认识层面也更为深入与成熟。集中体现在：一是对组织机构名称的斟酌与统一。对博物馆组织、机构的称谓从多元走向统一，博物馆或陈列馆成为普遍叫法。二是对博物馆功能认识的统一。从强调或偏重物质性功能的实务派、强调或偏重思想启蒙的精神派的多元并存走向精神派占据主导。所有这些成为中国现代博物馆学定型的重要标志。

然而，30 年代日本侵华战争的爆发和抗战胜利后国民党当局挑起的内战给中国博物馆事业和博物馆学研究带来了巨大破坏。这一时期，虽然也出现了像曾昭燏、李济编著的《博物馆》、荆三林所著的《博物馆学大纲》等有影响的著作，但是博物馆学研究和相关学术活动基本处于停顿状态。

概言之，在民国时期，我国已经出现了多部博物馆学著作，反映了博物馆学研究的系统性明显增强。在研究中，引入了博物馆学学科概念，如“博物馆学”“博物院学”等，但对于博物馆学的内涵尚缺乏一个非常明确的认识，对于博物馆学的理解大体仍然局限于博物馆实务层面。同时，也提出了像“博物馆是社会美育的‘专设机关’”①，“西洋的文明，只是陈列馆的文明”② 等一些重要思想，对博物馆在“补充学校教育”“保存文化”“提高学术”方面的作用给予充分的肯定。而且，也逐步形成了以藏品和工作为核心的博物馆学著作体系与传统。这一

① 蔡元培：《美育实施的方法》，《教育杂志》第 14 卷第 6 号，1922 年 6 月，第 4 页。蔡元培在论述“社会美育机关”时列举了美术馆、历史博物馆和古物学陈列所。

② 杨钟健：《去国的悲哀》，北平平社出版部 1929 年版，第 212 页。

传统影响了此后相当长一段时间内中国博物馆学研究的基本取向。

三、新中国成立后至改革开放前的博物馆学

从新中国成立到“文化大革命”爆发之前的17年间，得益于当时社会大环境的根本性变化和新中国博物馆事业的快速发展，博物馆学呈现出一种良好的发展势头。

在此期间涌现出数百篇关于博物馆工作的文章，编印近40种介绍博物馆理论和工作方法的书籍。其中，傅振伦著的《博物馆学概论》以及由相关部门组织翻译出版的《苏联博物馆学基础》成为这一时期的代表性著作。

与此前博物馆学研究不同的是，博物馆学研究的指导思想发生了重大变化，马克思列宁主义成为博物馆学研究的基本指导思想。博物馆学研究由此获得了一个科学的认识和研究的方法基础，使得这一时期的博物馆学与此前的博物馆学研究，有了本质上的不同。基于相同的指导思想，以苏联为代表的社会主义博物馆学就成为中国博物馆研究理论范式的不二选择。

作为新方法论指导下的一个重要成果就是在20世纪50年代中期我国博物馆界提出了著名的“三性二务”论。“三性二务”论是在1956年全国博物馆工作会议上提出来的，是当时博物馆界对新中国博物馆的性质、任务等问题认识的一种简括表述。根据这一认识，博物馆的基本性质是“科学研究机关”“文化教育机关”“物质文化与精神文化遗存和自然标本的主要收藏所”①。而且，科学研究、文化教育和征集保藏文物标本三个方面是不可分割的辩证关系。三个方面同样重要，削弱了哪个方面，都会使博物馆工作受到损失。博物馆的性质特点就是同时具备这三种性质。博物馆的基本任务则是“为科学研究服务，为广大人民服务”。二者是统一的，有着提高与普及的辩证关系。“三性二务”论反映了当时中国博物馆界对博物馆功能特征和本质特征的新认识。它不仅对新中国博物馆的性质与任务做了基本规定，而且实际上提供了一种评价博物馆的新工具和手段。尽管“三性二务”论在概念上存在局限，但它的提出，被认为是博物馆基础理论研究方面的一次重大突破。此外，在这一时期，也萌生了最初的学科建设意识，不过更大量的研究成果集中于博物馆实务领域，这种状况反映了当时博物馆实践的迫切需求。

这一时期新中国博物馆学经历了方法论上的重大转变。对于博物馆的认识从单一的功能研究走向功能与本质的并重。正因为如此，这一时期博物馆学研究表现出浓厚的方法论色彩。

---

① 郑振铎:《全国博物馆工作会议总结报告》,《文物参考资料》1956年第6期。

正是基于上述这些成就，有研究者称这一时期为中国博物馆学发展的第二个高潮期。

遗憾的是，1966 年爆发的“文化大革命”，中断了新中国成立初期博物馆学发展的良好势头。在此后的十年间，博物馆事业陷入低潮。博物馆被关闭很长时间，展览被撤销，许多藏品被毁掉，博物馆学研究陷入停滞状态，学术活动和研究成果极少。

20 世纪六七十年代，中国台湾地区博物馆学研究呈现出活跃的态势，陆续出现了一些研究成果。包遵彭的《中国博物馆史》（1964）、《博物馆学》（1970），陈国宁的《博物馆的演进与现代管理方法之研讨》（1978）等，是其中较有代表性的成果。它们反映了当时台湾地区博物馆学的研究水平。这些成果的取得与当时台湾地区与国际博物馆学界多有交流，与西方博物馆学研究主流保持密切联系有着直接的关系。

四、改革开放以来的博物馆学

改革开放以来，特别是进入 80 年代后，博物馆学研究受到更为广泛的关注和重视。不同层次的专业组织相继成立。1982 年 3 月，中国博物馆学会（2010 年 8 月更名“中国博物馆协会”）成立大会暨首届学术讨论会在北京召开，标志着中国博物馆学重新走上有组织、有规划的研究轨道。进入 21 世纪以来，学会下属的各专业委员会纷纷成立。尤其是 2008 年在湖南长沙成立的中国博物馆学会博物馆学专业委员会，致力于博物馆学理论研究，对推动博物馆学发展做出了独特的贡献。中国博物馆学会积极组织博物馆学和有关专业学科的讨论研究活动，大大活跃了博物馆学的研究气氛，推动了博物馆学研究的发展。一批博物馆学学术性刊物像《中国博物馆》《博物馆研究》等的创刊发行为博物馆学研究者提供了更广阔的学术阵地。80 年代以后，大专院校纷纷设立文博或博物馆学专业，培养和造就了一批博物馆学研究的新生力量，提升了研究队伍的专业化程度。少数博物馆和高校成立了博物馆学研究所或研究中心。博物馆学研究体制化已初现端倪。新时期以来，国际学术交流活动日益活跃。1994 年，国际博物馆协会博物馆学专业委员会年会在中国的召开是中国博物馆学史上一件有意义的大事。2010 年国际博物馆协会代表大会在中国的召开更是将中国与世界的联系推向更高层次。

在这样的大环境下，中国博物馆学研究呈现出旺盛活力和学术繁荣景象。据不完全统计，这一时期涌现出了数以千计的博物馆学研究成果，成果形式多样，而且博物馆学专著、学位论文的数量迅速增加。其中，文化部文物局主编的《中国博物馆学概论》、王宏钧主编的《中国博物馆学基础》以及苏东海的《博物馆的沉思》等著作是 80 年代中期以来有影响力的研究成果。在翻译介绍的国外研究成果中，有影响者包括由中国博物馆学会组织王殿明等人翻译的英国著名学者肯尼斯·赫德森的《八十年代的博物馆——世界趋势综览》、吉林省博物馆学会组织翻译的伊藤寿朗和森田恒之主编的《博物馆概论》、丁宁翻译的美国学者大卫·卡里尔的《博物馆怀疑论》、陈建明主编、陈双双翻译的美国学者爱德华·亚历山大和玛丽·亚历山大合著的《博物馆变迁——博物馆历史与功能读本》等。此外，一些基础性工作获得了进展，出现了如孟剑明编辑的《博物馆学研究论著要目》（1949—1993）、段勇主编的《中国博物馆学研究论著目录》等成果。

从这些成果看，改革开放以来博物馆学研究在理论、历史、实务等诸多领域都取得了不同程度的进展。其中最重要的成果是理论研究深入，尤其是博物馆学学科建设获得了较大进展。这一时期，博物馆学界提出了博物馆学学科建设的课题，对博物馆学的概念、历史发展、学科属性等问题进行了一系列的讨论，并取得了初步的共识。博物馆学是一门独立学科，正处在走向成熟过程之中。在 80 年代中后期，还提出了“建设具有中国特色博物馆学”这一学科建设的基本构想，更进一步明确了学科建设的基本目标和方向。这一构想是对近代以来中国博物馆学发展反思的产物，反映了我国博物馆界谋求学科发展本土化的努力，一定程度上也暗合了战后国际上博物馆学研究“去欧洲化”的发展趋向，是新时期以来学科建设的又一重要成果。

改革开放以来博物馆学研究取得的巨大成就使得这一时期成为继 50 年代以后我国博物馆学又一个快速发展的时期，因而被一些学者称为中国博物馆学发展的第三次高潮期。

自 80 年代起，中国台湾地区博物馆学研究的体制化建设获得较大发展。一些博物馆教学研究机构，如辅仁大学博物馆学研究所（2002）、台北艺术大学博物馆研究所（2005）、台南艺术大学博物馆与古物维护研究所（2010）等陆续成立。1990 年，博物馆学会成立，并先后出版《学会简讯》（1996 年创刊，现《博物馆简讯》的前身）、《博物馆与文化》（2011）等刊物，它们与自然科学博物馆出版的《博物馆学季刊》（1994）等刊物，一并形成引介外来观念和学术成果平台。进入 20 世纪 90 年代之后，一批具有海外留学背景的年轻一代学者加入，台湾地区的博物馆学研究更加活跃，研究成果也迅速增多，像张誉腾的《当代博物馆探索》（2000）、《博物馆大势观察》（2003），张婉真的《论博物馆学》（2005）等都是其中较有代表性的成果。此外，一批国外博物馆学研究成果也被翻译介绍。其中不乏一些重要的学术著作，如桂雅文等翻译的《零障碍博物馆》（2001）、曾于珍等编译的《博物馆学——德语系世界观点》（2005）等。这些介绍和翻译工作构成了这一时期台湾地区博物馆学研究的一个重要而颇有特色的方面。

近年来，台湾地区博物馆界加强了与祖国大陆之间的学术联系，不仅参加了祖国大陆的有关活动，而且也召开了海峡两岸博物馆事业交流和展望学术研讨会，促进了两岸博物馆学研究交流的开展。

综上所述，中国博物馆学发展经历了一个漫长的萌芽时期，而中国现代博物馆学则是伴随着西方现代博物馆学的引入而开始的，不过百余年的时间。在百余年的发展过程中，中国人对西方现代博物馆和博物馆学学科形成了初步的认识，博物馆学思想雏形初显。而且，这种思想认识日渐显示出中国人自己的认识特点。

中国博物馆学的发展与中国社会和博物馆事业的发展紧密联系在一起，使中国博物馆学带有深深的时代印记。今天，社会经济发展环境和博物馆业态均已发生了很大的变化，如何让博物馆适应现代社会的需求，重新界定博物馆角色将是未来博物馆学研究面临的新的重要课题。

从最初向西方学习，到50年代向苏联学习，再到改革开放以来的全方位对外交流，中国博物馆学在其发展过程中始终保持了一种开放与包容的姿态，这种开放与包容推动了中国博物馆学的发展。在日益开放的今天，博物馆学领域的交流与借鉴已经成为学科发展的常态和取向。在借鉴国外博物馆学先进成果的同时，如何让博物馆学研究扎根中国实际，更好地服务于中国博物馆实践，逐步形成博物馆学研究的中国流派将是未来中国博物馆学研究面临的一项繁重而神圣的使命。

在中国博物馆学研究中，也存在亟待突破的困境。中国博物馆学研究仍然是建立在经验基础之上，循着功能理论的道路前进，本体理论研究一直缺乏。这导致很长一段时间里，博物馆学研究理论性不强，学科地位不高。如何提升理论性，提升学科地位是未来博物馆学学科生存的关键，也是博物馆学研究者努力的基本方向。

总之，博物馆学是与人类保护和利用遗产实践紧密联系在一起的，是在这些实践当中发展、壮大起来的。无论在国外，还是国内，无一例外。同时，受国内与国外不同社会条件、实践和认识水平等主客观因素的影响，国内与国外博物馆学研究面临着不同的任务，形成了较强的时代性和地域性，呈现出不同的面貌，走过了不同的发展道路。

学科发展演进的历史表明，博物馆学是一门面向实践的科学。其发展是与博物馆和博物馆事业的实践紧密联系在一起的，博物馆学是在参与和引领博物馆实践当中，汲取活的营养，获得发展的动力。博物馆学需要在为博物馆实践提供哲学和理论基础之中谋求自身的发展。

博物馆学是一门开放的科学。博物馆学是在对实践，对其他学科的开放中逐渐成长起来的，不断深入的开放将是博物馆学走向成熟的必由之路。

思考题

1. 如何理解古代世界遗产保护与利用实践记述及其博物馆学之间的关系？

2. 试述苏联博物馆学研究兴起及其影响。
3. 如何看待第二次世界大战后发展中国家博物馆学研究的崛起?
4. 简述第二次世界大战后欧美地区博物馆学发展的主要成就。
5. 试述中国博物馆学研究的历史遗产。

▶ 拓展阅读

第二章　博物馆功能与类型

博物馆作为公共文化机构，其所具有和应发挥的作用，从其所承担的社会职责角度而言，可称为博物馆职能；从其所发挥的社会作用角度而言，可称为博物馆功能。与其他社会机构、文化机构相比较，博物馆本身是具有一定共同特征的，各个博物馆之间相比较，也会因其各自不同的特点而形成不同的门类，这就是博物馆的类型。随着社会的不断进步，博物馆事业的不断发展，博物馆的类型层出不穷，博物馆的功能也越来越丰富多彩。

第一节　博物馆的定义

博物馆的定义，是指对于博物馆这一事物的本质特征的确切而简要的说明，它应准确地揭示出博物馆的性质、功能和目的，揭示出博物馆在现代文化生活中的地位及其与社会的关系。无论是国际社会还是中国，关于博物馆的定义，都有着跟随社会进步、博物馆事业发展而不断变化的特点。

一、国际学界所作的定义

"博物馆"（Museum）一词从词源学上讲，其词根来自于希腊语的 Mouseion，原义是指供奉缪斯（Muse）（即古希腊神话中掌管文艺与科学等的九位女神）的神庙。于公元前 3 世纪建立的缪斯神庙被看作博物馆的源起。而直到 17 世纪英国牛津大学阿什莫尔博物馆建立，"Museum"一词才成为博物馆的通用名称。

20 世纪开始，博物馆进入了一个全新的发展时期。国际学界对博物馆的认识不断深入，对博物馆的定义也在不断地改变着。尤其是国际博物馆协会，为了能有一个各国都普遍接受的博物馆定义，做了很多工作，曾经对博物馆的定义做过多次讨论和修改。

1946 年 11 月，国际博物馆协会在法国巴黎成立。国际博物馆协会成立之际，在其章程中指出："博物馆是指向公众开放的美术、工艺、科学、历史以及考古学藏品的机构，也包括动物园、植物园，但图书馆如无常设陈列室者则除外。"这个定义主要强调博物馆常设陈列的重要性。

1951 年，国际博物馆协会代表大会对博物馆定义进行了修订："博物馆是运用各种方法保管和研究艺术、历史、科学和技术的藏品以及动物园、植物园、水族馆的具有文化价值的资料和标本，供观众欣赏、教育而公开开放为目的的，为公共利益而进行管理的一切常设机构。”这一定义首次把博物馆供观众欣赏和教育明确列入进来。

1962年，国际博物馆协会章程提出：“以研究、教育和欣赏为目的，收藏、保管具有文化或科学价值的藏品并进行展出的一切常设机构，均应视为博物馆。”这个定义则把博物馆的收藏范围进一步扩大了。

1974年6月，国际博物馆协会在哥本哈根召开第11届代表大会，会议通过的章程明确规定：“博物馆是一个不追求营利的、为社会和社会发展服务的公开的永久性机构。它把收集、保存、研究有关人类及其环境见证物当作自己的基本职责，以便展出，公之于众，提供学习、教育、欣赏的机会。”这个定义第一次把“为社会和社会发展服务”列为博物馆的主要目标，明确了博物馆为“不追求营利的”机构的性质，并且加入了“人类”和“环境”词语，开始关注全人类及其环境问题。

很多人认为，这是一个较为适当的定义，但也有人认为这只是国际的一般性定义，各国仍按自己的认识和理解去定义博物馆。

美国《简明不列颠百科全书》指出：现代的博物馆是征集、保藏、陈列和研究代表自然和人类的实物，并为公众提供知识、教育和欣赏的文化教育机构。美国博物馆协会认为：博物馆是收集、保存最能有效地说明自然现象及人类生活的资料，并使之用于增进人们的知识和启蒙教育的机关。①

苏联的《苏联大百科全书》提出：博物馆是征集、保藏、研究和普及自然历史标本、物质及精神文化珍品的科学研究机构、科学教育机构。

日本的《博物馆法》规定：博物馆是收集、保管（含培育）、展示有关历史、艺术、民俗、产业、自然科学等资料，在考虑到教育性的情况下，向一般公众开放，为提高国民修养、调查、研究、娱乐等开展必要的事业，同时对所收集、保存的资料进行调查研究的机构。

1989年9月，国际博物馆协会在荷兰海牙举行第16届代表大会，通过的《国际博物馆协会章程》第2条，将博物馆定义再次修改为：“博物馆是为社会及其发展服务的非营利的永久性机构，并向大众开放。它为研究、教育、欣赏之目的征集、保护、研究、传播并展示人类及人类环境的见证物。”这个定义引入了“传播”概念，博物馆有责任承担此任务。

1989年的这个定义是20世纪自国际博物馆协会成立以来，国际上比较通行也相对稳定的博物馆定义。一些博物馆学论著都引用这一定义，许多国家在确定本

---

① 中国大百科全书出版社《简明不列颠百科全书》编辑部译编：《简明不列颠百科全书》第2卷，中国大百科全书出版社1985年版，第65—66页。

国博物馆定义时也以此为依据或参照。

博物馆在适应社会发展的漫长历程中，形成多职能的文化复合体。进入21世纪，随着社会的进步与发展，博物馆的职能也在不断发展变化之中。博物馆的新形态、新职能、新方法、新的收藏对象也不断涌现。因此，国际公认的博物馆定义仍在不断的修改之中。

2001年国际博物馆协会修订的《国际博物馆协会章程》中提出的博物馆定义为："博物馆是一个为社会及其发展服务的、向公众开放的非营利性常设机构，为研究、教育、欣赏的目的征集、保护、研究、传播并展出人类及人类环境的物证。"这一定义将博物馆收藏的范围扩展为"人类及人类环境的物证"。

2004年，在韩国召开的国际博物馆协会代表大会上又对博物馆的定义进行了修改：博物馆是为社会和社会发展服务的非营利的常设机构，对公众开放，为研究、教育和欣赏的目的，收藏、保护、研究、传播和陈列关于人类及人类环境的物质或非物质证据。

2007年，国际博物馆协会在维也纳召开的全体代表大会，再次通过了对博物馆定义的修订，修订后的博物馆定义是："博物馆是一个为社会及其发展服务的、向公众开放的非营利性常设机构，为教育、研究、欣赏的目的征集、保护、研究、传播并展出人类及人类环境的物质及非物质遗产。"这一定义首次把"教育"提到博物馆社会功能的首位，并将博物馆工作对象的外延延伸到"非物质遗产"领域。

二、中国学界所作的定义

中国学界对于博物馆的了解与认识，也有一个逐步深入的过程，对其定义也有过多次的修改。早在20世纪30年代中期，中国博物馆协会认为：博物馆是一种文化机构，不是专为保管宝物的仓库，是以实物的验证而作教育工作的组织及探讨学问的场所。

中华人民共和国成立后，对博物馆的定义进行了讨论和修改。1956年文化部在北京召开的全国博物馆工作会议上提出：博物馆具有科学研究机关、文化教育机关、物质文化与精神文化遗存和自然标本的主要收藏所的三重性质和博物馆应为科学研究服务、为广大人民服务的两项基本任务，即"三性二务"。

1961年，文化部文化学院举办的文物博物馆干部学习班印发的《博物馆工作概论》（内部铅印稿）提出：博物馆是文物和标本的主要收藏机构、宣传教育机构和科学研究机构，是我国社会主义科学文化事业的重要组成部分。

1979年，全国博物馆工作座谈会研究、国家文物局颁布的《省、市、自治区博物馆工作条例》则明确规定：博物馆是文物和标本的主要收藏机构、宣传教育机构和科学研究机构，是我国社会主义科学文化事业的重要组成部分。博物馆通过征集收藏文物、标本，进行科学研究，举办陈列展览，传播历史和科学文化知识，对人民群众进行爱国主义教育和社会主义教育，为提高全民族的科学文化水平，为我国社会主义现代化建设做出贡献。对这一定义，1985 年出版的《中国博物馆学概论》给予了高度肯定，认为“它不仅对我国博物馆及其含义作出了精辟的科学论述，而且也指明了我国博物馆事业的前进方向”①。1993 年出版的《中国大百科全书·文物　博物馆》卷也持有相同的观点，它指出“中国博物馆界对这一定义基本上是肯定的”②。

2005 年文化部颁布的《博物馆管理办法》对博物馆所下的定义是：博物馆，是指收藏、保护、研究、展示人类活动和自然环境的见证物，经过文物行政部门审核、相关行政部门批准许可取得法人资格，向公众开放的非营利性社会服务机构。这是从行政管理角度给出的博物馆定义，其中博物馆藏品的范围划定为“人类活动和自然环境的见证物”，适应了当时国际社会对博物馆的认识。

2015 年中华人民共和国国务院颁布施行的《博物馆条例》对博物馆所下的定义是：博物馆，是指以教育、研究和欣赏为目的，收藏、保护并向公众展示人类活动和自然环境的见证物，经登记管理机关依法登记的非营利组织。这一定义，适应了当下国际社会对博物馆定义的新认识和新修订，同样把“教育”列为博物馆的首要职能。

三、博物馆定义的新变化

关于博物馆定义的变化，在 2001 年出版的《中国博物馆学基础》修订本中就曾提出过博物馆定义变化的三个趋向：第一，“博物馆是个非营利机构”的观念开始变化，理由是欧洲将博物馆定义修改为“不是一个为了营利的机构”，美国则把“博物馆是个非营利机构”解释为“不以营利为目的的机构”。第二，强调博物馆是“人与物之间的结合”。这种“物”，是指全部博物馆资料，包括直接资料（实物）、间接资料（模型、复制品、记录）以及图书文献；“人”是指博物馆的利用者。第三，主张博物馆新定义应反映博物馆的社会参与性，强调博物馆是为社会服务的。③

进入 21 世纪，博物馆定义的不断修订，也带给我们以下一些新的变化和新信息。

第一，“教育”被列为博物馆目的与业务的首位。一直以来博物馆定义都是把

---

① 文化部文物局主编：《中国博物馆学概论》，文物出版社 1985 年版，第 29 页。

② 中国大百科全书总编辑委员会《文物·博物馆》编辑委员会、中国大百科全书出版社编辑部：《中国大百科全书·文物　博物馆》，中国大百科全书出版社 1993 年版，前言第 19 页。

③ 王宏钧：《中国博物馆学基础》（修订本），上海古籍出版社 2001 年版，第 40—42 页。

研究和收藏作为博物馆的第一目的和要务，“为研究、教育、欣赏的目的”。新世纪，博物馆强调为社会服务的同时，认识到只有重视教育才是最好地为社会服务的表现。为此，2007 年国际博物馆协会的博物馆定义中“教育”首次被调整到博物馆业务目的的第一位，从而取代了长期以来“研究”置于首位的认识，无疑更加提高了“教育”在博物馆业务工作中的地位。可以说，博物馆定义发展的过程是教育的重要性在博物馆为社会服务的工作中逐渐被认识和强化的过程。

第二，博物馆藏品扩展为“物质及非物质遗产”。博物馆收藏的物品，由原来的见证物、物证，变成了“物质及非物质遗产”，首次把“非物质遗产”列入博物馆定义中，纳入博物馆收藏品范畴。博物馆定义正式申明“非物质遗产”是博物馆工作对象，有助于消除长时间以来围绕博物馆能否进行非物质遗产保护工作的争议，明确了博物馆不仅要继续保护管理好物质遗产，也要调整工作方向、业务流程和工作规范，成为保护、传承、管理非物质遗产的积极力量。

第三，2007 年，国际博物馆协会修订后的博物馆定义，去除了“列举部分”。尽管没有涉及定义的原则性陈述内容，但去除列举部分也传递了一个信号，即当代公共博物馆的发展进入一个百花齐放的时代，也处在变革发展的重要时期。这一调整一方面反映了国际博物馆协会开放、包容的心态，另一方面也为博物馆组织的创新和革新亮了绿灯，人们不再纠缠于组织名称和构成要素，而是更重视博物馆的组织特性、社会责任和社会效益。

总之，由上述博物馆的相关定义的修订，我们可以看出博物馆定义变化的新趋势是：博物馆藏品的范围变得越来越广博，博物馆以“教育”为首位的社会职能越来越得以强化，博物馆的组织特性、社会责任和社会效益更加受到重视。

上述我国政府主管部门颁布的《博物馆管理办法》和《博物馆条例》中涉及博物馆的定性叙述，不是学术性的定义，而是从管理角度出发给出的。我们认为博物馆的定义是：博物馆是一个为社会及其发展服务的、面向公众开放的非营利性常设机构，以教育、研究、欣赏为目的，收藏、保护、研究并展出人类活动和自然环境的见证物。

第二节 博物馆的特征与功能

作为社会教育机构和公共文化服务机构，博物馆有着与众不同的特征；凭借着这些特征，博物馆发挥着越来越显著的功能。

一、博物馆的特征

作为一个向公众开放的常设机构，博物馆与众不同的地方，就是它拥有“人类及人类环境的物质及非物质遗产”——即博物馆藏品，它通过对这些“物质及非物质遗产”的征集、保护、研究，向公众进行传播和展示。同时，作为一个公共机构，博物馆有着为社会及其发展服务的目的，并以不追求营利的姿态向公众开放。这些都可以构成博物馆的特征。

关于博物馆的特征，以往的论著观点大体相同。一种观点认为：博物馆的鲜明特征是实物性、直观性和科学性的相互结合；一种观点认为，博物馆的基本特征是实物性、直观性、广博性。20 世纪 80 年代出版的《中国博物馆学概论》中指出，“以文物和标本为基础，组成形象化的科学的陈列体系，对观众进行直观的宣传教育，就是博物馆的特征”。同时该书还提出“实物性、直观性和科学性的相互结合，构成了博物馆的鲜明特征”①。2001 年出版的《中国博物馆学基础》（修订本）中提出博物馆的特征是实物性、直观性、广博性。博物馆必须具备一定数量和质量的藏品，即实物。从雏形时期的博物馆，到现代各种类型的博物馆，根本的共同点就在于实物性。这一根本的共同点，也是博物馆与其他文化教育机构的根本区别。所以，实物性是博物馆的主要特征。与博物馆的实物性紧密联系的另一特征是直观性。博物馆以大量实物组织陈列展览，以实物例证向观众的各种感官多渠道地输送信息。博物馆门类众多，收藏品涉及广泛。所涉及知识领域的广博性，也是博物馆区别于其他文化教育机构的一个特征。②

博物馆的特征，可以从博物馆产生与发展的过程中寻找痕迹，也可以从博物馆的定义中去寻找。从博物馆的产生与发展来看，无论是国际上还是中国，无论是古代还是近现代，博物馆都产生于收藏，大量的实物收藏构成了博物馆显著的特征之一。随着社会的不断发展，博物馆向社会大众开放，这样就形成了近代博物馆，使得古代收藏室演变为近代公共文化机构——博物馆。因此，实物性和公共性，是博物馆最为显著的特征。随着博物馆事业的不断发展，博物馆种类不断增加，博物馆收藏越来越广泛，藏品越来越丰富。从自然界到人类社会，从遥远的古代到当下的现实生活，从本国本地区到异国他乡，从宏观到微观，各种实物例证和资料以及非物质遗产进入博物馆成为藏品，给博物馆带来了广博性的特征。博物馆的业务人员，经过深入研究、精心设计，为观众呈现一个个较为科学、系统的陈列展览，使得博物馆还具有一定的科学性的特征。

从出现近代博物馆到当今现代博物馆，虽经历了三百多年的变化发展，但既然我们都将其称为博物馆，其基本特征仍是一脉相承的，因此我们也可以从现在对博物馆的定义中找到一些端倪。关于博物馆的定义，我们可以从前述国际博协

---

① 文化部文物局主编：《中国博物馆学概论》，文物出版社 1985 年版，第 30—31 页。

② 王宏钧：《中国博物馆学基础》（修订本），上海古籍出版社 2001 年版，第 42—45 页。

1989 年和 2007 年所下的定义中得到博物馆的一些基本特征：

公共性：即博物馆是一个公共服务机构，为公众而设立，其服务对象是社会公众，而不是一部分特殊人群。公共性是博物馆的本质属性之一。这种公共性植根于其赖以产生的公共文化需求。关于博物馆的公共性问题，已有专家学者做过论述，博物馆的公共性主要包括公正性、公平性、公益性、公开性四个方面。其中，公正性就是要求博物馆制度的构建必须合理、合法，即遵循博物馆发展的基本规律，符合相关的法律法规，这是博物馆公共性的前提。博物馆的公平性既包括使用博物馆的机会和接受相同服务质量等方面的公平，还包括在保证当代人满足或实现自己的需要的同时，还要保证后代人也能够有机会满足他们的利益需要，这是博物馆公共性的核心。博物馆公益性是指国家、社会和个人为博物馆所提供的设施、条件、产品和服务具有公共性的主要特征，受益者是社会公众。公众受益是博物馆公益性的集中体现。公益性是博物馆事业客观存在的一种社会属性，它不以办馆者的主观意志为转移，无论是由政府办馆还是由非政府组织或个人办馆，博物馆都具有公益性，这是博物馆公共性的目标。公开性一般是指透明度、民主性。公开性要求博物馆制度能够保障博物馆决策、资源分配、资金来源和使用等的开放性和透明度。博物馆所提供的服务必须具备公开性，公开、透明是博物馆履行公共服务职能的本质要求，这是博物馆公共性的保证。

实物性、直观性：博物馆产生于收藏，藏品是博物馆业务活动的重要基础，举办陈列展览是博物馆的主要活动形式，也是博物馆对公众进行教育传播的重要阵地。可以说陈列展览是博物馆工作的中心环节，博物馆以其展品举办的陈列展览带给观众直观效果。博物馆必须具备一定数量的藏品，并且要有基本陈列展览对外开放。即使是刚刚兴起的数字博物馆，它也是建立在实物的基础上，运用虚拟影像将藏品以直观的形象展示给观众。

非营利性、服务性、常设性：博物馆的运行不是以营利为目的，它的设立是为了服务大众。博物馆不只是对公众开放，而且是为了公益目的而存在。并且从理论上讲，博物馆是一个具有永恒生命力、独立于其他组织的机构，不管其员工有何变化或馆舍如何变更，博物馆都会存在下去。

所以，综合上述内容，我们可以归纳出博物馆的两个最基本的特征：实物性和公共性。其中，公共性特征更是区别古代博物馆和近现代博物馆的关键。在实物性和公共性这两个基本特征基础之上，博物馆还具有一些其他特征，如常设性、开放性、直观性、广博性、科学性，等等。

二、博物馆的功能

博物馆的功能，是指博物馆作为一种社会组织和文化机构所发挥的社会作用。

按照马克思主义的观点，我们认为博物馆的功能与其所在社会的经济基础和上层建筑的性质密切相关，社会生产力的发展水平从根本上制约着博物馆的功能定位，而社会制度的特征在很大程度上决定着博物馆应当发挥和怎样发挥自己的作用。博物馆的功能与一个民族的历史文化紧密关联，它总是自觉或不自觉地反映特定民族的历史传统、文化特色和价值追求，直接或间接地推进民族文化的传承与发展。一个优秀的博物馆应当自觉地为提升公民的文化自信和历史意识而不懈努力。博物馆的功能随着社会的变迁而不断演进。社会制度的变革，社会观念的变易，民众需求的变化，直接影响着博物馆的运营理念、管理机制、工作内容和服务方式。尤其是在社会转型时期，博物馆运作的传统思路和传统形式总是面临着各种挑战，博物馆必须在不断地探索和创新中完善自身的功能。

随着社会的不断演进和博物馆自身的不断发展，博物馆的功能也在不断地扩展、延伸和完善着，对博物馆功能的认识也在不断增加。

近代中国对于博物馆功能的认识已经有了很多，主要包括：

陈端志的三大效能说：1936 年陈端志在其《博物馆学通论》一书中提出博物馆的三大效能：一是社会教育，使民众的知识扩大，趣味向上；二是博物馆对于学校学生教育有辅助功效；三是博物馆对于学术研究也有积极作用。①

杨钟健的三使命说：1937 年杨钟健在其《关于陈列馆的意见》一文中提出博物馆的三大使命：搜集、研究、保存。“陈列馆之所以重要，乃因其包括有三种重要的使命。就是搜集各种科学或文化的材料，其次为研究，其次为保存。”“陈列馆无论为何性质，皆以搜集实物为职志，将所搜集的实物加以研究陈列。一方面使实物不易散失，一方面供人参观。此外又有教育的功效。”②

曾昭燏的四大功用说：1943 年曾昭燏在其与李济合著的《博物馆》一书中提出博物馆的四大功用：一是保存有价值之物品，使其历久不坏，以供今人和后人之用。二是辅助研究工作。三是实施实物教育。四是实施精神教育。③

新中国对博物馆功能的认识首先体现在对其教育功能的强调。1951 年文化部发布的《对地方博物馆的方针、任务、性质及发展方向的意见》中提出：博物馆事业的总任务是进行革命的爱国主义的教育。1956 年，我们国家提出著名的“三性二务”论（参见第 27 页）。1979 年发布的《省、市、自治区博物馆工作条例》④再次明确“博物馆是文物和标本的主要收藏机构，宣传教育机构和科学研究机构，

① 陈端志：《博物馆学通论》，上海市博物馆 1936 年刊行，第 45—49 页。

② 杨钟健：《关于陈列馆的意见》，《中国博物馆协会会报》1937 年第 2 卷第 5 期。

③ 曾昭燏、李济：《博物馆》，正中书局 1943 年版，第 8—10 页。

④ 《省、市、自治区博物馆工作条例》，国家文物事业管理局 1979 年 6 月 29 日发布，载国家文物事业管理局编：《新中国文物法规选编》，文物出版社 1987 年版，第 126—130 页。

是我国社会主义科学文化事业的重要组成部分”，博物馆的功能是收藏、教育和研究。这代表了我们国家长期以来对博物馆职能的一种认识。在当时社会建设为经济建设服务的大环境下，博物馆的功能还主要是为社会主义现代化建设做贡献。

直至 2005 年颁布的《博物馆管理办法》① 和 2015 年颁布的《博物馆条例》② 中，我国对博物馆功能的认识实现了从功能主义向以人为本的转变，开始以满足广大人民群众日益增长的文化需求为出发点。博物馆成为紧密联系民生，惠及亿万民众的公共文化服务机构。例如，《博物馆管理办法》提出，博物馆是“收藏、保护、研究、展示人类活动和自然环境的见证物”，“向公众开放的非营利性社会服务机构”，“博物馆应当发挥社会教育功能，传播有益于社会进步的思想道德、科学技术和文化知识”。《博物馆条例》指出：“博物馆开展社会服务应当坚持为人民服务、为社会主义服务的方向和贴近实际、贴近生活、贴近群众的原则，丰富人民群众精神文化生活。”

国际上，西方欧美国家对博物馆功能的认识，比较通行的有所谓的“三 I”功能说，即调查研究（Investigation）、教育（Instruction）、激励（Imperator），以及“三 E”功能说，可简单概括为：教育国民（Educate）、提供娱乐（Entertain）、充实人生（Enrich）。2010 年 11 月在上海召开的国际博协第 22 次代表大会上又提出了“休闲功能”。

综上所述，不难看出，博物馆的基本功能主要是收藏、研究、教育和休闲，基本功效是教育、保护、研究和展示。而作为一种社会组织和文化机构，博物馆不可避免地还具有服务于社会政治和文化的功能。同时，随着博物馆的不断发展，还产生了一些新的功能，如传播、娱乐等。

三、博物馆的作用

上述博物馆的功能是国际学界一般的看法，相对而言，此所谓博物馆的作用是我国学界特有的表述方式，对社会服务功能做了强调和细化。我国博物馆作为中国特色社会主义文化建设的重要组成部分，是凝心聚力和激励人们的重要力量，担负着提高全民素质，推动文化发展的历史使命。作为社会教育机构和公共文化机构，博物馆具有直观、形象、生动、科学的特点，是良好的教育阵地，发挥着积极的不可代替的独特的社会功能。博物馆的作用可以归纳为以下几个方面。

1. 启迪民智的窗口。中国历史悠久文化灿烂，博物馆里收藏保存的丰富多彩

---

① 《博物馆管理办法》，文化部 2005 年 12 月 22 日发布，载中国国家文物局、中国博物馆协会编：《博物馆法规文件选编》，科学出版社 2010 年版，第 32—37 页。

② 《博物馆条例》，国务院 2015 年 2 月 9 日发布，载《中国文物报》2015 年 3 月 3 日。

的文化遗产资源和自然资源，是开启民智、增长智慧的最好素材。对公众而言，到博物馆参观考察不断推新的展览和琳琅满目的展品，是开启智慧之窗的最为直接便利的方式之一。

2. 传播知识的课堂。知识的获得主要是通过教育来进行的，而教育可分为学校教育和社会教育。博物馆的教育功能是社会教育的重要组成部分，博物馆是普及传播科学文化知识的重要场所。

3. 美育教育的殿堂。美育教育就是以培养审美能力、美的情操和对艺术的兴趣为主要任务的教育。自古以来，美就是社会实践的产物，通过审美实践可以陶冶情操、美化心灵，丰富人们的精神生活，启发人们的自觉意识。博物馆是反映人类社会审美的主要阵地之一。博物馆丰富多彩的文物和形象化的陈列展览，把人类社会文明的形成和发展生动形象地表现出来，使博物馆成为美育教育的殿堂。

4. 思想教育的阵地。思想教育一般包括爱国主义教育、集体主义教育、社会主义教育，以及辩证唯物主义和历史唯物主义教育等。博物馆是反映中国文明的重要场所，在开展思想教育方面，博物馆所收藏和展示的文物是进行爱国主义教育、集体主义教育和社会主义教育的形象资料，具有直观、形象、生动的特点，给人以感性认识，更加具有感染力和说服力。

5. 科学研究的城堡。科学研究是博物馆的重要职能和主要任务之一。一方面，博物馆的实物资料是科学研究的第一手资料，为各类科学研究提供服务，是博物馆服务社会的重要组成部分；另一方面，博物馆工作本身也是具有科学研究性质的工作，博物馆工作者需要研究藏品及其保存保护的技术手段、研究博物馆观众、研究各个相关专业学科、研究博物馆学及其分支学科等。

6. 文化交流的桥梁。一般而言，文物是有国界的，文化却是全人类的、无国界的。文物遗存作为历史文化载体，具有丰富多彩的内涵，是人类文明的重要组成部分，既为本民族所拥有，又为全世界所共享。文物所具有的精神内涵，可以被全世界各民族共同理解，成为相互了解、互相沟通的重要载体。因而，文物又有“文化大使”之美誉。我国博物馆通过文物这一桥梁，向世界展示灿烂悠久的古代中国文化，使世界各国了解古代中国，走近现代中国，从而加深对中国的理解，增进国际文化交流。

第三节　博物馆的类型

博物馆的类型一般而言主要是由博物馆的藏品所决定的，博物馆类型的变化，体现了博物馆事业的发展。

一、类型划分的意义

博物馆的类型，就是根据博物馆各自的性质、特点的异同而划分出来的具有共同特征的博物馆所形成的类别。《中国博物馆学基础》提出，“所谓博物馆类型，就是指一定数量的博物馆依据某种共同的标准相互联系所形成的类别”①。

从博物馆整体的性质、特点和基本任务而言，它与其他社会文化教育机构是有区别的。但是，即便是具有共同的基本性质和特征的博物馆，也并不都是完全相同、一模一样的，这就产生了博物馆划分类型的问题。

科学地划分博物馆的类型，对博物馆事业发展和博物馆具体工作的开展均有着积极的现实意义和深远的历史意义。第一，有利于深刻认识和掌握博物馆自身的特点和工作规律。第二，有利于明确各类博物馆的专业方向。第三，有利于博物馆事业合理布局和科学发展。第四，有利于对口开展博物馆学术交流活动。

二、类型划分的依据

博物馆类型的划分，是博物馆学研究的新课题。依据不同，划分出来的类型也会有所不同。关于划分类型的依据，20 世纪 80 年代出版的《中国博物馆学概论》提出了划分类型的两个依据。其一，以藏品性质和博物馆所反映的内容来划分。可以将博物馆划分为社会历史类、自然科学类和综合类三个大类。其中，社会历史类博物馆，依其所反映的内容的不同，还可以进一步划分出不同的类别，如历史类、革命史类、民族类、民俗类博物馆，以历史人物和历史事件为专题的纪念馆，以及属于社会科学范畴的文化艺术博物馆等。自然科学类博物馆，依其具体内容的不同，又可划分为自然性质博物馆和科学技术性质博物馆。其中，自然性质的博物馆还可分为一般性的、专门性的和园囿性的三种。科学技术类博物馆还可以分为科学技术博物馆和科学技术史博物馆两种。综合性博物馆，是指包括社会历史类和自然科学类两大类内容，同时兼具社会科学和自然科学双重属性的博物馆。它的主要内容包括自然部分、历史部分（包括革命史）等，少数民族地区的博物馆还包含民族内容。② 其二，以兴办博物馆的目的并结合藏品的性质来划分。可以把博物馆划分为专门性博物馆、纪念性博物馆和综合性博物馆等类型。其中，专门性博物馆大致可以分为历史、革命史、民族民俗、文化艺术、自然科学和科学技术等类型。纪念性博物馆可以划分为历史纪念馆（纪念古代历史事件

---

① 王宏钧：《中国博物馆学基础》（修订本），上海古籍出版社 2001 年版，第 51 页。
② 文化部文物局主编：《中国博物馆学概论》，文物出版社 1985 年版，第 42—53 页。

或历史人物）和革命纪念馆（纪念近代、现代历史事件或杰出人物）等类别。综合性博物馆是指全面反映自然历史和社会历史发展规律的博物馆。它既包括社会科学方面的内容，又包括自然科学方面的内容。① 部分省级、市级和县级博物馆，如黑龙江省博物馆、南通博物苑等，就是这类综合性博物馆。

20 世纪 90 年代出版的《中国大百科全书 · 文物　博物馆》卷提出博物馆类型的划分依据，主要是博物馆藏品、展出、教育活动的性质和特点，其次是经费来源和服务对象。并认为，中国的博物馆类型，可划分为历史类、艺术类、科学与技术类、综合类四种类型。②

2001 年出版的《中国博物馆学基础》修订本，谈到博物馆的划分有了新的发展。表现为：（1）划分为综合性、纪念性和专门性（也称专题性）三类。（2）从隶属关系按照主管部门和领导管理系统来划分。一般划分为文化（文物）系统博物馆，即国家和各省市县博物馆；国家科技系统博物馆，即中国科学院和各地方科技厅（局）主管的自然博物馆和其他专门博物馆；园林管理系统的博物馆，如沈阳北陵博物馆等；民政系统管理的博物馆，如杨靖宇烈士陵园博物馆、淮海战役纪念馆等；高校系统博物馆，即大学、专科院校的博物馆，如北京大学赛格勒考古艺术博物馆、中山大学生物博物馆等；军事系统的博物馆和纪念馆，如中国人民革命军事博物馆；此外，还有其他政府部门主管或筹建的博物馆，如邮票博物馆、煤炭博物馆、石油博物馆、桥梁博物馆、铁道博物馆、交通博物馆、茶叶博物馆等。（3）按照博物馆的性质和陈列教育活动内容划分。③

新时期，我国博物馆事业快速发展，截至 2017 年年底，仅国家文物局登记注册的博物馆就已超过 5 000 座。博物馆数量的增加，也带来了博物馆类型的丰富以及博物馆类型划分依据的新变化。（1）依据兴办主体来划分，可以将博物馆划分为国立博物馆、私立博物馆、民营博物馆、企业博物馆、行业博物馆等。（2）依据形态来划分，可以将博物馆划分为传统博物馆、生态博物馆和社区博物馆等。（3）依据观众来划分，如中国儿童中心老牛儿童探索馆。（4）依据展示方式来划分，可分为室内博物馆、露天博物馆、遗址博物馆等。

三、博物馆的类型

传统的博物馆类型，一般划分为社会历史类、自然科学类和综合类。随着博

① 文化部文物局主编：《中国博物馆学概论》，文物出版社 1985 年版，第 53—54 页。

② 梁白泉：《博物馆类型》，中国大百科全书总编辑委员会《文物 · 博物馆》编辑委员会、中国大百科全书出版社编辑部编：《中国大百科全书 · 文物　博物馆》，中国大百科全书出版社 1993 年版，第 48 页。

③ 王宏钧：《中国博物馆学基础》（修订本），上海古籍出版社 2001 年版，第 54—56 页。

物馆事业的不断发展，博物馆的类型越来越丰富，传统的类型划分已经不能充分反映博物馆的实际情况，也无法满足博物馆事业发展和高度发达的信息时代的需要，应该重新划分。

根据我国博物馆事业发展的实际情况，并结合长期类型划分实践过程中已经形成的习惯和约定俗成的认识，博物馆类型大致可划分为以下各类。

1. 历史类。以收藏、研究历史文物藏品，并以展示和反映古代历史的发展过程、发展规律等为主要内容的博物馆，如陕西历史博物馆、河南博物院等。

2. 革命史类。以收藏、研究近现代历史文物藏品，并以展示和反映近现代历史发展与进程等为主要内容的博物馆，如中国人民革命军事博物馆、井冈山革命博物馆等。

3. 纪念类。以收藏、研究、展示和反映历史事件、历史人物等方面的文物藏品为主要内容的博物馆，包括纪念馆和名人故居，如中国人民抗日战争纪念馆、九一八纪念馆、湖南韶山毛泽东故居纪念馆等。

4. 遗址类。在考古发掘遗址原址上和古建筑旧址上建立的博物馆，前者以收藏、保护、研究和展示该遗址发掘出土的文物和各种遗迹等为主要内容，后者以收藏、保护、研究、展示古建筑旧址及其内部原有物品为主要内容，以原状复原陈列和模拟复原陈列等为主要手段加以展示的博物馆。包括考古遗址博物馆、古建筑旧址博物馆，如西安半坡遗址博物馆、沈阳新乐遗址博物馆、北京恭王府博物馆等。

5. 文化、文体艺术类。以收藏、研究文体艺术类藏品，并以展示和反映文体艺术发展与演变过程和规律等为主要内容的博物馆，如徐悲鸿纪念馆、舞蹈艺术馆、中国体育博物馆、南京奥林匹克体育博物馆等。

6. 民族类。以收藏、研究民族文物藏品，并以展示和反映各少数民族的历史发展过程及其规律等为主要内容的博物馆，如北京民族文化宫博物馆、广西壮族自治区民族博物馆等。

7. 民俗类。以收藏、研究民俗文化类藏品，并以展示和反映各民族民俗文化、特色民俗等为主要内容的博物馆，如年画博物馆、农民画博物馆等。

8. 宗教类。以收藏、保护、研究宗教文化类藏品，并以展示和反映宗教文化的发展过程及其发展规律等为主要内容的博物馆，如敦煌博物院、佛教艺术博物馆等。

9. 自然类。以收藏、研究自然地质类藏品，并以展示和反映各地区自然史，天文、地质、生物资源，以及人类的发展过程及发展规律等为主要内容的博物馆，如北京自然博物馆、中国地质博物馆等。

10. 科技类。以收藏、研究科学技术类藏品，并以展示和反映科学技术的发展过程和发展规律等为主要内容的博物馆，包括科学技术和科学技术史博物馆，如中国科技馆、北京航空航天大学博物馆、自贡市盐业历史博物馆等。

11. 专门类。以收藏、研究某一专题类藏品，并以展示和反映某一专题类藏品的发展过程和变化规律等为主要内容的博物馆。包括各种专题博物馆（如西安碑林博物馆）、行业博物馆（如长春电影博物馆）、高校博物馆（如四川大学博物馆）、非物质文化遗产博物馆（如各地的酒文化博物馆、昆曲艺术博物馆、吉林图们延边朝鲜族非物质文化遗产博物馆）等。

12. 地志综合类。以收藏、研究地方社会历史和自然类藏品，并以展示和反映地方自然和社会历史文化艺术综合发展与不断进步等为主要内容的博物馆。包括省级地志博物馆和地市级地志博物馆，如黑龙江省博物馆、山东省博物馆、新疆维吾尔自治区博物馆、西藏自治区博物馆等。

随着博物馆事业的不断发展，博物馆的类型也会不断增加。

博物馆类型的扩展，主要体现在博物馆类型的增加与丰富和博物馆类型划分依据的增多上。传统的博物馆类型只有根据博物馆藏品性质划分的自然、历史、综合等类型。现在，博物馆类型划分的依据已越来越多，所划分的类型也越来越丰富。博物馆类型的扩展，反映出博物馆事业的发展。

总之，随着博物馆事业的不断发展，博物馆的定义也在不断完善之中。博物馆已经成为社会服务机构和公共文化服务机构，把为社会发展服务作为自己的宗旨。博物馆所具有的直观性、公共性、科学性、非营利性等特征，使得博物馆的功能不断加强。博物馆数量的增加，带来了博物馆类型的丰富，划分类型可参考的依据也越来越多，这些都充分表明博物馆是具有生命力的可持续发展的社会机构。

思考题

1. 你觉得怎样为博物馆下定义才合理?
2. 你认为博物馆的功能还有讨论余地吗?
3. 你认为博物馆的功能与作用之间是什么关系?
4. 你所参观过的博物馆分别属于什么类型的?
5. 你认为应该依据什么来划分博物馆的类型?

第三章　博物馆的发展历程

作为一种社会文化现象，博物馆经历了从萌芽、产生，到逐步发展壮大的历史进程。在不同社会文化中，博物馆呈现出不同的历时性面貌变化。

第一节　外国博物馆的发展历程

一、古代世界普遍的收藏现象

博物馆起源于人类对遗产的收藏、保护与利用实践。这种实践可上溯到遥远的古代。在古代，世界各地不同文化的人们，基于宗教、经济、审美等动机和目的，搜集、保存他们认为重要的物品，并建立了具有与后来博物馆类似功能的收藏、展示和保存设施。

（一）亚洲地区

古代亚洲就有过多种博物馆性质的收藏与保存设施。古代日本就曾出现实物收藏与展示设施，如图书寮，寺院的佛殿，传统神社附设的珍宝阁、“绘马殿”或“绘马堂”，镰仓时代以来武士的私人展览设施等。印度甚至在公元前 3 世纪之前，在神庙、皇宫中就出现了用于保存绘画、雕塑和陶器的房间，它们被认为是类博物馆机构。在西亚，也有一些类博物馆性质的收藏，年代最早者如新巴比伦王国国王尼布甲尼撒二世的收藏等。

（二）非洲地区

在非洲，实物收藏也有悠久的历史。公元前 3 世纪，在埃及亚历山大建立的古典世界中最负盛名的亚历山大里亚博学园中，就附设有缪斯神庙，里面保存有不少实物收藏品。该机构通常被认为是博物馆的源头。在古罗马时期，非洲一些神庙中也保存有实物。此外，一些圣所和宫殿，里面有相当规模的文化方面的实物收藏品。它们是具有非洲自身文化特色的传统保存机构。

（三）欧洲地区

在欧洲，在古希腊、古罗马时期的神庙、学园、私人宅第中，就出现了艺术品、自然珍奇和外域之物等收藏。其中，神庙类收藏向旅行者等开放，蕴含了最初的公共精神。进入中世纪之后，古老的收藏传统主要通过世俗王室和教会的收藏得以延续。世俗王室的收藏除圣物、来自远方的珍奇之外，更多是与王权有关的实物或珍宝，经济重要性突出。而教会收藏占据主导地位，内容多是与宗教有关的，如圣母、基督、教皇、圣徒和传道者的遗物、圣像、法器（包括传说中的宗教遗物)、图解手稿、宗教服冠、写本等，另有珍奇之物以及不少年代久远的带装饰的手稿和艺术品。教会收藏的目的在于“哄动民众，刺激其迷信，以坚敬神的心”①，但客观上为普通民众提供了观赏的机会，带有一定的公众性。从这一意义上讲，教会收藏使得古典时代的公共收藏传统得以延续，同时，也保存了一大批有价值的实物，其中不少收藏品进入欧洲后来的公共博物馆。

（四）美洲地区

在欧洲人到达美洲之前，美洲原住民就开始了他们在遗产保护和利用方面的实践，并出现了与其生存环境相适应的多种文化组织和不同类型的收藏系统。在那里，收藏对象不仅有非实用品，还包括有用的活体生物收藏。

可以说，在古代世界不同文化当中，均存在着遗产收藏与保护实践，尽管其中也存在着不少差异。搜集和展示有价值的物品或是一种普遍性的人类活动，不限于任何阶层或文化群体，更不专属于某个特定的社会，或某个特定的地区如欧洲，乃是一种跨文化的普遍现象。

二、欧洲文艺复兴时期的收藏实践

文艺复兴时期，受文艺复兴运动等多种因素的影响，欧洲收藏呈现出不同于以往的新的面貌。当时，收藏活动极为活跃。在欧洲各地，均出现了值得一提的收藏。其中，既有机构性收藏，也有私家收藏，尤其以私家收藏最为发达，著名者如意大利的美第奇家族、尼科利、乔瓦、阿尔德罗万迪、凯塞拉雷、伊普雷塔、塞塔拉、科斯皮等的收藏，西班牙的国王腓力四世、著名学者拉斯塔努萨的收藏，英国国王查理一世、特拉德斯坎特父子的收藏，法国国王弗兰西斯一世、路易十四、著名学者佩雷斯克的收藏，荷兰的拉斯奇、塞巴、帕卢达那斯的收藏，丹麦国王腓特烈三世、著名学者沃姆的收藏，中欧地区的阿尔布雷奇五世公爵、神圣罗马帝国皇帝鲁道夫二世和斐迪南二世的收藏以及瑞士的阿莫贝奇家族的收藏等。在东欧，沙皇伊凡四世也有自己的收藏。这些收藏大多是世俗收藏，内容从最初的古物逐步扩展到自然物品与人工制品兼而有之，以珍奇之物最为惹眼，因内容多样，故常有“百科性质”收藏之称。当时，也有一些收藏呈现出较高的专门化程度。因收藏主体与目的的不同，这些收藏呈现出夸耀、象征、身份提升、研究、教学等多样化的功用。不少收藏是允许人们观赏和利用的。利用者多是旅行者、外交人员、王公贵族、学者和学生等。观赏和利用大多是偶然现象，而非常态化。保存这些收藏的地方通常被称为“珍奇室”“美术馆”等。

中世纪延续下来的教堂、修道院的收藏也是文艺复兴时期收藏的另一重要组

---

① 费畊雨、费鸿年：《博物馆概论》，中华书局 1936 年版，第 8 页。

成部分。这类收藏过去常常因为当时世俗私家收藏的突出地位而被人们忽略了。实际上，它们是文艺复兴时期收藏实践的完整图景不可缺少的一部分。

文艺复兴时期的收藏实践孕育和生成了诸多博物馆因素，如开放、展示等，而且，部分收藏后来进入一些早期公共博物馆，为其奠定了一定的藏品基础。欧洲文艺复兴时期因此而成为现代博物馆酝酿和生成的重要时期。

三、早期公共博物馆

得益于文艺复兴时期的欧洲收藏实践丰富的历史遗产，同时也受到宗教改革、启蒙运动、资产阶级革命以及资本主义经济发展的影响，从 17 世纪后期开始，在欧洲、美洲等地先后出现了早期的公共博物馆。

（一）欧洲地区

在欧洲，早期公共博物馆当中年代较早、影响较大的机构是 1683 年正式对外开放的牛津大学阿什莫尔博物馆。其后出现的大英博物馆、早期的卢浮宫博物馆、乌菲兹博物馆和庇护-克雷芒博物馆、贝尔维迪尔宫博物馆、马德里的普拉多博物馆、德国的腓特烈博物馆和慕尼黑雕塑博物馆等也都是比较有代表性的博物馆。这些早期公共博物馆的出现大多与已有的收藏紧密联系在一起。阿什莫尔博物馆是以英国收藏家特拉德斯坎特父子的收藏为基础，融合了英国贵族阿什莫尔的部分收藏而建立的。不过，在开放之后的很长一段时间里，该馆主要是作为一个研究机构存在。卢浮宫博物馆是以法国皇家收藏为核心建立起来的。该馆将先前作为部分人把玩的收藏变成了公民共有的财产，博物馆成为展现和传播国家威仪的一种政治工具，标志着博物馆历史上的一个重大转变。

在东欧地区，俄罗斯在 18 世纪出现了公共博物馆。1719 年建立了第一座开放性博物馆。18 世纪下半叶到 19 世纪，在伊尔库茨克等地出现了首批地方博物馆及一些专门博物馆。其间，最有影响的是在 1764 年建立的艾尔米塔什博物馆。

（二）北美地区

18 世纪后期的北美洲地区，在民间力量推动下，也开始出现了一些公共博物馆。1773 年，北美南卡罗来纳州查尔斯顿图书馆学会在查尔斯顿城创建了查尔斯顿博物馆，美国独立后，它被公认为美国第一座博物馆。它在一定程度上揭示了美国博物馆创设的基本模式。1786 年，由美国博物馆大师皮尔在费城创建的皮尔博物馆则是以私人力量创建的最具有影响力的博物馆，曾一度成为费城甚至是美国东部最有吸引力的设施之一，被认为是美国民主博物馆的原型，第一座受到普遍欢迎的自然科学和艺术博物馆。

（三）其他地区

伴随着 18 世纪后期殖民势力的扩张，公共博物馆在欧洲和北美之外的地区也落地生根，而且，大多是与一些民间团体联系在一起。在亚洲等地，陆续出现一些公共博物馆。1814 年，英国皇家亚洲学会在印度加尔各答建立了印度博物馆。这是一座完全模仿西方模式的博物馆，被看作印度的第一座公共博物馆。在印度尼西亚的雅加达，1778 年，由皇家巴达维亚艺术与科学学会建立了今天看到的印度尼西亚国家博物馆。该馆被认为是亚洲最古老的博物馆之一。18 世纪后期，在拉美地区，也出现少数几座博物馆。

总之，早期公共博物馆最先出现于 17 世纪的欧洲，到 18 世纪后期形成了群体性存在，并波及更广大区域。这些早期公共博物馆以收藏的常态开放为特征，博物馆也因此而开始了自身的社会化进程。伴随着这种制度性的开放，博物馆获得了一定的公共性，成为一个公共机构。不过，在开放实践中，仍存在着目标定位与实际运营之间的背离。开放承诺很多时候会因实际运行中的种种参观限制而被搁置。同时，开放也给博物馆的藏品管理、建筑设计和展示等带来巨大变化。这些公共博物馆收藏内容的专门化程度得到提升，出现了古物馆、绘画馆等设施。博物馆的研究、教育、表征等功能呈现出来。

美洲及其他地区早期公共博物馆的兴起是西欧型博物馆观念和机构形式的第一次大规模的输出，由此，拉开了西欧型博物馆在世界范围传播的序幕，世界博物馆版图因此在很大程度上被改变。

四、现代博物馆的兴起与发展

（一）现代博物馆的兴起

进入 19 世纪，受到科学发展、工业革命、国际博览会等诸多因素的影响，现代博物馆在世界范围内普遍兴起。

1. 欧洲地区

在西欧、北欧等地区，出现了以哥本哈根的丹麦国立博物馆、伦敦的南肯星顿博物馆（今天的维多利亚和阿尔伯特博物馆）、巴黎的民族志博物馆、斯德哥尔摩的斯堪森露天博物馆等为代表的一批现代博物馆。这些博物馆通常以现代科学知识为基础，在观念、方法、技术等方面，较此前的博物馆发生了很大的变化。斯堪森露天博物馆，通过移建的方式将文化遗产与其生成环境部分地结合在一起，实现了博物馆理念和技术方面的一次革命性突破，同时也为第二次世界大战后生态博物馆的诞生带来了灵感，提供了发展的空间。

在东欧地区，到 19 世纪中期，现代博物馆也形成一定规模，并呈现出网状特征，农业博物馆、科技馆等陆续建立起来。专门博物馆得到进一步发展。在 1860 年开始的俄国教育改革推动之下，一种新型的博物馆——教学博物馆出现了。1864 年，在圣彼得堡，一座面向军事学校的教学博物馆开放，这是俄国第一座教学博物馆。到十月革命前，俄国已经有150余座博物馆，但分布极不平衡，绝大多数博物馆集中在今俄罗斯联邦共和国境内。在莫斯科、圣彼得堡、基辅、符拉迪沃斯托克（海参崴）等大城市之外，一般都市都没有博物馆。因不少博物馆藏品归属私人，开放程度受限，博物馆的社会影响比较小。在匈牙利，与资本主义发展较晚相适应，博物馆起步较晚，1867—1895年，建立了15座新博物馆。1896—1905年，又建立13座新博物馆。1890年前后，在当时还隶属于奥匈帝国一部分的捷克土地上，博物馆的创建作为捷克民族主义和捷克自立的一种表达，出现了第一次高潮。

2. 北美地区

进入19世纪中期，美国博物馆迎来了一个重要的发展与变革时期。当时，新馆数量迅速增加。与更早时期博物馆偏重自然方面的内容不同，美国的历史与艺术类博物馆快速发展起来。其中，哈斯布鲁克故居博物馆（1850）的建立，开创了故居类博物馆的先河。一些重要的艺术博物馆如波士顿美术馆、纽约大都会艺术博物馆等也在这一时期纷纷成立。博物馆向公众敞开了它的大门。博物馆教育的性质和责任更显重要。也是在这一时期，博物馆推出的教育展览和与学校的合作标志着“公共服务”的出现，终结了其以往的“俱乐部”性质的活动。导引员等新的职位和制度也建立起来。美国博物馆成为博物馆新思想、新观念的重要发源地。19世纪中后期是美国博物馆发展的黄金时期，美国博物馆的国际地位在这一时期快速提升。美国博物馆的崛起使先前以欧洲为主导的世界博物馆格局开始发生变化。

在北美地区的另一个重要国家加拿大，1836年魁北克政府在收购私人收藏的基础上建立了加拿大的第一座公共博物馆。1843年，在蒙特利尔又建立了国家博物馆。

3. 其他地区

随着殖民势力的扩张，现代博物馆观念逐步传播到欧洲、北美以外的地区。19世纪中后期到20世纪初，现代博物馆也开始在这些地区兴起。在亚洲的印度、日本、印度尼西亚等国家，陆续出现了一些现代博物馆。在印度，除了1814年建立的印度博物馆之外，又建立了其他一些自然、经济方面的专门性博物馆。它们反映了英国的博物馆建设理念。日本现代博物馆观念的传播和实践是在19世纪中后期日本的近代化过程中开始的，当时派往欧洲和北美的使团将博物馆理念引入日本，并付诸实践，博物馆建设得到重视并发展。早期比较重要的博物馆包括汤岛圣堂古物陈列所（后来国立中央博物馆的前身）等，且多为综合性博物馆。稍晚时期，专门性博物馆如教育博物馆等得到较快发展。博物馆建设逐步由中央扩及地方，到1911年日本建立了85个博物馆。同一时期，在印度尼西亚、巴基斯坦、泰国、斯里兰卡、马来西亚等其他亚洲国家，也出现了一些现代博物馆。

在非洲，现代博物馆的兴起是英、法等殖民势力入侵的结果。在这一地区，现代博物馆是从南、北两端首先发展起来的。在非洲大陆的南部，1825 年由南非动物学之父史密斯（Andrew Smith）以自己的动物学收藏为基础在开普敦建立了非洲第一座现代博物馆。1858 年埃及博物馆在开罗成立。19 世纪 80 年代以后，北非的阿尔及利亚、突尼斯也建立了博物馆。到 19 世纪末 20 世纪初，非洲东南部地区的马达加斯加的塔那那利佛（1897）、津巴布韦的布拉瓦约（1901）和哈拉雷（1902）、肯尼亚的内罗毕（1909）等地，也有了各自的博物馆。中非等地博物馆的建立则是 20 世纪早期的事情，如乌干达博物馆（1901）、肯尼亚的国家博物馆（1909）等，而莫桑比克第一座博物馆的建立则已晚至 1913 年。

在南美地区，现代博物馆是随着葡萄牙等国殖民势力的扩张而发展起来的。19 世纪早期，西欧型博物馆就被引入巴西。1815 年，一个以私人绘画精品收藏为基础建立起来的博物馆（现在已经成为一个国家博物馆）在里约热内卢对公众开放。该馆也是巴西第一个有记载的博物馆。此后，哥伦比亚的国家博物馆（1824）、智利圣地亚哥的国家自然史博物馆（1830）、乌拉圭蒙得维的亚的国家自然史博物馆（1837）、巴西国家博物馆（1918）等也相继建立。19 世纪后半期，地方博物馆、专门性博物馆得到较快发展，像秘鲁利马的地质学博物馆（1891）、巴西圣保罗的地理学和地质学博物馆（1895）、阿根廷的航海博物馆（1892）、解放者西蒙·玻利瓦尔的纪念馆等也建立起来。

总之，进入 19 世纪特别是中后期，世界各地现代博物馆普遍兴起。在欧美地区，博物馆呈现出群体性特征（也包括博物馆的集群化发展，如德国的博物馆之岛和美国的史密森学会博物馆群等），且博物馆专门化趋势凸显。现代博物馆成为现代国家的重要教育机构，同时也成为聚敛大量来自全球各殖民地遗产的藏宝库。其他地区现代博物馆的出现通常是西方殖民势力扩张的产物。这些博物馆被殖民者用作阐释殖民地文化的中心，作为他们宣传殖民统治正当性的手段，带有鲜明的宗主国博物馆的色彩。

（二）现代博物馆的发展

进入 20 世纪特别是第一次世界大战之后，现代博物馆开始步入了一个发展时期。1926 年国际博物馆事务局的成立使这种发展超越地域而具有国际意义。

1. 欧洲地区

第一次世界大战结束后，爱国主义情绪在欧洲各国蔓延，博物馆因其在教育中的特殊地位而受到各国政府的高度重视，各主要国家博物馆都获得了不同程度的发展，出现了一系列新的变化。

受战争和工业化的影响，一些新的博物馆类型得到较快的发展。在 20 世纪 20 年代以后，欧洲各国普遍成立军事博物馆。在荷兰的阿拉海姆、英国的卡迪夫出现了露天博物馆。博物馆的理念与方法出现重大变化。法国的发现宫和大众艺术与传统习俗博物馆在方法上获得了较大的突破。比如，巴黎的发现宫回避了作为相关学科研究基础的“文物”或标本，而将纯科学如物理、化学等引入博物馆，引发了博物馆观念和方法上的一次巨大的变革，并因此而成为博物馆史上有影响力的博物馆之一。在德国，第一次世界大战后，大量的地方博物馆建立起来，宣传当地的历史和重要人物。1925 年对外开放的德意志博物馆以与科学和技术有关的实物为主要藏品，因鼓励参与性体验引领了当时博物馆展示和对外服务的潮流，获得国际声誉。不幸的是，纳粹上台后，特别是 20 世纪三四十年代，政治力量介入艺术收藏和博物馆，德国境内的艺术品均面临筛检，博物馆展览成为纳粹政治宣传的一部分。纳粹也利用博物馆特别是地方历史和文化博物馆服务于他们的意识形态。在北欧的瑞典，一种试图将国家与地方博物馆相结合的新博物馆管理模式被开发出来。其理念就是分散国家对史前纪念物和历史建筑的责任，将其与适当建筑中的地方收藏的专业保管联系起来，即鼓励地方将建筑与收藏一并负责，减轻国家压力，国家将提供资金支持。这种将国家利益与地方创新结合在一起的管理模式，在当时格外引人注目。

在东欧地区，最具有影响力的进展是苏联社会主义博物馆的崛起。1917 年，俄国十月革命后建立了苏维埃政权，1922 年建立了苏联。新兴政权采取了一系列措施（如建立相应的管理机构、召开相关会议及颁布相关法令等）推动博物馆事业的发展。苏联在建设“全民享用的博物馆，使之成为教育源泉的博物馆”的方针下，在改善旧有博物馆的同时，陆续建立了革命历史类博物馆等一批新型博物馆。地方博物馆也得到了比较快的发展。到 1941 年，苏联博物馆数量已增长到 991 座。

在苏联，博物馆被认为是文化机构之一，人民共享的场所。它突出了为人民所有、为千百万劳动群众服务的宗旨。马克思列宁主义成为博物馆活动（陈列、教育等）的思想基础，使博物馆有了一个全新的前进方向。博物馆的意识形态功能变得更重要，博物馆的工具性特征得到强化。正是这些特征使得苏联博物馆显示出与以往博物馆的极大不同，创造出一个新的博物馆系统，也使得苏联成为全世界建立新型博物馆的第一个国家。苏联社会主义博物馆的崛起，所带来的博物馆定位和方法的变革，不仅影响包括中国在内的社会主义国家博物馆事业的发展，而且在很大程度上改变了欧洲乃至世界博物馆格局。

在苏联之外的其他东欧国家，像匈牙利、捷克斯洛伐克等国，博物馆也有一定的发展。如在匈牙利，1935 年，博物馆总数一度达到 46 座。

2. 北美地区

进入20世纪，美国政府税收等相关政策的调整，第一次世界大战后经济实力的增强，职业化进程的推进，为博物馆发展提供了一个相对宽松的环境。第一次世界大战之后，美国博物馆获得了快速发展，博物馆数量和参观人数都有了较大的增长。据统计，到1939年，全美博物馆数已经从1914年的600座增长到2500座。观众数量也在增长。到1944年博物馆观众已经达到5000万人次。这一时期建立的纽约的现代艺术博物馆（1929）、惠特尼美国艺术博物馆（1930）和古根海姆博物馆（1939）奠定了纽约成为当今世界重要艺术中心的地位。芝加哥科学与工业博物馆（1933）则成为当时科学技术领域的领跑者。也是在这一时期，美国启动了大型保护项目。其中最有影响的就是殖民时期的威廉斯堡恢复与重建保护项目。该项目的成功实施标志着美国历史故居博物馆建设热潮达到一个阶段性的顶点。1925年，美国博物馆协会颁布了职业道德条例，这是博物馆行业自我规范管理的一个重要标志。对美国的博物馆事业来说，两次世界大战之间是博物馆一个快速扩张的时期，现代博物馆的框架得以建立。

3. 其他地区

在亚洲的日本，20世纪二三十年代，在朝野上下合作努力之下，博物馆事业得到较快发展。到1938年，日本出现了一个博物馆建设高潮，仅这一年日本就建成了320座博物馆。从30年代后半期开始，日本博物馆发展还出现一个重要的变化，就是建设方向从以欧美博物馆活动为样板、以大城市中型单科博物馆为中心，转变成基于日本精神、以乡土博物馆为中心。随之，兴起了乡土博物馆建设风潮。乡土博物馆的兴起是博物馆学寻求本土化的一种尝试，也是对欧洲博物馆模式的一种变革。进入20世纪之后，印度博物馆数量增长很快。到1936年，印度已有105座博物馆。它们绝大多数是由政府建立的。在新建馆中，考古遗址类博物馆发展迅速。在萨尔纳特等一些重要的考古遗址，纷纷建立了博物馆。在印度尼西亚，20世纪30年代地方博物馆建设迎来一个突进。位于万隆的地质学博物馆是这一时期重要的博物馆之一。到第二次世界大战结束，印度尼西亚拥有约24座博物馆。

在非洲，更多的博物馆是在进入20世纪之后建立起来的，且依然处在殖民势力的控制之下。1936年，由法国政府支持创建的法国黑非洲研究所在非洲西部的象牙海岸（今科特迪瓦）建立了阿比让国家博物馆（1944）等一批博物馆。但是，与英国殖民者在非洲创建的博物馆相比，法国黑非洲研究所创建博物馆数量要少得多。到1940年，英国殖民者仅在南非就建有31座博物馆。这些殖民势力对博物馆的控制一直持续到非洲独立之前。与19世纪不同，这一时期的博物馆内容有所变化。在摩洛哥，以古建筑为依托的一些民族和考古方面的博物馆（像非斯的巴塔宫和拉巴特的乌达亚斯宫的博物馆等）陆续建立起来，使博物馆的建立与文化遗产、古迹保护紧密地联系在一起。

在南美地区，巴西在20世纪20年代以后，社会政治结构发生了深刻而巨大的变化，国家文化概念发展起来。国立科学博物馆（1922）、国立历史博物馆（1922）等随之建立。到了30年代，受益于政府文化财产的保护政策，又建立了国立美术馆（1937）、帝国博物馆（1940）等一系列国家博物馆。其中多数被安置在具有历史价值的建筑中。这些博物馆连同先前的博物馆一起，服务于遗产保护。

总之，在经过了兴起和初步发展之后，现代博物馆基本成形，博物馆作为一个面向普通公众的实物机构的形象确立起来。博物馆反映的主题内容是艺术、历史和自然科学等，它们发挥着收藏、科研、教育等多种功用。不同区域博物馆的特点逐步形成。以苏联博物馆为代表的社会主义特征，以欧洲博物馆为代表的强调保护传统特征和以美洲博物馆为代表的突出教育的特征逐步显现出来。它们在目标设定、运作方式等方面也显示出各自的一些特点。这一时期欧美地区博物馆出现诸多创新性的发展，而其他地区现代博物馆的发展使博物馆逐步成为一种世界性文化现象。

第二节　当代外国博物馆

第二次世界大战后至今，尽管局部地区依然战争不断，但世界的总体格局是和平与发展。经济发展和文化需求的增长，推动博物馆前进，博物馆服务社会由自在走向自觉。在经济一体化和文化多元化的背景下，博物馆涉足生态与环境保护、社区发展、旅游业以及非物质遗产保护等领域，在服务社会的变革与发展中，发挥日益重要的作用。

战后世界进入一个和平发展环境，为博物馆的发展提供了条件。20世纪六七十年代，欧美发达国家出现文化建设高潮，带动了博物馆事业的兴盛，全世界60%以上的科技馆都建立于那时。战后从殖民统治下独立的新兴国家，高度重视博物馆作为民族独立和国家统一的象征意义，尽管博物馆数量与规模都有限，但打破了以往世界博物馆由欧美发达国家博物馆一统天下的格局。

一、发达国家的博物馆

以欧美为代表的西方发达国家一直引领着世界博物馆发展的潮流。20世纪八九十年代，全世界博物馆的四分之三都在发达国家，当今世界著名的博物馆绝大多数也都在发达国家，这些博物馆拥有最大的博物馆观众群。今天，发达国家依然掌控着世界博物馆的话语权。

（一）美国

第二次世界大战前，美国的博物馆已经历了一次大发展，成为能与欧洲强国比肩的新兴博物馆大国。第二次世界大战中，一些欧洲强国的博物馆遭受战火重创，而美国博物馆却丝毫未损，在战后登上了世界博物馆龙头的位置。1965 年美国有博物馆 5000 余座，1974 年达到 7000 座。尽管此后美国博物馆数量的增长放缓，有时甚至还下降，但美国博物馆总数仍为全球第一。

美国博物馆在理念和实践上走在世界前列，很大程度上代表了当今博物馆发展的趋势。20 世纪 80 年代以来，英、法、德、日、俄等国均曾派人前往美国取经。美国博物馆在社会服务方面的表现最为突出。1966 年，时任美国史密森研究机构执行秘书的博物馆学家、鸟类学家狄隆·利普里提出了“社区博物馆”概念，并在华盛顿城郊的一个黑人居住区——阿那考斯特社区建立了博物馆，由此开创了世界上首座社区博物馆。

在博物馆服务的理念和方法上不断创新，是战后美国博物馆发展的重要特点。1969 年建立的旧金山探索馆，采用全方位互动体验的方法创建了博物馆知识传播的新模式，开创了科技馆“科学中心”的时代。这种“请你动手”的互动体验模式，改变了知识传播的单一输送模式，不仅对科技类博物馆产生了重大影响，而且也为社会历史类、艺术类博物馆所借鉴。近年该馆又尝试展示教育的新变革，在展示空间中植入开放性教育活动区和研究工作室（实验室），打破互动展品“就事论事”的局限性，增添了展品之间的关联性和逻辑性。

1992 年美国博物馆协会提出了“移动博物馆”概念并得到广泛实践，史密森机构下属博物馆开展的巡回展览项目每年去 250 个以上的偏远地点巡回展览，受益观众人数达百万人次。2006 年美国博物馆首先开设网上课程，开展远程教育，将新兴科技应用到博物馆服务学校教育方面，打造“互联网+”平台，使线上线下互动，实现“展教融合”的知识传播新模式，进一步拓展了美国博物馆将“教育”与“为公众服务”并列为核心要素的博物馆服务理念。

20 世纪 70 年代，曾有学者站在传统博物馆的角度批评美国的一些地区博物馆，“正在把自己变成为艺术中心，它们拥有的永久藏品，如果有的话，也是很少，几乎不搞学术研究，而是筹办巡回展览或专门组织的借入展览，经常举办音乐会、电影、戏剧、舞蹈节目和其他表演艺术活动”①。今天，美国的博物馆不但依然将文化艺术表演等引进馆内，而且为迎合社会公众的文化与教育需求，不断

① ［英］肯尼斯·赫德森：《八十年代的博物馆——世界趋势综览》，王殿明等译，紫禁城出版社 1986 年版，第 25—26 页。

拓展新的文化教育娱乐空间，使博物馆成为具有更多功能的社会文化综合体。

（二）英国

第二次世界大战中，德军对英国城市狂轰滥炸，使英国的博物馆损失惨重。1951 年，英国以举办万国博览会百年纪念展为契机，陆续修建并开放了一些博物馆，重振博物馆事业雄风。20 世纪 70 年代末开始，英国政府逐步削减了对博物馆的财政补贴，使传统博物馆发展面临经费不足的困难，传统博物馆被迫放下架子，向市场要效益。当时由工业考古热潮催生的一座座工业遗产博物馆，成为英国博物馆发展的亮点。70 年代，英国第一座大型露天工业遗址博物馆——铁桥峡博物馆诞生，随后德文特山谷纺织博物馆、布莱维恩大矿井博物馆、凯尔汉姆博物馆等一批工业遗产博物馆陆续建立，丰富了英国工业博物馆的类型。1986 年，以铁桥峡博物馆为主体的“铁桥峡工业景观区”被列入世界文化遗产名录，成为国际工业遗产博物馆可持续发展的范例。

20 世纪 90 年代，英国确立以发展文化（创意）产业拉动国民经济的战略，大量经过改造后再利用的旧仓库、厂房、车间等工业建筑，成为文化创意产业园区的主要办公用房，也有一部分被直接改造为博物馆（美术馆）。英国伦敦泰特家族的泰特系列美术馆：伦敦泰特当代美术馆、利物浦泰特美术馆和塞尔维斯泰特美术馆是英国成功利用旧工业建筑改造为博物馆馆舍的代表。

（三）法国

法国的博物馆事业在第二次世界大战后开始恢复，到 20 世纪 70 至 90 年代，进入快速发展阶段。90 年代中期，法国博物馆总数已超过 3000 家。七八十年代，在政府大力支持下，在博物馆建设方面实施了几项足以在国际博物馆界名垂青史的重大举措：

一是在 70 年代建立了以法国总统蓬皮杜名字命名的“蓬皮杜国家艺术和文化中心”。这座集博物馆、图书馆、艺术表演等于一身的文化综合体，涵盖美术、音乐、影像等各种领域的现代艺术，代表了一种新兴的综合类博物馆，从建筑设计和形象上都改变了传统博物馆的面貌。

二是卢浮宫增设的一个参观入口处以“金字塔”造型面世。这个每年能接待数百万观众的场所，成为与卢浮宫不可分离的侧厅，开创了博物馆新旧建筑“和谐”相处的范例。

三是由奥赛旧火车站改造而成的奥赛美术馆落成开幕。这一由法国总统蓬皮杜于 1971 年提出的改建计划终于在 1986 年得以实现，成为巴黎城市旧工业遗产改造再利用为博物馆的样板。

四是法国首创生态博物馆类型。以乔治·亨利·里维埃创建的法国地区自然公园和雨果·戴瓦兰创建的克勒索-蒙特索人与工业博物馆为代表的生态博物馆实践，在国际博物馆界产生重大影响，并引发了一场文化运动。生态博物馆理念促进了传统博物馆朝着更贴近服务社会需求的方向发展。

（四）德国

第二次世界大战后德国在反省法西斯主义对世界造成深重灾难的同时，开始了对在战争中受损的一些德国著名博物馆的艰辛而漫长的修复过程。柏林世界民族博物馆到70年代才完成修建工程。慕尼黑美术馆在第二次世界大战中毁于战火，到1981年才重新建成开放。1989年11月柏林墙的拆除使德国再度统一，一些曾被分拆的博物馆与藏品有了合并的机会。1998年达雷姆博物馆与伯迪博物馆合并诞生了绘画馆，使东、西柏林分别收藏的约2700件名画重新得以团聚，柏林博物馆岛上的五座著名博物馆组成了博物馆群——柏林国立博物馆。该博物馆群后来被联合国教科文组织列入世界文化遗产名录。1990年，民主德国于1952年建立的德国历史博物馆被并入联邦德国建立的德意志历史博物馆，形成了今天的德意志历史博物馆。

20世纪八九十年代，在欧洲工业遗产保护热潮中诞生的德国鲁尔区的工业遗址博物馆，成为德国工业遗产保护博物馆模式的典型。鲁尔的“关税同盟矿区”是德国第三个被联合国教科文组织列为世界文化遗产的工业遗产地，也是一家较为完整地保存了反映20世纪30年代世界采矿业先进水平遗存的露天煤矿工业遗址博物馆。鲁尔开辟的“工业遗产旅游之路”，以工业遗址和博物馆组成的景观为主体，成为鲁尔工业城市振兴的重要特色。

（五）苏联-俄罗斯及东欧地区

以苏联为领导核心的东欧国家在战后以与西欧不同的价值观主导博物馆的发展路线和方针政策。苏联作为第二次世界大战中遭受德国法西斯侵略破坏最严重的国家，博物馆的数量损失近半。在战后第一个五年计划时期，苏联花了大量财力修复博物馆，使全国博物馆恢复到接近战前的数量。70年代是苏联博物馆发展的黄金时期，国家与社会力量一起办博物馆，到1981年，全国博物馆总数达到13846座。其中，国家文物管理部门系统的博物馆1846座，其他社会力量①办馆12000座。但片面追求数量造成博物馆质量问题突出，此后国家对博物馆进行了整顿，撤销了2000多座不合格的博物馆，同时又重点建设了一些科学技术博物馆、自然科学博物馆和民族友谊博物馆。

苏联十分重视博物馆的教育功能，强调博物馆应成为“宣传鼓动工作的中心”，要“宣传共产主义意识形态和帮助教育新的一代人”。90年代初，苏联解体，经济状况恶化，博物馆数量大幅下降。据2001年统计，俄罗斯博物馆的总数

① “社会力量”指农村、市镇的文化机构，工业企业、集体农庄、国营农场和学校等。

仅为980座。但在苏联时期，全苏博物馆总数的一半在俄罗斯，许多著名的大型博物馆集中在俄罗斯的主要城市，俄罗斯的博物馆事业根基雄厚。

在苏联的加盟共和国中，以乌克兰、白俄罗斯、格鲁吉亚等国的博物馆数量为多。那些曾属于苏联阵营的东欧其他国家，在六七十年代，博物馆数量都有较快的增长。但这些国家在发生剧变后，国内政局动荡，经济不景气，博物馆发展停滞不前，有的甚至走下坡路。

（六）日本

日本博物馆在第二次世界大战后的发展从原有的200余座基础上起步。50年代前期，日本实施《博物馆法》，将博物馆列入教育设施范畴，采取博物馆与学校教育合作的政策，重建和新建博物馆作为新文化建设的一部分而展开。60年代，日本经济开始腾飞，国家与社会力量在教育领域的投资逐步增加。科普类博物馆、美术馆、乡土博物馆的数量增长较快。七八十年代，伴随着经济的持续高速增长，国内自治团体竞相建立公共博物馆，迎来了政府与市民共同建设博物馆的时代。为规范民间的博物馆建设，日本政府文化厅公布《关于公立博物馆的设置和经营的标准》，规定在全国实现博物馆管理机构的现代化、教育活动的普及化和建设标准的统一化。1978年日本博物馆总数已近1800座。

90年代初，日本泡沫经济开始破裂，博物馆发展滞缓，博物馆界的改革呼声日益高涨。2003年日本推出博物馆改革新方案，以“和市民一起创造博物馆新的价值”，建设“理想的博物馆”为目标。尽管日本经济20多年停滞不前，至今尚未从困局中走出，博物馆发展步履沉重，但日本博物馆的社会服务理念紧跟着欧美国家博物馆的发展潮流前进。

（七）澳大利亚

澳大利亚第二次世界大战期间虽遭到日军入侵，但盟军很快打败日军，澳大利亚受战争破坏的程度远远低于欧洲国家。战后，当欧洲的一些国家还在尽力修复战争创伤时，澳大利亚已走上经济发展之路，文化教育事业在经济力量的支持下也快步前进。澳大利亚博物馆发展追随英国博物馆发展的步履，在博物馆的办馆理念和实践活动等方面，都紧跟欧美国家博物馆的发展趋势，关注于服务社会和服务教育事业，采用灵活多样的博物馆服务方式，成为促进澳大利亚文化事业发展的重要因素。

澳大利亚博物馆是澳大利亚最大的自然历史博物馆，馆藏极为丰富，以脊椎和无脊椎动物学、矿物学、古生物学和人类学为主。澳大利亚国家博物馆是世界上著名的博物馆之一，馆内设有5个常设主题展：（1）国家和民族：澳大利亚的象征；（2）地平线：1788年以来的澳大利亚人民；（3）永恒：来自澳大利亚的动人故事；（4）缠结的命运：澳大利亚的土地与人民；（5）最早的澳大利亚人：澳大利亚的土著人。通过基本陈列，展示了澳大利亚自建国以来，各个历史时期所发生的曾对澳大利亚国家和人民起着重要作用的人和事。澳大利亚国立美术馆收藏着数量超过16万件的艺术品，其中有来自澳大利亚土著居民的创作，也有来自欧美地区、亚太地区的艺术品。澳大利亚国家肖像馆收藏着历朝历代形形色色的澳洲人肖像，既有布面油画，又有雕塑。其中有英国航海家詹姆斯·库克、澳大利亚音乐“教父”尼克·凯夫、澳大利亚喜剧演员巴瑞·哈姆弗莱斯等。澳大利亚海事博物馆是世界上较大的藏舰博物馆之一。收藏着13艘澳大利亚历史上著名的舰艇，有驱逐舰、潜艇和巡逻舰艇等，还有复制的詹姆斯·库克船长的“奋进号”。观众可以通过战争行动馆舰艇的高科技互动项目，了解澳大利亚海军的历史，体验富有危险性和戏剧性的海军生活。

20世纪60—80年代是澳大利亚博物馆发展较快的时期，先后出现了澳大利亚国家航空博物馆、国家体育博物馆、澳华历史博物馆、悉尼当代艺术博物馆、新南威尔士美术馆等，一个半世纪以前诞生的墨尔本博物馆，也在2001年建设了新的馆舍，以崭新面貌面世。

澳大利亚是一个奉行多元文化的移民国家，自从英国移民踏上那片土地之日起，已先后有世界上一百多个国家、一百四十个民族的移民到澳大利亚谋生和发展。多民族形成的多元文化是澳大利亚社会的一个显著特征。因此，在澳大利亚的博物馆中，除了反映土著文化之外，移民文化是其重要特色。悉尼和墨尔本是澳大利亚移民文化博物馆的集中区域。

二、发展中国家的博物馆

第二次世界大战结束至20世纪六七十年代，亚洲、非洲和拉丁美洲广大地区的人民掀起了民族独立运动高潮，纷纷脱离殖民主义统治，建立民族独立的国家。新独立国家把前殖民统治者建立的博物馆收归国有，并进行了“博物馆去殖民化”运动，以新的眼光阐释博物馆藏品的内涵，清除殖民文化的影响。发展中国家的博物馆具有三个较为明显的特点：一是突出宣传革命或民族的精神，重视建立反映民族独立历史的博物馆；二是博物馆的内容注重本国传统文化，展现本国历史和艺术以及民族与民俗；三是不仅保护物质文化遗产，也注重对本民族活态非物质文化遗产的保护。

发展中国家由于过去长期处在殖民主义统治之下，本民族的传统文化受到歧视与破坏，博物馆发展的基础比较薄弱。因此，博物馆的规模与数量增长都远远落后于发达国家。今天，非洲有1000多座博物馆，数量较多的国家有南非、埃及、阿尔及利亚、喀麦隆、摩洛哥等，其中南非就有300多座，是非洲博物馆发展最快的国家。埃及开罗国家博物馆的藏品约有12万件，主要为考古出土的古埃及文明时期的文物，从史前至古希腊罗马时代跨度 3000 年，是世界上古埃及文物保存最集中的博物馆之一。

拉丁美洲共有 1500 多座博物馆，其中以巴西、阿根廷、墨西哥、哥伦比亚和古巴为多。墨西哥人类学博物馆收藏了 27000 件反映墨西哥古代历史文化面貌的文物，集古印第安文物之大成，有世界第一人类学博物馆的美称。1964 年建造的墨西哥人类学博物馆新馆，融合印第安传统建筑风格与现代建筑艺术于一体，成为驰名世界的博物馆建筑。

20 世纪六七十年代，亚洲地区一些国家经济快速增长，带动了博物馆的发展，其中，科技馆建设步伐更快。1977 年新加坡建立科学中心。泰国、印度尼西亚等国也都建设了科技博物馆。印度除了建立印度科学与工业研究中心所属的各博物馆之外，还有加尔各答伯拉工业与技术博物馆、孟买尼赫鲁科学中心等。

印度受英国殖民统治近 200 年，留下了深刻的殖民文化烙印。印度最早的博物馆印度博物馆是英国殖民统治的产物。为了清除殖民文化的影响，印度从独立之日起就筹备建立印度国家博物馆和新德里国立博物馆。这两家博物馆于 1949 年落成开放，前者收藏与展示从公元前 3 世纪至今的印度各地区各个历史时期的各种珍贵文物，后者则是印度最大的综合性历史博物馆。此外，印度还建设了许多小型多样的博物馆。第二次世界大战后至今，印度受经济发展速度与政府对教育投入等因素的影响，博物馆数量增长并不快，全国博物馆总数一直徘徊在 700 座左右。

20 世纪 90 年代，新加坡建立的亚洲文明博物馆是国内最大的博物馆，藏品主要反映新加坡历史以及中国、东南亚、南亚和西亚的历史文化与艺术。韩国首尔国立中央博物馆是韩国最大、历史最长的博物馆，馆藏 24 万余件，有佛教工艺品、陶瓷器、绘画、历史风俗画以及考古出土物等类别。土耳其伊斯坦布尔的托普卡匹博物馆是原奥斯曼土耳其帝国国王的宫殿，原宫廷收藏的 86000 件艺术品转变为公共博物馆藏品，主要是奥斯曼帝国时期聚集的黄金、宝石、瓷器、家具、服饰等珍贵文物。

一些发展中国家在被殖民统治期间，曾有许多古代文物被肆意掠夺到国外。今天在大英博物馆、大都会艺术博物馆、卢浮宫、艾尔米塔什博物馆等一些国际著名博物馆中，都收藏着许多来自不同时期殖民地或被占领国的重要文物。第二次世界大战后，在全球范围民族主义复兴的背景下，这些发展中国家（和民间团体）纷纷向占有国提出文物返还的要求。20 世纪 50 至 70 年代，尼日利亚（贝宁王国在其领土范围内）从大英博物馆要回了约 50 件青铜雕像。秘鲁从美国、法国等国追回了包括西班牙殖民时期流失的上千件文物，埃塞俄比亚从意大利追回了第二次世界大战期间被运走的阿克苏姆方尖碑。但这些被追回的文物仅仅是原属国文物流失清单中的一小部分。① 2002 年 12 月，世界 18 家著名博物馆馆长联合署名发表了《关于普世性博物馆重要性及价值的宣言》，明确表示了反对将收藏在博物馆的古代文物归还给原属国的立场。发展中国家的流失文物返还之路还很漫长。

第三节　中国博物馆的发展历程

与世界其他古老文明一样，中国收藏、保护和利用珍贵遗产的实践历史悠久，并形成了良好的传统。而作为西方文化结晶的博物馆则是近代以来从西方逐步引进的，在中国经历了一个不同寻常的发展历程。

一、中国古代的收藏实践

作为一个文明古国，中国对珍贵遗产的收藏、保护和利用的实践由来已久。出于崇拜与祭祀祖先、崇尚古物、储存财富、炫耀富贵、商品交换等不同的动机和目的，至晚在商周时期，就开始了对珍贵遗产的收藏、保护和利用的实践活动，并建立相应的保存设施，如殷人保藏典策的府库等。在此后的数千年间，这种实践赓续不断，并出现了多种形式的保存设施，如古代纪念性祠堂、画像陈列馆、宫室、朝庙、武库、园囿等，其中，著名者如周代的天府、玉府，春秋时期的孔子庙堂，秦汉时期的上林苑、麒麟阁、武库，唐代的凌烟阁，宋代的稽古、博古、尚古三阁，明清时期的功臣庙、南薰殿、万牲园、武英殿等，均有收藏之用途。这些设施或保存文物宝器类收藏，或保存自然标本，但后者似远不及文物宝器收藏发达。这一现象可能与古人对于两类收藏对象功用的认识有关。而这种认识影响深远，甚至影响后来我国现代博物馆的类型结构。在这种实践中逐步形成了官方和民间两个大的系统，并一直延续至近代。

中国古代遗产的收藏、保护和利用实践并未直接生成现代意义上的“博物馆”这样的概念，但其中蕴含了一些博物馆性质的因素，如收藏、保护和利用珍贵遗产的意识、最初的公共性。在很多时候，这些收藏实践贯穿了娱乐的功能，有些可能还孕育了教育观念。而且，在长期的收藏、保护和利用的实践中，较早地发展起较为完备的收藏的管理、著录制度、保护方法与技术。当现代博物馆在中国兴起之后，这些制度、方法和技术融入了中国现代博物馆的运营之中，成为中国

---

① 提出文物返还要求的并不仅仅局限于亚非拉的发展中国家，在欧洲有些历史上曾经被侵略者占领过的国家，也有文化遗产被掠夺的经历。如希腊政府多次要求大英博物馆返还雅典帕提侬神庙的浮雕，但一直遭到拒绝。第二次世界大战期间，希特勒曾组织一支特别部队专门搜掠被占领国的艺术品。日本侵华期间，也曾大量掠夺中国古代文物，至今仍有许多未返还。

现代博物馆发展的有特色的重要支撑之一。

中国古代遗产的收藏、保护和利用实践及相关设施的发展，逐步形成有别于西方文化的，具有自身特色的遗产保存和记忆系统，从而丰富了人类收藏、保护和利用遗产的手段、方式和方法，其在人类遗产的收藏、保护和利用方面的历史贡献、价值和地位有待进一步挖掘和探索。

二、现代博物馆在中国的出现

现代博物馆在中国的出现并非中国古代相关实践自然发展的产物，而是从西方引进的，并且是与近代以来西方殖民势力入侵、西学和新学盛行与中国社会近代化紧密联系在一起的。对于现代博物馆，中国人经历了一个从最初接触、体认到创建的过程。

（一）中国人在国外看到了现代博物馆

鸦片战争之后，清王朝被迫打开国门，中国开始逐步沦为半殖民地半封建社会。为了救亡图存，在“师夷长技以制夷”思想的影响之下，包括政府官员、学者、留学生、维新派成员等在内的中国人，开始走出国门，走向世界。他们在国外接触到包括像大英博物馆、卢浮宫博物馆、日本帝室博览馆等著名博物馆在内的不同类型的博物馆，并以笔记、日记、游记等方式，将所见记录下来，介绍给国人。这些记录成为现代博物馆观念引入中国的重要途径。

中国人对于博物馆的认识是逐步深入的。最初，对于西方现代博物馆，中国人更多地表现出一种新奇，观察到形式上的多样化，并简单地将其类比于中国传统观念的“园”“苑”“库”“馆”“楼”“阁”等。随着时间的推移和相关知识的不断积累，国人对于博物馆日渐形成了更接近其本质的认识，看到了多种不同形式下的共同性。对于这种新生事物，国人表现出不同的态度。一些人对西方博物馆展出内容看不惯或不理解，从而表现出一种谨慎的态度，但更多人则看到了博物馆机制之利，如“开风气”“广识见”“益智巧”“佐读书之不逮”“有益于民生”等，进而开始鼓吹建立博物馆。

对西方现代博物馆的接触和体认对后来的中国博物馆建设实践起到了借鉴作用。

（二）外国人在中国的早期博物馆实践

随着西方殖民势力的入侵，一些外国人出于多种目的开始了他们在中国的博物馆实践。现代博物馆陆续在中国建立起来。其中年代较早且较有影响的机构包括 1868 年法国人韩德在上海建立的徐家汇博物院、1874 年亚洲文会北中国支会创建的上海博物院等。这些博物馆大多为综合性博物馆。这些实践在将现代博物馆实体引进中国，传播了博物馆观念的同时，也借机对中国进行文化渗透。一些博物馆还充当了珍贵遗产掠夺者的不光彩角色。外国人在中国的早期博物馆实践刺痛了中国人，激发了中国人自行建设博物馆的决心。

（三）中国人最初的博物馆实践

随着国人对于西方现代博物馆认识的不断加深，从19世纪中后期开始，民间的一些有识之士就开始筹划创建博物馆。其中，最为成功、最具有影响力的是清末状元张謇创建南通博物苑的实践。

南通博物苑是张謇秉承“设苑为教育”的宗旨，于1905年在其家乡江苏南通创办的一座博物馆，主要用作学校教育之辅助。博物苑所藏分天然、历史、美术、教育四部分，藏品数量多达2900余号，计2万余件。虽然南通博物苑“当时规模狭小”，是“仅供师范教授的简单设备”，但是，南通博物苑是国人最早自主创设博物馆的成功实践，被认为是“国人创办博物馆之发轫”①，“国人自办综合博物馆的开端，也是我国第一个学校博物馆，同时也是中国博物馆事业发展史上足资纪念的一件大事”②。从一定意义上讲，南通博物苑具有开风气的作用。

在张謇之后至清代结束，还有其他一些民间博物馆实践活动。在北京、天津和山东等地也开办了几座博物馆和一批陈列馆或陈列所，但大多规模有限，影响不大。

在民间博物馆实践之外，清朝末年政府层面也在博物馆领域做了一些努力。这其中包括清政府颁布的奖励民办博物馆的措施等。在民间实践兴起之后，清政府设立了一些部门管理博物馆事务，如在中央一级学部专门司下设立专门庶务科负责包括博物馆在内的学术技艺等事务。在各省学务公所设图书课（科）掌管图书馆、博物馆等事宜。遗憾的是，由于当时清政府业已内外交困，政权摇摇欲坠，这些努力并没有产生出实质性的结果。

总之，在中国，现代博物馆是在近代以来中国社会逐步走向半殖民地半封建社会的背景下出现的，是自主力量和外来入侵力量双重作用下的产物。这种特殊背景使中国博物馆从一开始就呈现出浓厚的救亡色彩，表现出强烈的社会责任意识，而不是思想启蒙作用，并深深影响到后来中国博物馆发展的观念取向和道路选择。从这一意义讲，博物馆作为一种社会改造工具的责任意识是与现代博物馆在中国的出现相伴生的。因此，“社会使命”被看作中国近代以来博物馆发展的特点之一。

现代博物馆在中国的出现深刻影响了中国固有的传统保存设施的自然演变进程，不仅影响了社会价值观念和传统，也影响了文化意识和民族自信心。中国现

---

① 陈端志：《博物馆学通论》，上海市博物馆1936年版，第24页。

② 傅振伦：《博物馆学概论》，商务印书馆1957年版，第10页。

代博物馆的外来“侵入”特征与中国固有的遗产收藏、保护和利用传统形成了一定的矛盾，如何协调这种矛盾成为中国博物馆发展的一个长久命题。

三、现代博物馆在中国的初步发展

在经历了晚清时期艰难的初期实践之后，随着中华民国的成立，现代博物馆在中国迎来了初步发展时期，尽管其中充满了曲折与艰辛。

（一）民国建立至20年代末的博物馆

1911年辛亥革命推翻了清朝统治，次年建立了中华民国。民国初期，虽有战乱，但受民族文化保存思想等的影响，保护文化遗产、建立博物馆仍得到政府一定程度的关注，并被提上了议事日程。公共力量开始介入博物馆建设。

公共力量的介入促成了不同层次公立博物馆的形成。一方面是国立博物馆的建立，像国立历史博物馆（1912）、古物陈列所（1914）、国立北京故宫博物院（1925）等。这些博物馆是“国家本位”的产物。其中，故宫博物院是依托明清两代皇宫建筑和宫廷原有珍藏而建。它的建立终结了皇家收藏封闭、被独占的历史，使之成为国民共享的财产，因而产生了巨大的政治和社会影响。另一方面是地方公立博物馆的迅速发展。到20年代末，已先后建成了河南博物馆、浙江西湖博物馆、山东博物馆等。

在公共力量之外，私人博物馆也得到了发展。这些私人博物馆是私人筹款、董事会主持的博物馆。其中包括颜文梁创办的苏州美术馆（1919）、曾叡创办的福建博物研究院（1923）、王遵先创办的兰州市立博物馆（1928）等。

公、私力量的共同努力使得中国博物馆在发展初期呈现出一种良性发展的态势，为博物馆发展提供了动力。到1929年，全国共有博物馆34座。

（二）20年代末至全面抗战爆发之前的博物馆

国民政府定都南京后，博物馆事业进入一个较快的发展时期。建立了包括上海市博物馆等在内的一批新的博物馆，并开始筹建中央博物院等大型的综合性博物馆。博物馆数量增长迅速。到1936年，全国博物馆数量已经达到77座。同时，初步建立起了博物馆内部制度。在藏品保管诸多方面，已经建立起一系列的规则，如《古物陈列所各库存储古物保管程序》，上海市博物馆的《处理陈列品的规则》《陈列品编号办法》等。在人员管理方面，也出现了对博物馆从业人员的基本资格要求等。此外，博物馆的对外活动也比较活跃。1935年，故宫博物院、古物陈列所、河南博物馆和安徽图书馆所藏铜器、玉器、瓷器、书画等，曾赴英国伦敦参加中国艺术国际展览会。中国历史文物首次在西方公开展出，引起了广泛的影响。1935年中国博物馆协会在北平成立。次年，上海市博物馆开始对新入职人员进行专业培训，开启了博物馆的职业化进程。

这一时期博物馆事业发展在各主要领域均取得了比较大的成就，达到了旧中国博物馆事业的高峰，被称为我国博物馆发展史上的第一个高潮期。现代博物馆格局初步形成。

受当时政治环境的影响，博物馆事业发展呈现出一种国民党统治区、共产党领导的革命根据地及伪满洲国统治区等多区并行发展的局面。前面所介绍的博物馆事业发展，主要是国统区的发展状况。在革命根据地，共产党人在艰苦的战争环境中，也建立了像中央革命博物馆（位于江西瑞金叶坪）、红军学校模型室等设施，开始了最初的博物馆实践。它们是一种新型的博物馆，代表了我国博物馆发展的一种新方向。伪满洲国统治区，日伪为实施和巩固殖民统治，也建立了一些博物馆，如 1935 年成立的伪满洲国“国立博物馆”（1939 年改称奉天分馆）、热河宝物馆等。它们成为日伪实施殖民统治、进行奴化教育和掠夺遗产资源的工具。

（三）全面抗战爆发至新中国成立之前的博物馆

1937 年，日本帝国主义发动的全面侵华战争爆发。在抗战胜利后，国民党当局又发动内战，中国广大城乡较长时间处于战争和动乱之中。这一现实造成刚刚稍有起色的博物馆事业又走向低谷。

受战争环境影响，这一时期博物馆事业遭到很大的破坏。在抗日战争期间，有的博物馆毁于日军炮火；更多的博物馆被迫关闭或内迁，在辗转迁徙途中文物也遭到损失，或遭敌机空袭而被毁。值得赞颂的是故宫博物院的前辈们护卫着一万多箱文物藏品辗转流离南方多地，历经千辛万苦，终而使这批国宝躲过了战火。一些沦陷地区，受到敌伪劫掠，大批文物散失、损毁。博物馆藏品损失巨大。像中央博物院等新馆的筹建工作也被迫中断。博物馆的正常运转难以为继。博物馆事业基本上处于半停顿和守摊子的状态，甚至陷入倒退的境地。长期战乱造成博物馆数量锐减。到 1949 年新中国成立时，全国博物馆数量仅存 25 座，且状况堪忧。

战争给博物馆事业带来严重的灾难，不过在局部地区也新建了少数博物馆。比如，在国民党统治区，1941 年 3 月，在成都建立四川博物馆。1944 年 12 月在重庆北碚建立中国西部博物馆。此外，还有北碚民众博物馆、北泉历史博物馆等。

其中，中国西部博物馆是一所自然科学性质的博物馆，由当时国民政府的中央研究院动植物研究所、气象研究所，经济部中央地质调查所、中央工业试验所、矿冶研究所，农林部中央农业实验所、中央林业实验所、中央畜牧实验所，中国科学社生物研究所、国立江苏医学院、中国地理研究所和中国西部科学院等机构共同筹备创建。翁文灏、卢作孚担任筹备委员会正、副主任，1944 年 12 月 25 日博物馆正式成立（1945 年 7 月更名北碚科学博物馆，1946 年 10 月 1 日改为中国西部博物馆）。该馆成立后得到各方面支持，许多科学家如尹赞勋、杨仲健、伍献文、赵九章等都对该馆做出过贡献。当时该馆分工矿、农林、生物、地质、医药卫生、气象地理六馆。仅展出的科学标本就多达 10 万余件。自 1944 年 12 月至 1947 年 8 月间，共开放 827 天，接待观众 16 万多人次。中国西部博物馆是抗战期间最重要的博物馆，代表了当时我国博物馆发展的水平。

在抗日根据地和解放区，出于对群众进行革命教育的需要，中国共产党人进行了包括举办展览会、建立展览设施等活动在内的博物馆实践。自 1943 年起，延安就陆续举办了大规模的展览会，并建立了诸如生产馆、翻身馆、时事馆、卫生馆等设施。展出对象包括工农业的产品、发明创造、战利品、翻身物品等。当时一些学校如鲁迅艺术学院也建有陈列馆（室）等。1940 年建立的成吉思汗纪念堂、蒙古文化陈列馆，1946 年在西北党校设立的四八烈士纪念室（陈列遗作、译著、纪念文章等），1947 年在哈尔滨建立并于次年开放的东北抗日暨爱国自卫战争牺牲烈士纪念堂等，是当时较重要的设施。

在伪满洲国统治区，也零星建有新馆，如 1939 年 1 月，在长春建立的所谓的"国立中央博物馆"，1941 年在佳木斯则建有东宫（铁男）纪念馆等。这些博物馆随着伪满政权的倒台而消失，存在时间很短。

总体上看，从全面抗战爆发至新中国成立之前这一时期中国博物馆事业呈现出一种整体停滞状态下的局部发展。

综上，中国对珍贵遗产的收藏、保护和利用实践历史悠久，但中国现代意义的博物馆是近代以来在中国社会不断半殖民地化的过程之中生成和发展起来的。这种特殊的历史环境造成旧中国的博物馆发展呈现出一种复杂的局面。主要表现在公立与私立并存，中国人与外国人建立的博物馆并存，甚至一度出现了国统区、共产党领导的根据地和伪满洲国等多区博物馆并存的局面。这些不同主体创建博物馆的动机、目的，博物馆发挥的作用是不同的，而且在不同时期各区博物馆所占比重也处在不断变化之中。博物馆事业发展的这种复杂局面决定了我们在评价这一时期博物馆事业时，不能简单地认为旧中国博物馆是半殖民地社会的产物，是资产阶级的点缀品，而是需要做具体而客观的分析。

在 1949 年以前的中国，现代博物馆经历了一个从观念传播到实践的过程，博物馆事业从无到有、从小到大艰难地发展起来，并取得了一定的成就。特别是经过 20 世纪 30 年代的初步发展之后，中国现代博物馆的基本格局初步形成。但是，旧中国特殊的历史环境决定了这种发展是有限的，而且也存在着不少的问题，像类型比较单一、博物馆表征意义远大于实际意义、博物馆还远未成为公众可以自由体验的文化场所和实用、有效的民众教育和娱乐的工具，而且博物馆的发展"多因人成事，兴亡无定"①。中国博物馆事业的真正发展只能是新中国成立之后的

① 包遵彭：《中国博物馆史》，台湾"中华丛书"编审委员会 1964 年印行，第 50 页。

事情。

正是由于中国现代博物馆生成和发展的这种特殊环境，中国现代博物馆从一开始，就带有较为浓厚的半殖民地色彩，独立性不强，西方痕迹明显。这一特点为日后新中国博物馆提出了一个现实的、无法回避的任务，即去殖民化。

第四节　当代中国博物馆

1949 年中华人民共和国建立，中国博物馆事业进入一个新的发展阶段。从 1949 到 1978 年这三十年中，由于政治因素的干扰，博物馆在发展过程中曾遭受过挫折，发展速度缓慢。1979 年以后，在改革开放方针政策的指引下，逐步走上了中国特色的社会主义博物馆事业发展道路，博物馆加快了前进的步伐，取得了举世瞩目的成就。

一、新中国博物馆的初步发展

（一）改造与整顿时期的博物馆

新中国成立时，全国博物馆仅存 25 座，其中多数已经处于瘫痪或半瘫痪状态。新中国博物馆的发展从改造与整顿旧博物馆中起步。中央人民政府废除了民国时期由中央政府教育部和地方教育厅管理博物馆事业的体制，在政务院文化部之下设立文物事业管理局，管理全国的文物博物馆事业，各大行政区和省、市、自治区也相应设立文物博物馆管理部门。1949 年到 1952 年，政府先后接管了各地 16 座民国政府博物馆和 9 座外国人办的博物馆。

1950 年，中央政府政务院颁发《古迹、珍贵文物、图书及稀有生物保护办法》《禁止珍贵文物图书出口暂行办法》和《古文化遗址及古墓葬之调查发掘暂行办法》等法令，严禁文物非法出口，有效地制止了新中国成立之初猖獗的文物盗掘、盗卖和外流。同年，中央政府政务院又发布《关于征集革命文物的命令》，发起了一场全国范围的抢救性文物征集运动，空前地扩大了博物馆馆藏，为博物馆事业的生存与发展奠定了基础。

1951 年，文化部发布《对地方博物馆的方针、任务、性质及发展方向的意见》，指出“博物馆事业的总任务是进行革命的爱国主义的教育”，要求各地学习苏联博物馆建设的经验，建立地志性博物馆。这一指导性文件为推动新中国各地的地志博物馆发展奠定了基础。

（二）初步发展时期的博物馆

1956 年 4 月，文化部文物局在北京召开全国博物馆工作会议，明确了我国博物馆的基本性质与基本任务（参见第 27 页“三性二务”）。在此后的几十年，“三性二务”论在中国博物馆的理论和实践中，一直发挥着重要的指导作用。1956 年 5 月文物局在济南召开全国地志博物馆工作经验交流会，推广山东博物馆建设的经验，并确定了“地志博物馆”作为省级博物馆建设的基本模式。1956 年年底全国建成 29 座地志博物馆。同时，中国的纪念馆已达 19 座，基本形成博物馆的一个独立门类。

1958 年 9 月毛泽东在视察安徽省博物馆时指出：“一个省的主要城市都应该有这样的博物馆，人民认识自己的历史和创造的力量是一件很要紧的事。”① 毛泽东的讲话指明了博物馆的发展目标。同年 9 月，中共中央和中央军委作出了在北京建设中国历史博物馆、中国革命博物馆和中国人民革命军事博物馆的决定。这“三大馆”在短短的一年时间创建而成，其建设的速度之快，在动员人力、财力、物力以及征集（和调集）文物、陈列设计等方面的工作效率之高，在中外博物馆历史上罕见。三大馆的建设集中了新中国成立十年来考古与文物工作的成果和博物馆工作的经验，在陈列的思想性、科学性、艺术性方面达到了空前的高度，代表了当时中国博物馆的发展水平。

（三）挫折与停滞时期的博物馆

1958 年到 1960 年，中国博物馆界在“大跃进”方针指导下，出现了“全民办馆”的高指标、放卫星的浮夸问题，使博物馆发展脱离了正常轨道。1961 年以后，博物馆界以中央“调整、巩固、充实、提高”八字方针为指导，对“大跃进”中产生的失误进行“纠偏”，撤销了一批明显达不到质量要求的博物馆，全国博物馆数量由 1959 年的 480 座减少到 1963 年的 213 座。经过贯彻“八字方针”，博物馆发展回到了正常轨道。但是，后来发生的“文化大革命”使博物馆事业又遭到新的挫折。

1966 年“五一六通知”发布，“文化大革命”开始了。新中国成立后的文化工作被否定，博物馆被污蔑为“封、资、修的黑窝”而受到冲击，馆藏文物成为“破四旧”的对象，博物馆的陈列大多被造反派定为“反毛泽东思想的大毒草”而被勒令关闭，有的博物馆甚至连机构都被撤销，工作人员被解散。

1970 年 5 月，国务院批准成立“图博口领导小组”，作为“文化大革命”期间全国图书馆、博物馆工作的最高领导机构，恢复图书馆、博物馆方面的工作。有些博物馆开始举办配合政治教育需要的展览，但在极左思潮的影响下，博物馆的陈列展览内容明显为政治形势所左右。1971 年 8 月，“图博口领导小组”在北京筹办“文化大革命”期间全国出土文物展览和出国文物展览，向各地博物馆发出

---

①《毛主席参观了安徽省博物馆》，《文物参考资料》1958 年第 12 期。

关于选送出土文物的通知。各地博物馆以此为契机，陆续调回下放人员，迅速展开文物清理、保管和陈列等业务活动。关闭五年之久的故宫博物院重新向中外观众开放。两年之后，中国历史博物馆也重新开放。1975 年 11 月，中国革命博物馆纪念中国工农红军长征四十周年展览对外开放。这三座国家级大馆的重新开放，很大程度上带动了各地博物馆业务活动的陆续恢复。

1976 年“文化大革命”结束。博物馆系统针对“文化大革命”期间发生的问题，开始了“拨乱反正”。1979 年 6 月，国家文物局颁布《省、市、自治区博物馆工作条例》，该条例不仅进一步深化了博物馆的“拨乱反正”，而且也是新中国成立以来第一个系统、完整的博物馆管理规章，对以后的博物馆规范管理发挥了重要作用。

二、改革开放以后的博物馆

改革开放以来，随着一系列改革新政的实施，带来中国经济的腾飞。经济增长带来的巨大的物质财富刺激了社会文化消费的增长，为博物馆大发展提供了基础。进入 21 世纪，政府提出“要使社会主义文化事业大发展大繁荣”的目标，激发了社会各界发展文化事业的热情，许多地方将建设博物馆视为体现城市文化与形象的“政绩”工程，形成了全国博物馆建设高潮。

（一）博物馆数量增长

20 世纪 80 年代，随着中国经济复苏，文化需求上升，大众旅游兴起，博物馆以“逐步发展”的节奏稳步向前。80 年代新建的博物馆主要为文物局系统种类各异的小型博物馆，其中以人物类纪念馆为多。90 年代开始，中国博物馆发展呈现出两个特征：一是国家投入大量资金新建了一批大型的现代化博物馆；二是文物局系统以外社会力量办的博物馆数量增长加快。1991 年建筑面积达 6 万平方米的陕西历史博物馆落成开放，代表着新一轮大型博物馆建设高潮的到来。1996 年上海博物馆新馆建成开放。1998 年新落成的河南博物院建筑面积达 7.8 万平方米。浙江省博物馆、山东博物馆、江西省博物馆、苏州博物馆等也都新建了规模较大的馆舍。2011 年南京博物院在原馆基础上将全馆建筑面积扩展到了 8 万平方米。2012 年由中国历史博物馆与中国革命博物馆合并后的中国国家博物馆，建筑面积近 20 万平方米，成为世界上单体建筑面积最大的博物馆。

1992 年 12 月上海市文物管理委员会批准成立新中国成立后的首家民办博物馆——“四海壶具博物馆”。接着北京、西安、广州等地的民办博物馆也陆续诞生。这些非国有博物馆的出现，改变了国有博物馆一统天下的面貌。

2010—2016 年全国国有博物馆和非国有博物馆数量的增长与 2011—2016 年全国博物馆总量的年增长率参见图 3-1、图 3-2。

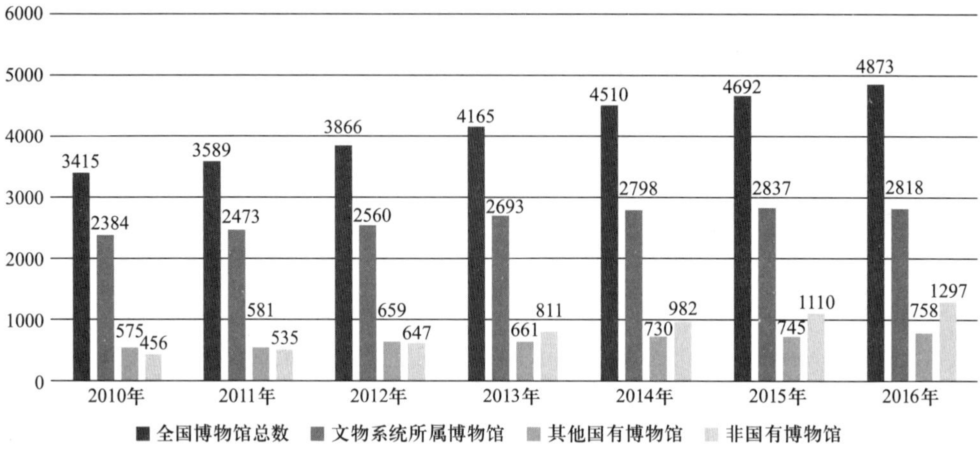

图 3-1 2010—2016 年全国国有博物馆和非国有博物馆数量的增长

数据来自国家文物局网站。

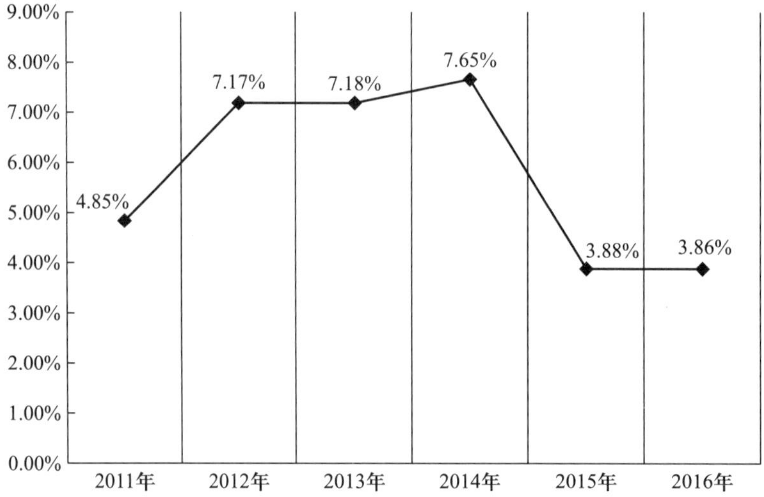

图 3-2 2011—2016 年全国博物馆总量的年增长率

数据来自国家文物局网站。

博物馆数量快速增长的同时，也带动了展览数量与观众数量的增加。80 年代以后，各地博物馆将展现地域文化特征作为改革突破口，陈列内容突出地方历史和乡土文化，改变了此前“千馆一面”的状态。90 年代，随着中国国际地位的提升，各地博物馆开始引进国外的历史文化艺术展览，满足广大公众了解世界的迫切愿望，引起社会公众的积极反响。2003 年中央领导同志提出了博物馆要贴近实际、贴近生活、贴近群众的指示，《国家文物事业“十一五”发展规划》中指出，“坚持以人为本，落实‘三贴近’要求。”“三贴近”成为博物馆社会服务的工作原则。2008 年年初，中宣部、财政部、文化部、国家文物局联合发布《关于全国博物馆、纪念馆免费开放的通知》，开启了博物馆公共服务的新时代。到2016年年底，全国登记注册的4873座博物馆中，已有4246座博物馆向社会免费开放。[①] 全国博物馆举办的各类展览超过3万次，年观众数8.5亿多人次。免费开放不仅为公众去除了博物馆"收费"的门槛，还推动了博物馆重构其价值定位，重新确定其社会责任和任务，从注重物、知识和历史，转向对"人"和"人的发展"的重视。"免费开放使博物馆明确社会公共服务的本原，回归让公众分享人类智慧成果的基本职能，回归博物馆作为社会发展智力支持条件的社会定位。"[②]

（二）博物馆发展多样化

博物馆的多样化发展是20世纪90年代以来的新特征，主要表现为办馆主体的多样和博物馆类型的多样。90年代初建成开放的中国茶叶博物馆和苏州丝绸博物馆，开始了中国博物馆种类多样化的新发展。经济类、文化类、军事类、政法类、民族民俗类和科技类等博物馆也快速增长。在经济生产行业中，煤（铁）矿行业，铁路、航空等交通运输行业，纺织行业，酿酒食品等行业博物馆发展最为迅速。科技类博物馆的数量增长也不逊色。到2013年年底，全国建筑面积3万平方米以上的特大型科技馆已有16座，1.5万到3万平方米的大型科技馆24座，0.8万到1.5万平方米的中型科技馆32座，0.8万平方米以下的小型科技馆308座。参观科技馆的全年人数达3734万多人次。[③] 2014年仅参观上海科技馆的观众就达422万人次。[④]

从90年代初期出现首家民办博物馆起，我国博物馆的办馆主体逐渐形成国家办、部门办、行业办、集体办、私人办的多元化格局。国有和非国有博物馆、文物系统与其他系统博物馆齐驱并驾。非国有博物馆作为国有博物馆的一种补充，一定程度上弥补了国有博物馆在藏品和种类上的不足，得到政府的政策支持与扶持。2010年国家"五部二局"[⑤] 联合发布《关于促进民办博物馆发展的意见》，大力推动民办博物馆的发展。截至2016年年底，经注册的非国有博物馆已有1297座，达到全国博物馆总数的26.6%。

（三）博物馆人才队伍建设加快

新中国成立后，曾有高校设立博物馆专业，但因专业人才的社会需求量太少而被撤销，以至于改革开放初期博物馆专业人员队伍发生严重断层。1980年复旦

---

① 国家文物局网站新闻资讯栏目《"5·18国际博物馆日"中国主会场活动开幕式在京举行》国家文物局长刘玉珠的讲话。

② 宋向光：《物与识——当代中国博物馆理论与实践辨析》，科学出版社2009年版，第242页。

③ 《中国科技馆行业全景调查及前景预测报告》，引自弘博网。

④ 《国际主题公园协会2014年度"全球最受欢迎博物馆20强"评选》，引自弘博网。

⑤ "五部二局"为财政部、民政部、文化部、国土资源部、住房和城乡建设部与国家税务总局、国家文物局。

大学分校（现为上海大学文学院）和南开大学在历史系设立考古与博物馆本科专业，以后杭州大学（已并入浙江大学）、吉林大学、复旦大学、北京大学等高校也陆续在本科和硕士层面开设了博物馆专业。随着全国博物馆数量的增长和博物馆专业人才需求的加大，到2010年，全国已有30多所高校设立文物与博物馆学硕士培养点，其中有的高校还设有博物馆学博士点。

从80年代起，国家文物局先后在扬州、泰安、西安等地建立了文博专业职业培训基地，邀请博物馆专家与高校教师为博物馆在职人员开设各种短期业务培训。2010年以后，国家文物局又有计划地开展了对全国博物馆新进员工的职业培训，各地文物主管部门也不定期地组织开展对本地博物馆员工的短期专业培训。尽管现在许多博物馆对新进人员有专业与学历水平的要求，但与发达国家相比，中国博物馆从业人员的总体学历水平偏低，并且在短时期内还难以改变这种状况。

（四）博物馆管理日益规范化

1982年《中华人民共和国文物保护法》颁布，其中“馆藏文物”相关内容与博物馆管理直接相关。此后，国家文物局相继颁布《革命纪念馆工作试行条例》《博物馆安全保卫工作规定》《博物馆藏品管理办法》等规章，规范了博物馆藏品的征集、保管和安全保卫等具体工作的原则与方法。进入21世纪，博物馆数量快速增长过程中暴露出的质量问题日益凸显，博物馆主管部门从注重博物馆数量增长转向重视博物馆质量的提高，加快了博物馆法规建设的步伐。2005年文化部颁布《博物馆管理办法》。2008年，国家文物局启动全国博物馆评估定级的质量认证工作，为博物馆建设的专业化、规范化与科学化提供质量标准。至2016年，已有96座博物馆经评估被认定为一级博物馆，成为博物馆行业质量优秀的典范。2015年国务院颁布《博物馆条例》，为健全和完善博物馆管理，有效发挥博物馆社会功能，推动博物馆事业的持续发展，提供了法律保障。

（五）博物馆协会活动积极展开

改革开放以后，博物馆界建立行业组织的愿望日益强烈。1982年3月，中国博物馆学会成立（现改名为中国博物馆协会），次年7月，加入国际博物馆协会。此后，中国博物馆协会陆续建立了与国际博物馆协会之下各国际专业委员会对接的30多个专业委员会。中国博物馆协会组织国际国内学术活动，开展为博物馆服务的各种业务培训，编辑出版《中国博物馆通讯》《中国博物馆》（季刊）和博物馆学专著、资料等，反映各地博物馆的重要活动和博物馆学研究成果。主持全国博物馆质量评估定级工作，开展各种有关推动博物馆发展的全国性评比活动，如全国博物馆十大精品陈列评定、年度全国文化遗产十佳图书评选、全国博物馆学优秀学术成果评选活动等。2010年11月，国际博物馆协会第22届代表大会在上海召开，对树立良好的国家形象，扩大中华文化的影响力，搭建中国博物馆行业与国际博物馆界的交流平台，促进中国博物馆事业发展起到了重要作用。

改革开放四十年，中国博物馆由初期的缓慢发展到逐步加速，再到近十年的高速发展，与国家的经济发展同步，呈现了前所未有的历史性飞跃。博物馆通过自身的改革，与时俱进，增强了服务社会的意识，在实践中努力实现“两个转变”：即在业务活动中，从传统的“以物为主”向“以人为主”转变。博物馆实行免费开放，提升博物馆社会服务质量是这方面的具体体现。在办馆方向上，由“内向型”朝“外向型”转变，增加了博物馆活动的社会开放度。博物馆陈列展览主题的设计听取社会公众的意见，与高校和科研机构合作开展博物馆藏品研究，并有计划地逐步在博物馆网站公开博物馆藏品目录，实现藏品资源的社会共享。在博物馆管理方面，进一步完善法人治理结构，提高办事效率，对组织机构、人才聘用以及人才激励机制等实施了改革，以适应国内不断发展的市场经济环境。上述的改革与发展，正在逐步体现中国特色社会主义博物馆的基本面貌。

党的十八大以来，党和国家的最高层领导高度重视文物工作，多次在不同场合做出重要指示，要让博物馆中的文物“活”起来，将保护好和利用好文物提升到传承历史文化、维系民族精神、滋养社会主义精神文明建设、助推社会发展进步的高度，为博物馆工作指明了发展方向。最近，以故宫博物院为代表的国内9个著名大博物馆与电视台、传媒公司等媒体联手制作“国家宝藏”文博探索节目在中央电视台推出，在社会上引起轰动，深受公众欢迎。在新时代，博物馆员工为贯彻落实党和国家的公共文化政策，努力结合社会热点，向社会奉献受公众欢迎的文化精品。

深入发掘博物馆文化资源，为公众提供更多、更好的公共文化产品和服务，满足公众不断增长的精神文化生活需求，是博物馆人员肩负的时代重任。

三、港澳台地区的博物馆

自鸦片战争以后，中国的香港、澳门和台湾地区先后被英国、葡萄牙和日本占据，实行了长期的殖民式统治。在脱离殖民统治后，殖民统治者在香港和台湾创办的博物馆为中国人接收，改造成为现代博物馆，融入当地的社会文化事业中。

（一）香港的博物馆

1962年落成的香港博物美术馆是香港第一座现代意义的博物馆，藏品涵盖艺术与历史两大范畴，1975年拆分为香港艺术馆和香港博物馆。1980年香港天文馆的落成，标志着博物馆建设高潮的到来。1988年香港兴建了香港科学馆。90年代，香港经济形势欣欣向荣，市政当局开始筹建香港历史博物馆、香港文化博物馆和香港海防博物馆。1998年，展示香港自4亿年前至1997年发展历史的香港历史博物馆落成。2000年11月，香港文化博物馆开馆，第一年观众数量就超过百万。同年落成的海防博物馆，展示明代至 1997 年的香港海防历史。

香港的博物馆在服务社会方面投入了大量资源。一方面开办普及性讲座、工作坊、工艺班等，提升公众对艺术、历史和科学知识的兴趣；另一方面配合学校的美术、历史、科学教学，举办教师培训班，并与高校合作举办学术研讨会。各大博物馆还开设了资源中心，把馆藏的书籍、杂志、图片、口述历史及其他数据向公众开放，部分馆还提供外借服务，备有专供学校使用的巡回展板及其他教具。

香港各博物馆的馆藏珍品大多来自社会捐赠。香港艺术馆的主要馆藏来自遮打爵士和何东爵士捐赠的历史画。馆藏品已逾十万件的香港历史博物馆主要收藏与香港历史文化有关的文物，其中一半是香港市民所捐赠。1997 年香港回归祖国以后，与内地的交流日益频繁，香港博物馆举办了一系列介绍中国艺术、历史和文化内容的展览。香港艺术馆和香港历史博物馆还引进了一些外国大展，以开拓香港市民的文化视野。

（二）澳门的博物馆

20 世纪 60 年代以前，全澳门只有 2 家博物馆。其中，孙中山故居（1958 年 4 月改为国父纪念馆）是澳门现存开放最早的博物馆。20 世纪 90 年代，随着澳门社会经济转型为以服务业为主的模式，澳门迎来了博物馆事业发展的第一个黄金十年，澳门海事博物馆（1990）、澳门博物馆（1998）、澳门艺术博物馆（1999）等 12 座博物馆都建于那个时代。为配合旅游业发展，澳门建立了大赛车博物馆和葡萄酒博物馆。同时，对具有重要象征意义的西方历史建筑，加以维修保护，改造为博物馆。如天主教艺术博物馆、玫瑰堂圣物宝库等。1999 年澳门回归祖国，对澳门经济和文化事业发展形成了巨大推动。至 2005 年，澳门的博物馆总数达到 23 座。澳门的博物馆大体上规模都较小，多以专题陈列为主，展示内容以反映本地历史文化为主，涉及考古、历史、民俗、民生、宗教、艺术、海事、人物等各方面。

（三）台湾地区博物馆

台湾地区博物馆发端于日本统治时期设立的台湾总督府民政部殖产局附属博物馆。[①] 第二次世界大战结束后，该馆为民国政府接收，改名为台湾省博物馆（1949 年又改名为台湾省立博物馆）。该馆藏品主要为台湾历史（包括民族民俗）类文物和地质、动物、植物类标本。

20 世纪五六十年代，台湾新建的博物馆数量并不多，但多是颇具影响力的大馆。1956 年建立台湾科学教育馆。1957 年建立历史博物馆，该馆以原河南博物馆

---

① 台湾总督府民政部殖产局附属博物馆建于 1908 年，1915 年改名为台湾总督府民政部殖产局附属纪念博物馆。

迁台的中原文物（包括河南新郑、辉县和安阳出土的铜器，洛阳出土的先秦陶器、汉代釉陶、唐三彩等）及战后日本归还的古物为主要藏品。台北“故宫博物院”经过8年筹建，于1965年落成并向公众开放。其藏品为国民党政府逃离大陆时迁台的文物（包括原古物陈列所、颐和园、国子监和中央博物院筹备处的文物，从故宫博物院南京分院挑选出的国之重器、珍贵典藏）。

七八十年代，台湾经济快速发展，岛内艺术品收藏风气旺盛，推动着博物馆建设走向高潮。台湾在21个县市文化中心的园区内设置博物馆、展示室、专题特色馆等。在台北、台中、台南和台东建设大型美术馆、科学博物馆和海洋生物馆。一些大学附设艺术中心和美术馆，一些宗教团体建立了博物馆或艺文展示馆等。

今天，台湾的博物馆总数已达400多座，其中具有一定规模的有200余座。博物馆类型多样，有艺术、历史、人类学、考古、自然史、科学、工艺、产业、学校、专题、人物、宗教、戏剧、影像、音乐等约20种。台北“故宫博物院”、台湾历史博物馆等大馆举办了许多在社会上很有影响的陈列。

台北“故宫博物院”的文创产业十分活跃，对大陆博物馆界也产生一定的影响。进入21世纪，社会各界对博物馆建设依然保持很高的热情。台湾致力于推行乡镇社区总体营造计划，博物馆承担着促进地方文化生活繁荣发展的角色。

第五节　当代博物馆的新发展

当代博物馆服务社会的理念有了很大的提升。为满足社会公众不断产生的新需求，博物馆不断改变自己，更深地植入社会，由“以物为本”转向“以人为本”。新的博物馆类型逐渐产生，同时应用新兴科技、涉足环境保护与非物质文化遗产保护等领域，正成为博物馆自觉的行动。

一、博物馆的社会使命感上升

20世纪70年代以来，世界政治、经济、文化等各领域都发生了巨大变化，在环境保护运动、工业遗产保护热潮、社区建设等背景下，博物馆界深感对社会承担的责任日益重大，对博物馆服务社会有了更深的认识。在1974年国际博物馆协会第11届代表大会上，对博物馆定义作了修改，明确了博物馆的宗旨是“为社会和社会发展服务”，标志着博物馆由自在服务于社会进入自觉服务于社会的阶段。

20世纪80年代，在西方的文化民主化浪潮中，博物馆领域展开了“博物馆独立化运动”。生态博物馆与社区博物馆的实践以及“新博物馆学”运动的兴起，正是文化民主意识觉醒在博物馆领域的反映。在新博物馆学运动的推动下，传统博物馆增强了关注社会、参与社会、服务社会的意识，研究视野由注重博物馆藏品保护、研究等扩展到博物馆怎样参与社会变革、促进社会发展方面。

90 年代，由全球大众旅游快速发展而带来的旅游业与文化遗产保护的矛盾日益激化，博物馆界自觉与旅游组织走到一起，谋求和谐发展的出路。在 90 年代召开的连续三届国际博物馆协会代表大会上，都讨论了“博物馆与旅游”的议题，并做出决议，号召建立文博事业与旅游业合作发展的和谐关系。2016 年国际博物馆日的主题为“博物馆与文化景观”，再次强调了博物馆与旅游业的关系，号召博物馆承担起维护文化景观的责任。许多博物馆的职责由对馆内的藏品保护扩展到对馆外周边环境的保护，表明了博物馆与旅游业合作的积极行动。

新世纪之初，在经济全球化的背景下，强势文化对弱势文化形成了强大冲击，使多元文化保护的重要性日益凸显。博物馆界积极响应联合国教科文组织的《世界文化多样性宣言》和《保护非物质文化遗产公约》，主动涉足非物质文化遗产保护领域。2002 年国际博物馆协会亚太地区第七次大会通过《上海宪章》，启动了博物馆保护非物质文化遗产的创新实践。许多博物馆自觉将非物质文化遗产的收集、整理与保护纳入工作范围，并通过多种活态方式，展示非物质文化遗产。2004 年国际博物馆协会通过的《国际博物馆协会章程》中，对 2001 年博物馆定义做了修改，将其中的“人类及人类环境的物证”表述扩展为“人类及人类环境的物质或非物质证据”。2007 年对定义的修改中，则表述为“人类及人类环境的物质及非物质遗产”。博物馆界主动承担起保护非物质文化遗产的责任，并成为非物质文化遗产保护的重要力量。

二、新型博物馆的出现

（一）生态博物馆

20 世纪 60 年代末，法国著名博物馆学家乔治·亨利·里维埃引入瑞典斯堪森露天博物馆的理念，把环境保护和生态保护结合起来，在法国创立了第一代生态博物馆——法国地区自然公园。1974 年，著名博物馆学家雨果·戴瓦兰在法国东部的克勒索-蒙特索煤矿区建立了一座人与工业博物馆，并正式使用“生态博物馆”名称。克勒索曾是钢铁制造工业区，蒙特索是煤矿开采工业区，两者的结合使人与工业博物馆融合了工业文明与自然环境，进入自然与人文社会综合生态中，成为第二代生态博物馆的代表。在此后的 20 年中，全世界曾出现 300 多座生态博物馆，其中以法国和加拿大数量最多。各国生态博物馆的实践形式五花八门，其内涵与特性始终在不断地变化和发展。

生态博物馆作为一种新型博物馆，代表着一种新思维、新观念，与传统博物馆有很大的不同。国际博物馆协会编的《博物馆学关键概念》对生态博物馆的表述为："生态博物馆，是一个致力于社区发展的博物馆化的机构。它融合了对该社区所拥有的文化和自然遗产的保存、展现和诠释功能，并反映某特定区域内一种活态的和运转之中的（人文和自然）环境，同时从事与之相关的研究。"①

生态博物馆的出现在国际博物馆界掀起了一场博物馆革新运动。90 年代后期，生态博物馆理念被引进中国。1998 年 10 月，中国首座生态博物馆在贵州六枝梭戛苗族村寨诞生。该生态博物馆与分布在大山深处的少数民族聚居区和风景名胜区相结合，将自然遗产、物质文化遗产与非物质文化遗产完整地保护起来，赋予了生态博物馆实践新的内涵。进入 21 世纪以来，中国又在广西南丹、云南西双版纳、内蒙古达茂旗、浙江安吉、陕西汉中等地陆续建立一批新的生态博物馆，开辟了中国特色生态博物馆的新模式。

（二）社区博物馆

"社区"是社会学中的一个概念，目前学界对"社区"的定义存在较多分歧，因而也影响了社区博物馆概念的确定。2000 年，我国《民政部关于在全国推进城市社区建设的意见》中明确指出，社区是指聚居在一定区域范围内的人们所组成的社会生活共同体。具体而言，目前城市社区指的是街道或下属的居委会辖区，农村地区指的是乡、镇或行政村或自然村。以此为据，在我国社区博物馆是以收藏、保存和展示与当地社区居民在感情上有千丝万缕联系的、反映该地区社会发展与自然环境变迁的历史见证物为手段，提升社区居民素质，增加居民的认同感和归属感，推进社区经济和文化发展为目标的机构。

社区博物馆概念由美国首次提出并付诸实践。20 世纪六七十年代，欧美国家普遍实施全面的解决贫困问题战略，社区发展成为一个中心主题。美国博物馆界同社会其他各界一样，不仅关注社区的发展，同时也积极思考怎样将博物馆的人文关怀送到贫穷社区的弱势群体中。1966 年，美国博物馆学家狄隆・利普里提出了直接参与社区发展的"社区博物馆"概念，并在华盛顿城郊的一个黑人居住区，利用一座旧仓库建立了社区博物馆。20 世纪八九十年代，世界各国出现了大量的各种类型的社区博物馆，其中美国的社区博物馆数量较多。社区博物馆的主要功能是为社区居民提供一个学习的场所，以解决社区中的居住、失业、教育、吸毒和犯罪等社会问题。同时，恢复和保护因人口迁移业已丢失的共同的历史文化传统和集体记忆，增强社区居民对社区的归属感和认同感。

中国第一座社区博物馆——福州"三坊七巷"社区博物馆，是为了保护"三坊七巷"历史文化街区，延续福州老城区的文化价值和传统而建立的。社区博物

---

① Andre Desvallees and Francois Mairesse, eds., *Key Concepts of Museology*, Armand Colin and ICOM, 2010, p. 59.

馆关心当地的、当下的社区，着力解决人与社会（社区）之间的问题，代表社区居民的共同利益，是居民充分行使话语权、争取自身权益的平台。

（三）近现代工业遗产博物馆

近现代工业遗产是指世界工业革命以来的近现代工业文明遗存。工业遗产博物馆属于工业博物馆范畴。工业博物馆又可细分为“传统工业博物馆”与“遗址性工业遗产博物馆”两个子类。前者属于传统的科学技术与工业史类博物馆，后者则是20世纪后期兴起的遗址性工业遗产博物馆，以在工业旧址上保护和利用工业遗产为特色。20世纪七八十年代以后，发达国家在保护工业遗产中建立了许多遗址性工业博物馆。英国铁桥峡博物馆和德国鲁尔“关税同盟矿区”为代表的大型露天工业遗址博物馆的诞生，标志着遗址性工业遗产博物馆走向了发展的高峰，成为近现代工业遗产博物馆发展的主流。

遗址性工业遗产博物馆有“大遗址型”和“一般遗址型”两种。“大遗址型”工业博物馆既保存工业遗产中的建筑物、环境场所和工业设施等物质实体，又保存工业遗产所包含的文化和传统等精神内涵，通过对工业遗产地有形遗产和无形遗产的双重保护，记录并展示曾在人类文明进程中做出过杰出贡献的工业文化和历史信息。由于这类博物馆往往将工业遗迹连同其周边的生态环境一起保护，又可称为“工业生态博物馆”。在工业遗产的保护与再利用策略上，“大遗址型”工业博物馆一般采取整体性保护的措施，既保护了工业遗产，又修复了生态环境，使整个工业遗址成为工业遗产旅游景观区，因而在地理学界或旅游业界，往往又称其为“工业景观公园”。在大型露天工业遗址博物馆内，还有一些利用旧工业建筑建成的博物馆，这种博物馆可以视为露天工业遗址博物馆中的“馆中馆”。

“一般遗址型”工业博物馆坐落于旧厂房或仓库等工业建筑遗产中，或由旧产业建筑改造而成，其馆藏品和展览一般都是原工业遗物和关于工业历史的内容。但也有一些工业遗址博物馆虽坐落于旧的工业历史建筑中，其馆藏品和展览内容却未必反映与该遗址直接相关的工业遗物，而是原址以外同行业甚至是其他行业的工业遗产。

还有两种与工业遗产有关的特殊形式博物馆。一种是“旧瓶装新酒”式，即将工业建筑遗产的实体保存下来，通过功能置换和空间重组改造成其他主题的博物馆。常见的是将旧工业建筑改造为艺术博物馆，由于其馆舍是旧工业建筑，又位于工业旧址上，馆址与馆舍都属于工业遗存范畴，因而也与工业遗址博物馆相似。另一种是企业博物馆式。出于反映本企业（或本行业）的历史发展、重大事件和著名人物，保护部分已淘汰的生产设备之需要，利用原厂房、车间建立博物馆。从工业遗产保护角度看，这种企业博物馆也可纳入工业遗址博物馆范畴。

三、博物馆走向市场

20 世纪 70 年代末之前，欧洲公立博物馆一直由政府财政支持其发展，国家的法规体系与管理体系都禁止博物馆进行任何形式的经济创收活动。但 1979 年第二次石油危机的爆发，西方国家普遍遭遇经济萧条，许多国家改变了对博物馆的政策，逐步削减政府财政对博物馆的拨款，号召博物馆向私人、企业和社会团体筹集资金，向市场要效益。为了生存与发展，博物馆被迫走向市场。

在英国，大多数依靠政府财政支持的博物馆，因政府削减经费而使运营受到影响。如大英博物馆在下雨天不得不用馆藏的金盆来盛接屋顶渗漏的雨水。此事一经媒体报道，立即引来社会公众的一片唏嘘声。但后来许多博物馆将展厅出租用作歌舞厅之类的报道一遍又一遍地出现在公众视野后，人们就渐渐习以为常了。

伦敦科学博物馆率先设立了市场营销部，主管统筹博物馆的市场营销业务，这种方法很快为其他博物馆所效仿。美国的许多博物馆馆长也改变了观念，纷纷设立营运、营销等职能部门，许多服务项目都承包给私营公司，以追求效率和效益。

私立博物馆早已市场化运作。私立博物馆的经费中，政府补贴的占比不高，主要依靠自己创收和私人、企业或基金会、社团等捐赠或赞助。如美国纽约大都会艺术博物馆内的商店面积 2002 年比 1949 年扩大了 30 倍，经营范围也从原先少量的明信片、书籍扩展到各种与博物馆相关的商品，多达 1.7 万种。该博物馆还在馆外建立十多家商品分店，从国内延伸到海外。大都会博物馆专门设有总经理职务，负责博物馆经营活动。20 世纪 80 年代前后，大都会博物馆经费中政府的资助占 40%左右，进入 21 世纪后，仅占 15%左右。美国博物馆的经验给欧洲一些国家带来启示，但有的国家走得更远。如荷兰的一些公立博物馆甚至实行私有化，完全交给私人经营管理。博物馆作为一种社会公益性事业，理应由政府主导，由国家财政资金投入维持运行。但是当国家财政发生困难，不足以提供维持社会公益性机构运行的经费时（或必须大幅削减公共文化服务机构的财政拨款时），博物馆的生存与发展就面临危机。为了自救，博物馆要开发文化产品，要培育市场，在一定条件限制下开展博物馆文化产品的经营和服务，以获取经济收益用于博物馆发展的需要。博物馆开展经营活动是有底线的，首先，不能使藏品受到丝毫的损失；其次，不能损害观众利益，不能偏离博物馆的宗旨；再次，博物馆的经营活动所得，只能用于博物馆发展需要，而不能成为博物馆经营管理者的经济回报。公立博物馆交给私人经营管理，类似企业中的所有权与使用权分离的运作模式，表面看似不成问题，但实际上博物馆藏品资源与企业的生产资料是不同的，企业的生产资料消耗了还可以购买，而藏品则是不可再生的。如果博物馆私人经营者为追求最大经济效益而滥用（或过度使用）博物馆藏品资源，必然导致藏品保护受到影响，甚至使藏品遭受破坏，使国家利益受到损失。正是出于这种担忧，我国博物馆学界旗帜鲜明地反对国有博物馆（包括文化遗产资源）尝试让私人经营管理的做法。

总部设在纽约的古根海姆博物馆从跨国企业的经营方式中受到启发，大胆地“走出去”和“引进来”，开创了“古根海姆式”的经营、管理和发展模式。古根海姆基金会除了拥有纽约第五大道的古根海姆现代艺术博物馆外，还在国内和国外都建有分馆，组成联盟经营体系。在国际性合作中使用“全面共享藏品”，甚至以“合资购买、共同拥有和轮流展览”等新招，引进超级大展。高度的媒体曝光率，吸引社会公众趋之若鹜，带来了巨大的社会影响和经济效益。古根海姆博物馆的成功运作，赢得了国际财团和金融、媒体巨头的广泛兴趣和参与，形成了一些固定的赞助群体。尽管有些博物馆同行并不认同古根海姆博物馆的营销策略，但是国际上仍有不少博物馆在效仿。

20 世纪 80 年代以来，发达国家实行了一系列激励博物馆走向市场的政策，使博物馆经济状况有了好转。但市场因素对博物馆发展走向的影响亦明显增加。在美国，公立博物馆市场化程度的日益提升，也引起学者对博物馆未来的担忧：“今天的博物馆已经远离了博物馆人可以控制的轨道，决定博物馆前进方向的，不再是政府决策者、资本家、专家和公共知识分子，而是一只看不见的大手——博物馆市场。”①

四、新兴科技在博物馆广泛应用

当今世界以信息技术为代表的新兴科技突飞猛进，不仅为传统产业注入了新的活力，也为博物馆发展带来了机遇。20 世纪 90 年代欧美发达国家首先开始了数字博物馆建设，将计算机多媒体技术应用于藏品管理、研究、展览和博物馆管理等方面，提出“存储数字化、传递网络化、管理电脑化、资源共享化”四个方面的目标。在这四个目标中，藏品信息数据库建设是核心。各博物馆馆际藏品信息资源的共享必须以藏品信息数据库为基础，网络传递是信息资源共享的手段。在藏品管理信息系统基础上衍生出大量的其他应用，如虚拟博物馆，观众可以足不出户在任何时候浏览博物馆的展览。在陈列展示与观众服务中采用的各种多媒体技术，丰富了展示内容的表现手段，增强了展览的互动性，提高了观众的兴趣。

---

① Robert Macdonald, “Museums and Controversy: What Can We Handle?”, *Curator*, vol. 39 (1996), pp. 167-169.

博物馆内部局域网的建立，可提高博物馆的管理效率。数字博物馆的建设给博物馆发展增添了动力。

随着互联网技术的发展，移动应用、社交媒体、众包、物联网、自然用户界面等一批新媒体技术的涌现，促使博物馆不再局限于传统的陈列和简单的互动，而是利用各种新兴媒体，鼓励公众与博物馆互动，共享博物馆的资源，使观众从传统的知识“接受者”（受教育者）转变成知识传播的“参与者”。在数字博物馆建设中，许多博物馆从藏品信息数据库的建设向博物馆展览与公众服务方面拓展。据美国《新媒体联盟地平线报告》，目前已经在部分博物馆中使用、未来将在博物馆中不断普及的新媒体技术有 11 种：即社交媒体、移动应用、众包、自带设备、增强现实、开放内容、电子出版、定位服务、物联网、自然用户界面、保存和保护技术。上述除了最后一项“保存和保护技术”主要用于藏品保护之外，其余的都可应用于博物馆展览与公众服务，可见数字博物馆建设内容在不断扩大和深化。

博物馆数字化并不是新兴科技在博物馆应用的终点。在信息技术革命的带动下，物联网、云计算、大数据和移动通信技术兴起与发展，一种以物、人、数据动态双向多元信息传递模式为核心的智慧博物馆成为新的趋势。智慧博物馆以多模态感知“数据”替代数字博物馆的集中式静态“采集”，并以此为基础，建立更加全面、深入和泛在的互联互通，使人与人、人与物、物与物之间形成系统化的协同工作方式，从而形成一个完整的博物馆智能生态系统。智能技术与数字技术结合的智慧博物馆建设，是博物馆建设在数字博物馆基础上的未来发展目标。

总之，第二次世界大战结束至今 70 余年，世界政治、经济与文化发生了巨大变化，各种因素对博物馆的发展产生影响。从战后到五六十年代，博物馆由战后修复步入逐步发展。七八十年代，世界政治、经济、文化领域风云迭起，石油危机引发的世界经济动荡，使欧美国家大幅削减政府对博物馆的财政补贴，迫使博物馆走向市场；西方的文化民主运动，激发了博物馆民主化热潮；生态与环境保护、工业遗产保护和保护文化多样性等运动，唤醒了博物馆参与社会变革的意识。伴随着欧美发达国家先后步入后工业化时代，博物馆经历了社会经济转型带来的阵痛，更加深刻地认识到自身服务社会的使命。许多发达国家博物馆立足本国历史文化传统与资源，不断开拓新的服务理念与方法，为自身的发展注入了新的活力。

发展中国家高度重视博物馆的政治意义，突出宣传革命传统与民族精神，注重展现本国民族与民俗文化。中国博物馆事业从新中国建立后进入新的阶段。50 年代博物馆事业的初步发展为后来的稳步前进奠定了基础。尽管“文化大革命”使博物馆发展遭受挫折，但改革开放以后，伴随着国家经济的腾飞，博物馆事业逐步进入快速发展轨道，博物馆的数量、类型、展览、观众数量、社会服务等各个方面，都有了很大的提升。今天，我国的博物馆建设在党和国家的方针政策指引下，继续朝着中国特色的社会主义博物馆发展方向前进。

思考题

1. 如何理解古代收藏与博物馆之间的关系？
2. 试述博物馆去殖民化问题形成的历史根源。
3. 应当怎样评价发展中国家向文物占有国追索的要求？
4. 试述现代博物馆观念的传播及其路径。
5. 试述现代博物馆在中国的引入及其影响。
6. 结合新中国建立至今我国博物馆的发展状况，对博物馆“三性二务”的基本性质进行评价。
7. 试述中国博物馆发展的历史经验与教训。
8. 辨析生态博物馆与社区博物馆的共性与个性。
9. 古根海姆博物馆联盟的运营模式是否具有推广意义？

► 拓展阅读

第四章　博物馆藏品的征集与管理

博物馆起源于人类对遗产的收藏、保护与利用实践。藏品征集是为博物馆增加馆藏的重要手段。藏品管理则是博物馆的一项主要业务活动，是为博物馆其他各项业务工作提供物质保障的重要基础工作。

第一节　博物馆的藏品

博物馆藏品，是国家和民族宝贵的科学文化财产，是博物馆开展各项业务活动的重要物质基础。藏品定义体现出博物馆工作对象与范畴，随着博物馆事业的发展，藏品种类和范围也在不断扩大。

一、藏品的定义

博物馆的藏品，是博物馆根据本馆的性质、特点、任务，按一定标准有计划入藏的具有历史价值、艺术价值和科学价值的有关文物、标本和实物资料等物件，它是国家和民族宝贵的科学文化财产，是博物馆业务活动的物质基础。

普通博物馆一般都收藏可移动的文物、标本等物件。可以搬进库房收藏的文物就是通常所说的“庋藏文物”或“馆藏文物”。

还有一部分博物馆，其建筑物本身就是文物。例如，故宫博物院所在的整个建筑群，是国家级重点文物保护单位。也可以说整个故宫建筑和庭院都是故宫博物院的藏品。

有些遗址类博物馆，把大面积的遗址、墓地用现代建筑物保护起来，例如西安市的半坡博物馆，把整个新石器时代的村落遗址都变成了博物馆内的藏品。还有一种日益流行的做法就是办露天博物馆，例如日本发掘的新石器时代的稻田遗址，就采用了这种办法。英国比米什博物馆也采用这种方式保存和展示反映英国早期工业发展和与当地居民生活有关的建筑、机械装置、各类实物和资料信息等。由此可见，博物馆的藏品并不限于可移动的物件，还包括不可移动的建筑物、遗址、墓地等。所谓“收藏”的概念，也由藏于室内而扩大到露天管理。

广义而言，凡是经过选择确定为博物馆所有产权的文物（包括文物保护单位）、自然标本和实物资料等，均可视为博物馆的藏品。

二、藏品的种类

博物馆藏品可大致分为四种：文物、自然标本、实物资料、非实物记录和非物质文化遗产。

（一）文物

“文物”一词在我国古代早已出现，只是该词的含义古今有所不同。最早的文和物是两个词，其中的“文”是指礼仪制度规定的各种纹饰图案；“物”是指礼仪活动中使用的器具。“文物”合成词兼有两方面含义：一方面是指礼乐典章制度；另一方面是指与典章制度相关的礼器、乐器，并进一步引申泛指有历史、艺术价值的古代遗物。关于文物的定义，目前主要有如下几种：

文物是人类在社会活动中遗留下来的具有历史、艺术、科学价值的遗迹和遗物。也可以说，文物是历史上人们创造的或与创造活动有关的物质文化和精神文化的遗存，具有历史、艺术、科学价值，是重要的物质文化遗产。①

文物，是指历代遗留下来的在文化发展史上有价值的东西，如建筑、碑刻、工具、武器、生活器皿和各种艺术品等。②

根据目前国际惯例，文物是指100年以前制作的具有历史、艺术、科学价值的实物。例如，1995年6月14日在罗马制定的《国际统一私法协会关于被盗或者非法出口文物的公约》，其附件所列举的第5条“一百年前的古物，如铭文、钱币和印章”；第11条“一百年以前的家具物品和古乐器”。

当代中国根据文物的特征，结合中国保存文物的具体情况，认为文物是指人类社会历史发展进程中遗留下来的、由人类创造或者与人类活动有关的一切有价值的物质遗存的总称。③

《中华人民共和国文物保护法》（2017年修正）第十一条：文物是不可再生的文化资源。

《中华人民共和国文物保护法》（2017年修正）第一章总则之下：

第二条　在中华人民共和国境内，下列文物受国家保护：

（一）具有历史、艺术、科学价值的古文化遗址、古墓葬、古建筑、石窟寺和石刻、壁画；

（二）与重大历史事件、革命运动或者著名人物有关的以及具有重要纪念意义、教育意义或者史料价值的近代现代重要史迹、实物、代表性建筑；

（三）历史上各时代珍贵的艺术品、工艺美术品；

（四）历史上各时代重要的文献资料以及具有历史、艺术、科学价值的手稿和

---

① 李晓东：《文物学》，学苑出版社2005年版，第4页。

② 中国社会科学语言研究所词典编辑室：《现代汉语词典》，商务印书馆2012年版，第1364页。

③ 中国大百科全书总编辑委员会《文物·博物馆》编辑委员会、中国大百科全书出版社编辑部：《中国大百科全书·文物 博物馆》，中国大百科全书出版社1993年版，前言第2页。

图书资料等；

（五）反映历史上各时代、各民族社会制度、社会生产、社会生活的代表性实物。

具有科学价值的古脊椎动物化石和古人类化石同文物一样受国家保护。

参考上述文物定义，依据《中华人民共和国文物保护法》，我们认为：文物是不可再生的文化资源，是具有一定历史、艺术、科学价值的由人类文化所产生的物质遗存。

我们经常使用的还有革命文物和民族民俗文物。

革命文物，主要是指见证近代以来中国人民抵御外来侵略、维护国家主权、捍卫民族独立和争取人民自由的英勇斗争，见证中国共产党领导中国人民进行新民主主义和社会主义的光荣历史，并经认定登记的实物遗存。对社会主义建设和改革时期彰显革命精神、继承革命文化的实物遗存，纳入革命文物范畴。

革命文物凝结着中国共产党的光荣历史，展现了近代以来中国人民英勇奋斗的壮丽篇章，是革命文化的物质载体，是激发爱国热情、振奋民族精神的深厚滋养，是中国共产党团结带领中国人民不忘初心、继续前进的力量源泉。

革命文物包括不可移动革命文物和可移动革命文物。

民族民俗文物是指有关我国各民族，特别是少数民族的民间生产、生活、娱乐、风俗、习惯和信仰等方面的实物资料。

根据我国现代的习惯用法，民族文物主要指汉族以外诸少数民族的民族文物。民俗文物则是指包括汉族在内的各民族风俗、习惯、信仰、生产、娱乐等方面的实物资料。

（二）自然标本

自然标本包括两类：一类是经过整理而保持原形的动物、植物、矿物等的实物样品，供观摩研究之用。如自然博物馆的东北虎标本。另一类是经过自然界的作用，保存于地层中的古生物遗体、遗物和它们的生活遗迹，即古生物学的主要研究对象，包括古脊椎动物化石和古人类化石。如北京自然博物馆的恐龙化石等。

自然标本从质地和有利于保管、保护的角度来看，可分为无机成分和有机成分的自然标本。无机成分的自然标本包括岩石标本和矿物标本、土壤标本、古生物与古人类标本；有机成分的自然标本包括植物学标本、动物学标本等。自然标本中动、植物标本在制作方法上分为生态型的剥制标本、假剥制标本，还有浸制标本等。

（三）实物资料

随着博物馆事业的不断发展，我国博物馆的类型越来越丰富，目前，已出现了许多行业性博物馆或称专门性博物馆，如煤炭博物馆、茶叶博物馆、工艺美术博物馆等，以及专业性极强的科技类博物馆，如航空博物馆、音像博物馆等。这些博物馆中的收藏品，大都属现代的产品或作品，但按照历史的观点和文明延续的观点，现代作品中的典型产品也是将来时代重要的“历史遗留下来的在文化发展史上有价值的东西”，它们会成为未来时代的文物。这些博物馆中的收藏品既不同于我们现在所说的文物，又有别于自然标本，因此，我们把它们称为实物资料或科技成果、艺术作品，它们同样也是人类社会生产、生活所创造和保存的物质财富，同样属于博物馆藏品的一个种类。

（四）非实物记录和非物质文化遗产

博物馆藏品中反映和记录客观真实存在和发生的现象与过程的文字、图像、音像和数字记录等资料，记录这些资料的载体（媒体）本身不具有文物价值，但记录的内容具有文物价值。因而这些记录资料被称为非实物记录。例如，“VCD 视盘《百年盛典》”1840 号，入藏中国革命博物馆。

在联合国教科文组织通过的《保护非物质文化遗产公约》第一章总则第 2 条中，“非物质文化遗产”指被各社区、群体，有时为个人，视为其文化遗产组成部分的各种社会实践、观念表述、表现形式、知识、技能及相关的工具、实物、手工艺品和文化场所。这种非物质文化遗产世代相传，在各社区和群体适应周围环境以及与自然和历史的互动中，被不断地再创造，为这些社区和群体提供持续的认同感，从而增强对文化多样性和人类创造力的尊重。

按照这一定义，“非物质文化遗产”包括以下内容：

1. 口头传统和表现形式，包括作为非物质文化遗产媒介的语言；
2. 表演艺术；
3. 社会实践、礼仪、节庆活动；
4. 有关自然界和宇宙的知识和实践；
5. 传统手工艺。

三、藏品范围的扩展

随着博物馆事业的不断发展，博物馆藏品的范围也在逐步发生着变化。主要表现为，藏品范围随文物范围的拓宽而扩大，由原来传统的可移动的物件扩大到不可移动的文物古迹；藏品收藏也从室内（库房）管理扩展到室外（露天博物馆）管理。藏品范围随着文物时限的延长而扩展，由传统的古代文物扩展到近代文物、现代文物。藏品范围随着遗产形态的扩展而拓宽，由传统的实物拓宽到包括非实物记录和非物质文化遗产在内的非实物的文化资源。

第二节　藏品征集的方法和要求

藏品征集是一项科学性很强的工作，并且有其自身的工作规律，必须建立在科学研究的基础之上，按照征集工作的规律来办事。这就要求博物馆工作者理解并掌握征集工作的规律和方法，明确征集工作的基本要求，不断提高征集工作的质量，以便取得更好的工作成效。

一、藏品征集的含义

藏品征集是博物馆根据本馆的性质、特点和任务需要，通过各种途径，有计划有目的地不断积累补充文物、标本和实物资料等物件的一项基本业务工作。从根本上说，征集工作也是博物馆一项科学性极强的研究工作。藏品征集的目的，一是为珍藏、保存文物，从而妥善地保护文物，使其传之子孙后代；二是为陈列展览提供展品，使陈列展览更生动、形象，更具说服力；三是为科学研究提供实物资料，使科学研究建立在广泛的科学的基础之上。

二、藏品征集的途径和方法

藏品征集途径主要包括社会征集、民族学调查征集、考古发掘和自然标本采集等四个方面。

（一）社会征集

社会征集是指博物馆对流散在社会上的各种物件的搜集。主要有以下几种方式方法。

1. 专题征集。专题征集是指根据某一专题，有目的有计划地进行的搜集工作。这是博物馆征集工作中经常性的、行之有效的工作方法。这种专题征集，具有目标明确具体、工作主动深入、力量集中等特点，因而常常能够较快地取得需要的材料，收到明显的效果。这也是博物馆积累藏品的主要手段之一。

2. 收购。这是博物馆利用经济手段积累藏品的工作，即由博物馆付给那些传世文物或标本等物件的拥有者以一定的经济代价，从而将其收藏的文物标本等物件购归博物馆所有。这是国家保护文物标本、积累博物馆藏品必不可少的一种手段。

3. 接受捐赠。即博物馆接受机关团体或个人捐赠文物标本等物件。这是博物馆藏品征集的又一重要方法。

4. 调拨。是指由上级主管部门按各博物馆的性质与需要，有计划地拨给有关文物和标本等物件；或是博物馆之间，一方无条件地支援另一方，拨给对方有关藏品。调拨是无代价的单方面的拨出或收进。

5. 馆际交换。是指博物馆与博物馆之间的藏品相互交换。是以本馆重复品较多，或与本馆性质、任务不相适应，而又为对方博物馆所需的那些藏品，换取适合本馆需要的藏品。这种馆际交换，体现了博物馆之间互通有无、以余补缺、相互支援的协作精神，有利于充分发挥馆藏文物标本的作用，有利于博物馆事业的发展。

6. 接收移交。是指博物馆接收科学考察队、考古工作队、文物商店、海关、银行、废品公司、冶炼厂、造纸厂等有关单位拨交的文物、标本等，也称拨交。其目的是使这些珍贵的文物标本受到妥善的保护、保存和利用，以满足博物馆各项业务活动的需要，丰富博物馆各项业务活动的内容。这种拨交一般都是单方面的拨出或收进，没有互惠性。

7. 借用。是指博物馆为了举办陈列展览等业务工作的需要，采取向其他有关文博单位借用藏品在本馆中加以使用的方式。借用，不改变藏品的所有权，只改变藏品的使用地点，它可以提升借入馆藏品的品质。

（二）民族学调查征集

民族学调查是征集民族文物的主要途径。深入民族地区，实地调查搜集是主要的工作方法。开展民族学调查征集，基本上是在少数民族地区进行。接触的对象，基本上都是少数民族群众。而每一个民族都有着自己的民族意识，都有着自己传统的风俗习惯和生活方式。因此，在民族学调查征集工作中十分讲究工作方法的合理性。

（三）考古发掘

考古发掘是用科学的方法发掘埋藏在地下或水下的文物，并用科学方法来研究古代人类活动留下的遗存，以揭示古代历史的真实面貌。我国地下埋藏的文物非常丰富，因而考古发掘成为文物征集的广阔渠道。有目的、有针对性地组织考古发掘，不仅是博物馆征集藏品的重要途径和博物馆藏品的重要来源，还可以为博物馆的陈列、研究和社会利用提供科学依据。

（四）自然标本采集

自然标本是各专门性自然博物馆和综合性博物馆开展各项业务活动的物质基础。采集岩石、土壤、矿物、动物、植物等自然标本是这些博物馆经常性的主要工作之一。各种自然标本的取得，除了向有关研究单位、标本培植场、地质勘探队等单位搜集外，主要是依靠本馆和配合各种有关的科学考察队去野外采集。采集自然标本，是一项细致的工作。矿物、植物、动物等不同性质的标本，有不同的采集方法；即使是同一性质的标本，采集的方法也不尽相同。因此，采集人员必须学习并掌握有关采集的知识和技能，只有这样才能做好采集标本的工作。

三、藏品征集的要求

征集工作的要求主要有以下几点：

（一）成立专门机构或委派专人

为了有效地开展征集工作，博物馆应该设立必要的征集工作机构。在大型博物馆可以设立专门的征集部门；中小型博物馆也可以在有关部门内设立征集小组或配备专职征集人员，从事经常性的藏品征集工作。

（二）制订科学的征集计划

博物馆开展藏品征集工作，必须在调查研究的基础上，根据本馆的性质、特点、陈列展览和科学研究的实际需要，根据本馆藏品的数量、质量，根据征集线索与本馆的人力、财力情况，制订科学的征集计划，以便有目的、有准备、有步骤地开展征集工作。

（三）征集成套完整的实物资料

开展征集工作，应该逐步建立与本馆性质相适应的完整的藏品体系。征集的重点应放在本馆藏品中的空白和薄弱环节，尽可能地填补缺门，以保证藏品的系统性、完整性。因而在征集活动中，必须重视征集工作的科学性和征集对象的完整性，必须把那些有着内在联系的可以全面、系统地说明某一方面问题的成组材料搜集回来。

（四）做好近现代文物、民族民俗文物及与非物质文化遗产相关物件的抢救性征集

随着社会经济的飞速发展，新旧事物的交替也非常迅速，近现代的革命文物和民族民俗文物，都亟须抢救性征集。由于革命文物的年代较近，相当部分反映群众运动的文物还散存于民间，有的在社会生活中还发挥着作用。同样，民族民俗文物也有许多是流散在社会上的近现代的实物资料，人们都能经常地见到它，用到它，所以就不太容易为人们所注意。许多几年前常见的东西，随着物品的更新，有的在今天已很难见到，甚至已无处可觅。如果不及时地组织力量进行专门征集和抢救这些面临绝迹的文物，时间一长，将会使这些实物资料自行消失，给历史留下一段空白。因此，对近现代的革命文物、民族民俗文物，应积极主动、不失时机地做好抢救性征集工作。

同样，随着经济全球化趋势的加强和现代化进程的加快，我国的文化生态也在发生着巨大的变化，当下引人关注的“非物质文化遗产”受到越来越大的冲击。非物质文化遗产涉及面相当广泛，与其相关的物件多散存于民间，且长时间没有引起足够的重视，许多传统技艺濒临消亡，大量有历史、文化价值的珍贵实物与资料遭到毁弃或流失境外。尤其是在非物质文化遗产相对丰富的少数民族聚居地区，由于人们生活环境和条件的变迁，民族或区域文化特色消失加快，代表这些民族或区域文化特色的相关物件也随之不断消亡。在诸如“剪纸之乡”“刺绣之乡”中，民间传承人越来越少，传统的剪纸、刺绣被取代，年轻人对于传统的记忆越来越模糊。长此下去，那些与“非物质文化遗产”相关的物件，势必也将随着社会的发展、科学技术的进步和人们生活习惯的改变而日益减少，逐渐淡出人

们的生活。非物质文化遗产相关物件的抢救性征集也成为迫在眉睫亟须做好的重要工作。

（五）严格做好科学的原始记录

科学的原始记录是决定征集品是否具有科学价值的关键，在征集工作中具有头等重要的意义。如果没有原始记录或原始记录不符合科学要求，征集而来的文物标本和其他各项资料，将因没有科学根据而降低或丧失收藏、陈列和科学研究的价值。因此，我们要对征集时所做的原始记录给予充分重视。

第三节 藏品征集的范围和政策

不同类型的博物馆，因其性质、特点、任务的不同，所收藏的藏品也不尽相同，因而也就有了不同的征集范围和政策。

一、藏品征集的范围

藏品征集的范围，主要应根据博物馆的性质、特点来确定。一般而言，历史类博物馆应征集各类文物文献资料。革命史类博物馆应征集各类近现代文物。纪念类博物馆应征集反映历史事件或历史人物的各类文物。遗址类博物馆应该征集与遗址相关的各类文物资料。文化、文体艺术类博物馆应征集文体艺术方面的各类文物资料。民族民俗类博物馆应征集有关各民族特别是少数民族社会历史、政治、经济、文化以及生产、生活、宗教习俗等方面的实物和文献资料，包括民族志、照片、录音、录像等。自然科技类博物馆应征集各类自然标本和科技成果等。地志综合性博物馆征集范围较广，包括地方历史的、革命的、自然的和社会主义建设时期的各种有关文物、标本等物件和文献资料。其他专门类博物馆应征集符合本馆性质、特点和任务需要的各种有关的实物和文献资料以及照片、录音、录像等。

二、藏品征集的政策

藏品征集政策，是指为完成藏品征集任务而制定的可以依据的标准或原则。国家应该制定藏品征集政策。征集政策应包括征集对象和范围、征集条件标准、征集方式方法等内容，还要规定征集主体的资格，即实施征集工作的单位、个人的资格。开展藏品征集，就要制定并依据一定的征集政策。中华人民共和国成立后，有关藏品征集政策，主要是以一系列文物政策法规形式发布出来的。早在中华人民共和国成立之初的1950年，中央人民政府政务院就发布了《关于征集革命文物的命令》，这是为当时刚刚成立的中央革命博物馆（今天中国国家博物馆的一部分，原中国革命博物馆前身）开展藏品征集工作而制定的征集政策，明确规定了征集范围，提出了征集要求和征集方式。新时期，国家高度重视近现代文物的保护、研究和展示、宣传工作，为此，国家文物局 2003 年发布《近现代文物征集参考范围》，提出了近现代文物征集范围。2007 年国家文物局公布《文物出境审核标准》，规定以 1949 年为主要标准线，凡在 1949 年以前（含 1949 年）生产、制作的具有一定历史、艺术、科学价值的文物，原则上禁止出境，表明我国征集藏品的时间年限有了新的标准。

第四节　藏品管理及其制度化

藏品管理是博物馆工作中一项经常性的重要工作，主要包括对藏品的保藏、保养、保护和整理、研究。藏品管理又是博物馆工作中规律性极强的业务活动，需要制定、实行严格的规章制度，才能确保藏品安全。

一、藏品管理的含义

藏品管理从字面上讲有“管”和“理”两方面的含义。

藏品管理的“管”，是指博物馆对藏品所进行的保藏和保护，以便长期保存。它包含两方面内容：一是藏品作为国家和民族文化财产的保藏，二是为使藏品永久存在而进行的藏品保护。

藏品管理的“理”，是指博物馆对藏品所进行的整理和研究，以便于提供使用。它也包含两方面内容：一方面是对“内”的，指保管人员为使自己的“管”的工作能做得更好、更科学而进行的一系列整理和研究工作，以利于更好地保藏和保护藏品。另一方面是对“外”的，指保管人员为博物馆内其他部门和馆外的社会各界利用藏品提供方便服务所做的工作，以利于更好地发挥藏品作用，包括鉴定真伪，判定年代、产地，检测质地，详细的分类、编目，合理的排架，公开出版藏品目录和图录，等等。

另外，整理研究也是为了更好地保藏和保护藏品而进行的。比如说，什么质地的藏品用什么方式保藏效果最好，这就是很大的研究课题。又如，哪类藏品使用率高或低，如何排架才能使其取用方便又减少损坏概率，这也是一个研究课题。这些问题“理”清了，“管”也就更有效了。

藏品管理是博物馆业务活动的重要组成部分，是博物馆实现其收藏机构职能的重要基础工作，是博物馆对藏品进行保藏、保养、保护、整理、研究等一系列工作的总称，其目的是藏品的永久保存，并为提供利用创造方便条件。

二、藏品管理的内容和范畴

关于藏品管理工作，自20世纪80年代以来，一般都认为是有一定的工作程序的。如1985年出版的《中国博物馆学概论》提出：藏品管理包括用科学的方法管理库房和对藏品进行科学的鉴选、分类、登记、鉴定、分级、编目、建档等项工作，库房管理中又包括提用、注销和统计。1993年出版的《博物馆藏品保管工作手册》提出藏品管理的一般工作程序是：接收、鉴选、登记、编目、入库、保管、提用、统计和注销等。2012年出版的《博物馆藏品保管工作指引》提出的藏品管理的一般工作程序与《博物馆藏品保管工作手册》提出的程序完全一致，只是在论述藏品保管工作基本程序时，提出藏品保管工作"逐步形成了非常系统、非常严谨又相互关联、相互制约的工作程序，使藏品搜集、接收与鉴选、藏品登记、藏品定级、分类、编目与建档、藏品的注销与统计，藏品的安全利用成为系统的工作链条"①。

1986年文化部颁布的《博物馆藏品管理办法》就已明确指出，博物馆对藏品负有科学管理、科学保护、整理研究、公开展出和提供使用（对社会主要是提供藏品资料、研究成果）的责任。这实际上就是提出了藏品管理工作的内容和范畴。

藏品管理的内容和范畴应该包括为了实现藏品妥善保藏和充分利用而做的一系列工作，也就应该包括对藏品所进行的科学管理、科学保护、系统整理和科学研究。这样，一方面可以尽量延长藏品的寿命，使其自然属性长久不变；另一方面可以为馆内其他部门和社会各界利用藏品创造更多的方便条件和提供更高质量的服务。

因此，藏品管理工作的内容和范畴应该包括从藏品征集到藏品保护的全部工作。其中，藏品征集是藏品管理的前奏序曲，它为藏品管理提供工作对象；藏品保护是藏品管理的伴侣，它从始至终都在为藏品管理工作对象保驾护航。

三、藏品属性与藏品管理的目的

藏品管理的目的，是由藏品的双重属性所决定的。

（一）藏品的双重属性

博物馆的藏品具有双重属性：第一重属性是藏品的自然属性，它是每件藏品固有的物理性质和化学性质，如形状、体积、重量、质料等。

---

① 北京博物馆学会编：《博物馆藏品保管工作指引》，中国书籍出版社2012年版，第23页。

第二重属性是藏品的社会属性。它是藏品作为人类文化产物而具有的属性，即通过这种实物可以了解制造或使用（有时包括毁坏、丢弃）这些东西的人们有什么样的行为、思想、技术、风俗、制度、组织等。它不仅使我们得以了解历史、还原历史，而且对现代生活的各方面均有借鉴意义，这正是社会重视藏品的根本原因。

藏品的种种社会属性都依存于一定的自然属性，或者说，是由其一定的自然属性体现出来的。自然属性一旦改变，社会属性也将消失。

（二）藏品管理的目的

藏品管理的目的一般有两个：一是保护藏品的安全，防止丢失和损坏；二是研究其内涵，为社会上的广泛利用提供方便条件，充分发挥藏品的作用。但实际上这两方面的目的是有矛盾的，反映在实际工作中有以下两种对立的观点。

一种是单纯强调“藏”，认为藏品是不可再生产的珍贵文化遗产，博物馆作为收藏机构的首要任务是保存这些珍品传之万代，所以藏品入库后就不再让人使用。另一种是片面强调“用”，认为保藏只是手段，使用才是根本目的。我们认为，无论是只强调“藏”，还是只强调“用”，都是不对的；《中华人民共和国文物保护法》提出的“文物工作贯彻保护为主、抢救第一、合理利用、加强管理的方针”，同样适用于博物馆藏品的管理工作。

四、藏品管理的要求

1986 年颁布的《博物馆藏品管理办法》提出藏品管理工作的最基本要求是：制度健全、账目清楚、鉴定确切、编目详明、保管妥善、查用方便。根据藏品管理工作的实际情况，我们认为应该再增加两项要求：科学保护和加强研究。

（一）制度健全。制度是工作秩序的体现和保证。保存国家和民族宝贵科学文化财产的博物馆的管理制度必须健全而又严密，以便使各项工作都有章可循，要做到手续清楚，职责分明，确保藏品的安全和工作质量。

（二）账目清楚。藏品登记是履行财产登记手续。登记总账要求字迹清晰，不得任意涂改。此外，最重要的是总账各栏内容的登记要准确无误，要根据国家文物局规定的栏目内容逐项认真填写，这样才能做到账目清楚。

（三）鉴定确切。这是保证藏品质量的关键一环。确切鉴定就是对藏品进一步深入研究的过程，以便明确其科学价值、历史价值和艺术价值；自然标本则要分别鉴定出科、属、种，并科学地定名。鉴定确切，既可以防止鱼目混珠，避免给管理工作造成负担；同时，还可以避免有价值的文物、标本等物件从博物馆流失，避免造成国家和民族宝贵科学文化财产的损失。

（四）编目详明。编目工作是使藏品充分发挥作用的前提。如果对藏品没有开展编目工作或藏品编目不够详明，则藏品就会像一盘散沙，一旦需要使用提取时就会像大海捞针一样困难，可见藏品编目工作质量会直接影响到藏品的提供利用。进行藏品的编目工作，需要制订出编目办法和编目细则，以达到编目详明而又有科学条理的要求。

（五）保管妥善。这是国家赋予博物馆和博物馆工作人员的一项重要职责。要做到保管妥善，首先保管人员要刻苦钻研业务，忠于职守，廉洁奉公。其次，藏品所处的场所（库房、陈列室）要有安全保卫和保护措施。再次，藏品要按科学方法分类上架，妥善庋藏。对藏品要进行定级，一级品要重点保护。最后，要建立健全各类藏品的保护管理制度和安全操作规程，并严格加以遵守。

（六）查用方便。这包含两层含义：一是要便于对藏品的安全检查，二是要便于对藏品的检索提取。藏品要分类、分库保管。同时，还要编制藏品的方位卡、索引卡和库藏卡，以便于保管人员提取藏品，以及有关人员检索藏品时使用。

（七）科学保护。博物馆藏品是国家和民族宝贵的科学文化财产，必须妥善保管，永久保存。科学保护是使藏品延长寿命、永久存在下去的必要措施。

（八）加强研究。博物馆在保藏藏品的同时，还要发挥藏品的作用。变“藏”为“用”的最好方法，就是加强藏品研究。只有加大研究力度，提高研究水平，才能更好地挖掘藏品的内涵，更大限度地发挥藏品的作用。

五、藏品管理的规章制度

（一）藏品管理法规

1. 法规名称及其作用

藏品管理法规是指由国家制定或认可，并由国家强制力保证执行的博物馆藏品管理工作中各种法律、法令、条例、规则、决定、命令、章程、办法等法律性文件的总称。这些法规是国家保护、管理博物馆藏品的法律依据，具有法律效力。目前我国涉及藏品管理的最基本法规主要有以下几项：

(1)《中华人民共和国文物保护法》（全国人民代表大会常务委员会通过，国家主席习近平签署主席令公布，2017 年）和《中华人民共和国文物保护法实施条例》（全国人民代表大会常务委员会通过，国家主席习近平签署主席令公布，2017 年）。

(2)《省、市、自治区博物馆工作条例》（国家文物事业管理局，1979 年 6 月 29 日颁布）。

(3)《博物馆藏品管理办法》（文化部，1986 年 6 月 19 日颁布）。

(4)《文物藏品定级标准》及《一级文物定级标准举例》（文化部，2001 年 4 月 9 日颁布）。

(5)《近现代一级文物藏品定级标准（试行）》（国家文物局，2003 年 5 月 13

日颁布)。

(6)《近现代文物征集参考范围》(国家文物局，2003 年 5 月 13 日颁布)。

(7)《博物馆管理办法》(文化部，2005 年 12 月 22 日颁布)。

(8)《博物馆条例》(国务院，2015 年 2 月 9 日颁布)。

这些法律、行政法规、行政规章、规范性文件，一方面可以加强国家对文物(藏品)的保护，另一方面也有利于开展科学研究工作，更好地继承我国优秀的历史文化遗产，进行爱国主义和革命传统教育，建设社会主义精神文明，是从事藏品管理工作必须遵守的原则。

2. 藏品管理法规的具体内容

《博物馆藏品管理办法》，是藏品管理最基本的法规，可以说是博物馆保管工作的宪法大纲，它对保管工作各项程序都作了非常明确而具体的规定。其具体内容主要包括：

(1) 有关藏品的接受、鉴定、登账、编目和建档的规定。

(2) 有关藏品库房管理的规定。

(3) 有关藏品的提用、注销和统计的规定。

(4) 有关藏品的保养、修复、复制的规定。

(5) 有关藏品保管工作奖惩的规定。

(6) 有关保管部门和保管人员的权力规定。

(二) 藏品管理制度

1. 藏品管理规章制度的意义

制度是工作秩序的体现和保证，既是工作规律的一种反映，也是顺利完成工作任务的保证。藏品管理的规章制度就是对藏品管理工作的要求加以系统化和条理化，是藏品管理各项工作的准则。

对于保存国家和民族宝贵科学文化财产的博物馆，藏品管理必须有严密、健全的规章制度，应设岗位责任制，使各项工作都有章可循，做到手续清楚，职责分明。建立和健全各种规章制度，是实现藏品管理科学化的有力措施，它对保证藏品管理各项工作有秩序有成效地进行，使藏品管理各项工作规范化和提高工作效率，具有重要作用。

2. 藏品管理规章制度的内容

博物馆制定藏品管理规章制度，可因各馆情况不同繁简各异。藏品管理规章制度按工作内容和性质归纳大体可分为两大类：第一类是对藏品科学管理方面的规章制度，第二类是对藏品的安全保护方面的规章制度。

藏品科学管理方面的规章制度包括：(1) 藏品入藏标准。(2) 藏品接收(移交)办法。(3) 藏品总登记职责的规定。(4) 文物藏品写号的规定。(5) 藏品卡片填写说明。(6) 藏品定名条例。(7) 藏品分类大纲。(8) 藏品定级标准细则。(9) 藏品编目细则。(10) 藏品库房管理制度。(11) 保管员工作事项。(12) 钥匙使用管理办法。 (13) 藏品出、入库规定。 (14) 藏品核对统计的规定。(15) 藏品建档和档案的管理办法。

藏品安全保护方面的规章制度包括:(1) 关于防火防盗制度。(2) 藏品防尘灭菌杀虫消毒的规定。(3) 库房温湿度、光照度的规定。(4) 通风、晾晒的规定。(5) 文物拍照的规定。(6) 藏品检测化验的规定。(7) 修复的规定。(8) 复制、临摹的规定。(9) 关于观摩书画藏品的规定。(10) 藏品搬运的注意事项。

第五节 藏品管理流程

藏品管理各个工作环节相互联系、相互制约，构成了一定的藏品管理工作流程。

一、藏品接收与登记

(一) 接收

这是博物馆保管部门进行藏品管理工作的开头，也是征集工作的结尾。对征集部门来说，称为移交。接收，是一道正式的手续，即由保管部门的工作人员按入馆凭证或清册对文物、标本等物件进行核收。经过这道手续的文物、标本等，已属保管部门管理。作为国家和民族科学文化财产，若有损坏丢失，将由接管者负法律责任。

要做好接收工作，在工作态度上要严肃认真，严格按照工作程序，认真仔细地进行接收工作。除此之外，在工作方法上要有严密科学的接收程序，并应注意三个具体问题: (1) 分清来源，区别处理。(2) 按书面凭证逐件清点验收。(3) 与文物、标本等物件有关的各种原始记录，要同时接收过来。

(二) 登记

这是博物馆对入藏的文物、标本等物件进行逐件、逐项记录的工作，是藏品管理工作中的一项重要程序，即履行登记的手续。博物馆对入馆的藏品必须按照国家文物局关于博物馆藏品管理的要求，以登记账册、卡片等形式进行准确的记载。这种记载既是藏品管理和藏品研究的原始资料，也是博物馆依法保护国家和民族科学文化财产完整与安全的必备依据。藏品登记为藏品的科学有效管理和深入研究与合理利用奠定工作基础。

登记是开展博物馆藏品保管工作的重要一环，是妥善保管和科学管理的关键，是藏品管理工作的基础。藏品登记是检查藏品数量和质量的依据。登记的账册，是国家和民族科学文化财产保管的法律依据，是使藏品受到国家法律保护的重要依据。尤其是藏品总登记账是国家和民族科学文化财产的法定文献依据，是对藏品实行法律和行政管理的手段。对于国有博物馆而言，登记首先是确定国家藏品产权的依据。其次是为国家文化行政管理部门检查博物馆藏品保管状况提供必备的业务依据。藏品登记又是认识藏品的一种重要手段。通过对一件件藏品的逐项登记，不仅可以掌握本馆藏品的数量，更重要的是对藏品有了科学的认识。这对进一步研究和利用藏品提供了可靠的业务依据。所以，认真做好藏品登记是关系到博物馆开展各项业务工作的一件大事，应当给予高度的重视。

藏品登记工作，主要包括登记藏品总登记账，建立藏品登记的辅助账册和藏品登记卡片等内容。其中，藏品总登记账是国家和民族科学文化财产账，是国家依法管理、保护藏品的法律依据，每一个博物馆都必须建立本馆的藏品总登记账。藏品登记的辅助账册主要包括文物资料等出入馆登记账、藏品分类账、复件藏品登记账、参考品账、注销藏品登记账、借出借入或寄存藏品账、复制品登记账等。建立藏品登记卡片也是藏品登记工作中的一项重要内容。藏品登记卡片是检索藏品的必备工具，每个博物馆都应该建立本馆的藏品登记卡片，以便于更好地为使用藏品提供服务。

藏品登记是一项专业性、技术性、制度性都很强的工作，对这项工作必须给予足够的重视，要有专人专职负责。应该把藏品登记、账册管理、统计等有关方面的工作统一规划、合理分工，把藏品登记、管理账册与库房文物管理工作分开，以便于各尽其责和分清责任。

登记是管理工作的中心，登记应简练明确，特别着重名称、数量、完残情况和来源的正确无误。登记工作要及时进行。必须坚持先登记、写号，然后移交入库的制度。藏品登记要认真、仔细，要做到藏品总登记账、藏品登记卡与藏品编号三者核实相符。

登记藏品总登记账，书写一定要工整、美观，不仅用字要标准，而且标点符号的使用也要标准，并且账面要整洁，这样才能使总账更具有长久保存的价值。登记藏品总登记账的人，要具有一定的政治水平和职业道德，工作岗位要相对稳定，不可经常更换登记总账的人员。总账登记人不能同时兼管藏品。总账登记人要在审查、确认没有错误或差错后，才能登记总账。总登记账不能任意涂改。总账登记结束后，总登记人要逐页、逐件、逐栏认真检查、校对。如果发现有差错，切忌乱涂乱改，应按登账要求进行改正。

藏品总登记账（左侧页）

登记日期			总登记号	分类号	名　称	时代	数　量			尺寸·重量	质地
年	月	日					件数	单位	实际数量		

藏品总登记账（右侧页）

第　　页

完残情况	来　源	入馆凭证号	注销凭证号	级别	备　注

为了规范藏品登记，国家文物局2013年发布了《馆藏文物登录规范（WW/T 0017-2013）》，这是开展藏品登记的主要工作依据。

二、藏品分类与库内管理

（一）藏品分类

藏品分类就是划分藏品类别，是按一定的原则方法，根据藏品性质或形式上的同和异把藏品集合成类的过程，即把具有同一特征的藏品聚集一起，不具有这一特征的藏品区别出去，另行归类的过程。

凡是确定为博物馆基本藏品的一切物件，都需根据其性质、质地、内容等特点进行科学分类。

藏品分类必须有利于藏品的科学管理和保护，必须有利于藏品在陈列、展览、科研等方面的提取和使用，因而要做到方便、迅速和准确地提取藏品。对具有重要科学价值的成组的集品文物藏品，不宜分散存放，在分类时应按墓葬、遗址、窑址等类目进行划分。藏品分类法应该简单明了；藏品分类的类目必须概念明确；类目设置及其标号，不仅要合乎规律，还要做到容易记忆，便于使用。藏品分类必须遵循科学原理，符合逻辑关系，结合我国文博系统的藏品实际情况，来拟定科学、合理的藏品分类法。藏品分类应该有发展的观点。随着社会科学的发展，藏品的内容、种类将随时间推延而不断发展，所以藏品分类法的类目将不断充实增加，不存在任何一劳永逸、一成不变的分类法。

国内常见的分类办法有以下几种：第一，是按藏品质地分类，即以构成这件藏品最基本的质地为根据而分类。第二，是按藏品时代分类，即以藏品制作或存在的时代为根据而分类。第三，是按藏品职能与用途分类，即以藏品的职能及其供人使用的用途为根据而分类。第四，是按藏品性质分类，即由形成藏品的特定技艺为根据而分类。第五，是民族与国别分类法，即以藏品所属民族或国别而分类。第六，是既按藏品质地、用途，又按藏品时代的综合方法分类。

目前，我国博物馆大都采用第六种综合方法对藏品进行分类。

（二）库内管理

1. 藏品入库。这是指根据鉴选意见，把经过总账登记的博物馆藏品，依据分类结果，分别入库庋藏的工作。为保障藏品的安全和妥善保管，藏品入库一定要以入库凭证为依据，办理好交接手续。

藏品入库后要确定其存放方位，并按排架结果归入柜架上，不允许堆放在桌子或其他工作台案上，以防发生事故。藏品方位确定后，要建藏品方位卡，同时编制库房方位索引或绘制库房方位图表，以便于库房保管员能及时、准确地存放和提取藏品。

方位卡，也称库藏卡，是由库房保管员填写的藏品存放位置的卡片，这种方位卡（库藏卡）只限于库房保管员使用，因方位卡上记有藏品存放位置而具有一定保密性，不宜向外界公开。

编制库房方位索引或绘制库房方位图表，就是把各分类库房的具体位置记录或绘制成图表，以利于藏品入库工作的顺利进行。

藏品入库后还要建立藏品库房日志，用来记录库房每天的各项工作情况。

2. 藏品的存放排架。这是藏品入藏过程中的最后一个步骤，也是藏品库房管理工作的开始。排架是库房科学管理、防止混乱的一项关键措施，是有条理地排列并固定藏品存放位置，通常称库房存放方位或定位。

藏品排架有三个作用：第一，便于藏品的提取和归还原位；第二，便于检查、清点藏品；第三，有利于藏品的安全保护。

藏品排架原则是既要便于藏品的提取，又要便于藏品的安全保护。一般原则是：上轻下重，前低后高，高卧矮立，间隔距离不能过紧，上、下不能重叠。

藏品排架要注意安全，稳妥存放。柜架要坚硬、结实，有一定承重能力和抗震能力。柜架高度要便于藏品的提取。无论使用哪种排架方法，都要把存放位置和柜架号回注在有关资料卡片上，还应该把这些信息储存在电脑里。

3. 藏品的提用。这是指出于各种需要，从藏品库房中提取藏品出库的工作，它是发挥藏品作用的一项重要工作。

藏品提用的原因有多种，如陈列展览，科学研究，鉴定、编目，修复或复制，拍摄照片、摄制影视录像，其他情况下的借用（上级或兄弟单位举办陈列展览时借用）以及观摩等。由此可知，提用的确是充分利用藏品，发挥藏品作用的一项重要工作。应该创造各种方便条件，以利于藏品提用工作。

提用藏品，必须经过有关领导批准并填写提用凭证（即出库凭证）后，藏品方可出库。

4. 藏品的库房养护。这主要是指对藏品的日常保养和安全管理，包括库房的清洁、通风、温湿度调节、防虫、防霉和防火、防盗等安全管理工作。

藏品库房保管的要求：(1) 要有固定的专用的库房。(2) 藏品库房要设专人管理。(3) 要建立健全库房保管制度。明确库房保管人员的职责，以便于藏品库房保管工作安全顺利地完成。

总之，藏品库房养护工作责任重大，要高度重视，认真做好这一工作，确保藏品的安全保管。

三、藏品定名与鉴定

（一）藏品定名

定名是对藏品进行全面的鉴定研究与分析，并将分析结果，按照一定规律，用最简练的词句进行标识的过程。定名是在对藏品进行初步的科学研究基础上进行的一项工作，定名工作本身就是对藏品的一种鉴定研究。

藏品定名是提供、认识藏品的重要标志，也是藏品科学管理的重要前提。藏品名称是登记藏品账册的重要项目，它在博物馆陈列展览、科学研究、编目制卡和今后使用计算机管理等各项工作中都是不可缺少的一项。可以说，藏品定名的正确与否，直接关系着各项管理工作的质量高低与提取使用的方便与否。所以，藏品定名工作十分重要。

同时，藏品名称又是对藏品进行研究的一项成果，因此对定名工作必须认真研究，要制定一个比较可行的藏品定名原则，以便使定名工作规范化。藏品定名总的原则可以归纳为以下两点：

1. 准确性。对一件藏品的定名，一定要力求准确、简明、具体，要能充分反映藏品的概貌、特征和主要内容，即直接表述出藏品的外在形式和最本质的内涵特征，使名称与藏品相吻合，一见其名，如见其物。

2. 科学性。藏品定名要能够反映该藏品的基本面貌和基本特征，一定要通过科学鉴定和科学研究。藏品定名是对藏品本身所进行的科学研究工作，文物藏品的名称，尤其是通称，一般都有统一的科学规定，定名中不能主观地、随意地、没有根据地下定言，一定要符合科学，遵循一定的科学规定。

由于藏品种类繁多，差异较大，定名工作的规范化便显得十分重要。器物的名称，往往因地区的不同，称呼也就不同，定名要遵循一定的规则。《博物馆藏品管理办法》中明确规定了博物馆藏品定名的如下规则：自然标本按照国际通用的有关动物、植物、矿物和岩石的命名法规定名。历史文物定名一般应有三个组成部分，即年代、款识或作者，特征、纹饰或颜色，器形或用途。

由上述规则可知，历史文物定名有三个大的组成部分：第一，年代、款识或作者；第二，特征、纹饰或颜色；第三，器形或用途。每一组成部分中又包括有几个小的要素。例如，第一组成部分包括了年代、款识、作者三个小要素，第二组成部分包括了特征、纹饰、颜色三个小要素。定名的实践表明，历史文物定名时这三个大的组成部分是必不可少的，但对构成这三个组成部分的每一小要素并不要求必须都包括在名称中，可根据具体情况选择其主要的一两点来定名。

（二）藏品鉴定

藏品鉴定指的是一个研究过程，即通过全面、系统、深入的研究，对博物馆藏品的真伪、时代、质地、制作过程、流传经过和它所包含的历史、艺术、科学上的意义、价值等做出科学而又正确的评价。可见藏品鉴定工作是一项细致而又复杂的科学研究工作。

藏品鉴定的意义在于它能揭示藏品的内涵及其价值，使藏品在人类生活中发挥积极作用。藏品鉴定的最终目的是保证藏品的科学性，为国家和民族保护真实的科学文化财富，同时也为博物馆藏品的公开展出、研究利用等提供可靠保证，并提供藏品的价值、名称、时代、级别等鉴定成果。鉴定是藏品的研究工作，并且是藏品研究的首要内容。

藏品鉴定是藏品科学管理的前提和基础。鉴定工作做得好，不仅可以为藏品征集和入藏提供证据，为博物馆的陈列展览提供可靠的典型展品，还可以为我们研究人类的物质文化史和社会发展史，并为国内国际有关学科的研究，提供科学的实物资料。

因此，我们要高度重视藏品鉴定工作，只有将藏品鉴定工作做好了，才能有高质量的藏品，才能有科学合理的保管工作，才能使博物馆的陈列工作和有关的科学研究工作，建立在真正的科学基础之上。

藏品鉴定的内容主要有三项：一是关于藏品真伪的鉴定，一般称辨伪；二是关于藏品年代的确定，又称断代；三是关于藏品价值的评定，也称评价。

首先，鉴定藏品的首要任务是辨别藏品的真伪。在我国，由于种种原因，文物作伪由来已久，尤其是自宋代以来，仿制、伪造文物之风盛行，近代一些作伪甚至已达到真假难辨的程度。这就需要博物馆鉴定人员根据器物外形和内涵，从质地、铭文、造型、纹饰、工艺技术、作品风格等方面认真加以综合分析，以便做出准确的判断。目前，随着科技水平的提高，我们已可以利用先进仪器和手段对某些藏品的真伪做出更为科学的测定和鉴定，因此，采用科学仪器测试和传统经验判断相结合的方法，是藏品鉴定工作的发展方向。

其次，藏品鉴定要断定藏品年代。在藏品断代中也有许多问题需要注意。一般情况下，对于有明确出土地点和层位的出土文物，可依照考古发掘报告确定其年代；而博物馆收藏的大量传世品，多没有明确的断代依据可查，因此只能按照出土文物中的典型器和各代早已判定无误的标准器加以比较。有时对无法确准的器物时代，可以采取一种估算方法，即约算一个较大的时间范畴，或确准一个历史时期，如商周时期、秦汉时期、隋唐时期等。对近现代文物藏品的断代，因年代相去不远，所以判定时一般能比较准确，因此这一时期文物藏品的年代一般可用公元纪年。

最后，藏品鉴定还要评定藏品价值。评定藏品价值，主要是通过对藏品外形的分析、研究，特别是对其质地、铭文、造型、纹饰、制作工艺等的研究，探讨这件藏品所反映的历史、艺术、科学价值，以及它所揭示的生产制造这件藏品的那个时代的社会政治、经济、文化、艺术等的发展情况，从而使我们了解制作这件藏品所处时代的社会历史、生产力水平以及社会意识形态等诸多方面的情况。藏品价值的评定，有利于更好地发挥藏品的作用，使藏品充分地为当代社会服务。

四、藏品编目与建档

（一）藏品编目

编目就是编制目录，藏品编目是博物馆专业工作者对已登记入藏的文物、标本等物件进行最基本的、综合的研究和鉴定，对其外观和实质，以及历史、艺术、科学价值，做出较为科学而详细的记述，编写出目录卡片；并将单个卡片，进行综合、专题的科学分类，进一步编制成不同形式的目录。它有两方面的含义：一是对博物馆藏品编制目录卡片，二是通过目录卡片编制综合性藏品目录或专题性藏品目录。

藏品编目是博物馆各项业务工作的基础。因为博物馆的陈列展览、科学研究等业务活动都离不开藏品，而编目的工作成果——藏品编目卡片和藏品目录是反映藏品情况的基本资料，编目工作的质量对上述诸种业务活动具有决定性作用，它直接影响着博物馆工作的广度和深度，影响着博物馆的社会效益，关系着博物馆的价值。

藏品编目是博物馆藏品科学管理、科学研究工作中一项关键性的工作。它既是藏品深入鉴定研究的过程，也是一定时期研究成果的体现。

藏品编目，为藏品的管理和利用提供方便，并有利于藏品的安全保护。因为藏品尤其文物藏品是不可再生产的科学文化财富，不可能也不允许经常地大量地提取原件使用，一般只能通过编目卡片的科学记录和描述以及原件照片向使用者提供所需的信息。因此藏品编目卡片的编制和使用，有利于藏品的永久保存，也方便了人们的利用。

藏品编目不仅为陈列展览提供多种资料和方便，还可以为科学研究提供依据和方便。藏品编目是以鉴定为首要前提的，因而对经过了鉴定的藏品进行编目，所编制的编目卡片完全可以为科学研究提供依据；同时也为进一步对藏品进行综合研究和各种专题研究创造了方便条件。

《博物馆藏品管理办法》明确规定：“博物馆必须建立藏品编目卡片。编目卡片是反映藏品情况的基本资料，是藏品保管和陈列、研究的基础工作。”

编目内容包括，编制编目卡片、编制藏品目录、编制辅助索引卡等。

编目的形式主要有两种：传统的人工编制和现代的电脑编制。

编目的具体要求如下：

第一，对于编目中所使用的文字，要求准确、精练、简明、科学合理，使人看到编目卡片就如同看到藏品本身一样，一目了然。通过编目卡片，可以直接了解到这件实物的内外含义。

第二，要积极借助现代先进的科学技术手段，对藏品作认真的科学研究和鉴定，以便为编目提供科学依据。

第三，要注意发挥藏品的作用。

第四，要贯彻“百家争鸣”的方针，并应充分利用社会研究成果，更要集思广益，博采各家意见，通过分析研究，择善而从，不可固执一说。

实践证明，编目既是一项系统整理工作，又是一项科学研究工作。编目卡片和藏品目录等，是研究的结果，但不是研究的结束。对藏品尤其是文物藏品的研究将是长期的，永无终结的。

（二）藏品建档

建档就是建立博物馆藏品档案的工作。藏品建档工作是围绕藏品各项业务活动开展的一项重要工作，是编目工作的继续和发展。藏品建档主要有三方面任务：一是藏品档案的收集，二是藏品档案的整理工作，三是编制藏品档案册。

博物馆藏品档案是指在围绕博物馆藏品开展的各项业务活动中形成的，系统、科学地记录藏品本身详细情况，具有查考利用和保存价值，并按照一定的档案规则要求立卷归档集中保管起来的各种文书材料（包括文字记录、图表、照片、声像制品等）。

藏品档案的内容，一般情况下应包括藏品搜集情况记录；藏品入馆原始凭证、原始记录；藏品流传经过记录；藏品入库凭证，鉴定意见记录，定级、分类报告；藏品各种卡片、使用记录、修复记录、研究记录、采取保护性措施情况记录、著录文献索引、有关论著的索引或简报以及藏品残损情况报告、注销凭证等一切与藏品有关的情况记录材料。

国家文物局还统一印制了藏品档案册，下发全国各地博物馆，要求各博物馆首先建立起一级品藏品档案，然后再逐步展开二、三级藏品的建档工作。藏品档案册是藏品档案中的主要材料。藏品档案册的内容共有 13 项，包括：封面和首页；搜集经过；铭记、题跋；鉴藏印记；著录及有关资料书目；流传经历；鉴定记录；修复、装裱、复制记录；现状记录；备注；附录；绘图（或拓片）；照片。

为了更好地开展建档工作，国家文物局 2009 年 2 月 16 日发布了《文物藏品档案规范（WW/ T 0020—2008）》，这是藏品建档工作应该遵循的工作准则。

博物馆藏品档案是掌握藏品全部情况的可靠材料，是藏品自然面貌与各项业务活动的多角度、全方位的真实、全面的科学记录，是除实物资料外，最重要的文字资料。藏品档案可以使国家行政主管部门掌握全国的重点藏品和一级品的情况，还可以使各博物馆掌握本馆藏品和一级品情况。藏品档案体现博物馆藏品管理业务人员对藏品进行科学管理的水平和深度；同时，藏品档案又是一项重要的科研成果。因此，要加强藏品档案的管理工作。

五、藏品注销与统计

（一）藏品注销

藏品注销是指对因各种原因已不属于本馆藏品者，通过一定程序在藏品总登记账上加以注明，予以销账的工作。

藏品注销工作是使博物馆账物一致的保证。对已经损毁、消失或调拨出馆的文物、标本等，如不及时从账册中注销势必造成账物不符的现象，出现账目混乱，以致无法有效管理，甚至会被道德不良者趁机钻空子，造成不必要的意外损失。

藏品注销，并非都是消极的、被动的行为。事实上，除了因藏品失盗、严重损毁等灾难性原因对藏品注销外，其他各方面原因的注销几乎都具有积极的建设性意义。如通过调拨，可以扶持一些底子薄、藏品少的博物馆或使调入藏品的博物馆的藏品品类更为齐全；通过馆际交换，有利于博物馆互通有无，以丰补歉，使彼此间的藏品都更加丰富、齐全。

（二）藏品统计

藏品统计是指博物馆在每季度末和年终时，对藏品增减数字的整理、计算工作。

为了掌握藏品的增减和变动情况，对国家和民族科学文化财产负责，博物馆藏品库房应定期进行清点、核对和统计，做到藏品实物、卡片和账册的记载三者完全相符，并做出准确的数字统计，向上级主管部门提交数字报告。

藏品统计的作用是：（1）为国家掌握科学文化财产提供准确数字，也是博物馆领导者分析研究指导全馆工作不可缺少的数据。（2）藏品统计可以反映出本馆性质、特点，增加的数字可以显示搜集工作成果，弥补馆藏空白。（3）历年藏品入馆数字的增加，是博物馆事业发展壮大的标志之一，也是编写博物馆沿革、年鉴不可缺少的数据。（4）使用出库数量的统计，可以反映各类藏品的利用率和藏品在宣传、教育、科学研究中发挥的作用，进而有计划、有目的地运用藏品，为社会服务。

藏品统计的内容主要包括：馆藏各类、各级藏品的实际库存数，藏品增加、减少、流动利用的统计数以及馆内外和国内外展出藏品数字统计等。

藏品统计结果要填入各类统计表格中，藏品统计表的种类和格式，基本可以分为以下 6 种：（1）藏品增减数量统计表；（2）历年增减数量统计表；（3）一级藏品升降级统计表；（4）藏品使用出库数量统计表；（5）年度藏品来源增减表；（6）季度藏品增减提用动态表。

无论哪种统计表，其格式设计都应符合国家文物局颁发的规定，其栏目内容，应以能反映各类统计所希望达到的预期目的为原则。

六、藏品备案

（一）藏品备案的意义及要求

藏品备案是国有博物馆藏品档案的建档部门将已经整理归卷的各种档案卷宗和涉及藏品出库、出境等工作内容的相关文件材料，依照相关要求向上一级行政管理机构报送存档备查的工作过程。

藏品备案是国家对各级国有博物馆的藏品实行宏观管理的手段之一，是摸清我国博物馆藏品家底，全面掌握藏品完整信息的必要手段；也是切实履行法律责任，加强国有藏品监管，健全国家藏品保护体系的基本要求。在特殊极端情况下（如自然灾害、盗窃、战争等原因导致藏品遭到损坏、遗失），可为藏品进行维修、追索等提供可靠依据。

我国政府对于藏品备案的具体要求见于下列法律法规文件：

《中华人民共和国文物保护法》第三十六条规定“博物馆、图书馆和其他文物收藏单位对收藏的文物，必须区分文物等级，设置藏品档案，建立严格的管理制度，并报主管的文物行政部门备案”。第三十八条规定“文物收藏单位应当根据馆藏文物的保护需要，按照国家有关规定建立、健全管理制度，并报主管的文物行政部门备案”。第四十条规定“国有文物收藏单位之间因举办展览、科学研究等需借用馆藏文物的，应当报主管的文物行政部门备案；借用馆藏一级文物的，应同时报国务院文物行政部门备案”。第四十一条规定“已经建立馆藏文物档案的国有文物收藏单位，经省、自治区、直辖市人民政府文物行政部门批准，并报国务院文物行政部门备案，其馆藏文物可以在国有文物收藏单位之间交换”。

《中华人民共和国文物保护法实施条例》第二十九条规定“县级人民政府文物行政主管部门应当将本行政区域内的馆藏文物档案，按照行政隶属关系报设区的市、自治州级人民政府文物行政主管部门或者省、自治区、直辖市人民政府文物行政主管部门备案；设区的市、自治州级人民政府文物行政主管部门应当将本行政区域内的馆藏文物档案，报省、自治区、直辖市人民政府文物行政主管部门备案；省、自治区、直辖市人民政府文物行政主管部门应当将本行政区域内的一级文物藏品档案，报国务院文物行政主管部门备案”。第三十七条规定“国家机关和国有的企业、事业组织等收藏、保管国有文物的，应当履行下列义务：（一）建立文物藏品档案制度，并将文物藏品档案报所在地省、自治区、直辖市人民政府文物行政主管部门备案”。

《博物馆管理办法》第十九条规定“博物馆藏品的收藏、保护、研究、展示等，应当依法建立、健全相关规章制度，并报所在地市（县）级文物行政部门备案”。第二十条规定“博物馆应建立藏品总账、分类账及每件藏品的档案，并依法办理备案手续”。第二十三条规定“国有博物馆应当建立退出馆藏物品专项档案，并报省级文物行政部门备案。专项档案应当保存75年以上”。第二十四条规定“非国有博物馆申请藏品退出馆藏，申请材料应附理事会、董事会或其他形式决策机构的书面意见。博物馆所在地省级文物行政部门应当在收到申请材料的30个工作日内作出是否允许退出馆藏的决定，并报国务院文物行政部门备案”。

《博物馆藏品管理办法》第九条规定“各博物馆的《一级藏品档案》和《一级藏品目录》报本省、自治区、直辖市文物行政管理部门和文化部文物局备案”。

（二）藏品备案的内容

1. 藏品总账备案。博物馆藏品总登记账的副本应报国家和当地文物行政管理部门备案。

2. 藏品目录备案。博物馆的《一级藏品目录》要报国家文物局和本省（自治区、直辖市）文物行政管理部门备案，《二级藏品目录》要报本省（自治区、直辖市）文物行政管理部门备案，《三级藏品目录》要报本市（县）文物行政管理部门备案。

3. 藏品档案备案。博物馆的《一级藏品档案》要报国家文物局和本省（自治区、直辖市）文物行政管理部门备案，《二级藏品档案》要报本省（自治区、直辖市）文物行政管理部门备案，《三级藏品档案》要报本市（县）文物行政管理部门备案。

4. 其他备案。按照国家相关法律法规需备案的工作内容。

（三）藏品备案的方式

1. 逐级备案制。逐级备案制是指各级各类博物馆逐级向上级主管的文物行政部门或行业主管部门进行的备案。实行逐级备案可以保障各级博物馆主管部门都拥有各自所辖行政区域内的博物馆藏品档案。一套完整的博物馆藏品建档备案工作体系的建立，将有利于大幅度推动我国藏品建档、备案工作的健康发展。

2. “双轨制”备案。“双轨制”备案就是实行纸质档案和电子档案同时科学备案的管理模式。电子档案只是科学管理的一种手段，不能取代纸质档案的存在。一份档案，以电子格式和纸质档案同时归档的“双轨制”是较为科学的管理模式。

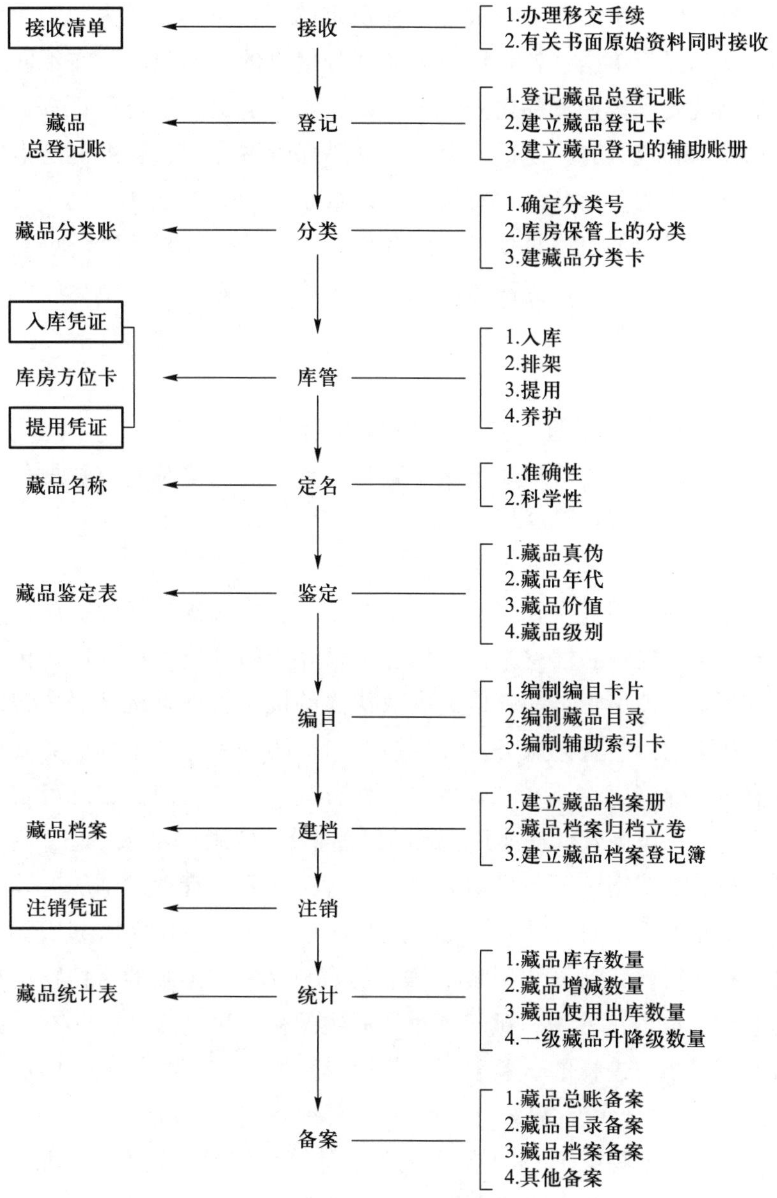

图 4-1　藏品管理工作流程示意图

第六节　藏品的数字化管理

从上述藏品管理工作流程来看，博物馆藏品的流动轨迹不同于一般消耗性的物品，因各种需要提取出库的实物藏品终究还得回归到库房保管状态，使得保管工作内容带有循环往复的特点。其中实物藏品的空间移动频率并不高，主要还是一整套信息性的保管单据作业形成复杂而沉重的工作负担，成为制约业务工作效率的瓶颈。所谓保管单据，就是记录藏品部分信息的书面材料，在不同工作环节都有各自的格式要求，如藏品总登记账、编目卡片、提取退还凭证等，其各自所含的基本信息部分也具有一定的重复性。藏品保管员在很大程度上是借助藏品信息来开展保管工作的，而藏品信息又是可以数字化的。电子计算机等信息技术的应用和普及，不仅能加快信息处理速度和精度，而且可以减免大量重复性的人力和物力消耗，无疑为博物馆提高藏品保管工作质量和效率，乃至突破全馆业务工作效率的瓶颈创造了条件。

一、藏品数字化管理的内涵、原理和意义

博物馆藏品的数字化管理属于新生事物，首先要搞清楚它究竟做什么，基于怎样的原理，有何价值意义等基本问题。

（一）藏品数字化管理的内涵

博物馆对藏品实施数字化管理，就是利用计算机多媒体、数据库、数据压缩等技术手段，将实物藏品信息由传统信息记录介质的纸质表单等形式转化为电子数据库记录形式，使保管员能够借助高效快捷的机读管理系统开展登记编目、出入库管理、排架清点、查询服务、统计核对、打印表单等一系列业务工作，从而大幅度提高藏品保管工作质量和效率的工作方式或状态。简而言之可定义为：利用现代信息科技手段高效低耗地开展藏品保管业务的工作方式或状态。

计算机科技与博物馆业务最初的结合点就在于藏品管理，是从提升博物馆内部管理效率的角度入手的。早在20世纪60年代，美国有的博物馆就开始尝试利用计算机处理藏品资料。到70年代初，联合国教科文组织出版的《博物馆》杂志曾开辟“博物馆与电脑”专辑，掀起了对该命题的初步讨论。1972年在英国剑桥大学的塞奇威克博物馆进行的试验表明，使用计算机为馆藏编目，平均每件藏品要花费65.5英镑，尽管代价高昂，但专家们仍然坚信这是值得的。

在我国，上海博物馆于1984年率先开展计算机编目的探索，到第二年就有7家博物馆开展了这类工作。主管全国博物馆事业的国家文物局曾多次召开有关会议，及时引导和扶持这一新技术动向。文化部于1986年颁布的《博物馆藏品管理办法》提出：“为加强博物馆的现代化建设，各地博物馆可根据本馆经济及人才条件，逐步使用电子计算机管理藏品。”1995年计算机软件的视窗操作系统问世，有力推动计算机应用的普及化，并刺激信息科技高速发展，软硬件和网络环境不断改善，设备性价比快速提升，发展到信息化时代的今天，藏品管理数字化在博物馆界已经成为比较普遍的现象。

（二）藏品数字化管理的原理

博物馆传统的藏品管理工作对象，分为实物藏品和相关信息两个部分。数字

化管理并不能取代实体性的藏品管理操作，恰如计算机不能帮助保管员实施搬运和排架操作。“数字化”的直接对象仅仅是藏品管理中的“相关信息”部分，但抓住了效率问题的关键，能够对藏品管理工作的方式和质量产生积极影响。

所谓“藏品信息”，是指每一件藏品自身所具有的和后人所赋予的一些特征和属性，大致可以分为具体形象的形态信息、抽象的知识信息和工作性记录。其中形态信息往往是非言语性的，知识信息和工作性记录则是言语性的。博物馆之所以要收藏某些实物，不是为了物理或生理意义上的应用，而是因为这些实物身上凝聚着有助于人们认识世界的信息，是作为信息载体来加以收藏的，而信息又恰恰是可以进行载体转换的。以往是用照相、绘图、摄像、录音等方法，将实物藏品的形态信息转化为照片、图纸、胶片或音像磁带等载体材料；用书面文字描述或口述录音等方法，将实物藏品所含抽象的知识信息和工作性记录转化为纸质文献或录音磁带等载体材料，以便单独保存藏品所含的信息，也用来进行藏品管理和范围有限的信息分享。

而今运用数字化技术，把原先用纸张或图片等形式存储的信息，转换为用电磁介质按“0”和“1”组成的二进制数字编码的方法加以储存和处理的信息。从而能够用计算机可读数据的形式来表示藏品信息，用磁性或光学信息存储介质作为载体，借助计算机等信息处理设备进行数字化藏品信息的生产和使用。这就使得保管工作对象从传统的实物藏品与书面信息的双轨制，转变为加入了电子信息的三轨制。结果是传统的账簿和编目卡片等书面信息材料逐渐转为单纯的信息安全备份功能，其原有绝大部分检索查阅功能被更加方便快捷的电子数据库信息系统所取代。

博物馆属于一种比较典型的信息机构，自然会受到信息工具进步的深刻影响，藏品信息管理方式的改变不仅能提高保管部门的工作效率和质量，也为其他业务部门乃至整个机构的高效运行奠定了基础。

（三）藏品数字化管理的意义

与传统的手工管理方式相比，数字化管理的积极意义主要体现在减轻劳动强度、节省工作时间和提高藏品安全系数等方面，是提高藏品管理水平的重要措施。

1. 减轻劳动强度

用计算机书写不仅速度快、便于无痕修改，而且屏幕显示或打印输出的字体规范、清晰易读，更有扫描仪等快速植入汉字的高效手段可用，同等篇幅书写的劳动强度要比手工抄写小得多，所需时间也少得多，这是人们在办公自动化过程中已经普遍体验到的事实。保管单据作业也不例外，如今在很多实现了数字化管理的博物馆保管部门，除了制度要求手写的总登记账簿以外，其他多种保管单据的生成作业都已实现自动化。另外，保管工作所用多种表单的栏目内容存在局部重复性，同一件藏品的记录内容也有被多次反复写入同一种表单的可能，以往保管员只能根据不同单据或不同批次的需要抄写，无法避免其中的重复劳动。而今藏品信息一经数字化则成为可反复调用的数据库资源，能在很大程度上减免书写劳动的重复性。藏品数字化管理的实践表明，如今生成各种统计报表和单据作业的劳动强度已被降到了微乎其微的地步，从而使保管员得以从繁重的抄写劳动中解脱出来，快速生成统计报表也能为管理决策提供及时而精准的信息支持。

2. 节省工作时间

保管员在工作中经常需要查询藏品信息记录。以往是采用账簿、卡片或档案册等书面材料形式记录藏品信息的，这些材料虽然用卡片抽屉或文件柜等设备收纳、排放有序，但其本质是线性排列的，并且需要专门的存放空间，保管员翻阅查找的工作强度较大而效率却不高，花在检索查找上的时间甚至会超过阅读利用时间。而数字化的信息查询方式不需要保管员改变工作地点和姿势，并可利用直观多样的检索方式快速调取所需藏品信息记录，数字化检索可以是非线性和跳跃式的，对目标藏品特征记忆的要求也较为宽松，甚至可以智能化地进行模糊检索，从而大大缩短了检索查找目标藏品信息的时间。另外，以往在日常工作中，馆内其他部门业务人员或馆外专业人员经常需要藏品保管员提供检索帮助，因为手工检索原本只是保管员自用的工具，带有浓厚的中介用户属性，尤其藏品分类和检索方式都比较个性化，往往使得初次使用的外部人员感到陌生不便。而在数字化管理状态下，由于数据库检索方法简单易学，具有鲜明的最终用户属性，使得外部人员完全能够自助检索，无需保管员陪同提供帮助，从而能节省保管员对外服务的工作时间，同时也意味着馆藏信息利用的瓶颈被突破了。检索查询效率的提高无疑为保管工作节省了更多时间，也全面提高了藏品信息利用率。

3. 提高藏品安全系数

尽量降低暴露和触碰实物藏品的频率，也是提高藏品安全系数的重要方式之一。博物馆藏品的数字化管理，主要在两方面有助于达到这一目标：一方面是由于藏品的数字化影像远比传统纸质照片的清晰度高，细节放大的屏幕显示效果甚至能超过肉眼观察的水平，再加上数字化存取图片的方便快捷，因而使得部分依靠提取实物观察的工作被检索和观看数字化影像所取代。换言之，虽然博物馆业务人员都在围绕藏品开展工作，但并不都需要拿着藏品才能工作，实际上在更多场合仅凭藏品信息就能开展工作，数字化图像信息因具有高保真性和可分享性而直接满足了很大一部分业务工作需求，这自然会大幅度降低实物藏品的移动、暴露和触碰频率。另一方面是在库房排架管理操作中，可以采用射频识别等传感技术，即保管员使用带有芯片读写器的移动终端设备，在一定距离之外通过电波与贴敷电子标签的目标藏品对话，可以辨认藏品的确切身份和库位信息，也可统计藏品的精确数量等，从而在排架库操作中实现“非接触式管理藏品”的状态，做到无损化管理。这种“使物品开口说话”的物联网技术应用也是以藏品信息数字化为前提的，是数字化技术在博物馆应用的延伸。

二、工作步骤与方法

藏品的数字化管理是对传统管理工作方式的改造和提升，因采用现代化的信息工具而产生了一整套全新的工作步骤与方法。了解和掌握其步骤与方法，不仅是博物馆工作者的实际需要，其步骤与方法本身也是博物馆学研究亟须加以探讨的内容。

（一）数字化工作环境建设

博物馆藏品的数字化管理，是建立在对现代信息科技引进与应用基础上的。这项工作的起点，就是根据藏品保管工作的实际需要，通过购置或开发一系列硬件和软件搭建所需的工作环境，按工作流程可大致分为采集加工系统、存储系统、输出系统和网络系统等四个主要领域。

1. 采集加工系统

采集加工系统也就是所谓的数字化步骤，指利用计算机多媒体、数据库等技术手段，将馆藏实物的形态信息和传统介质的文献等，转化为数字化、电子化的光盘数据或网络信息的工作。藏品信息的采集对象大体可分为两类：一类是言语性的文字或口语信息，另一类是非言语性的形态信息。其中文字信息的数字化采集主要通过个人计算机、写字板和扫描仪等可以处理文字的设备进行，口语信息则采用录音笔等设备进行采集。这类硬件设备均已普及，所需应用软件也大都随机赠送而无须自行开发。形态信息的数字化采集则主要通过数字式的照相机、扫描仪、摄像机、录音机等设备进行，采集之后还要运用计算机和相关软件进行处理加工，这类软硬件设备需要一定的资金投入，应事先根据实际需求做好规划。选购软硬件设备的决策原则，除了追求较高的性价比以外，还应该遵循相关的行业规范要求，也要根据本馆工作人员的技术能力水平在先进性和成熟性之间寻找最佳平衡点。

藏品信息的数字化采集结果，应做到信息数据的有序存储，以便于快捷高效地调取使用。藏品信息的采集加工流程和数据排列次序都具有一定的特殊性，由此产生了根据博物馆藏品保管工作特点专门开发信息管理系统应用软件的需要。自 20 世纪 80 年代以来，我国许多博物馆陆续开发或购置了这类软件，无不含有采集功能模块，有的还特意开发了快速登录或自动校对功能，目的在于加快数据库建设过程，使系统尽早发挥效益。其中文物类博物馆还统一根据国家文物局颁布的《博物馆藏品信息指标体系规范（试行）》设置数据库指标体系，做到了数据库的规范化和同构化，为今后实现馆际的数据交换和信息共享奠定了基础。

2. 存储系统

博物馆藏品数字化信息的存储方式大体分为磁性介质的计算机内硬盘、移动硬盘和光学存储介质的刻录光盘三类。通常把机内硬盘作为在线应用数据的存储方式，移动硬盘多用于工作性的临时备份，光盘则主要用于沉淀性的大容量数据异地和异质性保存。其中光学信息存储介质的光盘是人工化学合成物，比起传统的纸张来，既可以降低对竹木等自然资源的损耗，也可减轻对环境的污染，且有逐渐廉价化的发展趋势。但光盘的寿命只有15年至20年，不像纸张那样能够保存上千年。另外，数据存储格式也存在过时老化的可能性。所以，馆藏数字化信息的长期保存工作需要建立一整套完善的备份管理制度。

3. 输出系统

输出意味着应用，馆藏数字化信息的输出方式，主要包括连接计算机的显示器、投影仪、音响设备、打印机等外围设备。其中的显示器、投影仪和音响设备用于藏品视音频信息的输出，打印设备则用于生成各种书面文献和照片材料的打印件。这些设备的体积较大，通常放置在保管员的办公桌上不便移动，另有移动智能终端可用于保管员在排架库内的移动工作。

4. 网络系统

博物馆内部网络系统的功能主要在于藏品信息数据库的多用户共享。在一些规模较大、人员较多的博物馆藏品保管部门，需要通过有线或无线网络将多名保管员甚至全馆业务人员所用的计算机终端与服务器连接起来，采用客户服务器模式，不仅能减轻众多用户终端计算机硬盘存储负担，便于馆藏信息数据库的集中维护和及时更新，还能共享打印机和扫描仪等常用外围设备，甚至能有助于多名保管员或众多业务部门员工之间开展必要的分工与协作，起到整合凝聚集体力量的作用。此外，用户终端的网络化还服务于工作人员上网学习或搜集业务材料等多种用途。

（二）藏品信息的数字化采集加工

藏品信息的数字化采集加工，是实现数字化管理方式的基础和前提。数字化采集加工意味着信息载体转换，指的是利用计算机、数字照相机、扫描仪等数字化工具，把藏品形态信息和传统的藏品账簿、编目卡片或档案册等纸质载体信息转换为电子数据，也称为藏品信息数据库建设。常见的电子数据形式包括文本文件、静态图像文件、图形文件和视频、音频、动画等流媒体文件。通常采用打字、语音输入或扫描方式将文字信息转化为数据库指标项（字段）记录，用数字摄影摄像等方式将形态信息转化为静态或流媒体数字影像文件，用数字录音设备将语音或音响信息转化为数字音频文件，用数字绘图手段将图纸信息转化为数字图形文件，用三维建模和 Flash 软件制作动画文件。博物馆就是通过这些丰富的多媒体采集加工手段将藏品信息数字化的，最终通过一套管理系统应用软件将这些数据文件有序存储和安全备份。在数据库建设过程中不仅需要购置多种相关的硬件设备和处理软件，还需要花费大量的工作时间和人工劳动。但这些耗费是值得的，因为数字化藏品信息具有沉淀性和分享性，今后它将长久地、反复地、无损耗地、不知疲倦地服务于本馆业务工作，甚至通过数字博物馆等形式更广泛地服务于全社会。

（三）数字化藏品信息的日常应用

数字化成果应用是数字化建设的目的。整天与藏品打交道的保管工作者既是数字化建设工程的主要承担人，也是建设成果的最大享用者。藏品保管员通常在以下几个方面利用数字化藏品信息：

第一，利用数字化藏品信息管理系统，轻松快捷地生成各种工作单据和账簿卡片，以开展各项藏品流通和书面信息管理工作。

第二，利用数字化藏品信息管理系统，迅速而精确地进行各类数据统计，为馆内多种业务决策提供及时而精准的统计数据参考。

第三，利用基于射频识别或红外线等传感技术的移动智能终端，在排架库内进行非接触式的藏品识别、核对等管理操作，以减轻记忆负担，提高劳动效率和藏品安全系数。

第四，利用数字化藏品信息管理系统，应对其他部门乃至馆外专业人员的查询需求，节省保管员应对外部信息服务的工作时间，同时也支持了其他部门的业务工作。

第五，利用数字化藏品信息开展业务学习和藏品研究，以不断提高保管员自身的专业素质和业务水平。

已有的实践表明，数字化信息的日常应用能大幅提高保管工作效率和藏品安全系数，使保管员得以从繁重的手工抄写劳动方式中解脱出来，将更多的时间用于业务学习和研究思考，实现自我提高与完善。

（四）数据库的运行维护与后续更新

数据库建设工作并非一劳永逸，在进入数字化管理状态后，需要长期不间断地对数据库进行维护和更新。

运行维护主要是技术性工作，包括防病毒处理、软件更新和安全备份等，目的在于保障软硬件系统运行顺畅、安全，并紧跟信息科技的进步与发展。

后续更新是指馆藏信息内容将随着实物藏品数量增加或藏品研究的深入而不断增多，需要陆续将这些信息内容补充进数据库，目的在于及时提供最完善和权威的馆藏信息，从而高质量地服务于馆内各项业务。可以说，数据库的维护和更新是一项有始无终而又不可忽视的工作。

三、信息采集的标准规范

信息科技不仅为馆内业务效率的提升创造了条件，也为未来馆际乃至全社会的信息共享提供了可能，但共享的前提在于数据库结构必须相同，这就涉及信息采集的标准规范问题。

（一）制定标准规范的目的和原则

信息化时代以前的博物馆，用描述格式各异的账、卡等书面材料承载和管理藏品信息，实际形成了一个个散在的“信息孤岛”局面。而今采用电子计算机处理信息，不仅为政府对文博事业的宏观管理提供了方便，也为今后馆际的信息交换甚至为全社会信息共享提供了可能。但实现这一美好愿望的前提在于，各个数据库建设单位都要遵守统一的标准规范进行信息采集，恰似各地的人们在一起时都说普通话才便于交流一样。所以，博物馆数字化建设步骤应该是标准先行，标准是规范博物馆数字化建设、促进信息资源共享和充分利用的基础条件。与采集标准有关而需要加以研讨的主要内容包括：藏品登记与编目流程的标准化，藏品信息数字化工作标准化，检索语言的标准化，元数据标准体系的构建，名词术语的标准化，藏品分类法的标准化，数据库等数字化信息存储格式的标准化，网络通信协议的标准化，等等。

尽管规范很重要，但规范的制定工作是个难题，因为很难用某一种格式将众多博物馆长期惯用的藏品信息描述格式完全统一起来。以文物类藏品为例，其中的“分类”“计件”“定名”和“伤况描述”等标准问题至今没能得到完满解决。所以制定标准规范原则上应该贴近实际，先易后难，求同存异，不断完善。

（二）馆藏信息指标著录规范

在我国文博行业信息化建设高潮来临之际，主管全国博物馆事业的国家文物局及时组织开展相关研发工作，并于2001年颁布了《博物馆藏品信息指标体系规范（试行）》和《博物馆藏品二维影像技术规范（试行）》。这是为了适应全国文物、博物馆事业信息化建设的需要，规范博物馆藏品信息处理和交换工作，根据《全国文物、博物馆事业信息化“十五”规划》组织编制的，在很大程度上增强了我国博物馆信息化建设的规范化意识，对各地的博物馆数据库建设提供了重要的规范化参照。其中《博物馆藏品信息指标体系规范（试行）》不仅规定了规范的信息分类与指标体系结构，说明了指标编码方法，还规定了著录有关指标项内容应该参照的相关标准、藏品信息指标的类目名称及其代码和藏品信息指标项著录规则。内容包括3个指标群、33个指标集、139个指标项，涵盖了与藏品本体、管理和研究信息相关的各个方面。后来在总结各地馆藏文物信息数字化实践经验的基础上，由中国文物信息咨询中心组织编制而成的《博物馆藏品信息指标著录规范》，又对《博物馆藏品信息指标体系规范（试行）》做了必要的补充。

四、馆藏信息管理系统的主要功能

博物馆藏品的数字化管理，需要运用一整套计算机硬件和软件。其中基于计算机数据库技术的馆藏信息管理系统软件尤为重要，是决定数字化管理水平高低的关键，其功能设计必须反映博物馆的业务特点。虽然数字化管理已在越来越多的文博机构成为现实，但自行研发馆藏信息管理系统应用软件的博物馆并不多，绝大多数博物馆还是在使用别人开发的现成软件产品。所以，从用户角度探讨管理系统软件的功能设置，应该成为博物馆学所关注的话题。从已有的实践经验来看，以下几个决定软件品质的功能模块不应被忽略。

（一）藏品信息登录

藏品信息登录也称为藏品信息采集或藏品数据库建设。这是将藏品的文本信息数字化，并连同其他各种多媒体信息文件有序存储起来的功能。目前常见的藏品信息文件形式包括两类：一类是由书面语信息构成的文本数据库，另一类是包括音频、视频、图像、图形、动画等各种格式的多媒体信息文件。在藏品信息登录功能中，通常要依据一定的信息指标体系建立数据库填写页面，让用户能够通过计算机键盘等输入设备，将藏品文本信息转变为数据库指标项记录的内容，同时将相关多媒体信息的文件与该记录建立链接并指定存储位置，以构成完整的、可供管理和查询之用的藏品信息数据库资源。

藏品信息登录模块下的具体功能设计，必须反映博物馆保管业务的实际需求特点。例如，登录信息是一项指定到人、文责自负的严肃工作，因而登录功能模块必须设置使用权限，以确保数据库免遭他人非法修改；有些博物馆的藏品量较大，应该设置快速登录乃至自动校对等功能，以提高工作效率，缩短数据库建设周期，尽快使数据发挥作用；通常多媒体信息文件体量较大，应该以数据库外挂的方式指定存放位置，以免影响文本数据库运行速度；藏品的多媒体信息文件数量较多，应该合理设置赋予文件名的规则和方法，以提高文件命名精确度并降低操作劳动消耗；由于藏品信息的部分指标内容具有保密性要求，应该设置相应的使用权限，以免泄密。

（二）系统数据维护

这是对现有数据库记录进行局部修改的功能。由于博物馆的藏品实体本身存在多种变化的可能，因而藏品的部分信息记录内容也会随之改变，例如：每次提取或退还藏品都需要对其原因和场所等信息追加记录，出现事故或注销藏品也要进行专门记录。有时即便藏品实体本身没有变化也会产生修改信息记录的需求，例如由于藏品研究的深化而需要对原有的描述用语、观点、结论等进行修改或增补，发现数据库记录错误而需要加以纠正，新生的多媒体材料需要与文本数据库进行链接，等等。只有通过及时的更新维护，才能保证藏品信息数据库不断丰富，具有权威性和精确性。

系统数据维护模块下的具体功能设计，首先要便于单件藏品信息的修改，这意味着需要借助查准率较高的检索方式，以迅速到达目标记录修改工作界面。此外还要便于批量藏品信息的修改，以提高较大规模维护工作的效率。更要为保管单据作业专门设置一些特殊而又常用的功能，如办理提用手续、办理事故登记等。需要注意的是，系统数据维护也属于可写性的内部功能，必须做好使用权限设置，以防数据库被外界非法篡改。

（三）信息检索查询

数字化的馆藏信息检索查询，是指将馆藏信息按一定的方式组织和储存起来，并能根据用户的需要取出所需特定信息的整个过程。检索的前提在于对资料进行索引，传统纸质编目卡片需要提取藏品名称、质地、年代、作者、主题词等作为索引。而在数字化管理状态下，计算机可以对全文进行索引，即文中每一个词都能成为检索点。常见的馆藏信息数字化检索方式分为两大类：一类是基于分类的目录浏览，也叫受控语言检索，属于规范化的人工语言，包括分类语言和主题语言；另一类是利用关键字词的搜索引擎，也叫自然语言检索，本质上是一种未经规范化处理、不受控制的语言检索。

以文物藏品为例，由于在登录信息过程中所遵循的部分指标项采用了分类叙词表或下拉菜单的形式，因而产生了目录浏览的检索方式，无须通过键盘输入字词，用户可以根据自己的需要点击目录，深入下一层子目录，从而找到自己需要的信息。这种方式便于查找某一类的信息集合，但是精确定位的能力不强。以文物类馆藏信息指标内容为例，至少可以形成以下几种目录浏览检索方式：（1）藏品类别检索；（2）笼统年代检索；（3）笼统质地检索；（4）笼统用途检索；（5）文物级别检索；（6）来源检索；（7）族属检索；（8）国别检索。

利用关键字词的搜索引擎，是目前人们最为常用的一种检索方式。用户只需要提交自己的需求，搜索引擎就能返回相应结果。这些结果按照检索提问的相关性进行排序，具有很强的精确定位能力。根据《博物馆藏品信息指标著录规范》所开列的馆藏文物信息指标内容，至少可以形成以下几种自然语言检索方式：（1）名称检索；（2）精确年代检索；（3）具体质地检索；（4）具体用途检索；（5）具体来源检索；（6）相关人物检索；（7）相关地名检索；（8）作者姓名检索。

实践表明，上述多种检索途径可共同构成一个网状的、符合布尔检索要求的文物检索体系，使用户能够轻松自如地从海量的馆藏信息数据库中快速查找到目标记录。与传统手工检索方式相比，不仅大大降低了检索工作的时间和体力消耗，而且明显提高了检索的查准率和查全率，显示出数字化管理方式的无穷魅力。

（四）统计报表输出

数据运算本是计算机的长处，统计报表输出则是藏品管理系统所应提供的重要服务内容，管理工作者经常需要从中获取有意义的统计数据，为各项决策提供依据。以文物类馆藏信息管理系统为例，根据《博物馆藏品信息指标著录规范》，凡是采用了分类叙词表或下拉菜单形式的指标项记录，均可自动形成有用的统计报表内容。所谓输出，主要指统计数据表的屏幕显示，也包括纸质报表打印。其中常用的数据统计功能主要包含以下几项内容：（1）目前库藏品总量统计；（2）各类别藏品数量统计；（3）各质地藏品数量统计；（4）各用途藏品数量统计；（5）各级别藏品数量统计；（6）各民族藏品数量统计；（7）各国别藏品数量统计；（8）各来源藏品数量统计。

已有的实践表明，通过管理系统可以迅速而轻松地获得数十种统计信息服务，真正做到如数家珍，随时对管理工作决策提供强有力的支持。

（五）单据打印输出

业务人员在利用藏品管理系统过程中，经常需要将某些馆藏信息打印到纸面上来。尤其内部管理工作，在以往长期的手工抄写时代就形成了一整套书面材料格式，如今采用数字化管理方式可以大幅度提高工作效率，减轻劳动强度。以文物类藏品为例，数字化管理系统最常用的文件打印输出功能主要有以下几种：

第一，打印藏品编目卡片。藏品编目卡片是博物馆长期用于内部管理和专业查询的重要手段之一，承担着藏品基本信息记录载体的角色。虽然数字化时代的纸质编目卡片逐渐失去查询检索工具的作用，但其纸质档案的角色仍旧存在。

第二，打印提取退还凭证单。保管员在准备将要提取出库的藏品单据记录时，或陈列工作者在准备展品清单时，或研究人员、修复人员等在准备藏品提用清单时，即可利用该功能进行打印操作。由于文物库房的藏品出库行为意味着使用完毕后还要退还归库，所以提取凭证同时具有退还凭证的功能。

第三，打印入库凭证单。当一件或一批新藏品入库后，馆方应制作至少两份入库凭证单，分别交保管部负责人和库房保管员各自保存，该凭证具有法律依据。保管员在准备提供入库凭证单据时，可先将新入库藏品的信息输入管理系统，然后即可利用该功能进行打印操作。

第四，打印注销凭证单。当一件或一批藏品被注销时，在对需要注销的藏品记录逐一进行数据库回注之后，馆方应制作至少三份注销凭证单，分别交上级主管部门、保管部负责人和库房保管员各自保存。

第五，打印藏品总登记账。在国有博物馆，属于国家科学文化财产账性质的藏品总登记账，应该备份提交给上级主管部门备案。由于总登记账内容会随着藏品新增或注销而处于不断变化之中，所以往往需要按年度向主管部门报送总登记账的纸质副本。另外，藏品总登记账的打印件也可用作辅助性的检索查询工具。

第六，打印事故登记表。当藏品因发生事故而受到损失时，在对相关藏品记录逐一进行数据库回注之后，馆方应制作至少三份事故登记表，分别交上级主管部门、保管部负责人和库房保管员各自保存。

第七，打印装裱修复单。当一件或一批藏品因修复、装裱或复制完成后退还库房时，在对相关藏品记录逐一进行数据库回注之后，馆方应制作至少三份修复装裱复制单，分别交修复装裱复制工程承担人、保管部负责人和库房保管员各自保存。

第八，打印藏品档案册。当保管员准备为某件藏品制作档案册时，即可利用该功能进行打印操作，按国家文物局统一制定的藏品档案格式打印输出。

上述打印功能，使保管员最常遇到的单据作业和档案填写实现自动化。

（六）数据安全备份

网络世界存在着病毒或恶意攻击因素，一旦某些数据被破坏和丢失，则会导致整个系统不能运行，甚至意味着大量数据库建设劳动付诸东流。因此，对已有数据的安全备份就成为一项十分严肃的工作，也是馆藏信息管理系统必备的功能之一。

这项工作又分为人工备份和自动备份，它们各有优缺点。所谓人工备份方式，是要通过人工操作计算机打开数据库文件所在盘，把数据库文件直接单独复制粘贴到其他计算机的硬盘上或刻录成光盘，从而形成数据库的“异地备份”或“异质备份”。所谓自动备份方式，是要通过计算机程序设计为管理系统专门设置按时自动备份功能，不管系统数据库是否变化，系统都将按照规定的间隔时间自动将数据库文件强制性地复制到指定的硬盘上，从而形成数据库的“异地备份”。一旦在线的系统数据库遭到破坏，即可用备份数据库恢复系统运行，从而提高安全系数。人工备份的优点在于安全可靠，缺点在于不够及时，也缺乏强制性；自动备份则与其相反，优点在于备份及时，包含应有的强制性，缺点在于设计复杂并且含有不可靠因素。应按需选用或交替使用备份方式，确保万无一失。

总之，博物馆藏品是博物馆各项业务工作的物质基础，征集工作可以增加博物馆藏品的数量并改善博物馆藏品的质量，藏品管理可以确保征集工作的成果得到妥善保管和充分利用。同时，藏品管理各项流程紧密关联，在为博物馆其他业务活动提供基础性服务和为社会公众提供便捷服务的同时，确保藏品安全。博物馆可以被看作一种较典型的信息管理与服务机构，其中基础性的藏品管理工作成为影响整个机构业务运行效率的关键。已有的实践表明，数字化和网络科技确实为藏品管理工作增效减耗提供了契机，博物馆工作者应该抓住这个机遇，努力实现藏品管理的数字化，以全面提高博物馆的管理和服务水平。

思考题

1. 博物馆藏品如何定义？藏品都包括哪些类别？
2. 藏品来源面临怎样的局面？应该如何应对？
3. 博物馆怎样开展藏品征集？
4. 简述藏品管理的目的和具体要求。
5. 藏品管理有哪些流程？各流程之间的关系是怎样的？
6. 博物馆藏品可以退出博物馆吗？如果可以退出的话，应该如何退藏？
7. 何谓博物馆藏品的数字化管理？
8. 数字化藏品管理有何意义？
9. 藏品信息管理系统有哪些必不可少的功能模块？
10. 数字化的馆藏信息检索有哪些特点？
11. 如何保障馆藏信息数据库的安全？

► 拓展阅读

第五章　博物馆藏品保护

博物馆的基本功能之一是收藏文物、标本等各类实物资料。藏品是开展博物馆各项活动的物质基础。如何有效地保护藏品，确保长久保存，是博物馆的一项重要使命。

然而，博物馆的藏品，特别是大量具有历史、艺术、科学价值的文物，由于历经岁月的沧桑大多存在自然老化的现象，保存状态堪忧。2002 年至 2005 年《全国馆藏文物腐蚀损失调查》结果显示，由于所处环境和人为因素的长期影响，加之自身材质脆弱、老化等原因，文物腐蚀损失状况十分严重。据统计，50.66%的馆藏文物存在不同程度的腐蚀损害，其中重度以上腐蚀的馆藏文物多达 230 余万件（占 16.5%）。由此可见，博物馆藏品保护工作任重道远。

第一节　藏品保护的内涵与理念

一、藏品保护的概念

藏品保护是通过对藏品材质的组分、结构分析，揭示其老化败坏机理，进而运用技术手段，对藏品进行保养与修复，控制其保存环境，从而延缓其老化过程的一门应用科学技术。

藏品保护的研究内容决定了它是一个多学科相互交叉的边缘学科，既是一门科学，又是一门技术。它涉及的学科有化学、物理学、生物学、考古学、地质学、建筑学、历史学、艺术学等。在藏品的材质、败坏机理、保存环境、保护材料等研究中，许多问题和化学相关，因而藏品保护与化学的关系尤为密切，而物理学、生物学等学科对藏品保护也很重要。因此从事藏品保护工作既需要具有广博的知识，也要有所专长。

二、藏品保护的工作内容

博物馆藏品保护的主要工作有三个方面：其一是藏品的科学检测分析；其二是藏品的保护与修复处理；其三是藏品环境的监测和控制，即预防性保护。

通过对藏品进行科学的分析测试，可以分析和提取藏品的材料结构信息、制造工艺方法，判断藏品的制作年代和产地，揭示其价值。同时，可以揭示藏品病害的种类、严重程度，研究病害形成机理和相应的无损、微损检测方法。

藏品的保护，在狭义上主要是指为取得并保持藏品良好的保存状态以便收藏和展示而施加的处理操作，如金属器的缓蚀、纺织品的清洗等。而藏品的修复，主要是在藏品已经出现损坏的情况下，为恢复藏品的良好状态而进行的处理操作，如破碎陶瓷器、金属器的拼接复原等。保护与修复没有绝对的界限，有时还要同时进行。如出土漆器在脱水加固处理时，还可能要矫形并且对碎片进行拼贴。一般来说，保护处理对藏品本体施加的影响要小于修复，有时保护处理不当或无效时，修复可以是一种后继的处理手段。藏品保护科技的一个趋势是从盲目摸索藏品保护修复工艺，转向与对藏品材质、结构和藏品败坏机理的研究相结合，更多地引入现代科技的方法与新材料。

当前，藏品保护科技的理念，已经从以抢救性保护修复、被动维修遭损藏品，向以预防性调控环境、主动维护防止藏品产生劣化方面转变。这是藏品保护科技的另一个趋势。所谓预防性保护，即通过有效的质量管理、监测、评估、调控干预，抑制各种环境因素对藏品的危害作用，努力使藏品处于一个稳定、洁净的安全生存环境，尽可能阻止或延缓珍贵藏品的物理和化学性质改变乃至最终劣化，达到长久保存的目的。

围绕上述主要工作，藏品保护的具体内容包括藏品的材质研究、藏品的败坏机理研究、藏品的保护和修复技术、藏品的日常保养、藏品的价值和真伪的科学评估与鉴定等。

三、藏品保护的基本理念

博物馆藏品保护工作的开展，一方面需要依靠合适的技术手段，另一方面需要贯彻科学合理的保护理念，二者缺一不可。其目的都是最大限度保存体现藏品真正价值的信息并传之久远。在不少情况下，正确的保护理念，甚至比先进的保护手段对藏品保护的意义更为重要。因为如果指导思想出现了偏差，再好的技术手段也无济于事，甚至会起相反的作用。我们认为，正确的保护理念主要包括以下几条原则：

（一）最小干预原则

藏品的保护，主要包括对藏品的保护修复与日常保养。有时，人们为了改善藏品陈旧的外观，恢复光鲜的面貌，对藏品进行过度的保护处理，以图一劳永逸。而实际效果常常适得其反，时隔不久，藏品又会回复原有的老化状态，甚至老化的速度比原来更快，原因之一是施加的保护处理措施在一定程度上打破了藏品长年形成的稳定状态。而且保护材料本身的老化速度有时比藏品本身更快，会对藏品的保护构成威胁。而保护材料的去除，也可能损坏藏品本身。因此，人们逐渐认识到，除非保存环境出现难以改变的明显变化，对于处于稳定状态的藏品而言，不加干预可能是最好的保护。国际古迹遗址理事会中国国家委员会 2000 年通过的

《中国文物古迹保护准则》也要求："尽可能减少干预。凡是近期没有重大危险的部分，除日常保养以外不应进行更多的干预。必须干预时，附加的手段只用在最必要部分，并减少到最低限度。采用的保护措施，应以延续现状，缓解损伤为主要目标。"

当然，对于藏品采取最小干预的理念，并非放任不管，而是把保护的重点放在日常保养上，包括对藏品环境的控制、对藏品保存状态的监控。这是一项长期不懈的工作，实质上是对藏品的保护提出了更高的要求。

（二）原真性原则

不少藏品由于在流传和收藏过程中出现了各种损坏，而这些损坏如果不加以保护和修复等干预，则会进一步发展，危害藏品的长期保存。在这种情况下，就必须加以处理。第二届历史古迹建筑师及技师国际会议于 1964 年在威尼斯通过的《国际古迹保护与修复宪章》（即《威尼斯宪章》）中写道："修复过程是一个高度专业性的工作，其目的旨在保存和展示古迹的美学与历史价值，并以尊重原始材料和确凿文献为依据。一旦出现臆测，必须立即予以停止。此外，即使如此，任何不可避免的添加都必须与该建筑的构成有所区别，并且必须要有现代标记。"这也就是现在所说的藏品保护的原真性原则，或称真实性原则。原真性原则在某些藏品必须进行保护处理时，对于保持藏品原有的历史、艺术、科学价值至关重要。

《威尼斯宪章》又提出："缺失部分的修补必须与整体保持和谐，但同时须区别于原作，以使修复不歪曲其艺术或历史见证。"即保护修复的可识别性原则。藏品修复的可识别性实际上就是对藏品原真性的尊重。二者是紧密相关的。在博物馆藏品的保护修复中，以往常常对表面进行修饰，以掩盖修复的痕迹，称为美术修复。这样的处理常常使观众和研究人员难以区分原物和修复部分，给藏品的研究、再次修复和取放过程中的安全性带来了隐患。单纯对缺损的藏品进行最低限度的修补而不加任何修饰的做法，称为考古修复，虽然尊重了藏品的原真性，但一定程度上影响了展示效果。有鉴于此，在藏品修补完成后，对表面稍加修饰，做到既能够分辨修复的痕迹，又兼顾器物整体的协调，称为陈列修复，可以说是藏品保护修复原真性和可识别性理念的体现。

应该看到，保护修复的原真性原则在实际贯彻过程中，也要考虑地域和文化传统的差异。对于藏品的保护修复，不同的地域形成了自身的传统。有些历史上形成的修复处理，本身也成为原真性的一部分。例如，在敦煌文书中有一些在封存于石室之前就在使用过程中经过修补加固；而东亚的古代建筑，由于使用砖木结构，建筑材料需要加以替换才能保持其结构稳定，有时甚至要落架解体重建。在这里，建筑形式的原真性有时比材料本身的原真性更为重要。有鉴于此，国际古迹遗址理事会等机构的专家在1994年通过的《奈良原真性文件》指出："有关文化遗产价值及相关信息源可信性的一切判断，在不同文化之间可能是不同的，甚至在同一文化内，也可能不同。因此，不可能依据固定标准进行价值和原真性的基本评判。相反地，为了尊重所有文化，则要求对遗产的特性必须在其所隶属的文化环境中加以思考和评判。"这一原则对于博物馆藏品的保护同样适用。从实际出发，对藏品真实价值、原真性的判断是其中的关键。

（三）可逆性原则

不少博物馆藏品，尤其是历史文物、化石标本等，具有不可再生性，即损坏以后，不可能再制造或获取与之同样的藏品。因此，对于藏品的保护处理应极为慎重。特别是需要在藏品上附加保护材料，或由于修复的需要对藏品本身进行处理时，应做到具有可逆性。在该处理被认为不合适或有更好的方法予以取代时，可以将原处理去除，以恢复原状。这是藏品保护的基本原则之一。

从理论上来说，任何保护处理，都是对藏品本体的一种干预，都无法做到完全可逆，而且有些施加在藏品上的保护材料或处理工艺，随着时间的流逝，其可逆性会有所下降。因此，使用安全性高、稳定性好的保护材料，延长保护修复的周期，显得尤为重要。保护技术的进步，也体现在保护材料的上述性能的提高上。同时，对于新材料在珍贵藏品或是大量藏品上的应用，也要慎重。须经过反复试验，如抗老化性、可逆性试验等，证明其安全性以后才可以推广使用。

（四）预防性保护

藏品保护中，对于藏品的最小干预和保护处理中的可逆性要求，都提示保护处理的实施，是在不得已而为之的情况下才采取的措施，更重要的是藏品的日常保养。预防性保护主要是为藏品创造一个理想的储放、陈列、运输、使用条件，以延缓藏品的衰老和败坏。保存条件包括保存容器、展示橱柜、温湿度设定、空气的洁净化、防霉防虫等各个方面。同时也包括在有必要进行保护修复时藏品的环境控制，以及进行保护处理时对于日后藏品的保存和展览环境的考量。

注重藏品的预防性保护，逐渐成为藏品保护工作者的共识。例如在虫害的防治上，国际上近年提倡的综合虫害治理，即尽量不使用化学药品，通过阻止害虫的进入，杜绝害虫的繁殖与栖息条件以防止博物馆虫害的方法，也是预防性保护理念的体现。

应当看到，要做好藏品的预防性保护，对博物馆的管理水平和藏品保护技术提出了更高的要求。预防性保护是一项长期的工作，短期内不一定有明显的效果，需要在日常工作中坚持不懈。同时保存环境的控制、对藏品保存状态的监测都需要相应的技术手段。

在藏品的保护工作中，还有一些原则也是需要遵循的。例如在制订保护修复方案时，要对藏品的现状进行科学的分析评估，而不能仅仅从经验出发；对藏品的检测分析、保护修复处理，都要做好记录，作为文物档案的重要组成部分永久保存，以避免重复分析，有利于藏品的日常保养、取用时的安全防护，并且为以后的保护处理提供信息。

第二节　藏品的保存环境

博物馆藏品保存状态的优劣，首先取决于其内因，如材料质地、制作工艺等；同时也与外因密切相关，外因主要是保存环境。因此，博物馆的环境应有益于藏品的保存，使之处于一个适宜的保存条件中。一般而言，在收藏、展示、运输、研究、保养、修复等任一环节，都要维持相对稳定的条件，以延缓藏品的老化损坏过程。

一、影响藏品保存的环境因素

博物馆的藏品处于特定的环境中，会受到各种环境因素的影响，例如温度、湿度、光线、污染气体、微生物、虫害等。藏品的损坏，并非某一因素的单独作用，常常是几种因素相互关联，共同影响。如微生物对藏品的损害，一般与温度、湿度密切相关；而污染气体对藏品的损坏，也和温度、湿度相关，有时还会受到光线的影响。研究环境因素对于藏品保存的影响，既要分析各因素变化对藏品的作用，也要综合分析，注意环境因素的协同作用。

影响藏品保存的环境因素主要有以下几个方面：

（一）空气的温度与湿度

空气的温度是表示空气冷热程度的物理量。度量温度高低的标尺称温标。目前国际上使用的温标有摄氏温标、华氏温标和热力学温标。藏品保护中常用的是摄氏温标，其定义是在1个标准大气压下，冰水混合物的温度为0℃，水的沸点为100℃，中间划分为100等份，每等份为1℃。

温度对于藏品的保存有重要影响，藏品的老化败坏，很多情况下属于化学反应，根据范特荷夫规则，温度每升高10℃，化学反应速率会增加到原来的2—4倍。因此较低的温度，有利于降低化学反应速率，延缓藏品的老化。温度对藏品的影响，有时是间接性的，例如温度的变化，可能引起相对湿度的波动，而一定范围内较高的温度，又会使昆虫和霉菌等生物活动趋于活跃，加剧虫害和霉变等现象的发生。

空气的湿度是衡量空气干湿程度的物理量。在一定温度下，空气中水蒸气的量有一个最大限度，超过这一限度，多余的水蒸气就会从空气中凝结出来。这种含有最大限度水蒸气量的湿空气称为饱和空气。一定体积的饱和空气在任意给定温度下能含有水蒸气的最大量称为空气的饱和含湿量（qs），这个量通常以每立方米空气中所含水汽的克数表示。不同温度下，空气的饱和含湿量是不同的。在一定温度下，1立方米空气中实际含有水蒸气的质量，称为绝对湿度（Absolute Humidity，简称A. H）。一般情况下，绝对湿度低于该温度下的饱和含湿量。但是，绝对湿度的测量，并不能说明该空气是否饱和，或者还能吸收多少水。因此，应该考虑绝对湿度和饱和含湿量的关系，这种关系与温度相关。于是就有相对湿度的概念。

在一给定体积的空气中，绝对湿度与该温度下的饱和含湿量的百分比，称为相对湿度（Relative Humidity，简称R. H）。

$$R.H = (A.H/qs) \times 100\%$$

由于饱和含湿量与温度有关，温度越高，饱和含湿量越大，因此在一个相对密闭的空间，如陈列柜中，如果空气中所含水蒸气量不变，也就是绝对湿度不变，则温度升高时，相对湿度减小；温度降低时，相对湿度增大。如果温度降低较大，使得饱和含湿量小于绝对湿度时，则会发生冷凝现象，即有多余的水蒸气变为液体以小水滴或湿膜形式出现在物体表面。冷凝对于藏品有严重危害，冷凝出的水可以通过毛细管作用渗入藏品，把污染物和微生物带入藏品内部，或溶出藏品内部的盐类，在表面析出而造成表面的酥碱粉化现象。因此用相对湿度表示空气的干湿程度更为直观实用。

就温度和湿度而言，相对湿度一般对于藏品的影响更大。在博物馆内，平均温度的变化范围一般在20℃以内，在这个范围内，藏品受温度变化的直接影响不是太大。而博物馆中年平均相对湿度可能有50%以上的波动，在此波动范围内，除石质藏品和瓷器以外，几乎所有藏品均会有所反应，使器物内部原有的平衡被破坏而发生损坏。如过高的湿度可以造成纸张的纤维素水解、金属器物的腐蚀等，而过低的湿度又会使纸张变脆、墨产生裂纹、竹木器开裂变形等。

同时，危害藏品的微生物和害虫的生长繁殖都要有合适的温湿度，控制温湿度对抑制其生长繁殖也有决定性作用。

（二）采光照明

相较于温湿度对藏品保存具有的普遍性影响而言，采光照明对于藏品的影响似乎更容易控制，因为藏品在储藏过程中不需要照明，只需考虑藏品在展示、研究过程中的照明控制。由于大多数物体对光是不透明的，光线直接引起藏品破坏的部位主要是在表面，但表面常常是很多藏品的精髓，因此照明对于藏品的影响同样不可忽视。特别是有机质藏品，如书画、纺织品、皮革等。

在研究光对于藏品的影响时，主要研究波长在400—760纳米的可见光的作用，因为可见光是照明所必需的。而波长小于400纳米的紫外线和大于760纳米的红外线也常常在考虑范围内。它们虽然不是藏品照明所需要的，但一般光源均带有一定量的紫外线和红外线。

光线对于藏品的影响主要表现在以下几个方面。

1. 光诱导化学反应。也称光化学反应，光可以使分子从基态激发成激发态分子，从而与同种或不同种基态分子发生化学反应。这样的激发过程，分子对于光线的吸收具有选择性，即要求光子的能量正好等于基态和激发态的能量差。对于藏品材料而言，光的波长越小，能量越大，对其破坏力也就越大。可见光的能量虽然也能使染料和纤维素等有机物质受到损害，但纸张和染料分子中，C、H、O、N等元素间形成的化学键的键能不少都在紫外线的能量范围内，因此波长较短的紫外线比可见光对藏品的损坏更为严重。但由于可见光在照明光线中的丰度大，所以可见光是造成藏品光照损害的主要因素。光化学反应引起的藏品损害主要有染料和颜料的褪色、纸张在光照条件下的光裂解、光氧化和光水解反应等。

2. 光的热效应。各种光辐射如同其他辐射一样，被物质吸收后，物质的温度都会上升，特别是红外线，它对吸收物的热效应是主要的效应，又称热辐射，可能引起藏品表面温度的上升。一般材料长时间接受500Lux的光照，温度可升高2℃—3℃，黑色表面的温度可升高3℃—5℃。局部温度的升高，可以引起藏品的热膨胀而产生变形；同时可能引起生物活性的变化，如昆虫和霉菌的繁殖；加热也可以导致相对湿度变小，引起材料发脆；化学反应速率随温度升高一般也会增加。

（三）粉尘和污染气体

随着工业的发展，环境污染问题也日益严重。环境污染不仅给人类和动植物的生存带来危害，也对博物馆藏品的保存构成了严重的威胁。大气污染源有自然和人为两类，一般来说自然污染只占空气污染的一小部分，其产生常常是人类难以控制的。人为污染是大气污染的主要问题。人为污染的主要来源之一是燃料的燃烧，如燃煤产生的烟气和汽车排放的废气。

污染源排放的污染物种类数以千计，在大气中主要有五类：（1）碳氢化合物；（2）一氧化碳；（3）氮氧化物；（4）硫氧化物；（5）粒状污染物。但对藏品影响较为显著的是氮氧化物等含氮化合物（包括氨气）、硫氧化物等含硫化合物（包括硫化氢）、粒状污染物和光化学烟雾等形成的臭氧等。

1. 氮氧化物（NO_X）

氮的氧化物种类很多，其中在汽车的内燃机气缸燃气的高温条件下，N_2和O_2反应生成NO，NO不活泼，但当其在大气中达到一定浓度，在光的作用下可与氧气发生光化学反应生成臭氧。NO可进一步氧化生成NO_2，NO_2是空气的主要污染物之一，可以和水作用生成硝酸和亚硝酸，形成酸性雨雾。硝酸是一种具有强氧化性的强酸，对有机质和无机质藏品具有广泛的危害性，如腐蚀金属、水解纤维素、侵蚀含钙的石块和壁画等。

由于城市中汽车的增加，NO_2的浓度在不断升高。在光作用下产生的二次污染物——臭氧和 PAN（过氧乙酰硝酸酯）造成的损害也应重视，如 PAN 对氨基染料靛蓝有作用。

2. 硫氧化物（SO_X）

矿物燃料（煤、煤气、汽油、天然气等）燃烧时都会放出SO_2气体，因为这些燃料都含有硫或硫的化合物。大气中的SO_2主要来源于自然生物系统，但人为造成的SO_2在工业区造成了很高的局部浓度，SO_2本身仅是一种弱酸酐，但在烟尘（金属粉尘）、光的催化下容易被氧化成SO_3，并能与水结合形成硫酸。硫酸是一种非常强的酸，同时具有很强的氧化性，具有腐蚀作用。SO_2对纤维素（纸张、棉、麻织物）、蛋白质（丝、毛、皮革）、碳酸钙材料（石刻、壁画）、玻璃、染料、颜料、金属（例如铁）等均有腐蚀破坏作用。

3. 臭氧（O_3）

博物馆中臭氧的来源主要有以下几种：

（1）大气上层的自然产物。主要是由紫外线作用于O_2生成。

（2）光化学作用产生。由于工业污染，特别是汽车排放的废气，使空气中的碳氢化合物、氮氧化物的浓度大为增加，在充足的阳光下发生光化学作用，生成臭氧等，又称光化学烟雾。

（3）灯和电器设备中产生。强电场和短于 300 纳米波长的紫外线亦会产生臭氧。如静电吸尘器在其高电压周围的电场里，复印机内的汞蒸汽灯等，均可使空气中的O_2产生化学反应生成O_3。

臭氧是一种强氧化剂，几乎能损坏所有的有机藏品，如书画、纺织品、皮革、家具等，尤其对于染料的褪色作用十分明显，因此对于染色的纺织品和彩色印刷品要特别注意臭氧的危害。

4. 粒状污染物

粒状污染物是指能够分散的固体和液体颗粒物，它们的粒度大小差异较大，极细的颗粒直径只有 0.01μm。一般把小于 10μm 的颗粒称为飘尘，它能长期悬浮在大气中，直到吸附到物体的表面为止。粒状污染物的成分极其复杂，化学组成因地而异，主要有硫酸和硫酸盐、硝酸盐、氯化物、细菌和病毒等。粒状污染物往往带有强烈的腐蚀性，又是其他多种大气污染物的载体和催化剂；霉菌的孢子可以附着在粒状污染物，特别是飘尘上进入建筑物的各个角落，从而危害博物馆藏品。

另外，新建博物馆水泥混凝土墙体放出的氨气、建筑装潢材料释放的甲醛、木材中的乙酸等气体对于室内藏品的影响也不可忽视。

（四）有害生物

对于博物馆藏品危害较大的生物因素主要是微生物和有害昆虫。微生物主要是霉菌、细菌和放线菌，其中霉菌对藏品的影响尤为显著。

霉菌是真菌的一种，是危害纸张、纺织品、动植物标本等有机质藏品的主要微生物。常见的霉菌有曲霉、青霉、毛霉等。这些菌能分解纤维素、淀粉等。藏品保存期间出现的霉变，是由于附着在其上的微生物，在适宜的条件下，大量生长繁殖、分解营养成分的一种现象。微生物的聚集，是导致藏品霉变的先决条件，而环境条件对微生物的影响，是决定藏品霉变与否的关键。微生物的生长，需要一定的温湿度条件，绝大多数对纸张、纺织品藏品有害的微生物为中温性微生物，如霉菌多是中温性的，适宜温度为 20℃—28℃。但是需要注意，少数低温性微生物，在 0℃以下的高湿情况下仍能活动。各类微生物对于空气湿度的要求是不同的，对有机质藏品有危害作用的微生物中，几乎所有的细菌、放线菌、酵母菌和霉菌中的毛霉、根霉和镰刀菌等，都是湿生微生物。在相对湿度为 65%—70%时就能发育繁殖。因此相对湿度 65%可作为长期储放有机质藏品的安全界限。当然湿度低一些更为安全。根据微生物对环境 pH 值的要求可将其分为嗜酸性、嗜中性或微碱性两大类型。霉菌大多属于嗜酸类型，其最适宜的 pH 值为 5—6。酵母菌也属嗜酸类型，而大多数细菌和放线菌属于嗜中性或微碱性类型。微生物对有机物的分解，往往能产生有机酸，为大量嗜酸性霉菌的活动创造了适宜的环境。

有机质藏品的霉变，一般是从外部逐渐向内发展，被霉腐的器物，起初在其表面出现暗灰色斑渍或淡黄、灰绿的小点，然后变成深黄色以至黑色的斑点、斑块，严重者引起霉烂。霉变过程中有机物，如纸张中纤维素的分解、丝毛类藏品中蛋白质分子的水解等，使藏品强度下降，引起损坏。

危害藏品的虫类主要是一些昆虫，如各类蠹虫、毛衣鱼、白蚁等。主要侵蚀有机质藏品，如竹木制品、纸张、纺织品等。昆虫的生长需要合适的环境条件，昆虫是变温动物，一般来说，8℃—40℃是昆虫能正常生活的温度范围，其中，22℃—32℃为最适温度区，在这一温度范围内，昆虫生长繁殖快。水是昆虫进行生理活动不可缺少的介质，各种昆虫对空气湿度也有一定的要求，昆虫最适宜的湿度在 70%~90%，相对较低的湿度能抑制昆虫的繁育，甚至促使死亡。空气中的氧是昆虫新陈代谢不可缺少的物质，保持含氧量在 0.2%以下一定时间，对昆虫也有致死或抑制作用，这也是真空窒息杀虫的主要原理。

藏品保存中主要的有害昆虫有：纺织品的害虫，如红绿皮蠹、小圆皮蠹；皮革类藏品的害虫，如花斑皮蠹、黑皮蠹；木质类藏品的害虫，如中华粉蠹、白蚁、家茸天牛；竹类藏品的害虫，如竹长蠹、褐粉蠹；纸类藏品的害虫，如毛衣鱼、书虱、窃蠹、蜚蠊（通称蟑螂）。

二、库房的藏品保管环境

（一）温湿度的控制

博物馆藏品在库房收藏时，其首要环境因素是温湿度的影响。各类藏品适宜的温湿度值各不相同，国际文物保护协会等机构推荐的藏品保存适宜的温湿度值见表 5-1。一般来说 20℃、50%的相对湿度对大多数藏品的保存较为适宜。

表 5-1　博物馆藏品适宜的温湿度①

温度	约 20℃		
	黑白胶卷 15℃，彩色胶卷 2℃		
湿度	高湿度	100%	部分处理前的出土文物
	中湿度	55%—65%	纸、木、染织品、漆器
		50%—65%	象牙、皮、羊皮纸
		约 55%	油画
		40%—55%	化石
	低湿度	45%以下	金属、石器、陶瓷
		30%	胶卷

在温湿度的调节控制方面，还要遵循以下原则：

第一，如果某一温湿度条件被证明对某一文物的保存是合适的，则应维持这一温湿度条件。

第二，如果需要变动文物保存的温湿度条件，这种变化应该是缓慢渐进式的。

第三，复合材料文物，其保存的温湿度一般应根据其中最敏感材料适宜的条件来设定。

测量温度的仪器为温度计，常用的环境温度测量设备为液体膨胀式温度计，依靠水银、煤油等液体的热胀冷缩原理在细玻璃管中指示温度。对于大型藏品表面的温度测量，也可以采用红外辐射温度计实现非接触测量。湿度计则有干湿球湿度计、毛发湿度计、电化学湿度计等。博物馆常用的还有数字式自动记录温湿度计，除了显示实时温湿度以外，还能记录历史数据，甚至无线上传相关数据以便对温湿度进行实时监控。

博物馆温湿度的控制方法主要有：

① 摘引自京都造形艺术大学：《文物保存科学入门》，角川书店 2002 年版，第 328 页。

1. 通风。通风是根据空气流动的规律，有计划地使室内外的空气交换，以达到调节室内空气温度和湿度的目的。通风时要根据室内外温度与湿度的差异，并参考风力、风向来决定是否能够通风，同时通风要和严格的密封联系起来，否则通风后的效果不能维持。

2. 使用恒温恒湿设备。在库房和展厅使用恒温恒湿设备是控制温湿度的理想选择。一般来说，博物馆恒温恒湿设备的加湿可通过电加热水，除湿主要通过在新风系统设置表冷器，露点温度（Tdp）经过计算控制（如在20℃、55%相对湿度下，Tdp=10℃），以冷凝除去水蒸气，然后再将湿空气加热到指定温度送入博物馆空间，实现温湿度的精密控制。使用恒温恒湿设备控制效果好，但设备投资较大，运行成本也比较高。

3. 去湿与加湿。由于湿度对藏品的影响一般要大于常规情况下的温度波动的影响，在难以具备恒温恒湿条件的情况下，可以考虑采用单纯的去湿和加湿设备以控制湿度。特别是去湿设备，现在一般可以预设工作启动湿度，以保证一定空间内湿度不超过预设湿度。这种方法投资较少，操作简便，但调节精度较差。

4. 微环境调湿。主要是指收藏柜和展柜内的湿度控制。在大空间环境的湿度难以精密控制的情况下，可以考虑为对温湿度敏感的藏品进行微环境的调控。传统上，使用湿度缓冲能力较大的木箱储放器物，并在晴好天气进行开箱点检的做法，是这一思路的体现。现在，使用无酸纸箱盒、木箱等仍然可以起到缓和湿度波动的作用。同时在密闭性好的储藏、展示柜中，放置调湿剂，可以提高湿度控制的效果。现在，由电子控制的无水调湿收藏展示柜也在逐步普及，提高了设备对藏品保护的安全性。

（二）有害生物的防治

有害生物的防治，需要做到以下几点：

第一，做好藏品入库的检验工作。藏品入库前，必须经过严格的检验，对已经发霉和有虫害或水分含量过高的藏品不得入库，必须经过消毒、灭虫和适当干燥处理。

第二，做好清洁卫生工作。库房要经常打扫，保持室内和藏品的清洁，不要积存尘土，因为尘土是细菌、霉菌孢子和一些营养物质的携带者或传播者，故应及时清除。对害虫容易潜伏的地方，如天花板、地面、墙壁、门窗和柜架等要特别注意清扫。同时避免将食品及其残渣等留存在博物馆内以吸引微生物、昆虫和鼠类。

第三，严格控制温湿度。较高的温湿度为有害生物的滋生提供了有利条件，一般博物馆藏品保存的温度不宜超过25℃，相对湿度不宜超过65%。

第四，药剂防治。使用化学药剂防治生物危害应该慎重，因为不少化学药剂本身就是有毒有害物质，对环境有污染作用，会危害人体健康，有的对藏品本体也有损害，如以往常用的防虫剂萘、樟脑精等，而对二氯苯会使书画、丝织品变黄。芸香、麝香、花椒等天然药材或香料可用来防虫驱虫，用黄蘗汁染书，红丹纸用作装裱、包装均能起到防虫作用。而低毒的除虫菊酯和合成的拟除虫菊酯，如 0.4%二氯苯醚菊酯的无水乙醇溶液杀虫效果较好。

常用的防霉药剂有：对硝基苯酚、麝香草酚、五氯酚及其钠盐等。

对于已经长霉生虫的藏品，多采用熏蒸的方法予以杀灭。一般要求杀虫杀菌剂对藏品无副作用，高效低毒，杀虫效率高，对人畜毒性低，渗透力强，能把虫杀死在从卵到成虫各阶段，对杀菌剂来说还要求杀菌谱广，因为藏品上的微生物种类很多。

以往常用的熏蒸剂为溴甲烷、环氧乙烷、硫酰氟等。溴甲烷对害虫的各个虫期都有良好的毒效，但作为一种神经毒剂，如果误吸入对人体也有较大损害，而且对大气臭氧层也有破坏作用。根据联合国《蒙特利尔议定书哥本哈根修正案》规定，已禁止使用。

环氧乙烷也是杀虫灭菌较为理想的熏蒸剂，它的杀菌谱广，杀虫力强，几乎所有的霉菌及其孢子、虫的卵、幼虫、蛹、成虫都能被杀死，杀菌功效好于溴甲烷。但环氧乙烷毒性较大，与空气混合有爆炸性。

有鉴于此，避免使用熏蒸剂的方法也不断得到开发应用，如 0.1%浓度以下的脱氧窒息处理、高浓度（约 60%）的二氧化碳处理、低温（-30℃以下）冷冻处理、高温（55℃—60℃）处理等，但在处理效果和藏品的安全性等方面均需要进一步改善。

由于藏品在库房收藏过程中常常置于包装材料内，放在各种储藏柜中，在一定程度上会妨碍各种病害的及时发现。所以，对于库房的环境一方面要严加控制和监测，以维持整体环境的适宜和稳定，同时也要对藏品进行定期的点检，以及时发现问题，防微杜渐。特别是对于比较容易发生变质、虫害的纸张、纺织品、竹木器、标本等有机质藏品和受湿度影响较大的铁器、青铜器等金属藏品更要重视定期点检。

三、陈列展示中的环境控制

博物馆藏品在展示过程中作为展品，除了考虑保护以外，一般还要考虑陈列展示的效果和观众的舒适度等因素。因此藏品陈列展示中的环境控制与收藏时相比有其不同之处。

例如，对于藏品合适的温湿度条件，可能对于观众而言并非是舒适的条件。特别是在夏季，如果维持展厅的温度在 20℃左右，除了需要空调设备长时间运转，消耗大量电能以外，还会引起观众的不适。在这种情况下，可以根据湿度优先的原则，适当提高展厅的温度，例如维持在25℃以下，保持湿度在50%左右。有条件的话，最好实现展柜与展柜外的展厅空间差异化的温湿度控制，以创造适宜的藏品保存与观众观展条件。

（一）陈列展示中的照明控制

对于展览中的照明设置，也要考虑多种因素。既要考虑藏品保护的需要，控制展品的照度、照明设备的显色性、热效应和紫外线比例等。同时也要考虑陈列展示的效果，例如过低的照度（50Lux以下）会使观众观展时产生不适感，可以考虑采用感应式照明，使有观众观看时展品表面的照度达到150—200Lux。另外也可以控制对光敏感展品的展出时间以减少光线对藏品的损害（参见表5-2）。

表5-2　博物馆、美术馆展示推荐照度标准①

藏品	国际博物馆协会（1977）	北美照明学会（1987）	日本照明学会（1999）
对光特别敏感（1）	50Lux	50Lux	50Lux或 120000Lux·h/y
对光比较敏感（2）	150—180Lux	75Lux或 180000 Lux·h/y	150Lux或 360000 Lux·h/y
对光不敏感（3）	一般不超过300Lux	无特别限制 需考虑热效应	500Lux

（1）指纺织品、染色皮革、水彩画、素描、邮票、印刷品、动植物标本等；（2）指象牙、骨制品、油画、漆器、木器、未染色皮革等；（3）指金属、石器、陶瓷等。

目前博物馆使用的光源有自然光、日光灯、卤素射灯、发光二极管灯（LED）等。其中，自然光，即日光的热辐射和紫外线含量均很高，应尽量避免不加处理直接照射藏品。日光灯又称荧光灯，其热效应较小，但紫外线比例在博物馆人工光源中比较高，一般在75μW /lum甚至更高，同时普通日光灯的显色性也较差，应避免未经滤除紫外线的日光灯直接照射展品。卤素射灯也是博物馆常用照明光源，一般热效应较大，应避免近距离照射展品。发光二极管灯是一种新型光源，它具有寿命长、发光功效高、紫外线含量低、可实现智能控制等优点，在博物馆照明中的应用日益增加。但普通发光二极管灯对于藏品的影响还需要进一步研究。

对于紫外线的防护，应尽量避免自然光直接照射藏品；对光敏感的藏品应在

① 摘引自京都造形艺术大学：《文物保存科学入门》，角川书店2002年版，第320页。

暗处保存，如果要展示，可限制展出时间，设法除去紫外线；使用无紫外线的光源，要求光源的紫外线比例低于 75μW /lum，最好控制在 10μW /lum 以下；还可以将紫外吸收剂做成过滤片贴在双层玻璃间或制成无紫外线有机玻璃。

（二）大气污染的监测与防治

在展出过程中还有一个难以避免的因素是污染气体和粉尘对于藏品的影响，因此保持一个洁净、稳定的环境是博物馆环境保护的重要工作。博物馆建议的环境质量分级标准见表 5-3，其中的级别，可以按博物馆的条件，即全国省、市级新建博物馆、利用旧址的博物馆划分，或按藏品材质易损的程度划分，或按博物馆所处地域的环境气候条件划分，分别执行一级、二级、三级标准。

表 5-3 博物馆环境质量分级标准建议①

项目	标准		
	一级标准	二级标准	三级标准
二氧化硫	1μg/m^3	10 μg/m^3	20 μg/m^3
氮氧化物	5 μg/m^3	10 μg/m^3	20 μg/m^3
臭氧	2 μg/m^3	10 μg/m^3	25 μg/m^3
二氧化碳	2. 5ppm		
羰基化合物（醋酸等）	0. 1 mg/m^3		
颗粒物	75 μg/m^3		
甲醛	4. 0ppb		

大气污染的监测，有化学比色法、自动检测仪等方法，但都比较繁琐，不太适合博物馆环境的日常监测。而一般环境监测使用的便携式检测仪，由于感度低，不适合博物馆洁净环境的监测。比较简便的是采用金属膜与腐蚀性气体产生腐蚀层，通过腐蚀产物的分析，计算污染气体的浓度范围。现在有依据此原理开发的空气污染监测仪，能连续自动记录污染气体对银、铜腐蚀数据，并进行叠加储存。一般其信息储存可长达数年。

对于博物馆环境污染的控制，首先要考虑控制其周边区域的环境污染物浓度，如在博物馆附近进行绿化，吸附污染气体和颗粒物等。

对于馆内藏品预防大气污染主要可以采取以下措施：

第一，减少与室外空气的自由流通。在防治藏品的大气污染损害方面，博物馆建筑结构是一个主要方面，如门窗的密闭性能直接影响污染气体的渗透。应尽

① 摘引自陈元生、解玉林：《博物馆文物保存环境质量标准研究》，《文物保护与考古科学》2002 年增刊，第 186 页。

量采用人工通风系统以实现空气的流通控制。同时展示柜等也要做到密封。

第二，安装有过滤器的空调设备。通过在新风系统加装过滤设备，能够除去SO_2、NO_2、O_3和粒状污染物。对于微粒的清除，可以通过黏性过滤器、织物或纤维过滤器。对于污染气体的去除，可以使用水喷雾器和活性炭过滤器。将活性炭放在容器中，安置于空气流中，可以产生很大的表面积吸收或分解通过的气体，例如SO_2、O_3等，对NO_2也有一定作用。此外，像天然沸石、分子筛等也有吸附污染气体的作用。

第三，收藏柜、展示柜内的吸附措施。在没有条件安装活性炭过滤器空调设备的场合，应当尽量避免藏品的露置而直接与周围大气接触，藏品应置于密封性好的展示柜内。大批观众的进入，会导入外界的污染空气，同时也会使室内温度升高，柜内和柜周围温度的差异会产生空气对流，增加污染空气进入柜内的可能，可以在柜内放置活性炭等吸附污染气体。

四、藏品运输时的环境控制

藏品运输时的环境控制容易被忽视。随着博物馆各类临展、特展的增加，藏品的长途运输也日益频繁。由于不少博物馆藏品历经悠久的岁月，本身已经比较脆弱，而运输途中环境的改变，可能会破坏原有的温湿度平衡。到达目的地时又要面临新的环境。因此，在运输途中，尽量维持原有的保存环境条件，实现保存、展示场所环境平稳过渡，显得十分重要。

在藏品的运输过程中，出于安全性的考虑，一般会对藏品进行重新包装固定并装箱。在运输容器中的环境，与博物馆内储藏、展示的环境条件会有很大的不同，特别是容易在短时间内，外部的温湿度、气压等发生剧烈的变化，这些外部的变化，会由于包装材料、容器的材料不同，或快或慢地传递到藏品上。同时，在包装容器内，由于包装与填充材料会占据大部分空间，使其中的空气量非常少，会对内部环境的变动与调节产生很大影响。当然，在运输过程中，藏品的防震也是要重点考虑的。

对于运输途中藏品的环境控制，要做到环境的有效监测。一般可以使用数字式温湿度记录仪等自动记录设备，对藏品运输过程中的环境进行监测。如果配备发射装置，还可以实现远程监测。对相关数据进行分析，可以及早规避环境的极端变动对藏品的损害，并为制订到达目的地以后的环境适应方案和包装材料、方式的改进提供依据。

在运输途中的温湿度控制方面，要提高箱子的密封性，也可以将藏品用铝箔等材料包裹，加以密封。同时，包装材料的隔热性也是考虑因素之一。特别是在空运时，使用隔热性好的材料，可以减轻外界剧烈的温度变化对于藏品的影响，防止冷凝现象的发生。到达目的地以后，还要设定一天左右的调养时间以适应新环境，再开箱清点。

在必要的时候，还可以在包装箱内放置调湿剂以减缓内部的湿度波动，尤其是在海上运输或是长时间放置于包装箱时。

藏品的防震，在包装、装箱时就要充分考虑。这也是藏品运输安全的基本要求。在使用汽车进行长途运输时，为了避免路途颠簸造成的意外，还可以采取在车内设置防震台等方式。

第三节　藏品保护科技

一、藏品的科学分析

在博物馆藏品保护工作中，藏品的环境控制、藏品的科学分析、藏品的保护修复是三个主要部分。随着现代科学技术的进步，对博物馆藏品的科学分析也逐步深入。一方面，对博物馆藏品的科学分析研究，是藏品研究的重要组成部分，可以提取更多信息，加深对藏品的理解，为藏品的鉴定与研究服务；另一方面，对藏品的分析测试，可以深入了解藏品的材质与保存状态，为藏品的保护修复方案的制订与实施提供有力的依据。

理论上，对于物质材料的各种科学分析手段，均可用于博物馆藏品的分析。但鉴于多数博物馆藏品的不可再生性，实际常运用于藏品的分析方法，一般需要满足对藏品无损或微损的要求。同时，有些藏品还需要进行现场分析，分析手段需要满足便携、快速的要求。

出于藏品保护目的的科学分析，主要包括表面与内部形态的观察、材质成分和结构的分析等。

（一）形貌观察

形貌观察所使用的科学手段，实际是人眼感知功能的延伸。如光学显微镜、电子显微镜可以观察到肉眼难以分辨的细节；红外、紫外显像系统，高光谱图像分析系统等可以将器物在肉眼无法感知波段的图像信息转化为可见光图像信息；X光透视、CT扫描、中子透视等则可用于对不透明器物的内部构造的观察。

1. 光学显微镜。光学显微镜是最常用的形貌观察设备，也是藏品保护实验室必备的仪器。光学显微镜是依据光线从一种介质传播到另一种介质时产生的折射现象，通过两组较为复杂的透镜组，由物镜和目镜经二次放大后而得到放大的虚像。光学显微镜依据结构的不同，可分为生物显微镜和体视显微镜。生物显微镜以往主要用于生物与微生物观察，是最常用的光学显微镜。一般利用透射方式照明，可以实现较大的放大倍数。体视显微镜是一种双目观察的显微镜，除了具有一般显微镜的放大作用以外，还能形成正的立体像，具有立体感觉，并且具有较长的工作距离、宽阔的视野、较好的成像质量，特别在藏品的清理去锈、修复处理中应用广泛，但其放大倍数一般较小。其他如偏光显微镜、金相显微镜是根据矿物晶体研究和金属金相研究的需要而开发的光学显微镜。近年来出现的视频显微镜或称数字显微镜，是将光学显微镜所形成的显微图像，通过光电转换技术，传输到显示器上，便于实时观察、记录，并可拍摄动态的显微视频。

2. 电子显微镜。电子显微镜是根据电子在电场和磁场中发生加速、偏转的特点，通过电磁透镜，实现电子束的会聚，通过电子与被观察物质相互作用所产生的二次电子、背散射电子或透射电子信息来得到样品表面形态的图像。电子显微镜一般有透射电子显微镜和扫描电子显微镜，由于扫描电子显微镜制样和操作比较方便，所以在藏品研究中，使用较为普遍。与光学显微镜相比，扫描电子显微镜放大倍率大、分辨率高、景深较大，图像具有立体感。如果装有 X 射线能谱仪（EDS），还可以在观察形貌图像的同时，对微区进行元素分析。扫描电子显微镜一般需要真空环境，得到的是表面形貌的单色图像。

（二）成分分析

元素的成分分析是了解藏品材质的重要手段。特别是对于无机质藏品的研究，如陶瓷器、青铜器、绘画颜料等，通过对藏品的元素成分分析，可以了解其材质，从而对藏品的制作工艺、产地、真伪等做出判断，也可以通过对藏品的老化、腐蚀产物的分析为合理的保护处理提供参考信息。

在材料研究中，元素成分分析的方法有很多，如 X 射线荧光分析、原子发射光谱、等离子发射光谱、原子吸收光谱、中子活化分析等。藏品元素成分分析中，最常用的是 X 射线荧光分析。

X 射线荧光分析是通过测定各个元素在受到射线照射后发出的特征 X 线来进行元素成分分析的方法，用于照射的射线可以是 X 光管发出的 X 射线，也可以是放射性核素发出的低能 γ 射线或 X 射线，也可以是加速器加速后的质子。上述 X 射线荧光分析，都可以做到基本无损，并且各有所长，如质子激发 X 荧光分析（PIXE）灵敏度高、测试速度快，但设备较大，而 X 射线激发 X 荧光使用方便，现在已经小型便携化，适用于藏品的现场分析。电子束激发的 X 射线能谱分析也属于 X 射线荧光分析的一种，常常装置于扫描电子显微镜上以进行样品的微区分析。

其他的元素成分分析方法也各有应用，如等离子发射光谱和原子吸收光谱适用于元素成分的准确定量，而中子活化分析则可以对痕量元素进行检测，从而为藏品材料的产地等提供信息。

（三）结构分析

对于藏品的材质研究而言，有时知道了其元素组成尚不足以对其结构、状态做出判断。例如大量以碳、氢、氧、氮为主要组成元素的有机物，以及一般含钙、钾、钠、硅、铝的玉、石、陶瓷器等。同时，在藏品的老化过程中，一般都伴随着材质的组成物质结构的变化。此时，对于材质结构的分析显得尤为重要。

常用的化学结构分析方法有：X 射线衍射分析法、红外光谱法、激光拉曼光谱法、色谱-质谱联用法、核磁共振波谱法和穆斯堡尔谱法等。

1. X 射线衍射分析法。X 射线衍射分析主要用于晶体的结构分析。当 X 射线通过晶体时，由于其波长与晶体内部各原子（或分子）间的距离相近而产生衍射，使射线的强度在某些方向上加强，在另一些方向上减弱。分析这些衍射图样，可确定晶体内部结构，确定样品组成。在藏品保护研究中，X 射线衍射分析主要用于无机物晶体的分析，如金属腐蚀产物的结构分析、绘画颜料的物相分析、石质藏品风化产物的分析等，也可用于诸如纸张等有机物的老化分析等。

2. 红外与激光拉曼光谱法。红外光谱法也是常用的化学结构分析方法。被测物质在红外线的照射下，选择性地吸收其中某些波长的光波，使物质分子的转动能级和振动能级发生跃迁而产生特有的红外吸收光谱，从而可进行定性、定量分析以及复杂分子的结构研究。红外光谱分析常用于有机物结构的研究。在藏品保护研究中，可用于有机物老化机理研究、高分子修复材料研究、金属缓蚀剂的筛选等。而激光拉曼光谱则是单色光辐射到样品上时发生拉曼散射，通过对与入射光频率不同的散射光谱进行分析得到分子振动、转动方面的信息，以研究样品的分子结构。

3. 色谱-质谱联用法。色谱-质谱联用的方法是有机物分离分析的有效方法。其中色谱法是利用物质的化学、物理性质进行多组分混合物的分离并进一步进行测定。常用的有气相色谱与液相色谱。质谱法是将待测物质的原子或分子转变为带电粒子，利用磁场使带电粒子按照质荷比大小的顺序分离，然后利用检测器检测的方法。色谱-质谱联用的方法首先是利用色谱将有机混合物加以分离，而后将已分离的有机物部分导入质谱仪逐一进行分析，以确定其组成结构。色谱除了承担分离的任务以外，还适于对分离的有机物进行定量分析，质谱则主要用于有机物的定性。色谱-质谱联用的方法在藏品研究中的应用也很广泛，如绘画颜料胶结物的分析、纸张纺织品的成分分析、纺织品染料的分析等。

二、藏品的保护技术

藏品的保护技术在这里主要是指除了环境控制以外，针对藏品存在的问题进行的保护修复处理。藏品的保护处理一般要首先对藏品的材质和保存状态进行科学的分析测试，然后根据藏品的材质特点和老化状况，结合以往对同类藏品的保护经验制订合理的保护修复方案，经过科学论证后加以实施。在实施过程中，要使用符合藏品保护理念的方法与材料，根据修复过程中发现的问题因地制宜，做到安全、稳妥、有效；并且做好保护修复的档案记录，为以后的日常维护、保护修复提供便利。

（一）有机质藏品的保护

有机质藏品主要包括纸张、纺织品、竹木漆器、动植物标本等，有机质藏品一般质地比较脆弱，对于环境条件，如温湿度、采光等比较敏感，并且容易发生霉菌和虫害，保存处理难度较大，在博物馆藏品保护中应加以重点关注。

1. 纸质藏品

纸质藏品包括书画、书籍、碑帖、手稿、报纸、档案等，不仅是博物馆，也是图书馆、档案馆的主要藏品。

传统的纸张一般以植物纤维为主要原料，其主要化学成分为纤维素、半纤维素、木质素，以及少量的果胶、脂肪、树脂、蜡、单宁等。

纤维素是植物纤维的主要组成部分，是由许多葡萄糖基（$C_6H_{10}O_5$）通过氧桥（-O-）联结成的高分子多糖体。纤维素分子中的氧桥结构起着连接葡萄糖基的作用，氧桥越多，分子链越长，分子间力与氢键的作用力也大，纸张的性能也越好。半纤维素是由多种单糖脱水聚合而成的多聚糖，分子链比纤维素短，一般带有分支结构。半纤维素的稳定性比纤维素差，不利于纸张的耐久性，在造纸过程中应除去其大多数，但由于它易吸水润胀，有利于纤维纵向分细，便于打浆，并有助于增加纸张纤维间的结合力，在纸浆中含有适量的半纤维素，可提高纸张强度。

木质素是由苯基丙烷结构单元通过醚键和碳-碳键联结构成的具有三度空间结构的芳香族高分子化合物。木质素易氧化，尤其在光照下，氧化速度加快。氧化后变黄发脆，生成氧化木素。

纸张的耐久性，首先与造纸的原料有关，例如韧皮纤维比木纤维所含木质素少，一般来说所制的纸张耐久性要好。其次，纸张的耐久性还与造纸工艺相关，不同的造纸工艺，对于原料中木质素、半纤维素的去除程度不同，对纤维素的损伤程度也有所不同。总体而言，使用石灰、草木灰、天然漂白等温和而缓慢细致的处理工艺，有助于去除原料中的有害杂质，同时降低对纤维的损伤。这也是传统手工纸的耐久性一般要高于使用机械处理、化学药剂蒸煮漂白的机制纸的原因之一。

纸张耐久性也和温湿度、光照、污染气体有关。除了木质素易发生氧化反应以外，较为稳定的纤维素也容易在酸性条件下发生水解反应，引起氧桥的断裂。在受到氧化剂的作用时，其分子中不同位置上的羟基能被选择性地氧化成羧基、醛基、羰基，从而影响氧桥在碱性条件下的稳定性。

纸质藏品的保护，除了对于油墨、颜料等写印色料的保护以外，对于纸张本体的保护是重点。其主要工作包括纸张的修补加固、脱酸处理、环境控制、有害生物防治等。

由于纸张属于比较脆弱的有机质藏品，其保存状态有时不尽如人意，霉变、开裂、缺损的现象比较普遍，因此纸张的清洗、修补、加固常常是纸质藏品保护修复的主要工作。根据藏品保护的最小干预原则，对于纸张的上述处理，是在藏品现状已经严重影响到其保存、展示的情况下才可以进行。特别是对于纸质藏品的清洗、漂白，要更为慎重，尽可能使用纯水或物理粘附、非氧化性漂白剂等对纸张和写印色料影响较小的方法，对于纸张的修补加固则要考虑修复的可逆性。

纸质藏品的修补加固方法主要有托裱法、蚕丝网加固法、纸浆修补法、真空加膜法等。其中托裱法是传统的纸张加固方法，特别适用于书画和单面的手稿、信札等。一般是在纸质藏品背面使用糨糊刷上一层或几层加固纸，上墙干燥以后取下即可。其优点是可逆性好，可根据需要反复处理，但多适用于单面有文字、绘画的纸张。蚕丝网加固法则弥补了托裱法只能加固单面有信息纸张的不足，其使用稀薄的蚕丝网喷涂热熔性的聚乙烯醇缩丁醛，采用 80℃热压的方法粘附于纸张表面，既加固了纸张，也不会影响阅读。现在也有使用超薄型皮纸表面加固的方法，可逆性更好。真空加膜法是一种气相加固的方法，例如采用对二甲苯加热制得聚对二甲苯（派拉纶 N），然后高温热解，单体气相沉积于纸张表面并发生聚合作用，以加固纸张，其优点是加固效果好，效率高，适用于书籍等藏品的大量加固。缺点是可逆性差，不适合使用在珍贵纸质藏品上。

纸质藏品，特别是近现代的机制纸藏品，有一个重要问题是纸张的酸化，这主要是机械木浆等由于保留了大量的木质素等易酸化氧化物质，很容易酸化发黄变脆，不加处理其寿命只有 50—60 年，因此必须进行脱酸处理，如我国保存的大量民国时期和新中国成立初期的书刊。

常用脱酸方法有：

（1）液相脱酸：氢氧化钙-碳酸氢钙溶液脱酸，用氢氧化钙中和纸张中的酸，然后用碳酸氢钙除去留在纸中的氢氧化钙，同时在纸中沉积碳酸钙细小微粒来抵制以后空气中酸性气体对纸的侵蚀。

（2）无水溶液脱酸：这里的无水溶液主要由去酸剂与有机溶剂组成，能克服有水溶液脱酸的缺点。主要有甲醇镁、甲基碳酸镁、甲基硫酸镁、氢氧化钡、氧化镁等，使用氟利昂、甲醇等作为溶剂。

（3）气相脱酸：如使用氨水和环氧乙烷反应生成乙醇胺，乙醇胺进入纸张后中和其中的酸；此外还有二乙基锌、吗啉等。气相脱酸的优点是能够大量处理纸张，成本比较低廉，使用广泛。但有些试剂，如二乙基锌不易制备，在空气中易引起燃烧，在水中易爆炸。

2. 纺织品

古代纺织品的主要原料为棉、麻等植物纤维和丝、毛等动物纤维。植物纤维的主要化学成分是纤维素，与纸张相似；动物纤维的主要化学成分是蛋白质，两类纤维的老化机理有很大的不同。但作为有机物，和纸质藏品一样，对于环境因素，如温湿度、采光、霉菌虫害的影响较为敏感，而且，纺织品大多经过印染处理，有的植物染料容易褪变色，一些矿物颜料，如绿色的含铜颜料又容易加速纺织品老化，使纺织品的保护更为复杂。

不少纺织品出土于古墓葬和古遗址，在长期的埋藏过程中，受泥土、水、酸碱盐类、腐败生物体的作用，常常带有污渍，要进行清洗，才能便于收藏、研究、展示。所以，纺织品保护的主要工作有清洗、加固等。

纺织品的清洗，要根据污渍的种类，采用不同的方法，一般在材质条件尚可的情况下，可以采用蒸馏水、去离子水等清洗上面附着的污泥和杂质。如果材质比较脆弱，则可以采用水蒸气清除表面污渍。对于一些较为顽固的油脂、汗斑、霉斑等，则可在水中加入一些碱性洗涤剂以提高清洗效果。在出土纺织品中，常有生物体腐败产生的尸体污斑、血斑等蛋白质污斑，用水等难以清洗时，可以使用木瓜蛋白酶、碱性蛋白酶等来使蛋白质水解成氨基酸溶于水而清除。对于由于钙、镁、铜、铁等金属离子形成的污斑，可使用螯合剂，如六偏磷酸钠等来加以清除。

对于纺织品上的有色污斑和织物自然老化产生的变黄现象，如果比较稳定、对外观影响不大的话，可以不加处理。在必须进行处理时，可以使用含氯漂白剂，如次氯酸钠、次氯酸钙，以及过氧化氢等氧化性漂白剂，但要注意浓度和处理时间，以防对纤维本体产生损害。也可以采用还原性漂白剂，如硼氢化钠等。

对于纺织品的加固，可以参考纸质藏品的加固方法，如使用传统的托裱法、织补加衬等方法，而纺织品的残片，也可以夹衬于玻璃或有机玻璃薄板中保存、展示。现在也有采用蚕丝网加固和合成树脂涂覆加固的方法，如聚乙烯醇缩丁醛、丙烯酸酯树脂、有机硅氟树脂等。不少合成树脂虽然有较好的加固效果，但其耐老化性能和加固处理的可逆性均存在一定问题，因此一般应尽量避免使用。

3. 竹木漆器

竹木漆器的保护，主要是维持合适的温湿度以防变形开裂和虫害、微生物的侵蚀。除此以外，存在的主要问题是出土的器物，如果骤然脱水，可能造成严重的收缩变形，以致完全损毁。因此，未脱水的器物可浸于水中保存，在水中保护要注意防腐，经常换水，可在水中加少量甲醛作防腐剂。当然这只是暂时的保存方法，在水中长期浸泡，也会使纤维糟朽。彻底的办法是采用科学合理的方法对竹木漆器脱水定型，以便于收藏和展示。

目前，常用的脱水方法有：自然干燥法、醇醚联浸或醇醚树脂联浸法、真空冷冻升华法、高分子材料（如聚乙二醇）渗透法、明矾法、糖醇法等，采用何种方法，主要视器物的材质、含水率、糟朽程度等实际情况而定。竹木器与漆器相比，由于少了一层漆膜，其中的水分更容易挥发，产生干缩现象。在脱水定型过程中，其中的水分与置换物质的交换也更为容易，在方法的选择上余地也更大。

（1）自然干燥法：适用于胎质较好、含水率低的竹木漆器脱水定型。方法是将器物放在一个温湿度较为稳定的环境，相对湿度保持在90%左右，逐步降低相对湿度，经一两年甚至更长时间，使含水的器物缓慢脱水。

（2）醇醚联浸或醇醚树脂联浸法：是根据水、乙醇、乙醚的表面张力系数依次降低的原理，先用乙醇进行浸泡，以置换出饱水器物中的水，然后用乙醚浸泡，将乙醇置换掉，最后乙醚挥发后即可脱水定型。漆器的木胎比较糟朽时，为了增加强度，可以在乙醚中加些树脂，如达玛树脂、乳香胶等，使其渗透到木胎中去。醇和醚的置换要从低浓度到高浓度，循序渐进，在浸泡的过程中应注意，醇置换水、醚置换醇都必须彻底，否则器物仍会变形开裂。

（3）真空冷冻升华法：是依据器物中所含水分，冻结成固体以后，如果外界的水蒸气压低于冰的饱和蒸气压，则固态水直接升华成水蒸气而脱除，理论上不产生表面张力，从而使器物的形态得到保存。实际处理过程中，由于水结冰体积会有所增大，因此，该法适用于含水量不太大的竹木器，或是处理前使用聚乙二醇、糖醇等先行置换部分水分以防冻裂器物。为提高处理效率，一般采用在真空条件下的冷冻干燥。而对于较为大型的木器，如古船、木建筑构件等也有采用室外冷冻的干燥方法。

（4）聚乙二醇（PEG）渗透法：是木器保护中比较常用的一种高分子材料渗透法。聚乙二醇根据其分子量大小在常温下呈现液态、蜡状固态和固态。根据这一特点，在处理过程中，先将木器浸渍于低分子量的聚乙二醇溶液中（一般为PEG400），加热溶液至50℃—60℃，在溶液浓度平衡后提高溶液浓度至再平衡，如此多次提高所用聚乙二醇的分子量至PEG4000，加热浓缩PEG4000溶液，至木器内外浓度最终在75%以上，取出木器，清除表面的PEG，晾干即可。

（二）无机质藏品的保护

无机质藏品主要有金属器、陶瓷器、石质藏品和古生物化石等。

1. 金属器

铁器、铜器等金属器物是博物馆藏品的重要组成部分，而不少有机质藏品，如家具、书画等也常常带有金属部件。因此，金属材料的保护也是博物馆藏品保护的重要内容。金属材料一般都有腐蚀的趋势，因此防止腐蚀是金属藏品保护的主要工作。不同的金属，腐蚀机理、腐蚀现象和腐蚀速度等都有所不同，因而具体的保护方法也各不相同。对于铜、铁、银、锡、铅等大多数金属而言，均能在氧气的作用下发生氧化反应，同时水分和盐类离子的存在，又可以加速电化学反应。因此，金属藏品的保护，环境的控制显得尤为重要，特别是湿度的控制。同时，如果能够在隔绝氧气的环境下保存，也能够减缓腐蚀速度。

在大多数情况下，除了环境的控制，对器物表面进行保护性处理也是有效的保护方法。与工业上的防锈处理有所不同，金属藏品的处理，要求尽量不改变外观，同时处理方法应具有可逆性，因此常常使用各类无色透明的缓蚀剂。缓蚀剂一般通过化学或物理吸附作用在金属表面形成致密的保护膜，以防止金属器的进一步腐蚀。

考虑到藏品的数量和金属的活泼性，铁器和铜器的保护是金属藏品保护的重点。由于铁比较活泼，容易和周围环境中的氧气、水、硫化物、氯化物等发生反应，因此无论是在埋藏环境还是在大气环境下，都容易发生腐蚀。特别是出土的铁器，一般保存状态都比较差，有的甚至已经完全腐蚀。对于这类铁器，一般先应进行腐蚀程度检测和腐蚀活泼性的检测，再决定后续的处理方法。如果腐蚀程度比较严重，甚至已经完全腐蚀，对于这一类铁器，主要工作是维持现状，可使用高分子材料如微晶石蜡、聚甲基丙烯酸酯等溶液对其进行渗透加固处理，以保持其原有的形态。对于腐蚀程度不严重的铁器，可以根据氯化物等盐类的检测结果，经脱盐处理以后，进行适当的去锈处理。铁器表面疏松的锈蚀产物，容易吸湿并加速铁器的腐蚀，为了保护铁器和收藏、研究、展示的需要，可以采用机械处理、化学试剂和电化学还原等方法，适当除去锈蚀产物，然后使用碳酸环已胺、亚硝酸二环已胺、苯并三氮唑等缓蚀剂或磷酸、鞣酸等氧化剂加以表面缓蚀处理。如果需要，还可以使用高分子材料进行表面封护处理。

铜器的腐蚀一般不如铁器严重，这主要是由于铜不如铁活泼，同时，铜的一些腐蚀产物比较致密，覆盖在铜器表面，减缓了其进一步腐蚀的速度。铜的腐蚀产物比较复杂，并有各种颜色，如黑色的 CuO、红色的 Cu_2O、绿色的 $CuCO_3 \cdot Cu(OH)_2$、蓝色的 $2CuCO_3 \cdot Cu(OH)_2$ 等，这些腐蚀产物使铜器带有红绿斑驳的表面，增添了独特的美感，并且它们比较稳定，一般不需要去除。但铜器与土壤或大气中的氯化物接触时，会引起化学反应生成氯化亚铜，并逐渐形成一种浅绿色有害的粉状锈，也称青铜病，它能像瘟疫一样传染和蔓延，其主要成分为碱式氯化铜，这种有害锈发展起来会使器物溃烂和穿孔，甚至彻底瓦解，必须及时清除。其保护方法可以采用倍半碳酸钠水溶液浸泡清除氯离子，或是使用机械方法清除粉状锈层以后用氧化银加以封闭。对于腐蚀铜器的保护，也可以涂刷缓蚀剂，如苯并三氮唑、巯基苯并噻唑等。

2. 陶瓷器

中国使用陶瓷器有着悠久的历史，而且是瓷器的发源地。陶瓷器，尤其是瓷器，由于质地坚实，表面有釉层覆盖，一般较为稳定，不容易受环境的影响。但有些特殊情况也要加以注意，如出土的陶器和从海底打捞出水的陶瓷器，除了要进行一般的清洗以外，还要测试其中的含盐量。对于含盐量较高的陶瓷器，需要进行脱盐处理，以防止在保存过程中由于湿度的变化，内部的盐类析出而破坏陶瓷器，特别是彩绘陶器表面产生酥碱和起甲病害。同时对于一些比较脆弱的釉彩，如珐华器和釉上五彩、粉彩器物，也要防止温湿度的剧烈变化引起釉彩的剥落。

陶瓷器还有一个很大的弱点是容易碎裂，由于保存、运输不当会引起破碎，造成不可挽回的损失，因此陶瓷器的保存运输必须非常小心，其收藏、展示设备最好具有一定的防震措施，在展示过程中，需要用鱼线等加以固定，以防意外摔倒。

由于陶瓷器的易碎性，对于破碎陶瓷器的修复是保护工作的重要部分。对陶瓷器的修复，包括检查、清洗、拼接、加固、配补、上色等一系列保护修复操作。根据修复处理的程度不同，可分为考古修复、陈列修复和美术修复。陈列修复一般对修复痕迹进行一定的修饰处理，以做到近看能分辨的效果，是博物馆陶瓷器修复较为常用的方式。

陶瓷器的修复材料主要有黏结剂、配补材料和上色材料。黏结剂主要有环氧树脂、α-氰基丙烯酸酯（如502，作临时黏结剂）、丙烯酸酯树脂（如B-72）、聚醋酸乙烯酯（PVAC）等。我国修瓷器时常用环氧树脂作为黏结剂，其黏结强度大，稳定性好。而B-72是国际上陶器修复广泛使用的黏结剂，其可逆性好，不容易变黄。配补材料最常用的是石膏，其使用方便，固化速度快。在瓷器的修复中，也使用环氧树脂加滑石粉或二氧化硅等填料做成面团加以配补，坚硬耐久、质感较好。但由于固化时间长等问题，不适合做大面积的配补材料。陶瓷器修复时，表面的上色处理以往多采用国画颜料等笔绘上色，操作难度大、时间长。现在多使用硝基清漆、丙烯酸酯色漆或丙烯画颜料喷枪喷绘上色，相对较为简便，但从尊重器物的原真性、提高修复质量的角度而言，仍应采用笔绘与喷绘结合的方法，避免在器物表面大范围滥用喷绘方法。

思考题

1. 博物馆藏品保护工作主要包括哪些方面？
2. 藏品保护要遵循哪些原则？

3. 影响藏品保存的环境因素主要有哪些?
4. 请简述博物馆藏品保存适宜的温湿度和照明条件。
5. 常用于博物馆藏品科学分析的手段有哪些?

第六章　博物馆展览策划、设计与施工管理

展览是博物馆的必备功能之一，是博物馆的核心业务，也是体现博物馆社会效益和经济效益的主要方式。本章内容围绕博物馆展览工作，按照策划、设计与施工管理三个前后相继的主要步骤环节分别详细论述相关的理论与方法。

第一节　展览内容策划

一、展览内容策划理论

（一）什么是博物馆展览

博物馆展览是指在特定空间内，以实物展品和学术研究成果为基础，以艺术或技术的辅助展品为辅助，以展示设备为平台，依据特定传播或教育目的，使用特殊的诠释方法和学习次序，按照一定的展览主题、结构、内容和艺术形式组成的，进行观点和思想、知识和信息、价值和情感传播的直观生动的陈列艺术形象序列。

除了实物性、直观性等特点外，博物馆展览的核心特征是：知识性和教育性、科学性和真实性、观赏性和趣味性。

其中，知识性和教育性是博物馆展览的目的，这是指博物馆展览的目的和宗旨是进行知识普及和文化传播，服务于教育公众的需要。因此，展览要有文化学术概念，有思想知识内涵，能给受众以信息、知识和文化，起到传播观念和思想、知识和信息、文化和艺术的作用，起到公众教育的作用，起到促进文化交流和传播的作用。一个没有思想知识内涵，不能起到知识普及和发挥公共教育作用的博物馆展览，无论其表现形式如何花哨，也一定不是合格的博物馆展览。

科学性和真实性是博物馆展览的前提，这是指博物馆展览的策划要有扎实的学术支撑，要以实物展品和学术研究成果为基础。第一，博物馆展览应以真实的实物展品为基础；第二，展览提出的观点、思想、知识和信息都必须建立在科学的学术研究成果之上；第三，图文版面的设计、艺术或科学的辅助展品的创作等，也都必须以科学的学术研究成果和客观真实的实物展品为基础，是有依据的还原、创作和重构。没有“科学性和真实性”作保障的博物馆展览，必然不是一个真正的博物馆展览。

观赏性和趣味性是博物馆展览的手段，这是指博物馆展览要有较高的艺术感染力和观赏性。博物馆是个非学校教育机构，参观展览是一种寓教于乐式的学习；

同时，虽然展览传播的观点和思想、知识和信息是理性的，但作为一种视觉和感性艺术，其表现的形式应该是感性的。即一个好的博物馆展览，不仅要有思想知识内涵、文化学术概念，还要符合现代人的审美需求。只有具有较高艺术水准、引人入胜的展览，才能吸引观众参观。反之，一个学术味过重、枯燥乏味，或缺乏趣味性和娱乐性的展览，必定不是好的博物馆展览，必定难以吸引观众，也不符合博物馆非学校教育机构的性质。

从上述博物馆展览的核心特征来看，显然，博物馆展览不同于普通建筑装饰工程，也不同于商业会展和迪士尼乐园等娱乐设施。因此，在博物馆展览建设和工程管理中，我们切不可将博物馆展览等同普通建筑装饰工程、一般商业会展和娱乐休闲设施来处理。

（二）博物馆展览的类型

博物馆展览多种多样，各有特点。之所以要对博物馆展览进行研究和分类，就是为了认识每类展览的特点和要求从而有助于我们把握其特点和规律，更好地策划设计展览。

1. 按展览展出的时间长短分类

按照展览展出的时间长短分，博物馆有两类展览：一类是长期展出的体量较大的基本陈列，即常设展览，其展览主题、内容、展品和展示体系一般比较稳定。基本陈列往往反映了博物馆的性质和任务，也是博物馆收藏和研究水平的体现。另一类是小型多样的、短期展出的、常换常新的临时展览，又称特展。临时展览一般历时几个月至一年。临时展览是博物馆展览的重要组成部分，在博物馆展示教育中扮演重要的角色。

2. 按展览的内容属性分类

从世界范围看，博物馆种类丰富多样。根据国际博物馆协会对博物馆所下的定义，除了历史、艺术、自然、科学、人物等大类博物馆外，水族馆、动物园、植物园也属于博物馆。不同种类的博物馆往往有不同的展览，博物馆种类的多样性决定了其展示内容的多样性。虽然，博物馆的展览多种多样，但从博物馆展览的性质看，常见的展览主要有：艺术类展览、历史类展览、人物类展览、科技类展览、自然历史类展览等。

3. 按展览的传播目的和构造分类

虽然博物馆展览多种多样，但按展览的传播目的和构造分类，博物馆展览不外乎两类：一类是以审美为诉求的文物艺术品或自然造型物品展览，即审美型展览；另一类是有明确主题贯穿的、以思想观点和知识信息传播为诉求的叙事型展览。

所谓审美型展览，以文物艺术品展览为例，这类展览强调艺术品本身美的呈现，每件展品（文物艺术品）都“讲述自己的特点和故事”。审美型展览在展示方式上一般采用美学价值展示法，即强调突出文物艺术品或自然造型物品本身的展示，强调展示展品的美学价值，关注的焦点是展品的外貌——造型美、装饰美、色彩美、质感美，旨在给人美的享受，进行美学教育。例如卢浮宫的维纳斯雕像展和蒙娜丽莎绘画展，上海博物馆的书画展和陶瓷展等。这类展览必须使用真品，并要以实物展品为中心，照明设计和展示道具设计都要以彰显实物展品为目的，一般较少甚至不利用辅助展品，不要求有严密的内容逻辑结构和结构层次安排。

所谓叙事型展览，是以讲故事的方式表达展示意图、达成教育目的。它们讲述一段历史或故事，一个人物或事件，一种自然现象或科学原理等，观众被引导跟随展览所展开的故事观展。这类展览往往有明确的主题思想统领，有严密的内容逻辑结构和结构层次安排。一般要有故事线或剧本策划来发展主题，并且剧本要强调故事意识流，根据故事意识流选择和组织相互关联的展品，强调展示元素（实物、图文版和辅助展品）之间的联系。叙事型展览不同于单独物品呈现的审美型展览，其最佳的表现方式是讲故事。在这类展览中，实物展品成为故事的“主角”“诉说者”或“物证”。为了有效地阐释展览的主题和内容，除了实物展品和图文版面外，往往采用大量二维或三维的辅助艺术品、数字媒体和科技装置，并强调四者的信息组团，相互映衬，共同说明一个故事，这个故事可能是人物的、事件的、地方历史的、行业历史的、自然生态的、科技知识的等。对叙事型展览来说，展览剧本策划至关重要。

（三）博物馆展览的展示媒介

要做好展览策划，必须了解博物馆的各种展示媒介及其功能和特点，并将其有机地融入展示策划中。综观当代各类博物馆的展览，其展示媒介不外乎如下四大类：

1. 实物展品

这是博物馆展览的主要展示媒介，是博物馆展览的主角，任何辅助展品都不能替代实物展品的地位。

2. 图文版面

包括文字说明、照片、地图、图表、图解和图片等。图文版面是博物馆展览信息传达的主要展示媒介之一。

3. 辅助艺术品

包括灯箱、模型、沙盘、景箱、场景、壁画、油画、漆画、半景画、雕塑、蜡像等。博物馆展示辅助艺术品与纯艺术创作不同，纯艺术创作更多是艺术家思想、精神和情感的抒发，而博物馆展示辅助艺术品更多的则是一种知识、信息的传播媒介，因此，它们的展示设计必须有扎实的学术支撑，是有依据的再现、还原和重构。

4. 新媒体和科技装置

包括多媒体、幻影成像、影视、动画、声光电合成技术、仿真复原、观众参与装置等科技装置等。新媒体和科技装置也是一种知识、信息的传播媒介，其演绎同样必须要有扎实的学术支撑，是有依据的再现、还原和重构。

在博物馆展览策划设计中，我们应该了解各类展示媒介的特点和功能，合理巧妙地应用各类展示媒介。

（四）博物馆展示阐释的四种模式

所谓博物馆展示阐释，就是展示策划人根据展览的传播目的，在对展品形象资料和学术资料进行分析研究的基础上，将其转化为大众传播的文化产品，旨在与观众进行观点和思想、知识和信息、价值和感觉的沟通，满足观众的欣赏和知识需求。这是一个将学术问题通俗化、理性问题感性化、知识问题趣味化、复杂问题简单化的阐释过程。

博物馆展示阐释实践和观众研究表明，根据观众的体验需求可以将阐释类型大致分为以下四种模式。①

第一种：审美型阐释。这种模式主要用于艺术品展示，阐释方法遵从就简原则，即尽量减少其他辅助信息，使观众将注意力集中于展品本身。每件艺术品的说明都有严格规定，为观众提供的信息仅有标题、作者、创作日期、材质、捐赠者等最基本的信息，目的就在于减少信息干扰。

第二种：解析型阐释。这种模式主要用于对展品相关的历史文化背景或自然环境的阐释，包括这件展品的构造、用途、空间位置和其他相关的文化的、技术和自然的意义，还包括与之相关物品之间的关系等。通过一定的历史或自然环境的重构、说明、图示和展品标签等信息载体向观众解释展品背后的故事和展品之间的关系。不仅让观众了解展品背后的文化或自然意义，而且更重要的是要让观众在众多的展品之间找到其相关性。

第三种：探索型阐释。探索型阐释的最大特点是无序性与自由性，鼓励观众自己去探索、去发现。当然，博物馆可以帮助观众根据自身兴趣，打造独一无二的探索之旅。这种模式主要建立在观众对展品相关信息有一定了解的基础之上。通过启发、吸引和鼓励，激发观众探索和发现的欲望，鼓励观众动手触摸、观察、操作，体验人文历史、传统技艺、生活形态、自然现象、科学原理。这种展示阐释模式往往通过展示现象—发现问题—引起思考—探索揭秘四个步骤来实现。探

① Barry lord and Gail Dexter Lord, eds. , *The Manual of Museum Exhibitions*, AltaMira Press, 2001, p. 19.

索型阐释能让参观者从被动的信息接受者转向主动探索者，激发观众的主观能动性，使他们体验探索的快乐。

第四种：交流型阐释。交流型阐释是最有效的博物馆展示阐释模式。除了传统意义上的交互式展示外，现代博物馆展览最注重的核心问题是人与人之间的交流。这种交流绝不仅限于观众与导览人员之间的对话。博物馆致力于搭建一个更为广泛的交流平台，包括观众与专家学者之间的交流、观众与展览策划人员之间的交流、观众之间的相互交流。通过将示范表演、专家对话、口述历史、视频采访等融入展览活动中，可以轻松实现上述几种交流。通过广泛的人际交流，观众不仅能以一种更具亲和力的途径把握展览主题信息，还能在交流过程中对相关问题进行更加深入的思考，从而实现知识和思想感情的升华，对展览留下更加深刻的印象。

在博物馆展示阐释中，具体采用哪种展示阐释模式，要视展览的具体内容而定，不同的内容要选择不同的展示阐释模式。

二、博物馆展览策划流程

（一）博物馆展览策划设计的三个环节

博物馆展览策划设计是一项复杂的创作活动，集学术、文化、思想、创意与技术于一身。博物馆展览策划设计一般要经过三个环节：展览学术资料的搜集和梳理→展览内容的策划设计→展览及其展品展项的形式设计。

1. 展览学术资料的搜集和梳理

这一环节的内容包括从学术研究成果和展品形象资料收集整理到展览学术大纲的编写。博物馆展览的宗旨是向观众传授文化、知识、艺术、观念和思想，促进文化交流和传播。因此，它所反映的观点、思想和内容都应该建立在客观、真实的学术研究基础之上。

学术研究成果和展品形象资料不仅是展览提炼概念、观点和思想的基础，而且也是制作科学或艺术的辅助展品的基本依据。可见，学术研究成果和展品形象资料的收集整理对博物馆展览的策划设计十分重要，包括这两方面内容的展览学术大纲是展览内容文本策划的重要学术依据和基础。

2. 展览内容的策划设计

这一环节的主要内容是从展览学术大纲到展览内容文本设计。所谓展览内容文本的策划设计，是指在展览学术大纲（包括学术研究资料和展品形象资料）的基础上，遵照博物馆展览的传播目的和受众需求分析，按照博物馆展览展示规律和方法，进行二度创作，将前期的学术研究资料、展品形象资料转化为可供展览形象设计和创作的展览内容剧本，这是一项基于传播学和教育学的设计。

展览内容文本策划设计专家不仅要熟悉与展览主题和内容有关的各种专业知识，还要懂得博物馆展览信息传播的规律，懂得展览形式设计“形而上”的知识和展览表述的基本方法和手段。此外，还要思考展览的社会问题、思想问题和教育问题。这就是为什么学术专家和展览形式设计师不能替代展览内容文本策划师的基本理由。

3. 展览及其展品展项的形式设计

这一环节实际上是从展览内容文本到形式创意构思和设计。博物馆展览是要通过实物、造型艺术和信息装置等艺术形象来表述的，因此，展览内容文本要进一步过渡到形式设计。形式设计是展览内容设计的“物化”，是对展览主题和内容准确、完整和生动的表达。也就是说，展览形式设计人员要根据现有的展品、形象资料和展览内容文本，将其转化为可供布展的形式设计和施工制作工程方案。展览形式设计是一个再创作的过程，即通过对展览主题和内容、文物展品和展览特定空间研究，运用形象思维，对展品和材料进行取舍、补充、加工和组合，塑造出能鲜明、准确地表达主题思想和内容的陈列艺术形象系列。形式设计是对展览内容深入、具体和形象化的设计，主要要落实所有展品（包括实物展品和辅助展品）在展示空间的布局和展品之间的组合关系，包括展厅空间规划、观众参观路线安排、展厅环境氛围营造、展具和道具设计、辅助展品设计、展示灯光设计、版面设计、多媒体规划、互动展示装置规划等。好的形式设计不仅能完整、准确地表达展览思想和内容，而且还能增强展览的趣味性、娱乐性，吸引更多的观众。

综上所述，一个优秀的展览设计方案的形成，是不同专家集体劳动和智慧的产物，它要经过上述三个环节，而且这三个环节必须依次进行，任何一个环节都不能缺失。

（二）博物馆展览内容文本策划的重要性

博物馆是通过举办展览向观众传播科学文化知识的机构，只有不断推出既具有思想性、科学性、知识性，又具有艺术感染力的精品展览，博物馆才能在传播科学文化知识、丰富民众精神文化生活和促进文化交流方面真正发挥重要作用。

改革开放以来，特别是1997年国家文物局实施“全国博物馆十大陈列展览精品”评选以来，全国博物馆积极举办展览，努力创新展示的内容、形式和手段，并取得了长足的进步。首先是展览数量增长快，2009年全国文物系统博物馆举办陈列展览达9204个，2016年全国文物系统博物馆举办博物馆陈列展览24621个；其次是陈列展览题材和内容更加丰富多彩，展览内容的学术和文化含量有了明显提高；第三是展示手段和表现形式日趋多样，舞美、声光电和新媒体等新技术得到普遍应用，展览的科技含量和艺术感染力都有较大提高；第四是精品陈列展览开始增多。博物馆正日渐成为传播先进文化、普及科学知识、弘扬社会正气和塑造美好心灵的重要课堂。但另一方面，我们也必须清醒地认识到，我国大部分博物馆的展览依然处于吸引不了观众的尴尬境地。造成我国博物馆展览总体水平不高的一个关键原因在于：在博物馆陈列布展工程管理中普遍不重视展览内容文本的策划和撰写工作。

多数博物馆的展览内容文本仅仅是简单粗糙的展览文字大纲或展品清单，或是学术资料汇编。更有一些博物馆连一个简单的展览文字大纲也没有，将原本应由博物馆研究人员撰写或委托博物馆展览策划专家撰写展览内容文本的任务推给了从事展览形式设计和制作的专业布展公司。

博物馆展览的制作类似于电影的制作。在电影制作中，首先是电影剧本的策划和编写，然后导演和演员依据剧本进行二度创作和表现。显然，在电影制作中，剧本是前提，没有一个好的电影剧本，导演和演员怎能创造出一部优秀的电影来！同样，博物馆展览成功与否首先取决于展览内容文本水准的高低。只有首先具备一个好的展览内容文本，形式设计和制作师才能制作出一个优秀的博物馆展览来。

（三）博物馆展览策划的依据

学术研究成果和展品形象资料是博物馆展览策划的基本依据，直接影响着展览的质量和水准。

以历史文化类主题展览为例，博物馆展览策划的依据主要有两个方面：一是有关展览主题和内容的完整的学术研究资料，二是有关展览主题和内容的较完整的实物展品资料。

1. 有关展览主题的学术研究资料的梳理与储备

学术研究资料包括与展览主题有关的学说理论、研究成果、历史文献资料、档案资料、口碑和调查资料等。这不仅是博物馆展览的学术基础，也是展览内容文本策划的重要学术依据。学术研究成果对博物馆展览之所以重要，是因为：

首先，博物馆展览不同于商业展览，它是文化知识传播媒体，旨在向观众传播文化、知识、艺术、观念和思想。因此，它所反映的内容都必须是建立在客观、真实的学术研究的基础上的。

其次，博物馆展览中提出或反映的概念、观点、思想和展览主题的提炼都是建立在学术研究成果基础上的。学术研究资料能起到深化和揭示展览主题的重要作用。

最后，学术研究成果也是辅助展品创作的依据。展览固然是以实物为主角的，但仅靠实物是不够的。因为一方面展览所需的实物展品往往缺少，另一方面实物展品常常有局限性，外在表现力不强，往往不能与观众充分对话。因此，要依据学术研究成果有依据地制作科学的或艺术的辅助展品。

2. 有关展览主题和内容的较完整的实物展品资料

实物展品包括文物标本、史迹及其声像资料和图片资料。文物标本和史迹资料应该整理分类，并研究清楚每件文物标本和每处史迹的时代背景与文化或自然意义等。

博物馆展览信息的传播主要是依靠实物媒介来进行的，通过实物揭示事物的本质，体现展览的主题思想，实物是展览的“主角”。因此，实物展品资料不仅是博物馆展览的物质基础，也是展览内容文本策划的重要依据。

实物展品的丰富程度和质量高低直接影响展览传播的效果和质量。一般来说，实物展品越丰富越好，实物展品丰富，可供挑选的余地就大，就能选出最能揭示主题、最具典型性、最有外在表现力的实物作展品，从而更好地实现展览传播的目的。

（四）博物馆展览内容策划的流程

首先由展览内容策划人编写类似于电影或电视剧剧本的展览内容文本，再由专业形式设计人员根据展览内容文本进行二度创作。展览内容文本是博物馆展览形式设计的前提和依据。

博物馆展览内容文本策划有其内在的规律。以叙事类展览内容文本策划为例，一般来说，其基本流程宜为：展览选题研究→实物展品研究→含化学术资料→确立展览传播目的→提炼展览的总主题→确定展览的基本内容→规划展览的基本结构→安排展览的结构层次→凝练展览的分主题→研究展览每部分或单元内容的重点和亮点→选择和安排展览的素材→研究展品组合和组团→编写展览的文字大纲→提示展览的表述方式→与形式设计人员对话。

三、博物馆展览传播目的的设定

（一）传播目的设立的重要性

所谓展览的“传播目的”，是指展览的宗旨，或展览教育、传播要达到的目的，它们或是教育的，或是政治的，或是宣传的，或是文化的，或是商业的；等等。总之，任何展览都首先必须明确自己的传播目的，即展览想告诉观众什么？影响观众什么？

展览的传播目的是展览的灵魂，是贯穿展览建设始终的基本指导思想，是博物馆展览策划、设计和表现的出发点和归宿，它贯穿于展览策划设计和表现的全过程。传播目的不仅是展览内容策划的指导原则，而且也是展览形式表现的指导原则，展览内容的选择、取舍、编排和展览结构的安排都必须服从和服务于展览的传播目的，展览形式表现手段的选择、辅助展品的创作、展品的组合、信息的组团、展项的系统组织等也都必须服从和服务于展览的传播目的。

展览的传播目的不仅是博物馆为展览设定的目标和方向，也是判断展览成效的依据。“当判断展览策划的质量时，我们会考察它的传播目的的设定是否中肯准确；当判断设计方案时，我们会考察它是否忠实地表达了传播目的；当开展展览评估时，我们会考察展览是否有效地实现了传播目的。可以说，有了传播目的，我们的各项工作就有了统一的目标和标准。从受众的角度看，由于具有明确的传播目的，展览所欲传播的信息将以一种清晰与自觉的方式组织起来，展览的各项目也以一种有序的方式得到整合，从而大大增加观众对展览的理解。同时，通过比较展览的传播目的与观众实际获得的印象和信息，我们就能对观众的实际受益情况，对展览的传播效应，形成中肯的判断。”①

传播目的不明确是直接影响我国博物馆展览传播效果和质量不够理想的关键因素。之所以许多观众看完有些展览后不知所云，根本的原因就在于在展览内容策划、形式表现中，策展人和形式设计者没有意识到展览传播目的的重要性，没有认真地研究展览的传播目的，因而没有准确地设定传播目的，或没有按照传播目的来系统组织、规划和设计展览，从而使展览内容的策划组织或形式表现缺乏明确的传播导向，沦为各种展览内容和要素的无目的拼凑和混合，沦为各种艺术形式的无目的作秀，最后必然造成观众看完展览后不知所云的尴尬局面。

（二）展览传播目的的设定

展览传播目的的定位会从根本上影响展览的传播方向和效益，因此，展览传播目的的准确定位十分重要。下面举两个例子加以说明。

1. 深圳博物馆“深圳改革开放史展览”传播目的

通过对深圳改革开放史的研究，明白深圳的改革开放是在我国改革开放的大背景下进行并展开的，深圳是中国改革开放的“试验场和窗口”，是我国改革开放以来实现历史性巨变和取得伟大成就的一个精彩缩影和生动反映，而且它的成功实践对全国的改革开放和中国特色社会主义建设提供了重要的启迪和借鉴作用，产生了重要影响和辐射效应。因此确定本展览的宗旨是以中国改革开放为大背景，就“深圳这样一个贫瘠落后的边陲小镇一跃成为一座美丽的现代化城市，综合实力位居国内大城市前列，其伟大成就举世瞩目，被称为‘中国奇迹’”为切入点，回溯深圳的改革开放历程，准确、真实、直观地展示深圳20多年以来改革开放所取得的伟大成就、重要影响和历史贡献。

根据这一宗旨，确定了该展览的传播目的：深圳改革开放的伟大成就是什么？深圳奇迹是如何创造的？深圳历史性巨变靠的是什么？其大胆实践和成功经验对中国社会产生了怎样的巨大影响？借此，从一个典型侧面表现改革开放以来我国

---

① 严建强：《“传播目的”：博物馆展览的一个核心概念》，《中国文物报》2011年6月29日。

实现的历史性巨变和取得的伟大成就，向观众宣传中国的改革开放政策和社会主义现代化建设成就，对观众进行社会主义和爱国主义教育，并激励今人和后人在新的世纪里再创辉煌。

为实现这一传播目的，在展览内容策划上，重点突出了深圳经济特区的作用和成就，突出了深圳在我国改革开放进程中的历史地位和历史贡献，即深圳经济特区，在我国由计划经济向社会主义市场经济转变的历史进程中发挥了怎样的试验场作用？深圳经济特区，在我国实行对外开放的历史进程中发挥了怎样的窗口和基地作用？深圳经济特区，在我国各地共同发展的历史进程中发挥了怎样的示范、辐射和带动作用？深圳经济特区，在完成祖国统一大业的历史进程中对香港、澳门的顺利回归并保持繁荣稳定发挥了怎样的促进作用？

2. 上海科技馆“彩虹儿童科技天地展览”传播目的

该展览目标观众定位为3—6岁的学龄前儿童。其教育理念是“感知、探索、合作、欢乐”，旨在通过提供儿童精神上、情感上、行为上的参与性展示项目，激发和提高儿童对自然现象的好奇心，培养他们的探索兴趣，从而启发儿童在感官、情感、艺术和社会化等方面的潜能。

根据国际先进的幼儿教育心理学理念，3—6岁儿童学习和发展五大领域为：逻辑推理、好奇心、社会化、数学运算、读写和语言能力。据此，设定“彩虹儿童科技天地展览”的传播目标（教育目标）如下：

（1）认知目标

- 学会如何就认知的事物发问
- 锻炼推理和判断思维
- 理解事物的因果关系
- 提高数学计算能力
- 提高读写能力
- 提高父母对孩子学前教育进程的理解

（2）情感和行为目标

- 增强好奇心
- 增强个人成就和自我表达的满足感和愉悦感
- 增强自我赋予、培养能力，提高技能
- 增强亲子互动
- 提升与他人的友好合作互动

（3）体能发展目标

- 运动技能
- 身体协调

- 视觉机能

该展览以儿童发展五大领域研究成果以及上述教育目标构筑观众体验的基石，针对儿童特有的心理、行为特点和教育方式，策划并设计符合儿童身体和心理特征的展示。在设计具体的展项时，力求明确每个展项的主要学习目标，侧重该年龄段儿童特定技能的锻炼，从而在最大限度上保证教育目标的实现。

四、博物馆展览主题提炼及其结构演绎

（一）提炼展览的主题

主题是展览的核心，贯穿于展览的全过程。主题提炼的任务是在研究大量与选题有关的学术资料和藏品资料的基础上，进行从现象到本质、从事实到概念、从具体到一般的高度概括、抽象和升华，进而从教育学和传播学的角度，提炼出一个能统领整个展览的、个性鲜明的、具有高度思想性的展览主题。主题立意的高度和深度直接关系到展览传播的思想水准。展览主题提炼愈充分，立意就愈高，展览的意义、思想性和教育性就愈强。展览切忌平铺直叙，就事论事。

主题提炼的结果往往反映在展览标题（名称）上，标题是展览主题的集中表现，被誉为展览的“眼睛”。展览标题不仅要做到高度概括和形象点题，更要给观众强烈的第一印象，一个展览能否吸引观众，标题往往起着关键性的作用。

近年来，我国博物馆展览策划设计中涌现出一批成功提炼主题的案例。如温州博物馆历史文化陈列的主题“温州人——一个生存与开拓的故事”“邓小平故居陈列”的主题“我是中国人民的儿子，我深情地爱着我的祖国和人民!”等。

1. 温州博物馆历史文化陈列主题提炼

每个城市都有自己的历史文化。2001 年，在讨论温州博物馆历史文化陈列主题时，大家认为，从历史上讲，温州是个边陲小城，这里人多地少，交通不便，虽然近代开埠较早，但新中国成立后至改革开放前温州依然是个不发达地区。这里远远没有内陆地区城市的历史文化底蕴那样深厚，显然，按常规做温州地方历史陈列会非常困难。但是，经过对温州历史文化的深入分析，人们发现温州历史文化有着鲜明的个性和特色。温州历史文化的高潮和亮点是在当代，就是改革开放以来所取得的辉煌成就。资源匮乏、国家投入少、经济基础差的温州缘何能创造出经济奇迹，成为中国民营经济发展最迅猛、最具活力的地区，这是由温州特殊的历史基因和地理环境因素所决定的。

从历史上移民文化的角度看，温州地处沿海，历史上属于荒僻之地，人烟稀少。三国时期和南宋时期的战乱，导致中原地区的人民大量逃亡南迁，他们历经周折迁徙到温州一带。居无定所的动荡生活，使移民形成了无拘无束、独立思考、敢冒风险和不满足现状的性格。

从历史文化的视角分析，历史上，温州地域文化受“浙东学派”影响较大。南宋永嘉（今浙江温州）人薛季宣、陈傅良、叶适和永康人陈亮等“浙东学派”代表人物，主张“功利之学”，强调“义利双行”“农商并举”“道不离物”。这种理论与“君子寓于义，小人寓于利”，“穷天理，去人欲”，“重农轻商、重义轻利”的儒家主流观点直接相悖。温州是叶适治学之地，“义利双行”的理论长期影响了温州人的思维方式、思想观念和行为方式。

从人类生存地理环境看，温州“八山一水一分田”，人均不足三分地，而且还是贫瘠土地。这种恶劣的生存环境，使温州人不像中原人民那样对土地依恋，不可能“固守田园”，他们又始终背负求生存、求温饱的压力，贫穷培养了他们冒险、创新、自力更生的创业精神和特别能吃苦耐劳的精神。

此外，近代开埠以后，外国商品的大量进入以及随之而来的文化浸透，既刺激了温州商品经济的发展，也冲击了温州人的思想观念。在内忧外患的冲击和中西文化的碰撞过程中，温州形成了一股新的社会文化思潮，并产生了深远的影响。

“一方水土养一方人”。任何地方一种精神和文化的形成，都离不开它的历史和现实条件，“温州精神”是温州特殊的文化传统、特殊的社会人群、特殊的生存环境孕育出来的。这些历史基因和地理环境造就了温州独特的历史文化。当这些“历史基因”遇到改革开放的东风，自然就迸发出一种强大的力量，造就了当代温州的经济、社会和文化的辉煌成就。

基于对温州历史文化的上述分析，温州历史文化展览的主题最后确定为：“温州人——一个生存与开拓的故事”。整个展览由“东瓯王国”“中央王朝下的东瓯”“开埠以后”“今日温州”四大单元组成，其中前三个单元是过程和铺垫，最后一个单元是结果和高潮。

2. 邓小平故居陈列主题提炼

为纪念邓小平诞辰100周年，邓小平故居陈列馆于2004年8月13日开馆。邓小平故居陈列根据邓小平一生三个方面的杰出贡献——为中华民族独立、人民解放和新中国诞生立下赫赫战功，为中国社会主义制度的建立、巩固和发展进行艰苦探索，为成功开辟建设中国特色社会主义道路和改革开放建立不朽功勋，提炼出展览的主题——“我是中国人民的儿子，我深情地爱着我的祖国和人民!”

（二）展览主题结构演绎

所谓展览内容主题结构，是指依据展览传播目的和展览主题对展览内容逻辑结构的合理安排，类似一本书的目录框架。展览主题结构的逻辑清晰度直接关系到观众对展览内容的认知与感受，关系到展览信息传播的效果。科学、合理地安排展览主题基本结构，对有效传达展览的信息，对观众参观并接受知识和信息十分重要。

一般展览主题结构分为部分、单元、组和展品四个层次，结构层次要脉络清晰，各层次之间逻辑性和联贯性要强，下一级必须服从和服务上一级，紧扣上一级的主题，是对上一级的具体化。

例如2005年被评为第六届全国博物馆十大陈列展览精品特别奖的邓小平故居陈列馆邓小平事迹展“我是中国人民的儿子”，其主题结构按照邓小平的人生历程重大节点递进展开，形象生动地展示了邓小平为中国革命、建设和改革开放事业不懈奋斗的光辉一生。

展览共分六个部分，其结构如下：

第一部分：“走出广安”。反映了邓小平的家世、童年和少年读书生活，旅法勤工俭学走上革命道路，在莫斯科中山大学学习，投身国内革命洪流等早期革命生涯。

第二部分：“戎马生涯”。反映了邓小平从领导广西革命斗争、参加长征到战斗在抗日前线，再到挥师解放战场，为建立新中国，实现中华民族的独立和解放立下的赫赫战功。

第三部分：“艰苦探索”。反映了新中国成立后，邓小平主政大西南，特别是作为以毛泽东为核心的党的第一代中央领导集体的重要成员，在中共中央总书记岗位上，为建立和巩固社会主义制度进行的艰辛探索。

第四部分：“非常岁月”。反映了“文化大革命”中邓小平在江西的日子和他复出主持中央日常工作，大刀阔斧地全面整顿，表现了他“两落两起”的传奇经历。

第五部分：“开创伟业”。反映了邓小平作为党的第二代中央领导集体的核心，是中国社会主义改革开放和现代化建设事业的总设计师，以改革开放为标志的新时期是他一生中最辉煌的阶段。因此第五部分“开创伟业”是展览浓墨重彩突出反映的内容。它分为“拨乱反正打开一条新路”“发动和领导改革”“开启对外开放的大门”等九个专题，反映了在新的历史时期，邓小平领导党和人民实现伟大的历史转折，开辟中国特色社会主义道路，改革开放，进行社会主义现代化建设的伟大功绩。

第六部分：“您好！小平”。表现了人民对邓小平的爱戴、怀念之情和在邓小平理论指引下中国发生的翻天覆地的变化。

其中，第二部分“戎马生涯”的单元结构如下：

第一单元：“红旗飘过左右江”。讲述大革命失败以后，1929—1930年邓小平同张云逸等发动百色起义和龙州起义，创建红七军、红八军和右江、左江革命根据地。

第二单元：“从瑞金到延安”。讲述1934年10月邓小平随中央红军长征到延安的经历，其间，1935 年 1 月他参加了中国共产党历史上具有伟大转折意义的遵义会议。

第三单元：“战斗在太行山上”。讲述邓小平与刘伯承一起率部深入敌后，组织抗日武装，建立抗日民主政权，创建抗日根据地，指挥了许多重要的抗日战役。

第四单元：“最高兴的三年”。讲述邓小平和刘伯承等一起，根据中央的部署，领导指挥了三年解放战争，为新中国的诞生，立下赫赫战功。

其中，第四单元“最高兴的三年”的组结构如下：

第一组：“扼守解放区大门”

第二组：“千里跃进大别山”

第三组：“决战淮海”

第四组：“百万雄师过大江”

第五组：“解放大西南”

（三）展览重点和亮点的研究和规划

展示内容重点和亮点规划是对展览“主要信息点或传播点”的规划。在展览内容文本策划中，我们要认真研究并选准每部分或单元内容的重点、亮点，合理安排这些重点、亮点的布局。

以“深圳改革开放史展览”第一部分“要杀出一条血路来！——深圳经济特区开创阶段（80 年代初—80 年代中期）”为例，经过研究分析，确定了该部分展览的 10 个重点和亮点：

1. 改革开放前深圳和香港的比较

历史上香港和宝安（深圳的前身）同属一地（宝安县），但改革开放前两地经济发展状况有着天壤之别。香港经济繁荣，而宝安是一个贫瘠落后的边陲小镇。新中国成立后，由于两地的经济发展悬殊，宝安人向一河之隔的香港外逃偷渡事件屡禁不止。通过展现改革开放前的港深比较这一重点，旨在反映两个传播目的：一是表达了人民向往美好生活、呼唤改革开放的心情，说明中央的改革开放政策正是适应了民意；二是经过 20 多年的发展，深圳经济赶上来了，表明改革开放政策是正确的。

2. 邓小平提出建立经济特区和深圳经济特区

1979 年 4 月下旬中央工作会议期间，习仲勋代表广东省委正式向中央提出广东实行特殊政策、灵活措施和创办贸易合作区的设想，得到中央政治局常委的赞同。邓小平与谷牧、习仲勋在中南海邓小平办公室内进行了谈话。邓小平说：“可以划出一块地方，叫做特区”，“陕甘宁开始就叫特区嘛！”“中央没有钱，可以给些政策，你们自己去搞，杀出一条‘血路’来。”建立中国经济特区的构想从此诞生。

3. 蛇口开山炮打响了中国对外开放的第一炮

党的十一届三中全会后，经国务院批准，广东省委和交通部香港招商局决定在蛇口 2.14 平方公里土地上建立新中国第一个出口加工工业区。1979 年 7 月 8 日，蛇口工业区开始炸山填海，工业区基建工程正式破土动工，这一炮被称为中国对外开放的第一声“开山炮”。蛇口工业区充当了中国改革开放的“尖兵”，率先进行体制改革，不要国家拨款，引进外资，自担风险，高速度地发展工业。

4. 建国贸大厦创深圳速度

1982 年，为了满足全国各省市和中央部委在深圳设立对外联络机构的要求，深圳市委和市政府决定集资在罗湖商业中心区兴建神州第一楼——深圳国际贸易中心大厦作为对外开放的一个商业窗口。承建国贸大厦的中国建筑第三工程局一公司使用滑模工艺建造大厦，创造了三天一层楼的速度。“三天一层楼”成为享誉中外的“深圳速度和效率”的象征。

5. 价格体制改革

经济特区成立后，十几万建设大军聚集深圳，给深圳市场造成巨大压力，而且大规模的城市建设需要大批的钢材、水泥、木材，单靠国家调拨远远不能满足需求。形势逼迫深圳必须进行价格体制改革。经过几年的努力，深圳打破了传统的统得过多过死的计划价格体制，建立起使商品价格真正体现市场供求变化的价格体系。这是深圳改革成功的突破口和关键点之一。价格体制改革不仅给经济特区的繁荣和发展注入了活力，而且为全国的物价体制改革提供了宝贵的经验。

6. 劳动用工制度改革

经济特区的发展迫切需要打破计划经济下劳动用工由政府劳动部门统招、统配、统包的“铁饭碗”做法。深圳率先在全国进行劳动用工制度改革，大胆实行“公开招收，择优录取”的做法，变单一的固定工制为合同工、固定工、临时工并存的多种形式的用工制度；打破干部、工人身份界限，实行全员劳动合同制。通过劳动用工制度改革，克服了固定工制度带来的人浮于事、纪律松散、效率低下的弊病，充分调动了劳动者和人才的积极性，推动了深圳经济社会的快速发展。这也是深圳改革成功的突破口和关键点之一。

7. 邓小平视察深圳

在社会主义中国建立经济特区是一个新生事物，它的发展在海内外引起了强烈反响，其中也不乏各种非议。这些非议，不但使人们思想上产生了疑虑，而且使经济特区的发展遇到了阻力。兴办经济特区到底是否正确？在这个关键时刻，我国改革开放的总设计师邓小平于 1984 年首次来到深圳经济特区视察，充分肯定经济特区的发展成就和改革开放的方向，明确指出经济特区的性质和作用，为经济特区发展和全国改革开放指明了方向，推动经济特区建设进入一个新阶段。

此外，干部人事制度改革、基建体制改革、兴办八大文化设施也是展览的重点和亮点。抓住了这10个重点和亮点，就基本上撑起“深圳改革开放史展览”第一部分“要杀出一条血路来!”的基本内容。

五、博物馆展览展示素材选择及其组团

展览与写书不同，它依赖展示素材表现和叙事，展示素材是博物馆展览特有的表达语言。欲使展览达到有效传播信息和内容的目的，必须选择好展览的素材，并对展示素材进行合理巧妙的组织和安排。

（一）选择好展示素材

展览内容的表现和信息的传达需要生动、形象的展示素材的支撑，展示素材不仅包括文物标本、图片声像资料，还包括用于创作辅助展品的故事情节资料。好的展示素材能够生动形象地表现展览的内容，揭示展览的主题。因此，要认真研究和选择展示素材。一般来说，那些“见人见物见精神”的素材，那些具有代表性、通俗性、故事性和情节性的素材，往往最能表现展览的内容，最能打动观众。

例如，在莫斯科俯首山俄罗斯卫国战争博物馆中，为了表现战争的残酷和对人性的摧残，展览策划者选择了一个女人在战争前、战争中和战争后拍的三张照片来表现。第一张照片是战争开始前拍的，看上去是一位充满青春活力的姑娘；第二张照片是战争进行到中期时拍的，看上去像一位中年妇女；第三张照片是战争结束时拍的，看上去像一位老太太。这组照片，从小处和普通人平凡的经历着眼，揭示了一个伟大的主题：战争的残酷及其对人性的摧残!

又如美国犹太人大屠杀纪念馆反映了一个维持了九百多年犹太传统的小镇居民两天之内被屠杀殆尽的故事。展览策划者将纪念馆展览入口设计为“人像塔”。采用集中展示的手法，将搜集到的数百张被屠杀的小镇居民人像照片悬挂塔中。通过照片把大屠杀之前小镇居民祥和的各种生活和工作的状态——过生日、节日、娱乐、婚礼、朋友聚会、上学、上班、体育活动等呈现给观众。让观众首先从这个“人像塔”进入，然后再参观大屠杀的情景，参观完后再从这里出来，通过强烈的对比给观众以极大的心灵震撼。

再如乌克兰切尔诺贝利核事故纪念馆中，最引人注目和最令人感慨的是一段由于切尔诺贝利核事故死亡少年儿童照片组成的照片墙。展览策划者之所以不选择死去的青壮年和老人的照片而选择少年儿童照片，就是因为少年儿童的死最能够打动观众的心，从而激发观众对核事故的反思。

（二）研究展示素材的组团

要有效地传播展览的内容，除了要选择好的展示素材外，还要巧妙地对这些

素材进行组织。展览要清楚地传播信息，关键要在展示素材的信息组团上下功夫。展示素材的信息组团越科学、巧妙，就越能有效传播展览的信息；反之，将影响展览信息的传播，甚至出现错误的信息传播。

展示素材的信息组团类似电影的一个个分镜头。博物馆展览一般有四类信息载体，即图文看板、文物标本、作为辅助展品的二维或三维的造型艺术和信息装置。它们之间必须是相互关联和呼应的，共同表现一个展览内容或揭示一个展览主题。

例如，中国革命历史博物馆曾举办“周恩来生平展览”，展览的最后部分“鞠躬尽瘁 死而后已”中，就把“为人民服务纪念章”、台历和手表这三种展示素材组合在一起。

又如，桐乡市博物馆展览关于良渚文化晚期新地里遗址和姚家山遗址的展示，前者发现一处由 140 座贫民墓组成的墓地，后者发现了一处由 7 座高等级墓组成的墓地。在展示素材的组合上，通过对新地里、姚家山两个遗址墓葬进行对比组合展示，包括墓葬体量大小、有无二层台、有无棺椁痕迹、随葬品多寡等的比较，以反映良渚文化低等级墓地和高等级墓地并存，说明良渚文化晚期的社会阶层分化。

六、博物馆展览内容文本的编写及其格式

展览内容文本是展览形式设计的蓝本，是一个展览成功的基本保障。那么，怎样的展览内容文本才是一个合格规范的文本？一个合格规范的展览内容文本至少应该符合如下基本要求。

（一）展览内容文本的基本要求

第一，展览内容文本要明确展览的传播目的。展览内容文本必须明确本展览传播的目的和宗旨，即本展览想让观众知道什么，或想影响观众什么？这是展览设计的基本指导思想。如果展览内容文本不能对形式设计者阐述清楚本展览传播的目的和宗旨，那么形式设计者在从事展览形式设计时，就难以准确把握展览设计的基本指导思想。

第二，展览内容文本结构要逻辑清晰。展览内容文本必须明确展览传播的基本内容，并将这些基本内容按照清晰的逻辑结构进行编排。展览基本内容的逻辑结构关乎受众参观认知的效果，清晰的内容逻辑结构能起到纲举目张的作用。反之，如果展览的内容逻辑结构安排不当或混乱，就会给观众的参观心理造成混乱，影响观众对信息和知识的接受效果。

第三，展览内容文本要对传达的信息做出清晰的层次划分。为了满足不同观众的不同信息需求，展览除了要信息丰富完整外，处理好信息层次也很重要，即

哪些是满足普通观众需要的信息，哪些是满足专业观众需要的信息，哪些作为显性信息处理，哪些作为隐性信息处理，做到主次分明。如果展览内容文本对此不作处理，就容易导致展览信息的混乱。

第四，展览内容文本要提示展览各部分或单元的重点和亮点。展览不宜平铺直叙，一个成功的展览离不开重点和亮点的支撑。

第五，展览内容文本要对展示素材进行巧妙的组团。必须点明实物和辅助展品的组合关系及其传达的意义，即一组展品——实物展品和辅助展品是如何组合的？共同要传达什么意义？谁是主角？谁是配角？谁作背景用？如果内容文本不做这样的提示，形式设计者不仅难以准确地把握和表现展品组合欲传达的意义，而且容易导致信息传播的错误。

第六，展览内容文本必须清楚说明辅助展品的传播目的并提供创作背景和学术支撑。在博物馆展览中，无论是科学辅助展品（图表、地图、模型和沙盘等），还是艺术辅助展品（绘画、雕塑、场景）的创作，除了要明确传播目的外，还必须有严谨的学术支撑。展览内容文本必须提供创作辅助展品的学术依据和背景说明，这样才能保证辅助展品设计和制作的科学性和艺术性。

第七，展览内容文本应该撰写重点展项的分镜头剧本。所谓重点展项的分镜头剧本，一般是指创作数字影片、多媒体、大型场景、大型群雕、大型沙盘模型和大幅壁画绘画等的学术依据和形象素材及其创作方案或剧本。如果没有这些展项的分镜头剧本的支撑，形式设计者就难以准确形象地创作这些重点展项。

第八，展览内容文本必须撰写所有看板的文字说明。撰写前言、部分主题说明、单元主题说明到组主题说明和重点展品的文字说明。展览文字说明除了要求易读和精练外，在设计风格上宜采取提问式、鼓励参与、吸引注意力、指引观众和鼓励比较的方式，引起或激发观众阅读的兴趣。

第九，展览内容文本学术观点必须正确，依据材料要真实可信。博物馆展览不是娱乐媒介，而是观点和思想、知识和信息的传播。因此，展览提出的观点和思想、知识和信息，展览展示的各种展品（包括辅助展品），都必须建立在科学的、真实的基础上，以主流学术观点为基础，以客观真实的材料为支撑。

（二）展览内容文本的格式

展览内容文本主要是为展览形式设计创作专业人员服务的。因此，评价一个展览内容文本的格式是否合适，关键是要看其能否让展览形式设计创作专业人员一目了然地看懂文本，理解展览的传播目的、基本内容、结构、重点和亮点、形式表现的基本要求、展品展项创作的依据等，并且清楚如何将展览内容文本转化为三维的展览形态。基于这样的判断，展览内容文本格式应该包括如下几个层次：

第一层次：展览总的传播目的和主题结构

1. 展览总的传播目的

2. 展览主题结构（由若干相互关联的部分或单元组成）

第二层次：部分或单元传播目的和主题结构

1. 部分或单元传播目的

2. 部分或单元主题结构（由若干相互关联的组组成）

第三层次：组的传播目的和内容组合

1. 组的传播目的

2. 组的内容组合

3. 重点亮点提示

4. 形式设计提示和创作依据

（三）展览内容文本文字的编写

文字编写是展览内容文本策划的重要内容。展览内容文本文字至少应该包含三类文字——各级看板说明文字、辅助展品创作描述和依据文字、数字媒体隐性信息文字。

1. 各级看板说明文字的编写

对博物馆展览来说，看板文字是必不可少的。好的看板说明文字，能增加观众对展览的兴趣，使他们对整个展览产生深刻的印象。看板文字是指展览前言与部分、单元、组和展品的说明文字，反映了展览宗旨与每部分、单元和组的主题或核心思想。它们是展览与观众对话的媒介，是展览的讲故事者。

"前言""部分""单元"和"组"是一个严密、完整的内容系统。前言文字、部分说明、单元说明、组的说明，每一级文字说明要能统领其下的展示内容。按照展览内容结构逻辑层次的要求，在各级文字说明编写上也必须做到：下一级文字说明必须服从和服务于上一级文字说明，紧扣上一级文字说明的主题，是对上一级文字说明的具体化。切忌上下级文字说明之间没有关系，或关系不大，或关系混乱。

同时，看板说明文字要包含主要的知识点和信息点，抓住重点，文字表述要精练，文字量不宜过长。一般来说，"部分说明"宜控制在250—300字，"单元说明"控制在150—200字，"组说明"控制在80—100字。

2. 辅助展品创作说明和依据文字编写

在博物馆展览中，尤其是在叙事型主题展览中，由于文物标本等实物资料的缺乏，或是为了强化展览信息传播、增强展览观赏性和感染力的需要，博物馆展览往往会采用大量辅助艺术品和信息装置，例如壁画、油画、半景画、全景画、模型、沙盘、景箱、场景、蜡像、雕塑、多媒体、动画、互动装置、影视片等。这些辅助展品和信息装置以其良好的视觉效果、阐释能力和现场感而深受观众欢迎。

但另一方面，博物馆展览中这些辅助展品的创作和信息装置研发不同于一般的纯艺术创作和娱乐媒体，它们更是一种知识信息交流的媒介。因此，它们的创作必须遵循科学性、真实性原则，必须是有科学依据和学术支撑的再现、还原和重构。因此，在展览内容文本撰写中，不仅要对辅助展品和信息装置的创作提出要求，还要提供创作说明和创作依据。包括：该辅助展品的传播目的、基本内容、要表现的主要视觉元素等；有关创作的依据或参考性文字，例如某个历史事件或人物的基本概况、情节故事、有关的历史记载、后人的研究成果等。

3. 数字媒体文字编写

作为信息、知识的传播载体，博物馆展览的信息要丰富饱满，能满足不同观众的不同信息需求。但同时，为了在有限的空间内，避免展览信息的混乱，突出重点，必须合理处理好展览的信息层次。一般来讲，博物馆展览信息分为两类，即显性信息和隐性信息。显性信息是展览最基本的信息，通常直接与观众见面，主要满足普通观众的需要；隐性信息主要指展览的检索性或链接性信息，例如触摸屏中的信息，主要满足专业观众或想了解展览更多信息观众的需要。

目前，在博物馆展览内容文本文字编写方面突出的问题是数字媒体检索性或链接性隐性信息不完整或不准确。其主要原因是展览内容文本中缺乏这类信息的规范编写，把这项本该由内容设计方承担的工作推给了不擅长内容策划设计的形式设计者。因此，为了做好展览的隐性信息展示工作，在展览内容文本设计中，必须重视数字媒体文字的编写。

第二节 展览形式设计

一、形式设计的空间与造型理论

（一）空间的概念

空间可分为无限空间和有限空间，博物馆展览形式设计中所指的空间，一般是指由可度量的长、宽、高限定的有限空间，即展览所赖以呈现的博览性建筑空间。展览空间又可分为内部空间和外部空间。就博览性建筑而言，由顶、底、侧面闭合围成的内部空间，具体包括陈列厅室、序厅等主要陈展空间和走廊、休息室、垂直交通空间（楼梯）、与展览相关的学习体验空间等次要空间。有限空间所处的外部空间一般指博览性建筑的外部环境空间，包括庭院、交通道路、植被、外部休息场所等。外部空间有时也可用作展览。

（二）空间感

空间感是指人对空间的认识与感受，不同的人对一定的空间感受有差异，我们将这种个体对空间的感受效果叫做心理空间，除了对空间的三维，长宽高和大小的感知外，人可以对一定的有限空间产生诸如安全/危险、舒适/不适、平静/紧张、愉快/痛苦等感受。

空间的大小、尺度、形状，人在某一空间中连续运动造成的视角变化等因素，可以给人带来诸如庄严、神圣、冷峻、温馨、明快、简洁、复杂等对空间的心理感受。通过人为的空间设计，可以引导人们产生不同的空间感受。

（三）博物馆建筑空间与空间设计原则

一个博览性建筑（博物馆建筑）按照功能划分，可分为开放性区域和非开放性区域，前者主要包括陈列展览、教育、服务等功能区，后者包括藏品库房区、技术工作区、行政办公与研究区、设备区等。不同的功能区在建筑设计上有明确的规范要求。展览主要是在开放性区域尤其是陈列展览区实施的，它既要以既有的建筑空间为基础，也要求对空间进行二度创作，设计适合一定主题和展示对象、展示内容的空间形态和空间组合。空间设计一般来说要遵循以下原则：

功能需求原则：空间设计首先要满足展览功能要求。首先，不同的展示对象、内容和主题对空间的要求各不相同，要依照其需求进行空间设计。其次，要考虑观众的观赏需求，即观众在展示空间中移动、驻留、观赏等基本需求。最后，要考虑管理与服务需求，适合博物馆相关展览服务与管理的基本需要。

尺度适宜原则：尺度不同于“尺寸”，它不是指空间的物理数据，而是空间对人的行为需求和精神需求的适度感。空间的设计要以人为本，以人为参考系数，考虑人在空间中的运动、视角、视距等因素，创造符合人心理期待的和谐空间。

组合布局均衡原则：展览空间按照需求被划分为一系列的空间的组合，在关系上可分为主次、虚实、聚散、分合、大小等，空间的组合要具有韵律感、比例关系，充分考虑展览内容的关联性、艺术表现形式、动线设计等因素。

风格契合原则：空间设计是展览艺术设计的第一步，针对不同的展览需求，要选择适宜的艺术表现风格，综合运用尺度、体量、明暗、光色、材质、肌理等，表达出鲜明的风格特征。针对不同的展览，设计者可选择不同的风格倾向，如民族风格、古典风格、现代风格、简约风格、自然主义风格等。

（四）空间限定形式与空间组合

展览空间的再创造是通过展具、设备、隔断等对既有建筑空间的二次界定，来创造出诸如闭合、开敞、静止、流动、高大、低矮等不同体验效果的空间，可采取的空间限定形式有：

围合：用墙体、展壁、隔断、屏风、实物等对空间进行限定。其限定程度有实有虚，如以实体墙闭合限定的空间就较实，而以排线、虚面、柱廊等限定的空间则较虚，前者适于创造比较明确的独立空间，后者更倾向于强调所限定空间与外部空间的关系。

设立：在一个限定空间或非限定空间中，将一个设定元素置于其中。如纪念碑就是一种设立形式。这种方式比较适合突出展示对象主体，造成突出的视觉感受和鲜明的空间视觉表情。

覆盖：展览空间一般是顶、底、侧俱全的限定空间，在一定的限定空间内，通过加置覆盖物的方式造成某一局部的再次限定，可用于较高室内空间高度的二次分割、区域界定等。

凸起：对限定空间的底部进行抬升，可一次抬升，也可逐级抬升。它可运用于对区域空间的强调，塑造诸如突出、限制、强调、划分等气氛。

凹入：对限定空间的底部进行下沉处理，可塑造诸如静谧、限制、俯视等气氛。

互嵌：强调两个或多个空间之间的互相包容关系，通过共用、互通、重叠、包含等空间关系，创造空间之间的有机联系。

通过一定形式限定的若干个单体空间，可以组合在一起，造成空间的序列变化和统一，从而产生韵律、主次、大小、方向、动静等变化，塑造丰富的空间表情。其主要组织方式有：

并列：各个单元的限定空间之间没有主从关系，相对独立，形态近似，适于表现并列式的内容，一般适用于自然、艺术等题材的陈列展览。

序列：各个限定空间之间有明确的次序，构成鲜明的方向性，引导空间动线，与展览的逻辑序列高度呼应，一般适用于具有明确时间序列的历史类陈列展览等。

主从：不同空间的重要性不同，构成主从关系，主空间用于重要内容的陈列展览，次空间则用于相对较为次要内容的呈现。

（五）造型的概念

以一定的艺术手段，在三维空间或二维平面创造具有一定表达意义的构型，即为造型，造型是一切美术创作包括展览形式设计的核心。展览造型设计有自身的特点，它不仅要考虑视觉因素，还要综合考虑展示对象、展示空间、材质、工艺、设备、光色彩、肌理乃至声光电、虚拟现实等各种要素，因而是一个综合复杂的创作过程。

广义地说，空间设计也包含在了造型之中，是一种空间造型。在博物馆展览形式设计中，空间造型是造型的第一步，它既是对空间表情的规定，也是“负形”，即空虚之形的塑造过程。与此相对应的，展壁、展柜、展架、展板、展台、隔断、设备外观、场景、模型等的造型设计则构成了相对“实在”的造型设计内容。陈列造型是功能与形式的完美结合，应该以满足功能需求为前提，在充分满足展示功能的前提下，运用符合形式美法则的手段，创造良好的展示视觉效果。

从功能上说，展览形式设计中的造型设计可分为总体造型设计、展品展示造型设计和设备造型设计。

（六）造型的要素

造型活动通过对材料、工艺、色彩、肌理等因素的综合运用，从而创造出具有一定形态、表达一定情感、引起一定反响、传达一定情绪的物化形态。一般来说，造型过程包括了以下要素：

功能要素：功能决定造型，陈列展览的基本功能是展示和欣赏，这是造型的基本前提。首先，造型设计要满足展览的要求，博物馆的展品本身具有自己固有的造型、色彩和肌理，这些传达了一定历史、文化、艺术和科学内涵的外在信息，要得到充分展示。其次，造型设计要满足观赏需求，既要符合既定的审美趣味，又不要喧宾夺主，分散观赏展品的注意力，同时还要考虑到观众人流动向、空间动线规划。最后，要满足安全要求，既要保障展品和设备的安全，也要保障观众安全。

形式审美要素：无论何种造型，其基本的形式要素都是由点、线、面、体构成的。不同形态的点、线、面、体的组合，构成了千变万化的造型。造型中的点不同于几何学中的点的概念，它是指在一定空间中存在的，能凝聚视线、形成视觉焦点的小面，因此具有视觉集中的效果。点的组合也可以带来虚线、虚面的视觉感受，制造灵动、变化的造型趣味。线是点的移动轨迹，而不同于几何学中的线，造型中的线本身除具有长度外，还具有形状、色彩，因而不同的线具有不同的造型趣味，如直线具有明快、庄重、挺拔、平稳、力量等感觉，曲线具有流畅、婉转、圆润、柔和、丰满等感受，粗线有厚重感受，细线有轻松精致之感。线的移动构成了面，面有平面，有曲面，不同的面对视觉和心理产生的影响也不相同。如方形具有简洁、平稳、安全、庄重的效果。几何形的平面或曲面具有理性、规则、秩序的感受。偶然形面，即自然或人为偶然产生的形状，如泼墨的墨迹、木材的纹理等，具有丰富性，它不同于其他形象，很难得到完全相同的形象，如打翻的墨水形成的墨迹或雨花石的花纹很难再有相同的。偶然形具有一种朴素、实在、自然的美。这种美除了体现在外轮廓上，更主要的是体现在形象表面的肌理上。

（七）造型设计原则

博物馆展览中的造型设计都是有一定目的的，除具有审美功能外，还具有一定的实用目的。博物馆展览本身作为一种设计产品，它的核心是实用，也即展示和观赏功能的充分满足。因此，造型设计中，形式服从功能是第一个原则。

博物馆作为一个公共文化服务机构，其使命之一就是为广大公众提供有效的文化公共产品供给。这种产品的成本来源往往是公共财政，因此，产品的性价比，即其经济效能如何，是造型设计的第二个原则。

第三，合理性原则。一个优秀的设计，功能合理是美感的前提，符合功能的形态本身就是美的形态，而对材质、肌理的表现与使用，尽量贴近其合理的、应有的形态，是合理性的一个鲜明表现。

第四，稳定性原则。某种意义上说，博物馆展览是一个相对“静态”的设计作品，一个基本陈列的周期常常保持六七年甚至更长，这就要求在造型设计中必须考虑到稳固性，在材料选择、结构设计等方面满足这一需求。

第五，信息准确原则。一定的形态传达一定的情感。一定的造型寓意着某种象征。而对于有明确主题和内涵的博物馆展览来说，这些通过造型形象传达的信息是否准确，营造的气氛是否贴切，是一个必须考虑的问题。

二、形式设计的色彩理论

（一）色彩学基本原理

人的眼睛可辨识的色彩有一千多种，在我们的日常生活中，会直观地感受到万物都有各自的色彩，如花朵的颜色是红的，叶子的颜色是绿的，这些都是我们日常的经验。色彩学理论认为，由于物体的表面组织不同，所反射的自然光线不同，对光的反射、吸收的比例不同，就构成了该物体的颜色。

19 世纪中叶，英国物理学家牛顿的实验表明，颜色不是物体“固有”的，而是对光的反射造成的。牛顿用三棱镜将自然的白色（无色）日光分解成宽窄不一的光谱色带，呈现出红、橙、黄、绿、蓝、靛、紫七种色彩，揭示了日光是由不同的色光混合组成的。物体的色彩就是对不同色光的反射，如我们看到花朵是红色的，是因为除红色光外的其他各种色光被花朵所吸收，红色光被反射出来，所以花的颜色就是红的，同样，由于较多地反射了绿色光，叶子的颜色就被我们观察到是绿的。而在没有日光或人工光的环境下，我们就难以察觉物体的颜色，所以，一切色彩都来自光。

三原色：随着色彩学研究的进展，人们逐渐发现，只要橙、绿、紫三种色光，即可还原成白色光，这三种颜色被称为色光三原色。橙光与绿光混合后呈黄色光，绿光与紫光混合后呈蓝色光，紫光与橙光混合后呈红色光。而在绘画中，假如将红、黄、蓝三种颜料互相混合，红色与黄色混合呈橙色，黄色与蓝色混合呈绿色，蓝色与红色混合呈紫色，正是色光三原色。而红、黄、蓝三色混合，则得到了黑色。红、黄、蓝又被称为色料三原色。色料的混合正与色光混合相反，所以，红—绿、黄—紫、蓝—橙这三对色彩被称为补色。由于橙、绿、紫三种颜色是经原色混合后所得，因此又叫二次色（间色）。二次色的混合所产生的颜色（黄灰、红灰、蓝灰）叫做复色。

色彩三属性：我们在日常生活中经常将某种物体形容为某个颜色，但在不同的光环境下，物体的固有色彩会发生不同的变化，呈现出浓淡、深浅、明暗等各种变化。色彩学将这些变化用三个指标来表示，即色相、光度、纯度。色相，即物体在自然日光下呈现出的物体“固有”色，即红、橙、黄、绿、蓝、靛、紫等不同颜色。光度，即色彩的明暗度，同一色相因光线的强弱而产生高、中、低的明暗度，如暗红、深红、正红、浅红、粉红等。纯度是指色彩的饱和度或鲜艳度，如某种颜色加入不同程度的黑色，则称为过度饱和色，而加入不同程度的白色，则称为未饱和色。色彩的三个属性是相辅相成的，一种属性的变化必然会影响其他两种属性的变化，在设计中，需要根据实际情况调试不同色彩的属性变化。

色调：不同的色彩之间的组合构成了色调，它往往被用来表示一幅画、一个设计的总的色彩倾向，色调有冷、暖、明、暗、清、浊、活泼、沉稳等风格感受。要取得色调的调和，就要充分利用色彩之间的关系，如运用同类色，即同一色相的不同光度纯度的色彩；运用邻近色，即色相相似的颜色，如红与橙。

标色法：将色彩三属性的不同程度加以数据化，用数值的高低标示其属性的变化，则我们可以用三个数据来标示某种颜色，这就构成了标色法，也就是色彩的表示方法。由于色彩三属性就好像坐标的 X、Y、Z 轴，于是就有了色立体或色彩树的发明。1905 年，美国画家孟塞尔发明了孟塞尔色立体，用三维空间的不同位置标示不同的色标。1914 年，德国的奥斯特瓦尔德也推出了一个色彩系统。1931 年，国际照明委员会制定了标准颜色体系，即 CIE 色度图。日本色彩研究所则于 1978 年推出了“新日本颜色系”。熟悉这些标色法及其数值表达法，便于我们在设计中选择适当的色彩。

（二）色彩与观众心理

人们对不同的色彩有着不同的感受，这种感受有的是色彩本身在色相、光度、纯度上的变化带来的，有的是在不同的文化背景下形成的某些喜爱、憎恶等情感造成的，与大自然中各种物体、季节色调相似的色彩，也可以带来相似的心理感受。不同年龄、性别、职业的观众，对色彩的感受倾向也不尽相同。另外，不同时期人们的好尚，即时尚也会对色彩的偏好选择带来影响。在设计实践中，不仅要考虑相关的展览主题来确定展览的色调，也要考虑观众的心理感受。

正因为这些感受，人们往往赋予色彩一定的象征性意义，如：

红色容易引起人们的兴奋情绪，往往用来表达诸如热情、激动、喜庆、刺激、革命、警示等情绪；

黄色具有秋天和食物般的色彩感受，因此有灿烂、光明、富足、希望、高贵、轻快等感觉；

绿色是春天和原野的颜色，象征着生命、生机、健康、青春、蓬勃，也因其比较适合观看，可以使眼睛得到休息，有平静、镇定的感受；

蓝色有后退、高远的感觉，是天空的颜色，因此有崇高、深远、宁静的感觉，也有冷漠、阴郁、悲伤的情绪。

（三）色彩与视觉疲劳

在设计中，选择不同的色彩体系，不仅是表达主题和风格的需要，也是观众参观的功能需要，观众长时间在展厅中进行连续不断的观赏活动，对视觉色彩环境的要求比较高，其中，充分考虑观众视觉疲劳是一个非常重要的因素。

色调的选择：有时我们为了突出展示效果，使用原色、对比色的组合来达到使观众注意的目的，但使用过多往往带来观赏的过度刺激。不同的展览主题，适应不同的色调选择，有的沉稳、柔和，有的端庄、典雅，有的明快、鲜明，色调的选择既要照顾设计风格，又要充分引起观赏兴趣，同时还要考虑观赏者的视疲劳问题，是一个需要均衡考虑的问题。

色彩与光环境的关系：博物馆展览由于展示对象的不同，往往对陈列厅照明有着不同的要求，照度、色彩还原度各不相同，这就使得观众观赏的光环境发生变化，光照条件、光亮度、光源性质种类都会对色彩的表达带来影响，因此色彩选择要充分考虑光环境的因素，降低观众的视觉负累。

（四）色彩与展览主题

色彩本身的象征意义、社会意义，使得不同的色调会带来不同的心理感受，就如同不同的音乐节奏，会对听者产生不同的情绪感染一样，展览的色彩设计也会对观赏心理有着重要的影响。利用或引导这种影响，从而使展览的主题得到充分适当的表达，是博物馆展览形式设计中的一项重要任务。

从色调的选择来说，沉静的色调较为适合艺术类展览，纪念类博物馆往往会使用带有兴奋的色调，活泼的色调（纯色调）和沉静的色调会用于自然类博物馆的陈列展览，蓝色因其与高科技之间的象征关系，往往会成为科技展的选项。

就色彩的节奏韵律来说，要根据展览主题和展览的情节发展，在序厅、单元、结束部分运用不同的色彩搭配，造成均衡、变化的节奏感，既有总的色彩倾向性，又有丰富有序的韵律，从而充分调动观众对展览主题的感知。

（五）色彩与展览艺术风格

展览设计的风格选择既有设计者的个人因素，也有其特殊的规定性，一个好的展览是实用功能与审美功能的完美统一，因此在风格选择上就不能完全从个人好恶出发，或以单纯的创作心态来从事设计，而忽视了展览设计本身的实用性。风格可以由形式构成、材质表达、色彩选择、工艺水平等各种要素综合体现，就色彩而言，由于色彩本身的象征意义，可以为一个展览，或展览的局部带来诸如宁静、庄重、快乐、悲伤、活泼、理性等的情绪感知，从而影响观众的审美取向；不同主题的展览在风格选择上也有不同的倾向，如民族民俗类展览，可以考虑特有的民族、地域文化习俗和情绪特点，选择适当的风格进行表达。

（六）色彩与展览空间

色彩与空间密切相关，如色彩本身具有扩张、收缩、前进、后退等心理感受特征，会对空间的大小、方向、膨胀、退缩有所影响。陈列展览以形式构成和色调表达的手段在空间中完成，因此，色彩设计是展览这一空间视觉作品最重要的因素之一。

展览序厅是对陈列主题的高度概括和意象性表现，因此色彩运用在照顾总体色调的同时，可以考虑使用饱和的、鲜明的、活泼的、浊度的色彩，以期引起关注，激发参观兴趣。

陈列室的主角是展品和辅助展品，因此陈列室色彩设计的一个重要原则，是“烘云托月”，即用协调的空间色彩突出展览主体的形象，创造舒适的观赏环境。因此，色彩选色上切忌喧宾夺主，同时又不沉闷单调，既对展品内涵有所启示，又不喧哗紊乱，同时，陈列室的色彩要能很好地与空间密切结合，塑造建筑空间的舒适感。

在陈列展览中，展品的衬托空间构成了展览背景，展览背景的色彩选择往往是陈列色彩设计的关键。为了突出展品这一主角，背景的色彩选择往往是消退的、中性的，要与展品之间拉开光度、纯度的距离，同时，根据展品内涵，形成不同的氛围情调。

（七）色彩与材料质感

一个展览设计最终由各种材料及其技术工艺来完成，因此色彩设计必须要考虑到展览中的材料。由于材料科学的进步和新材料、新加工技术的不断涌现，当代博物馆展览中的材料选择越来越多样化，可以充分表现不同的质地、肌理、触感、工艺，同时也能够提供丰富多样的色彩选择。这一方面极大地拓宽了设计师的设计思路，同时也对设计师兼顾色彩与材质的能力提出了更高的要求。

材料的肌理对色彩的三属性都有不可忽视的影响，同样的色彩，在不同材料肌理中有不同的感受，光、色、形、材诸要素相互作用，色彩设计中要充分考虑其他因素尤其是材料质感因素，才能更好地创造出理想中的色彩表达。

（八）色彩与采光照明

博物馆陈列空间的采光照明一般分为三种：自然光、人工光和自然与人工结合光。根据博物馆的性质，博物馆建筑设计会采取适当的采光方式。

不同的光源照射会给色彩带来相应的影响，我们把物体及周围环境受到光源影响而呈现的色彩，称为环境色。色相在变化的光环境中，颜色也会发生变化，常常改变了原有的色相，色彩的明度、纯度随之而变，因此在色彩设计中必须考虑采光照明的因素。利用光的特性，来加强或削弱色彩的气氛，是设计中常用的光色结合手法。

三、形式设计的主体内容

（一）展览设计的基本条件

展览设计是有前提的，它不是无源之水、无本之木，设计师必须在既定的条件下完成设计，这些条件既是设计的基础，也是设计的制约因素，设计能否最终进入实施阶段并顺利完成，除了要有好的设计构思和设计表达外，基本条件是否充分，是最终的决定因素。展览设计的基本条件包含以下几项：

陈列大纲：形式设计是整个展览设计的第二阶段，在第一阶段的内容设计中，相关展览策划设计人员完成了基于展品和主题构思的陈列大纲。对于形式设计而言，一个好的陈列大纲应满足如下要求：陈列主题明确，内容科学完整，展品及辅助展品数量、体量、形制、组合清晰，陈列布局合理，陈列规模明确，陈列重点突出。陈列大纲是形式设计的脚本，也是形式设计的出发点。

展品：展品包括实物展品和辅助展品。实物展品是展览要突出的对象，是展览的主角，辅助展品包括地图、图表、模型、沙盘、景观、文字说明等用以丰富、完善、说明、强调实物展品的各种物质手段。展品本身具有重量、体积、材质、形状等固定的要素，还有相应的历史、艺术、科学、文化价值，在展览中起着从各个角度对展览主题进行阐释的作用，同时，展品本身也有安全保护防护要求，这些既是设计师要在设计中传达的内涵，也是设计的制约条件。

场地空间：展览形式设计是空间视觉传达艺术，在一定的有限空间中展开，与展示相关的空间，包括陈列厅室、展前区、博物馆外部空间、周边环境空间等，凡涉及展览信息传递的，都在设计师考虑范围内。设计师要在设计之前充分掌握建筑的结构、用材、工艺、空间序列、面积、净高、形状、尺度、模数等，同时掌握暖通、电路、照明、消防、人员疏导、通道、门等情况，在此基础上对空间进行二次设计。有些新建博物馆会根据展览设计的需求进行建筑空间设计，这为设计师充分驰骋设计想象提供了更为广阔的空间，绝大多数情况下，设计师需要在既有的场地空间中完成设计。

设备材料与工艺：陈列设备的设计是展览的重点，其种类、形式、体量、重量、数量和配置方式都要进行预估，由专业展具生产者提供的，要充分考察其是否符合展览设计要求。展览涉及的材料包括装饰材料、设备材料、辅助展品制作材料、展品衬托用料等。材料选用要考虑的因素有：材料物理性能、化学性质、加工条件、防火性能、视觉传达需求等。展览制作工艺包括材料加工处理、现场制作、配套设施安装等，工艺决定展览意图能否最终实现。

此外，如科技与数字展示手段、虚拟现实与增强现实、人员经费情况、设计制作周期等，也是设计中需要考虑的。

（二）总体设计

总体设计阶段的任务是，根据陈列大纲要求，针对展品展示需求，在既有的场地空间基础上，完成对陈列的平面布局、立面和空间构成形式的设计。它主要包括如下内容：

平面布局设计：使展览在既定的场地空间中，完成结构规划，构成完整序列。平面布局设计要求既要使展览的结构与建筑平面布局相辅相成，又要充分体现陈列大纲对展示重点、展示效果的要求，完成参观路线规划，绘制总平面图。

立面设计：立面设计要完成视觉效果设计的要求，它的任务有：墙面展品陈设设计，陈列柜与墙面展品组合设计，对立面的高度、色调、版式等提出要求，绘制立面设计图。

空间设计：建筑场地空间提供了展览的空间基础，在此基础上，设计师要对固有空间进行二次设计。除由平面布局和立面设计规定的空间规划外，还要对空间表情、趋势、氛围、意境、序列、关系等进行规划，考虑观众流动形成的空间动线，形成优美、有韵律的空间结构，绘制透视效果图或轴测图。

色彩设计：根据展览主题、内容和展品特色，提炼其文化内涵、象征元素、科学元素、民族地域特征、历史特征、自然标识等，凝聚象征意义，结合空间照明，进行总体色调设计，制订部分和单项色彩设计要求，绘制色彩效果图，制订色彩设计色标。

（三）单元和分组设计

在总体设计方案基础上，要完成单元和分组的设计。这部分设计的要求与总体设计是一致的，是总体设计的细化，要绘制平面设计图、立面设计图、透视效果图或轴测图。陈列柜作为一个封闭空间，其内部的空间规划既是整个展览的细节，也是一个相对完整的展示空间，其平面、立面与空间也需要结合展品组合，通过台座、支架、背板等，构成有机统一整体。

（四）专项设计

为了形成完整的展示序列，除陈列的总体、局部设计外，根据需要，还可在展览中增加一些专项设计，如景观、蜡像、全景画、半景画、虚拟展示、数字展示等，展览的序厅因其设计要求、制作工艺要求比较特殊，往往也归入专项设计之中。如果说展览设计本身的总体格调是叙事的，陈列厅设计的风格则更多是抒情的，它通过象征、暗示、揭示、凝练、连类比物，因物象形，指代意会，深刻揭示展览主题。景观设计在自然科学类博物馆中是一种比较常见的运用，通过复原自然、社会、历史中某一真实存在的景观，来展示相关环境特征等。蜡像和全、半景画，都有再现场景、人物的作用。需要注意的是，这类专项设计要与整个展览的风格相协调，不可对主题展品造成喧宾夺主的效果。

（五）辅助展品设计

为完善展品展出逻辑环节，扩展其文化艺术科学内涵，须进行图表、地图、沙盘、模型、复制品、景观等的设计，它的设计要求是紧紧围绕展品，以求风格格调统一。

（六）设计与展品的安全保护

博物馆展品一般都具有较高历史、艺术、科学价值，有些还具有较高的经济价值，文物等展品还具有不可再生性，一旦损毁损失不可弥补。因此，在充分利用文物等展品，通过展览实现博物馆的公共文化服务功能外，保障安全，进行有效防火等，是博物馆展览设计的一个重要要求。

一是预防性保护微环境的创造，展示厅室是博物馆藏品的“第二库房”，因此其保护环境的创造特别重要。首先是博物馆室内环境的温湿度、颗粒物、光照、微生物等的控制与监测，其次是柜内环境的控制，特别是对于环境有特殊要求的漆木器、纸张、纺织品等有机质文物，对湿度有特殊要求的铁器等，柜内保存环境的创造更为重要。

二是满足防火、防盗、防震、防灾的要求，使用不可燃、阻燃材料，装置相关报警器、监视器、应急阻断门，在展柜内加装防震设施，弱电设计符合相关要求等。

（七）设计与材料

博物馆展览应用材料的范围十分广泛，因表现形式的需要，各种材质、各种肌理、各种装饰效果的材料都有可能被运用到展览中来。木材、石材、玻璃、金属材料、塑料材料、纺织品、纸张、涂料等是比较常用的。从用途领域说，建筑材料、装饰材料、服饰材料、电工材料、电子材料、美术材料，甚至医用材料，都有可能被运用到博物馆展览中来。一般来说材料的选择要遵循以下原则：

一是材料性能满足展览需要。包括展示对材料的承载力要求、环保要求、安防要求、耐固性要求等。

二是材质肌理等满足设计要求。包括展示厅室装饰要求，展具表面肌理色彩要求等。

三是材料材质规格满足加工工艺要求。包括切割、表面涂饰、连接、弯曲、造型、钻孔、黏结等。

（八）设计与工艺

加工制作工艺决定了展览的最后呈现效果，一个有珍贵展品展出的展览，若其制作工艺粗糙，会直接影响到观赏效果。对加工工艺，主要有以下要求：

一是能完美呈现设计要求。包括工艺本身的质量、表面处理质量、纹理表现、细节表现、体现工艺或传统美感等。

二是满足施工方案要求。展览的施工制作有些需要在异地完成，有些需要在现场制作，现场制作对工艺技术本身具有特殊要求，如对文物的保护、对建筑结构的保护等。

（九）展览设计中的科技手段运用

随着数字影像技术的迅猛发展，相关的声光电技术、多媒体技术、成像技术、影像互动技术等开始在博物馆展览中普遍应用。这些技术的出现，为丰富博物馆展示手段、拓展展品信息传达渠道起到了不可忽视的作用。从投影、数字触摸屏、三维成像、互动体验，到虚拟现实、增强现实，现在又随着移动互联技术的迅速普及，拓展到观众手持终端设备上。技术的发展为博物馆展览提供了更加丰富的可能性，同时，也存在着炫耀技术、掩盖对展品原真性欣赏，或单纯为技术而技术，没有适当传达文化艺术科学信息的弊端。这些科技手段在展览中的运用，应该坚持展品本位、原真性本位的原则，使之成为展览的有益补充和扩展，而不是取而代之。

四、展览设备设计

展览设备是展览设计中的大宗，它是构成展览空间表情的重要元素，也是展览最主要的物质基础。

（一）展览设备的作用

展览设备在一个展览中主要起到如下作用：

围护作用。博物馆展品特别是重要展品，本身具有极高的价值，因此需要将其与观众进行一定程度的隔离，并通过密闭环境创造来营造预防保护的微环境。它还起到阻燃、防盗、防冲击、防潮、防震、防腐蚀污染、防微生物侵害、防光害、防人体呼吸侵蚀等作用。

展示作用。展览设备是用来展示展品的，对展品起到衬托、装饰作用，它将展品组合、展品与辅助展品联络成有机的整体，用以阐释一定的价值意义。

组织空间的作用。陈列厅室的二次空间创造，大部分是用展览设备来完成的，对空间进行分割、整合、联络、排列、增减造成空间布局的丰富变化。

（二）常用展览设备设计

展柜：展柜是展览中最主要的设备，博物馆常用的展柜一般有单柜、通柜等。单柜是独立的，有立柜、平柜、坡柜、斜柜、四面柜、双面柜、异型柜等；通柜也称大联柜，沿展线以单位长度沿展，便于陈列连续性、时间线性展品。展柜的设计主要考虑如下因素：观众参观的人体工程学需求特别是视线和视觉带要求、展品展示的承重要求、展品防护要求、设备安装要求、关锁设计要求等。其中，柜内设备包括照明设备、恒温恒湿设备、空气调节设备、防盗监控报警设备、机械设备等。结构设计、玻璃安装、柜门设计和锁具应协调考虑。

展墙、展架与展板：这一组展览设备与立面视觉效果关系重大，展墙又称展壁、假墙，既起到展览空间分割作用，以丰富空间格局、拓展展线长度，同时又是安置悬挂平面或小件展品的设备，可分为固定式和活动式。展架可以与展板组合成展墙，相对于比较正式、固定的展墙，材质轻便、功能多样、组合灵活。展板用于悬挂张贴平面展品，图表、照片等辅助展品，可以与展墙、展架配合使用，可以按照一定规格设计成展板系列，组合使用。

台座：台座是实物展品的承托设备，有柜外和柜内两种。柜外的台座，一是可以进行“裸展”的展品的台座，一是大型展品如车马、棺椁、机械设备、车辆炮舰等的专用大型台座，需专门设计制作。柜内台座可以按照一定规格设计系列，以便进行组合。使用台座可使柜内展品错落有致，相互呼应，起到美观和视觉变化的作用。

标牌：展览中用于说明文字的标示牌，可分为标题牌（展览、部分、单元、组标题）、说明牌（前言、结语、部分说明、单元说明、组说明、展品说明）。标牌的设计应与立面设计，展墙、展板的版面设计、文字设计协同考虑。有的展览不设专门的标牌，采取喷绘的方式将说明文字直接喷涂到展墙、展板或展柜玻璃上。

五、采光照明设计

（一）博物馆建筑的采光方式与照明设计

博物馆建筑的采光，可分为三种：一是自然光采光，这是最早，也是最廉价的采光方式，但有着明显的不足。由于早中晚的时间变化、季节变化、阴晴雨雪天气变化、博物馆所处纬度等，光线的强弱、色光都会发生较大变化，日光中的紫外线、红外线，也会对展品和展览设备造成破坏。由于自然光采光在环保、节能方面的作用，有些新建博物馆还是采取了局部自然光采光的设计，通过设备调节，降低光线变化和光害。二是人工照明，这是目前大部分博物馆普遍采用的方式，人工照明的优点是可控制、可调节，通过对无害光源的选择可有效降低光害，可以通过照明设计获得理想的照明效果，缺点是耗能大。三是自然光采光与人工照明结合，兼顾了两者的优点，一般在博物馆的非展示区域采取局部的自然光采光，在展示区域采取人工照明。

展览的照明设计是塑造展示厅室空间氛围、塑造展品形象、提升展示效果的有效手段，好的照明设计会使展览更加精彩。采光照明既是设计师的工作，也是工程师的工作，一个好的照明方案离不开两者的共同努力。今天照明已经发展成为一个高度专业化的领域，有时会节省设计师很多精力，但是对展品的理解和把握、对具体展品的光氛围塑造的理解，还是要以设计师为主。

（二）文物及其照度要求

对于以文物为展品主体的博物馆来说，如何减少光对展品的损害，是照明设计中最为关心的问题，一些材质脆弱的文物，如丝绸、纸张、书画、毛织物、皮革等，在短时期的有害光照射下就可产生不可逆的损害。所以，针对不同材质的文物，国际博物馆协会等组织提出了对照度的要求。照度即光照强度，它的单位是勒克斯（Lux），在 1 平方米面积上所得的光通量是 1 流明时，它的照度是 1 勒克斯。一般按照材质，将文物分为金属、石材、玻璃、陶瓷等对光不敏感的文物，骨、角、竹木、牙、漆器等对光比较敏感的文物，纺织品、纸张、书画、植物标本等对光特别敏感的文物，分别按照高、中、低值设计其照度。为降低光照强度和时间，有的博物馆对光敏文物展示区域和对物照明采用智能灯具，有观众时达到相应照度，无参观者时灯熄灭。

（三）照明的需求设计原则

展览照明设计的第一个原则是需求原则，即首先满足参观欣赏的基本需要。在不同的光源照射下，物体本身会呈现不同的环境色，有些环境色距离其固有色的色相比较接近，即色彩的还原度比较好，有些环境色与其固有色相相比会发生比较大的变化，就会给观赏带来一定障碍，因此除特别需要强调气氛的展品外，一般在照明设计时都要考虑其色彩还原度。其次，要考虑文物本身的保护需要。除了按照照度标准设计光照强度外，还须选择滤除了有害光、冷光源等特别为展览而设计生产的专业照具。最后，就是创造和谐而有韵律的、照度差异不过大的光环境，避免观众视觉疲劳。

（四）照明的艺术设计原则

展览的照明分为环境照明和对物照明，前者主要是参观环境的光提供，后者主要是完成对具体展品的照明和氛围烘托。有时，二者也不能截然分开，对物照明在某些区域也承担着环境照明的作用，环境照明有时与对物照明一起，完成对展品的光环境塑造。投光方式决定了照明的主要特点，在人工照明条件下，投光方式主要有：顶光、顶侧光、侧光、背光（逆光）、底光、底侧光。顶光、顶侧光最接近人们对自然光的照射方向感受，因此比较适合塑造平和、沉稳的光氛围。侧光主要用于对器物两侧造型的表现，它的方向比较近似于朝霞或晚霞，所以一般会结合顶光或顶侧光使用。背光最适于勾勒器物边缘线条，也与前方的顶光、顶侧光结合使用较多。底光、底侧光与人们的日常感受经验相违背，因此单独的光束出现时，会引起怪异的感觉，底光、底侧光一般用于表现在底部而顶光照不到的形状和纹饰，但也可用于强调某种阴森恐怖气氛。通过这些作用不同的光的组合运用，大小、主辅、高低、前后、上下、强弱配合，就可以塑造出无限的光环境效果。

六、展览形式设计的操作步骤

对于一个展览形式设计的操作，设计人员并不是在接手陈列大纲后才开始介入，理想的参与方式是在前期研究策划阶段，设计人员就深度参与，对策展人的意图和展览主体内涵都有深度了解，才能在形式设计阶段少走弯路，尽快接近策展意图。

第一，在深度了解陈列大纲的基础上，全面了解展品情况。完整的陈列大纲提供了全部展品的数量、体量、形状、材质、色彩等数据，对于重要展品而言，与其相关的文字、影像、数据、文献、研究成果等，掌握得越多越详细，则对设计的帮助就越大。第二，在充分了解展览主题和展品的基础上，进行概念化设计，提炼视觉元素，凝练核心意象，建构大体的平面布局、立面设计、空间布局和各个展示空间氛围塑造的构想。第三，将初步形成的概念化设计与策展人员、研究人员和施工人员、后期教育推广人员反复沟通，找出其中不可行的部分，纠正其中偏差的部分。第四，在概念化设计得到全面共识后，进行总体设计，形成总体设计方案。第五，总体设计方案经论证讨论后，进入单元和专项设计阶段。

第三节 博物馆展览工程管理

一、博物馆展览工程及其管理流程

博物馆是通过举办展览向观众传播科学文化知识的机构，只有推出既具有思想性、科学性、知识性，又具有艺术感染力的精品展览，才能真正发挥博物馆的社会作用。近年来，我国博物馆每年举办的展览大大小小总计 3 万多个，并且这一数量还将不断增长。因此，加强博物馆展览工程的管理，不断提升博物馆的展览水平，是博物馆一项十分重要的中心工作。

（一）什么是博物馆展览工程

博物馆展览工程，是指在特定空间内，以文物标本和学术研究为基础，陈列设备技术为平台，艺术的或技术的辅助展品为辅助，基于知识传播和公共教育的目的，面向大众的知识与信息、文化与艺术、价值与情感的传播工程。

博物馆展览工程的任务主要包括展厅基础装饰工程、展示形式设计、展品展项制作、现场布展安装工程等几个方面。

博物馆展览工程是一项高度综合的、专业性、前沿性极强的工作，也是一项思想性、科学性和艺术性很强的工作，集学术文化、思想知识和审美于一体，有着自己独特的个性和工作规律。承担展览工程的机构必须对展览内容文本和相关学术资料、文物标本等实物资料有一个再研究的过程，即通过对展览传播或教育目的、展览主题和内容与特定展示空间的研究，并在此基础上，对展品和材料进行取舍、补充、加工和组合，塑造出能鲜明、准确地表达展览传播或教育目的、展览主题思想和内容的陈列艺术形象序列。

（二）博物馆展览工程的管理流程

博物馆展览工程是一项复杂的系统工程，不仅程序多、专业性强，而且涉及面广。要确保展览内容的思想性、科学性、知识性、艺术性和布展制作工艺的严肃性、技术的可靠性、造价的合理性，必须按照科学的工作程序运作。

根据博物馆展览工程的内在客观规律，一个完整的博物馆展览工程的科学程序宜为：工程立项→编制工程招标文件→形式概念设计与招标→形式深化设计与施工设计→展品展项制作与布展施工→监理→竣工验收→决算→审计→评估。

工程立项阶段主要工作包括起草立项报告、编制经费概算、制订工程进度计划、效益分析、经费筹措和建立组织班子。

编制工程招标文件主要任务包括施工单位资格认定、编制竞标文件、编制工程进度表等。

形式概念设计与招标主要任务包括概念设计评审和优选、确定中标人、签订合同。

形式深化设计与施工设计阶段主要任务包括空间布局规划、功能动线规划、展品展项设计、展具和道具设计、展示灯光设计、图文版面设计、多媒体规划与设计、互动展示装置规划与设计、展示环境氛围设计、施工图设计、编制布展预算书等。

展品展项制作与布展施工阶段的主要任务有制作与施工的组织、制作与施工方案制订、工艺和技术要求把关、进度控制、预算控制、质量控制，甲乙双方配合完成展览设备和大型辅助展品的安装、实物展品和辅助展品的布置，展览和安保协调，按需调整展览的设计和工艺。

监理阶段主要任务包括选定监理单位和艺术总监，开展展览工程的材料监理、展品展项的技术和工艺监理、经济监理等。

竣工验收阶段主要任务有确定验收人员的资格和组成、确立验收的标准和内容、按验收的标准或合同规定的要求进行验收。

决算阶段主要任务是分别确立展览基础装饰工程和非标部分的计费标准，严格按计费标准逐项进行。

审计阶段主要任务是由政府审计部门按国家相关规定独立对博物馆展览设计与施工计费标准进行审计。

评估阶段主要任务包括评估工作的组织、评估方法的选择、收集分析反馈信息、社会效益评估、经济效益评估、展览工作总结。

二、博物馆展览工程招标与委托

一般来说，博物馆提供给竞标单位的招标文件包括三部分内容：一是招标文件本身（包括技术标文件和商务标文件）；二是规范合格的展览内容文本和展品形象资料汇编；三是展览布展空间的建筑图纸（包括电器分布图）。

在编制招标文件时要明确如下主要内容：确定展览工程总造价的概算、竞标单位的资格要求、展览工程的委托方式、展览工程设计与制作是否一体化、展览工程的质量要求、展览工程的竞标标准等。

（一）展览设计和制作企业资格要求

博物馆展览工程必须交给那些具有博物馆展览设计、制作和实施能力，并有丰富经验和良好信誉度的机构来实施。为此，必须首先明确博物馆展览工程投标机构资质的要求，包括机构的资质和业绩、设计师和项目经理的资质和业绩。

1. 机构的资质和业绩

博物馆展览工程虽不同于普通建筑装饰工程，但其展厅顶、地、墙基础装饰工程和电器工程属于装饰工程范畴。目前，在博物馆展览工程投标普遍采用住建部的建筑装饰工程资质。例如某博物馆招标文件规定："投标人必须具有住建部颁发的建筑装饰专项工程设计甲级及以上资质和建筑装修装饰工程专业承包一级及以上资质或建筑装修装饰设计施工一体化一级资质。"

相对于机构的资质，机构的经验和业绩更重要。博物馆展览工程不是普通建筑装饰工程，而是面向大众的知识与信息、文化与艺术、价值与情感的传播工程，因此博物馆在招标时十分看重投标机构的相关经验和业绩。例如某自然博物馆招标文件规定："投标人必须具有丰富的博物馆展览工程设计和施工经验，且在2010年1月以来完成至少1个单项工程造价金额在2000万元及以上自然博物馆、科技馆等主题类博物馆展览工程设计制作的业绩。"

2. 设计师和项目经理的资质和业绩

相对于机构资质和业绩，从某种意义上说，设计师和项目经理的资质和业绩更关键，因为博物馆展览工程的实施主要靠主创设计师和项目经理来完成。在招标文件中必须对设计师和项目经理的资质和业绩提出要求。例如某博物馆招标文件规定："主创设计师必须具备室内装饰与陈设高级设计师资质和五年以上的（含五年）博物馆展览设计经验，须担任规模在2000万元及以上规模博物馆展览项目的主创设计师职务，并承诺全程跟踪本项目。项目经理必须具有建筑工程或装饰装修工程二级建造师资格和五年以上的（含五年）博物馆展览工程管理经验，持有项目经理安全培训考核合格证（B类），担任过规模2000万元及以上博物馆展览工程项目经理职务，并承诺施工期间全职担任本项目的项目经理。”

（二）博物馆展览工程的委托方式

目前博物馆展览工程的委托有三种方式：公开招标、邀标议标和直接委托。选择哪种展览工程委托方式应该考虑三个因素：一要尊重博物馆展览工程的性质和制作特点；二要有利于保证博物馆展览工程的质量；三要将博物馆展览工程委托给具有丰富博物馆布展工程实践经验的公司来承担。具体采用哪种方式，要根据博物馆展览工程的具体情况，分别采取以下不同的委托方式。

1. 公开招标

其对象主要是指那些技术难度较小、有众多机构能实施的项目，可以面向社会公开招标。例如普通的、投资不大的临时展览和专题展览。

2. 邀标议标

其对象主要是指那些难度较大的博物馆展览工程项目，如省市一级博物馆的综合展览和专题展览。目前全国已经有几十家较为专业的博物馆展览布展公司。经过考察，从中选择五六家已经处理过类似展览且水准较高的布展公司，在政府相关职能部门监督下，进行邀请招标和专家议标，最终确定展览的委托单位。

3. 直接委托

直接委托主要是对那些特殊的、实施难度大的、对质量要求高的博物馆展览工程项目，如大型的历史文化展、自然历史展和科学技术展。经考察，仅有个别专业布展公司有能力承揽类似工程。在这种情况下，一般直接将甲方的需求以文件方式寄发给通过考察的单位，然后在政府相关职能部门监督下，组织博物馆专家，一一约谈这些单位，就项目本身进行讨论与沟通，最后以指定方式直接将项目委托给最合适者，并经政府相关职能部门备案。

不管采取哪种委托形式，都要强调对目标机构的能力和业绩的考察、对其主创设计师和项目经理的水平和业绩的考察。

（三）展览设计与制作宜一体化

各地博物馆展览工程的实践表明，博物馆展览设计与制作布展宜推行设计与制作布展一体化招标和运作，这不仅符合博物馆展览工程建设规律，更重要的是有助于保障博物馆展览工程的质量和艺术水准。

第一，博物馆展览工程是一项面向大众的知识、信息和文化传播工程，一项兼具学术性、思想性、科学性和艺术性的创作活动。展览工程设计包括展示空间设计、功能动线规划、展示家具和道具设计、展示灯光设计、辅助展品设计、版面设计、多媒体规划和研发、互动展示装置规划和研发、文物保护设计。

第二，博物馆展览工程设计具有二度设计创作的需求。博物馆展览工程是一项集成工程，博物馆展览中的展项，例如场景、模型、沙盘、绘画、雕塑、多媒体等，需要进一步委托相关专业人士或机构进行二次甚至多次设计和创作。其间，负责展览总设计和总集成的公司必须予以指导和监督。博物馆展项二度设计创作的特殊性和必要性，是博物馆展览工程强调形式设计与专业制作一体化的充分依据。

第三，博物馆展览工程设计和制作，从概念设计、深化设计、施工设计到展品展项设计、制作和现场布展安装是一个边琢磨、边修改、边调整、边完善的过程。如果展览设计与工程实施分离的话，将会影响博物馆展览的工程质量和艺术水准。

第四，目前我国博物馆展览设计收费相对较低，如果展览形式设计和布展施工分别招标并规定设计中标单位不能参与施工竞标的话，有能力和经验的专业布展公司将很有可能放弃参与展览的形式设计竞标。

第五，展览形式设计与制作布展工程由不同单位实施，不利于工程质量问题责任界定，容易出现相互推诿的局面，最终影响展览工程的质量和展览的艺术水准。

（四）博物馆展览工程的质量要求

在展览工程招标文件中，应该对展览工程设计、制作和布展的质量，包括形式设计的要求和展览工程设备与技术提出明确的要求。

1. 博物馆展览形式设计的基本要求

展览形式设计要力图做到“版面展示立体化，实物场景一体化，景观模型动态化，展示手段科技化”。并遵循以下几条原则：

展览布局的合理性原则。在对博物馆展陈空间结构、展览内容和参展展品科学分析的基础上，合理规划展览各部分或单元内容的平面布局和面积分配，科学规划展览传播的主要知识点和信息点，科学安排观众的参观动线。

展览形式与内容统一原则。展览形式设计要服从展览内容传播的需要，做到准确、生动地表现展览的内容。

展览信息传达有效性原则。展览是知识、信息和文化传播，让普通观众看得懂是展览最基本的要求。因此，在设计中要强调突出展览的知识点和信息点，并采用适宜的展示手段和传播技术，确保信息传达的有效性。

展览的科学性和真实性原则。博物馆是历史文化和科学知识的传播机构，因此，必须保证展览传播信息的科学性和真实性。辅助展品的设计也要有学术支撑，有依据地进行再现和还原。

展览的艺术性原则。艺术表现方式和科技展现手段要力求开拓创新，实现引人入胜的视觉效果。

展览的人性化原则。为了保证观众轻松、愉悦地参观展览，在展项位置、高度的确定，展品疏密度、展线长短和节奏的把握，光线和氛围的营造，以及休息设施的布置等方面，尽可能从符合人体工程学的角度去满足观众的舒适度需求，以体现博物馆的人文关怀。

展览的安全性原则。在展览设计中，要将观众和文物的安全作为首要考虑，重视绿色设计和安全设计。例如，使用材料和器具的无害性，设施和设备的稳固性，光源的选择和照度与温度的控制，展厅环境的环保性和安全性等，都是应该重点考虑的方面。

2. 对展览工程设备和技术的要求

（1）展览设备的要求

展览设备如展柜、锁具、展具、灯具、电源等基本硬件，要求坚固、美观、实用，符合环保、文物保护、防火、节能的要求。要针对文物等级，配备相应的展柜、锁具等，既要美观，又要满足安全防范的要求。

展厅中的单柜、独立展台应考虑相应的电源和光源，这些单柜、独立展台在进行一定的调整（增减、移位）时电源和光源的配合。原则上反对单柜、独立展台与地面完全固定。所有展柜的开启方式应方便、安全、可靠。

（2）照明系统的要求

不论采用什么光源，展览照明设计应按《博物馆照明设计规范》和展陈效果需要，对不同的展品和文物采取不同的照明灯具。灯具要求低能耗、高稳定性，尽可能选用光纤照明、LED 照明等新型照明技术。

照度要合适，展厅里一般照明与特殊照明需参照行业标准设计，重点文物和重点辅助展品应根据具体的对象采取不同的照明方式。

安装在展厅内除展品照明以外的工作用光（工作照明）应与安防联动，满足安防摄像的照度，并满足对“光害”消除与控制的要求。各展厅内必须按国家规范配置应急照明系统，并与博物馆内的不间断电源系统联动。

照明设计要能集中、远距离、分组控制展厅的灯光，方便节电和管理。

（3）多媒体设计要求

多媒体项目要求互动性和趣味性强，操作简便，容易维护，价格合理，有技术和安全的保障。

设计方须提供多媒体项目设计图纸、三维演示、系统原理图及说明、施工安装方案、技术保障措施及相关资料。

三、博物馆展览工程对形式设计的要求

展览形式设计是指为某博物馆展览而进行的，将展览内容文本、展陈空间结构、展品形象资料进行分析后所形成的展陈施工工程设计与辅助展品设计。形式设计是对内容准确、完整和生动的表达，因此必须在熟悉展示内容、形象资料和展示空间的基础上进行创作。一般来说，博物馆展览形式设计包括两个部分：概念设计、深化设计（含施工设计）。

（一）博物馆展览形式设计的依据

博物馆展览形式设计的依据主要有：

意图明确、规范、合格的博物馆展览内容文本；

有关展览主题和内容的完整的展品目录，实物展品必须注明名称、尺寸、质地、用途或文化意义，并附形象资料；

有关展览主题和内容的完整的声像资料和图片资料及其文化释义；

展览建筑空间资料，包括展览空间的平面图、立面图、剖面图、楼层高度和柱距、电器分布图、消防器材分布图等；

造价概算，包括每平方米造价、总造价。

这些是形式设计师设计展览的基本依据。

（二）博物馆展览概念设计的任务和要求

概念设计是指初步的创意设计，主要供展览招标、选择展览设计和制作机构之用。概念设计除了要阐述展览设计和创作的基本思想和总体理念外，必须完整表达展览内容体系在展厅建筑空间中的合理布局、观众参观路线、未来展览空间设计和总体艺术风格、基本展览设备的造型及尺寸比例、重点亮点展示效果图等。一般来讲，概念设计应包括：

展览主题结构演绎图；

展览内容点、线、面布局平面图和观众流线图；

序厅设计效果图；

每个部分或单元重点和亮点设计效果图；

典型展品组合效果图，包括展品组合、图文版面等；

展览设备造型图，包括展柜、壁龛、展台、展墙的设计图；

展厅艺术效果和氛围效果图；

各展厅立面图；

多媒体项目效果和原理分析图；

展厅指示系统规划图和设计图；

展览造价概算书。

概念设计是展览的总体设计，其主要任务之一是在对展览内容分析研究的基础上，从传播学和形式设计的角度对展示内容的“点”“线”和“面”进行宏观布局。为了保证展览总体布局的正确，必须对概念设计的边界和范围做出明确规定。例如，2011 年山东蓬莱古船博物馆展览工程招标中对概念设计的边界和范围明确规定：（1）对“古港史”“造船史”和“水底沉船”三个部分展览主题结构进行演绎并对展示内容的点、线、面在展厅内做出合理布局；（2）从前面三个部分展览中选择五个重点和亮点进行形式表现，并要求设计效果图包括“传播目的、创意构思、形态效果图、工艺或技术支撑说明”。

（三）博物馆展览深化设计的任务和要求

深化设计和施工设计一般是在确定中标单位后进行的展览形式设计，深化设计和施工设计是博物馆展览制作、布展的实施方案。

深化设计是对展览内容深入、具体和形象化的设计，其主要任务是落实所有展品（包括实物展品和辅助展品）在展示空间的布局与展品之间的组合关系，用平、立面图对应的形式绘制成设计图。这些设计图可以用黑白线图（框图）形式按统一比例尺绘制，并用文字标注展示内容或展品名称，也可用黑白或彩色的照片按比例缩微剪贴入图。深化设计必须按展墙编号（索引图编号）逐一设计绘制。

施工设计的任务主要是对整个设计方案中涉及的所有展示设备、装备、装置和高科技单项进行设计，确定其尺寸、材料、工艺技术，按一定的比例尺绘制统一的施工图。施工设计的重点是节点结构设计。施工图必须参照工程制图的国家标准工艺绘制。在施工设计的同时，必须统计出所有展示设备、装备、装置项目和一切需施工制作的展项的统计表，并以此编写施工图预算书。

深化设计文件应该包括：展厅基础装饰工程设计方案（顶、地、墙和电器工程）、展示内容空间布局设计、功能动线设计、展品展项设计、艺术辅助展品设计、图文版面设计、多媒体规划与设计、观众互动体验装置设计与研发、展具和道具设计、展示灯光设计等。

（四）博物馆展览形式设计方案的考核

展览形式设计方案只有经过博物馆展陈专家审查和考核后才可实施。展览形式设计方案考核的要点有：

对展览主题和内容理解准确，能对展览主题和内容进行准确、完整和生动的表达。

整个展览展示脉络结构逻辑清晰，展示内容“点、线、面”面积分配和空间规划布局合理、分割有致，展览的走向和观众参观动线安排科学，做到展线流畅，富有韵律和节奏感。

展览各级传播目的明确，从展览总的传播目的，到部分、单元、组和展品展项，都有清晰的传播目的，并能以传播目的为导向进行内容组织与表达。

展览重点和亮点突出。能通过对展览传播目的、展览主题和内容分析，准确理解和把握展览各部分和单元的重点和亮点，做到重点和亮点突出。

展项展品的信息组团要合理巧妙，文物标本、图片和声像资料与造型艺术的组团科学合理，主次关系和呼应关系清晰，能有效地表达展示的主题，传达展览的信息和内容。

展览信息层次安排科学合理，展览传播信息丰富饱满，又能清晰、巧妙地划分展览的信息层次，包括普通观众的需求信息和专业观众的需求信息、展览必须传达的信息和补充信息，从而满足不同观众对信息的多样化需求。

艺术表现元素与展示主题和内容高度吻合，能将展览主题和内容的丰富性与展示方式的多样化和现代化有机地结合起来，做到主题突出，形式多样，内容与形式完美统一。

场景设计构思要准确新颖，视觉冲击力强，信息传播力强，制作工艺先进，艺术感染力强，有很强的观赏性和吸引力。

多媒体和观众参与体验展项力求开拓创新，参与性、互动性和体验性强，信息传播力强，操作简便，容易维护，价格合理，有技术和安全的保障。

展厅环境和氛围的营造要富有艺术感染力，同时，又能与展示空间、展览内容完美结合，相互呼应，相得益彰，起到烘托展示内容的作用，还能为观众创造一个舒适、和谐和温馨的参观环境。

注重人性化设计，能从观众参观的生理和心理特点出发，从观众参观规律出发，科学地规划展览的空间、展线的长短、展项的高度、展项的视角与空间位置、展品的密度、展览的信息层次，满足人体工程学的基本要求，符合人体体验舒适程度。

展览预算合理，展览技术和工艺可靠，展示空间实施可行。

四、博物馆展览工程的组织管理

博物馆展览设计、制作和布展是一项复杂的系统工程，从形式设计、展品展项制作、现场安装布展，到展品展项艺术效果和工艺质量以及展览工程进度、预算和造价合理性的控制，都有赖于科学、有效的组织管理，有赖于展览工程建设方、设计制作方和工程监理方的密切配合。

（一）展览工程的组织管理

展览工程的组织管理涉及建设方（甲方）和制作施工方（乙方），双方必须明确各自责任和权利，密切配合。

1. 甲方的责任和权利

甲方必须建立展览工程制作与施工组织管理班子，负责制作与施工的管理，包括与乙方共同确定制作与施工方案、工艺和技术要求把关、进度控制、预算控制，完成展览设备和大型辅助展品的安装、实物展品和辅助展品的布置、展览和进行安保协调等。

甲方必须提供乙方为履行合同义务所需的工地现场，负责协调水、电等乙方施工所需基本条件，为乙方办理施工许可证及其他施工所需证件、批件，以使乙方具备顺利开展施工的工作条件。

甲方必须成立现场管理小组，负责合同履行，对工程质量、进度进行监督检查，办理验收、变更手续和其他事宜，所有事宜以甲方驻工地代表审核签章为准。

甲方需在双方约定时间内对乙方提交的方案、图纸、样稿、展品等审核确认，以保证工程进度，逾期未批复视为甲方同意。

甲方应按合同规定及时向乙方支付工程款。

2. 乙方的责任和权利

乙方必须向甲方提交施工方案、制作与施工进度表、质量保障措施、安全保证措施、投入设计施工的力量、主要装饰材料的性能和规格、工艺和技术标准、造价明细表。

乙方应按甲方提供的博物馆展览内容文本和甲方聘请的学术专家、艺术总监的要求进行方案设计和施工图设计，乙方方案设计和施工图设计的深度应符合住建部有关设计深度的规定。乙方应根据甲方的要求对设计方案进行调整和优化，提供设计方案和效果图，直至取得甲方的确认；提供工程概算并配合协助甲方完成相关申报审批工作。

乙方必须严格按照经过甲方确认的施工图纸、国家现行有关施工和验收规范以及省、市有关规定进行施工，并接受甲方、艺术总监、监理单位对工程质量、工期、安全、文明施工、环保和工地纪律的监督管理，保证工程质量，及时解决施工过程中遇到的问题。

乙方必须按国家有关规定，办理有关必要的施工手续，提供进场的设备清单、主要材料清单和材料设备进场计划。乙方的全部制作和施工要满足消防部门、文物保护部门、安监部门等的要求。

乙方要严格遵守国家或地方政府有关建设工程安全生产的管理规定，严格执行施工规范、安全操作规程、防火安全规定、环境保护规定，切实履行职责，加强进度、安全、质量的全方位管理，建立健全管理体系，规范施工；对施工现场应采取必要的安全技术措施，设置安全施工的警示标志，并随时接受安全生产监督检查，消除事故隐患，杜绝一切事故发生。在施工过程中，严格服从甲方、监理工程师的管理。应根据合同规定按时向甲方提交日常进度报告、施工质量报告、突发事件报告等。

乙方的项目经理、主创设计师和相应资质的专业技术、管理人员，在施工过程中应根据甲方要求按时到场，未经甲方同意，乙方不得擅自调换和撤离。

乙方保证工程中采用的材料、工艺、技术免于第三方提出侵犯其专利权、商标权或者其他知识产权的起诉。

（二）博物馆展览设计与制作的配合和控制

一个展览的成功有赖博物馆、策展人员、形式设计师等多方的合作。展览形式设计中对学术观点的把握、展览内容的理解、对展品和形象资料的选用、对辅助展品的创作等都有赖于学术专家、策展人员的配合。因此，博物馆必须成立专门的资料对接班子配合布展公司，对布展公司展览设计和制作进行资料对接，包括提供展品形象资料和学术研究资料并进行指导。

除了委托普通装饰监理公司监理展厅基础装饰工程外，还必须聘请富有经验的博物馆展陈专家加强对展览工程设计效果、展品制作质量和造价合理性的监督控制。

展览深化设计、施工设计和制作主要应该控制三个方面：一是学术控制，即展品展项设计制作的科学性和真实性、艺术表现与展览主题和内容吻合度的控制；二是艺术效果监理，即展览艺术表现效果和工艺技术质量的控制；三是造价监理，即展览造价预算和展品展项造价合理性控制。

（三）艺术总监在展览设计和制作中的工作内容

为了保障博物馆展览内容的思想性、科学性和艺术性，展览设计制作工艺的严肃性、技术的可靠性、造价的合理性，有必要在展览工程的实施中聘请具有丰富博物馆展览工程管理经验的专家担任艺术总监，为博物馆展览建设方提供专业化的咨询建议，协助博物馆展览建设方控制展览的艺术效果、工程质量和造价合理性。

展览工程艺术总监的工作内容是为博物馆展览工程提供技术、艺术、经济方面的指导、咨询和决策建议。艺术总监主要承担三大任务：艺术表现与展览主题和内容吻合度监理；展品展项的艺术表现效果和工艺技术质量监理；展项和布展造价合理性监理。具体包括：展览工程商务谈判咨询；展览工程合同中技术和经济项目审核；展览深化设计和施工设计效果指导和监理；展览工程预算审核和控制；展览施工布置时的艺术监理与指导；展览工程验收咨询；展览工程造价决算和审计顾问；其他涉及展览工程技术、艺术、经济监理和顾问方面的工作等。

以展览深化设计、施工设计、展项制作和布展为例，艺术总监将帮助博物馆建设方控制和监理如下内容：

概念设计审定：根据展览的内容、展品和形象资料、实际的展示空间，审定和完善展览概念设计方案。

展览平面布局和参观动线审定：在对展览的内容、展品和形象资料与实际的展示空间的扎实分析的基础上，做出展览各部分空间的平面合理分配和参观动线的规划。

重点亮点审定：根据展览传播目的、主题和内容，确定各部分或单元的重点和亮点及其在平面上的点位规划，并研究和确定表现的艺术形式。

场景设计审定：审核内容包括传播目的、主题和基本内容、创意构想、工艺和技术支撑说明。设计方先做草图和效果图，艺术总监审定后再实施。

雕塑设计审定：审核内容包括传播目的、主题和基本内容、创意构想和材质。设计方先做草图和效果图，艺术总监审定后做模样，再雕塑成像。

模型沙盘审定：审核内容包括传播目的、主题和基本内容、创意构想、工艺和技术支撑说明。设计方先做草图和效果图，艺术总监审定后再制作。

绘画创作审定：审核内容包括传播目的、主题和基本内容、创意构想，设计方先绘草图和效果图，艺术总监审定后再创作。

多媒体规划审定：根据展览内容表现的需要，统一安排展览的多媒体规划，包括数量、点位、形式；多媒体脚本内容审定；多媒体形式和系统结构审定。

影院规划审定：根据展览内容和空间，审定影院的位置、面积、形式（环幕、球幕、4D 还是 3D 影院）；影片主题和内容审定；影片分镜头审定；影片艺术效果审定；影片设备审定。

参与互动装置审定：根据展览内容和空间，审定参与互动装置的数量、位置、内容、形式表现和操作模式。

版面设计审定：审定一级、二级和三级标题的规格和风格，每级版面的主题和内容吻合度，版面内文字、图片、图表的组合关系，艺术效果等。

展柜设计审定：审定展柜选用的合理性和技术可靠性，包括展柜的形式、数量、品牌、规格、工艺、价格等。

照明设计审定：审定照明布点数量及其合理性，灯具品牌和质量，文物保护效果，照明展示效果，眩光控制效果等。

造价及其合理度控制：包括基础装饰工程，展示设备，照明系统，图文版面以及所有非标类展品展项，例如雕塑、场景、模型、沙盘、多媒体、绘画等。其中，基础装饰工程按国家定额价审定；展览设备和照明系统按市场价审定；非标类展品按市场相似品的可比价审定。

五、展览工程的取费、决算和审计的标准和依据

（一）博物馆展览工程造价的构成

博物馆展览工程主要包括展厅基础装饰工程和展陈工程两个部分。其中，展

厅基础装饰工程包括展览空间的吊顶工程、地面工程、墙体基础装饰装潢施工工程和电器工程，这部分一般占博物馆展览工程造价的30%左右。展陈工程是博物馆展览工程的主体，一般占整个工程造价的70%以上。一般来讲，博物馆展览工程造价构成要素如下：

陈列设备：展柜、展墙、展架、展台、支架、道具等；

辅助展品：图文版面、地图、图表、模型、沙盘、景箱、场景、灯箱等；

美术作品：壁画、油画、半景画、全景画、雕塑、蜡像等；

科技信息装置：多媒体、动画、幻影成像、观众体验装置等；

影视设备：3D或4D影院、动感影院、球幕影院，包括软件开发和设备系统；

照明系统：包括特殊的灯具、光源及其控制系统；

展览内容策划、形式设计费、展览工程监理费和艺术总监费；

文物征集和修复费；

展览工程开办费，包括专家咨询费、评审费、考察费等；

间接费：利税、运输费、包装费等。

（二）博物馆展览工程的决算和审计

根据多年来博物馆展览工程实际情况和市场行情，博物馆展览工程制作和施工取费的决算和审计参考标准宜为：

第一，展览空间的吊顶工程、地面工程、墙体基础装饰装潢施工工程和电器工程，严格按照国家建筑装饰装潢定额计算。

第二，展览中的展陈材料和设备之类，如布绒、铝材、钢材、板材等，可参照建设工程的定额价、信息价。考虑到博物馆展览工程的特殊性，可以进行适当的系数调控补偿。

第三，展览辅助展品中的普通工艺、美术效果的制品，包括雕塑、绘画、场景、沙盘、模型、视频、多媒体等，应按市场相似货品的可比价进行定价，并据博物馆展陈工作的特殊性，协商一个正负调节范围。

第四，特殊艺术要求的无可比价的艺术作品，如场景、模型、动画和多媒体等，一般采用协商艺术效果后的报价确认，并约定不再审计组价。

第五，社会知名艺术家参与创作的辅助展品类艺术作品——绘画、雕塑、蜡像等，其计费按照协商价确认，不再审计组价。

另外，根据多年来博物馆展览工程的形式设计取费的市场行情，一般博物馆展览的形式设计取费基本根据展览工程的总造价按比例确定，一般为总造价的5%—15%。展览形式设计取费和审计参考标准宜为：

总造价在人民币50万至100万元的展览项目，收12%—15%的设计费；总造价在人民币100万至300万元的展览项目，收9%—12%的设计费；总造价在人民币 300 万至 500 万元的展览项目，收 6%—9%的设计费；总造价在人民币 500 万元以上的展览项目，收 5%—6%的设计费。

由于博物馆展览内容文本的策划与撰写的重要性、所包含的知识含量、所投入的精力和时间不逊于展览的形式设计，因此，博物馆展览内容文本的策划设计费可参考形式设计取费标准执行。

博物馆展览工程的决算和审计人员宜由两方面专家组成：建筑装饰造价方面的专家主要负责基础装饰工程和实物工程量装饰部分的决算审计；文博专家主要负责展陈工程部分的决算审计。

思考题

1. 为什么说博物馆陈列展览不同于普通建筑装饰工程、商业会展和迪士尼乐园等娱乐设施？
2. 审美型展览与叙事型主题展览有什么不同？
3. 概述博物馆展览策划设计的三个环节。
4. 试用实例阐述博物馆展览主题结构的演绎。
5. 参观一个博物馆展览，通过自己的感受，对该展览的总体色调设计意图进行阐释。
6. 陈述一个你曾经见过的博物馆数字展示技术应用案例，评价其在展览中的作用。
7. 参观一个博物馆，对其标牌系统的设计进行评价。
8. 概述博物馆展览工程的管理流程。
9. 为何说展览设计与制作宜一体化？
10. 博物馆展览形式设计的依据有哪些？
11. 在博物馆展览工程中，为何要加强博物馆建设方对展览设计与制作过程的配合和控制？

▶ 拓展阅读

第七章　数字博物馆

数字博物馆，是现代信息科技与博物馆业务相结合的产物，能够在一定程度上摆脱时间与空间的制约，以全新的面貌对公众文化生活产生广泛而深刻的影响，现已成为博物馆学关注的重要课题之一。

第一节　数字博物馆的概念

随着计算机和网络通信技术在博物馆工作中的运用，陆续出现了多种相关的专业术语或社会常用语，最有代表性的如：博物馆数字化、博物馆信息化、博物馆上网、博物馆网站、虚拟博物馆、电子博物馆、网上博物馆、数字化博物馆、数字博物馆等，人们对这些新用语的理解和所指各异，反映出该领域的理论研究滞后于实践，给相关的交流研讨带来障碍。其实这些用语的所指可以分别归属以下四种各不相同的事物。

一、博物馆数字化和博物馆信息化

“数字化”的实质，就是将传统的纸质文档内容转变为数字文档的过程。例如，博物馆工作者把原先用纸张或化学感光材料记录和存储的实物藏品信息，转变为用计算机存储和处理的数字信息，这一过程就是狭义的“博物馆数字化”。博物馆数字化的最初目的在于藏品管理，试图通过馆藏信息的数字化管理来全面提升馆内业务工作效率。数字化藏品管理系统一旦具备较完善的查询功能，就会使利用数据库的感觉十分接近数字博物馆。但数字化管理的受益者毕竟仅限于馆内业务人员，不等于对外共享性的数字博物馆。对于博物馆而言，馆藏数字化管理是对内的和利己性的，博物馆工作者对于其所能带来的利益早已普遍认同，而对于外向性和利他性的数字博物馆的看法和态度却比较复杂。博物馆数字化无疑能奠定数字博物馆的资源基础，但并非必然地发展为数字博物馆。

“信息化”一词指的是“信息和数字化”，目前在社会公众的日常言语中往往用作“数字化”的同义词，因而可以把“博物馆数字化”与“博物馆信息化”看作对同一事物的不同表达方式。但在专业人士看来，“数字化”与“信息化”这两个词之间还是有区别的。数字化偏向于说明一种技术，比较具体；信息化则偏向说明数字化后带来的变化与好处，比较抽象。所谓“博物馆信息化”，是指博物馆各职能部门员工普遍利用信息技术开展业务的工作状态，包括网站建设、藏品管理数字化、实体陈列大量运用数字多媒体技术、楼宇管理自动化、办公自动化、局域网络建设乃至数字博物馆建设等多种内容，其目标指向整个机构具有更高的运转效率和更好的职能发挥。所以，“博物馆信息化”的范围大于“数字博物馆”，“数字博物馆”可以被视为“博物馆信息化”中一个非常重要的方面和较高的发展阶段。

近年来在博物馆信息化基础上又加入物联网、云计算、大数据、移动互联、增强现实等一系列新技术要素，出现了“智慧博物馆”这一新概念，系指以全面透彻的感知、无线宽带的互联、智能融合的应用为特征的博物馆形态。目前这些新技术要素正在零星地逐渐进入博物馆领域，部分要素的适用性还处在探索之中，尚未出现系统完整的实际应用案例和相关研究成果，所以，智慧博物馆目前还没有成为现实，但可以预计在不久的将来一定会实现。

二、博物馆网站和博物馆上网

随着互联网技术的发展，我国在20世纪90年代末，已经可以从互联网上看到数十家博物馆网站内容，当时许多人误以为这就是数字博物馆。其实，这些网站内容恰似电子版的实体博物馆设施情况简介或开放活动的广告单，其主要目的在于自身宣传，同时招徕公众参观实体博物馆，因而其本质是利己性的。与此不同，数字博物馆的核心价值在于向社会公众提供知识学习或艺术观赏资源，必须含有一定规模的系统展示藏品信息的内容，其本质是利他性的。博物馆网站与“博物馆上网”的所指相同，意味着实体博物馆在网络世界打开了一个自我推介的窗口，以促进自身的健康发展，德国汉堡美术馆网站即属此类。博物馆网站可以成为数字博物馆的入口形式，却不宜单独称作数字博物馆。

三、虚拟博物馆

“虚拟”是指用计算机来虚构和模拟现实世界中的客观事物和环境，这个词被用于多种场合，很容易引起混淆。首先从信息表达形式看，所谓虚与实是相对而言的，如果用实物藏品叙事被看作是实的，那么脱离实物而转用数字化藏品信息叙事就是虚的。在此意义上，人们通过智能终端看到的博物馆当然就属于虚拟博物馆，虚拟博物馆可以说是数字博物馆的别称，这两个词均已成为社会常用语。

其次从展品的生成依据看，有些科技类的数字博物馆展品并非来源于实物藏品的数字化，而是带有一定主观想象或推理成分，运用数字多媒体虚拟现实技术，制作出再现某种自然现象或演示某种科技原理的展品，恰似实体科技馆大量使用的模型类展品，属于先有信息而后据以制作的教具性展品，它们既不属于自然遗产或文化遗产，也不属于人类及其环境的见证物。可见这类展品的生成依据是虚的，这类博物馆与其称作虚拟博物馆，不如称作数字科技馆更妥当，就像实体科技馆有别于传统自然博物馆一样。

再者从展品来源看，网络上有些虚拟博物馆没有对应的实体机构，其建构者并不拥有实物藏品资源，当然也不以藏品信息数字化工作为基础，而是针对某一类文物标本研究者或兴趣爱好者的需要，将有关的各种现有资源线索系统地组织起来供用户浏览或检索，按类别或主题汇集了较为丰富的而原本又是十分零散的博物馆藏品信息，使用户感觉就像专题博物馆一样。这属于对已有信息资源的重组行为，展品来源是虚的，因而此类博物馆被称为虚拟博物馆，可谓自媒体时代的产物。

四、电子博物馆、数字化博物馆、数字博物馆、网上博物馆

这几个名词也是对同一事物的不同表达方式，其中“电子博物馆”的提法出现最早。一般认为，数字博物馆是一种采用数字化技术进行建设且须借助数字化设备才能加以利用的博物馆。对应的英文为 Digital Museum，其中的 Digital 是“数字化的”意思，所以“数字化博物馆”的提法更确切，而“数字博物馆”仅是其简称，已成为使用频率很高的社会常用语。

早在 2001 年夏天，我国网民惊奇地发现，新开通的北京故宫博物院网站内容并不限于设施介绍性的静态网页，在其中的“藏品精粹”栏目里，可以借助检索工具，从含有数千件馆藏信息的数据库中，任意选看某类或某件藏品的文字解说和影像信息，显然具有类似于观看陈列展览的学习或观赏功能。这说明故宫博物院利用了馆藏多媒体信息数据库技术和交互性的动态网页形式，从而使“博物馆上网”这一现象出现了质的变化，呈现在人们眼前的是一个典型的“网上博物馆”，标志着我国首家真正意义上的数字博物馆诞生。国外如德国国家博物馆网站和意大利佛罗伦萨博物馆网站即属此类，关键在于，除了一般设施信息以外，还以在线数据库形式向社会公众推送藏品信息服务。

从专业角度看，打造一个数字博物馆涉及实体博物馆许多部门专业工作者的协同参与，是对自然、文化遗产物证材料形态信息及其相关知识信息进行数字化采集、整理、保存、发布的过程。但在社会公众看来，作为建设成果并投入发布利用状态的数字博物馆，其功能是单一性的，完全集中在对应于实体博物馆的陈列展览等教育传播领域。已被社会广泛关注的“数字博物馆”，仅仅是实物藏品拥有者利用信息技术所推出的一种新型信息服务项目，因而其概念定义可以简单归纳如下：

数字博物馆是以数字化技术和形式向公众展示传播人类活动和自然环境的见证物及其相关知识的信息服务系统。

在这一定性叙述中，数字博物馆的要素——手段途径、主要服务对象和信息内容等均已包含在内。而建构主体则是多元化的，大多是拥有实物收藏资源的某个实体博物馆或类似机构，也可以是某位收藏家个人或某个实体博物馆群的上级管理机构，甚至可以是获得藏品信息使用权的某个网络媒体组织。

第二节　数字博物馆的类型划分

分类是人们认识客观事物的重要手段，对于尚属新生事物的数字博物馆，可以从以下四种分类角度加以认识。

一、按所属学科分类

在我国，当教育部组织建设的“大学数字博物馆”于2002年秋天投入运行时，人们首次感受到了数字博物馆学科种类的丰富性，全面涉及人文与艺术、地球科学、生命科学、工程科技四种学科领域，分别对应高等院校有形学科的实物收藏和科研资源。随后于2006年启动的中国数字科技馆建设项目，综合利用国内多家单位的自然遗产和科技知识资源，建设了一百多个专题馆。按学科领域的科普化表述方式分为六大类：(1) 天地探索；(2) 生命奥秘；(3) 人与自然；(4) 历史文明；(5) 基础科学；(6) 工程技术。中国数字科技馆的问世进一步丰富了我国数字博物馆的学科门类。对于实体博物馆和单体数字博物馆来说，按学科分类是有意义的，也是客观现实。而数字化馆藏资源蕴含着跨越馆际界限和学科界限的潜力，由此推测未来发展成熟的数字博物馆，将会是融合了多家馆藏资源和多学科内容的信息共享平台，按学科分类的意识将会被按问题分类的意识所取代。

二、按运行方式分类

数字博物馆数据库的运行方式，最常见的是通过互联网络传输到“地球村”里的个人智能终端，因而人们在谈论数字博物馆时总离不开“网络”。其实，网络还有广域和局域之分，即便非网络的单机运行方式，仍然可以实现数字博物馆的功效。人们在利用数字博物馆时，所关注的是信息内容的质量和数量能否满足自己的需求，倒并不介意数据库服务器距离自己的远近。可以说，数字博物馆的运行方式并不唯一。现有数字博物馆的运行方式包括三种：单机运行方式、局域网运行方式和广域网（互联网）运行方式。

所谓单机运行方式，就是将含有藏品信息资源的数字博物馆系统安装在一台计算机中运行，由用户上机操作获得馆藏信息服务。这种方式对软硬件环境要求不高，维护简单，所需投入比较经济，容易普及。对于一些规模有限的专题内容，也可制作成光盘形式的数字博物馆，作为实体博物馆的纪念品出售给观众，被誉为“可以让观众带回家的博物馆”。有些实体博物馆附设的沉浸式数字影院也属于单机运行方式，但硬件规模和节目制作投入都较为庞大。

所谓局域网运行方式，是在一家实体博物馆或类似机构范围内，采用服务器加工作站的硬件配置方式，具有共享部分硬件和集中维护数据库等优点。从利用效果看，内部局域网络有较好的带宽条件，可以观看目标藏品的多角度高清晰图片与表现力和叙事能力更强的流媒体信息。我国大学系统建立的数字博物馆，有不少是采取校园局域网运行方式，着眼于为本校教学科研提供服务。

我国博物馆的数字化建设过程往往采用局域网或单机运行方式，这与实体博物馆的规模大小有关，无论采用哪种方式开展建设和内部管理，当馆方再进一步打算与社会公众分享馆藏信息数据库建设成果时，只要将智能终端设置在馆内开放地带供观众自由查询，即可实现“定点上机”式的数字博物馆。虽然这种共享方式的受众人数和影响力无法同广域网上的数字博物馆相比，但这只是数量的差异，在本质上仍不失为数字博物馆。关键在于这样能使馆方在知识产权保护等方面处于可控状态，没有广域网发布那么多版权保护方面的顾虑。如果从投入产出效益来衡量，显然只有基于广域网运行方式的数字博物馆才是发展方向。单机、局域网、广域网等三种运行方式，形成了一个技术由简到繁、影响力从小到大的多层次体系。

三、按展现形式分类

从现有的数字博物馆案例来看，藏品信息的展现形式可大致分为“资源自选式”和“主题演绎式”两种。

“资源自选式”比较适合造型艺术观赏和学术研究工作的视角，也比较适合专业用户的需求；用户对数据库记录规模和藏品形态信息质量要求较高，而不需要太多辅助性解释材料，也不必采用昂贵的时序性多媒体表现手段，用户行为带有主动索取性特点；建构者不必按主题展览形式对展品资源进行组合编辑加工，因为主题将由用户根据自己的具体需求确定，只要提供丰富的数据库资源和科学合理的检索工具即可。可见，这种展现形式比较接近实体博物馆内部采用的藏品信息管理系统。

“主题演绎式”则比较适合叙事性主题或科学普及的视角，也比较适合非专业用户的需求；这种展现方式讲求物证材料的典型性而无需太多同类材料的堆砌，但对通俗性解说要求较高，常用多媒体手段追求趣味性、生动性、仿真性和互动性效果，用户行为带有被动接受性特点；建构过程中需要按主题展览形式对展品进行多媒体组合编辑深加工，用数量有限的物证材料和相关信息材料组成一系列图文并茂、声色俱佳、趣味性强、解释度高、富有情节性的演示节目。

四、按发布形式分类

数字博物馆的广域网发布形式，又分单体发布和群体发布两类。数字博物馆，通常是以一个拥有实物藏品资源的实体机构为单位建设起来的，通过广域网发布则直接形成单体的数字博物馆，这就像一个实体博物馆利用馆藏举办陈列展览那样顺理成章。对于用户而言，若想利用某家单体数字博物馆的藏品，首先要进入该馆的网站主页。但问题是，大多数实体博物馆的地域性馆名并不能反映馆藏专业主题，而数字博物馆的用户恰恰只关心主题内容，反倒不在乎博物馆的地理位置所在。这就产生了汇总集成若干家单体博物馆数据库进行群体发布的需要，使用户进入某一个数字博物馆联盟网站，就可以同步利用多家博物馆的藏品信息，从而避免多次进出单体博物馆网站的操作麻烦，也避免了多网址的记忆负担。

我国已有的相关实践表明，群体发布机制的数字博物馆不仅能提高维护水平和运行的稳定性，而且更加便于公众的利用。只要一次性进入联盟网站就可以同时浏览多家博物馆的藏品信息，从而突破了馆际界限。更为重要的是，随着具有语义分析能力的搜索引擎技术的发展，不久的将来即可解决跨学科的藏品信息检索技术问题，这也就意味着具备了多学科交叉互动的潜能，使用户能够获得解决某个专业问题所涉及的多学科材料和相关知识，因而有利于对当前问题的完整认知和创新思考。在实体博物馆和单体数字博物馆都难以实现的美好理想——突破馆际界限和学科界限地服务于用户，却有可能在群体发布的数字博物馆中得以实现。显然，这将成为数字博物馆最闪亮的魅力点。

第三节　数字博物馆的独特作用

数字博物馆的独特作用，是指其所特有的、对社会有利的作用和效能。数字博物馆最显著的特征，就是以数字多媒体形式表达和储存藏品相关信息。藏品信息载体从传统的纸质文档和感光影像材料，变成了磁性介质上的电磁信号。这种载体变化就为压缩存储空间、改进组织方式、提高服务速度、方便公众远程利用、扩大用户范围、缩短更新周期、降低维护费用等一系列进步提供了条件。数字博物馆之所以备受世人关注和期待，是因为它具有以下几方面的独特作用，在一定程度上弥补了实体博物馆的缺陷和不足。

一、提高馆藏相关信息收集的质量和数量

博物馆光有实物收藏是不够的，还必须同时拥有与实物藏品相关的信息，才能充分发挥教育传播职能。换言之，藏品的利用价值与其所含信息量成正比例关

系，因而相关信息的收集十分重要，并且多多益善。

数字博物馆的职责并不在于对实物资料的收藏和研究，而是出于提供研究素材和教育传播等目的，利用数字多媒体采集手段对实物资料的相关信息进行全面收集，如拍摄高清晰度的全景照片、建立逼真的三维模型、制作视频动画等。从而使数字博物馆的展示内容除文字描述外，还可以是一组从多角度拍摄的高清晰度藏品图片，也可以是一段表现藏品用途或生成过程的视频动画，或者是一个逼真的三维模型，任由用户通过鼠标旋转和放大以近距离多角度地观赏。媒体多样化是数字化信息采集手段的特点之一，意味着藏品信息的高质量表达，有些观察角度或方式甚至能超过实地肉眼观看的水平，也为非物质文化遗产信息的展示传播提供了一条绝佳的路径。

同时，数字化信息采集手段的另一个特点是数据的空间占有量小，使信息存储代价较低，从而打消了大量采集后过多占用储藏空间的顾虑。所以说，数字博物馆能够以相对低廉的成本大幅度提高藏品相关信息收集的质量和数量，也就意味着能提高实物藏品的利用价值。

二、缓解藏品保护与使用之间的矛盾

我国各地博物馆收藏的文物标本十分丰富，其中含有不少质地脆弱的珍贵藏品。实体博物馆的展示方式，存在着藏品利用与保护的矛盾问题，而数字博物馆的展示可以有效缓解这一矛盾。数字化藏品信息的使用是无损性的，大量质地脆弱的珍贵藏品可以通过网上虚拟展出而减少实体暴露的时间，在一定程度上体现了对馆藏珍品的保护作用。

三、跨时空的藏品信息展示与传播

数字博物馆具有实体博物馆所无法比拟的时空跨越能力，主要体现在以下几个方面。

在利用形式上，数字博物馆用户可以不受开放时间和利用地点的限制，每个拥有智能终端的用户只要通过互联网，登录相关数字博物馆的网站，都可以在任何时间或地点方便快捷地享用世界上任何一个数字博物馆的信息资源，提高了公众利用馆藏信息的便利性。另外，数字博物馆采用互联网的传递方式，能使各地方的信息可获得性趋同，因而消除了所处地区发达或偏僻边远与否的用户差别，缓解了文化教育事业发展的区域不均衡问题，提高公众利用馆藏信息的公平性。

在展示范围上，可以不受陈列室建筑面积限制，将所有馆藏作为对象加以尽情利用。我国有不少博物馆的收藏规模很大，而展示空间相对有限，这就导致大量馆藏长期处于无法为人们利用的“死藏”状态。在某种意义上可以说，“藏而不用”意味着社会资源的浪费。数字博物馆则能够突破实体建筑的束缚，在保障藏品安全的前提下拓展馆藏信息发布渠道，使数字化展品量接近甚至等于库藏品总量，使所有藏品都处于随时可被利用的状态，从而提高馆藏利用率，同时也就意味着能减少社会资源的浪费。

从传播内容的组织角度来看，通过提供信息的超链接和信息检索分析功能，还可以对藏品信息资源从时间和空间维度上加以延伸，达到一种独特的展示传播和信息解读效果。譬如，运用三维建模和图形处理技术，可以将藏品的内部结构、工作原理、用途用法和该藏品在各个时期的变化状况，形象逼真地模拟出来，给观众造成视觉和心理感受上的震撼。虽然这些效果也能通过实体模型等展示出来，但代价要比数字化手段昂贵得多，以至于难以实现。

在藏品信息的组织方面，数字博物馆也可以突破时间和空间的限制，具有更大的容量和维度。如荷兰后印象派著名画家梵高在 1885 年到 1889 年共创作过四十多幅《自画像》，在他去世后因拍卖和战乱而流散于世界各地，过去若想一睹这些画作的真容，必须辗转于阿姆斯特丹、巴黎、华盛顿、芝加哥等地的博物馆，这对于大部分人来说显然都不现实，而今在谷歌公司推出的相当于数字博物馆的“谷歌艺术计划”中，却能让观众足不出户就对这批画作一览无余。

四、跨学科的藏品信息整合与共享

实体博物馆通常以藏品和陈列内容作为划分类型的主要依据。按此标准，传统的博物馆类型主要分为历史、艺术、科学和综合博物馆等，各馆专业人员的知识结构也相对单一。不同类型的博物馆分属于不同的学科领域，藏品也只能从相应学科的角度进行展示。由于学科之间的隔阂，观众很难在实体博物馆中体会自然科学与人文科学之间的交融。但数字博物馆可以在突破馆际界限的基础上，借助科学合理的检索工具进一步实现跨学科的知识融合，拓宽传统博物馆知识的内涵与外延，为世人打造出一个创新思考的环境和平台。

五、个性化的藏品信息服务

实体博物馆主要采用陈列展览的方式向社会公众提供藏品信息服务，这种服务方式通常只能按“群体需求”组织展出，个体利用者经常无法充分满足自身的需求，这也是一些人对博物馆的态度比较冷淡的原因之一。而在数字博物馆，可供用户选择的可以是全方位开放的博物馆藏品库，不再是有限的几个主题展览或展品。更重要的是，智能化的检索工具带有定制功能，可以使展示主题和展品内容完全遵从用户的个性化需求，凭借藏品特征直接检索调阅，能够从海量的藏品库中迅速而准确地查找出目标藏品加以观赏或研究。所以，数字博物馆能使观众减少很多无关的消耗，而个性化的信息需求满足程度能大大提高。

六、互动性的藏品信息交流

互动，是博物馆与观众之间相互作用而发生积极改变的过程。与实体博物馆相比，数字博物馆的信息交流在许多方面显示出更强的互动性。首先，观众通过智能终端显示屏所面对的，是海量的和多种媒体表达的信息资源，因而时刻需要进行各种不同的选择性操作，以调取目标信息资源为己所用，并进行多种媒体节目的选择性点播，利用方式的可选择性使数字博物馆更具吸引力。其次，对于一些处于静态则无法显示其信息要点的功能性展品，可以通过三维建模方式制作出可拆解或运动态的“数字展品”，让观众操控其演示过程，将隐含的要点信息形象化地表现出来（参见图 7-1）。最后，数字博物馆可以很方便地设置论坛或公众信箱等双向交流功能，向社会公众提供解疑答惑等专业咨询服务的同时，也能及时获得社会公众的反馈意见和建议，改善自身的工作。

图 7-1 可拆解的数字展品——南京博物院藏东汉铜牛灯

第四节　数字博物馆的建设状况与发展方向

一、建设状况

博物馆数字化建设肇始于计算机在博物馆的运用，我国在该领域的探索始于20世纪80年代中期，比发达国家稍晚。而数字博物馆建设与20世纪90年代出现的互联网技术紧密相关，可以说，我国在这方面与发达国家的起点几乎相同。

通常情况下，个体博物馆往往先开展内部管理意义上的“博物馆数字化”建设，然后进行全民共享意义上的“数字博物馆”建设。尽管博物馆数字化工作需要一定的人财物力投入，但馆方普遍有积极性，因为数字化管理有利无弊。而再进一步实现数字博物馆，尤其是基于大量馆藏的资源自选式的数字博物馆，则意味着要把馆藏信息数据库拿出来与世人共享。博物馆界普遍认为，在目前技术条件下，这将面临因藏品信息版权失控而使馆方遭受利益损失的问题。虽然我国的数字博物馆建设在21世纪初曾有过一阵热潮，但后来基于大量馆藏的资源自选式数字博物馆建设进展比较缓慢，主要原因就是网络信息版权保护问题尚未得到妥善解决。在数字博物馆事业进程中，这是一道比资金和技术问题更难跨越的障碍。这是可以理解的，但又是令人遗憾的。而随着多媒体技术的不断进步，主题演绎式数字博物馆建设仍在快速发展。

目前人们通过互联网可以看到国内外有不少优秀的数字博物馆建设案例，这与馆藏拥有者对信息共享问题的乐观理解有很大关系。我国主管博物馆事业的政府有关部门，已开始研究数字博物馆建设规划问题，预示着将会有新一轮政府行为的介入，博物馆界对于资源共享问题的看法也在逐渐改变，相信我国的数字博物馆事业还将继续发展。

二、发展方向

这里涉及两个方面的问题：一是目前数字博物馆与实体博物馆之间究竟是怎样的关系，二是未来数字博物馆将会沿着怎样的方向发展。

（一）数字博物馆与实体博物馆的关系

自从出现数字博物馆的提法，似乎意味着产生了一种新型的博物馆，自然引起人们对这两种博物馆的关系问题进行思考。

传统博物馆总是以实体形态存在，人们习惯上把博物馆看作一种机构。而数字博物馆与实体博物馆的直观区别就在于，它是建立在数字空间中的、没有馆舍的博物馆。虽然数字博物馆的建设过程和利用方式都建立在深度利用信息技术的基础之上，但电脑并不能取代人脑从实物藏品身上解读信息，或者说信息技术的作用并不在于“生产”信息，而在于大量、快速、精确地“存取和输送”信息。

向社会公众提供的数字化馆藏本体信息或相关知识信息，其生产加工者并不是“电脑”，而是博物馆专业人员，数字化仅仅是用数字技术形式对现有信源内容加以转述而已。另外，数字博物馆也不是一个机构，跟实体博物馆的职能并不对等，实体博物馆所从事的实物藏品收集、保护和修复，库房排架管理、真伪鉴定、深入的解读研究等时刻需要人脑思维的一系列工作，都不能单凭计算机自动完成。

我们认为，公众视角的数字博物馆，其内涵远不如实体博物馆那么复杂，实质上可以被看作实物藏品拥有者利用数字化藏品向公众提供的数字式展览。之所以被公众称作数字博物馆，是因为公众感觉平时参观展览几乎是造访实体博物馆的唯一目的，展览等同于博物馆。所以，数字博物馆算不上一种博物馆的新类型，实体博物馆与数字博物馆之间不是并列关系，而是主干与分支的关系。

从现有的数字博物馆案例来看，用于展示的数字化展品通常来源于实体馆藏，相关信息的编撰排版则需基于实体博物馆专业人员的辛勤劳动，软硬件系统建设以及运行维护必然依靠实体博物馆的资金投入。可见实体博物馆是数字博物馆的基础和依托。反过来，数字博物馆能够在以下几个方面对实体博物馆起到拓展和辅助作用。

1. 空间性拓展。首先是地域空间的拓展。实体博物馆通过实物陈列方式向社会提供服务，其辐射范围总是比较有限。而数字博物馆采用网络传送信息的服务方式则突破了地域空间制约，消除了空间距离造成的不便，自然为远方用户分享馆藏信息提供了方便，拓展了博物馆信息传播的范围。其次是突破建筑空间制约。实体博物馆的展厅面积往往比较有限，使得所收藏的实物藏品不能完全展示出来。而数字博物馆可以把所有馆藏制作成数字展品，并且能不受展厅建筑空间制约地全面展出，从而让用户看到平时不展出的藏品，等于拓展了实体博物馆的展示空间，不仅能增加传播信息的厚度，而且能增强用户的满意度。

2. 时间性拓展。实体博物馆都有开放时间的规定，并且开放时间大多与人们工作或学习时间重叠，给利用者造成诸多不便。而数字博物馆没有开馆时间限制，不分昼夜地随时恭候用户光临，这就为人们选择自己合适的时间利用博物馆信息资源提供了可能，从而把利用博物馆信息资源变得像随手翻阅一本书那样简单，大大提高了利用博物馆资源的便利性。

3. 辅助理解。在普通公众印象中，许多实体博物馆的陈列是不容易看懂的，因而不少人对博物馆敬而远之。主要归因于两个方面：一个是观看实物展品（尤其文物考古类展品）意味着碎片化阅读，未经专业训练则难以将这些零散物件认知联系起来形成完整的知识内容；另一个是实体陈列需要人们采用站立加走动的姿势进行参观，这并不是人们习惯的学习姿势，尤其站立着阅读文字材料，时间稍长则会感觉疲惫不堪，因而不得不尽量少用解释性辅助材料，导致理解困难。而数字博物馆展示不受陈列室空间限制，可以不厌其详地用多种相关的解释性辅助材料（尤其非物质文化遗产信息材料）说明同一主题或展品，将碎片化的线索组合成意义完整的认知材料，使其易读性明显高于实体陈列。同时，数字博物馆用户可以随时调取网络资源支持当前的学习行为，例如，遇到生僻的专业术语时，可以很便捷地调用网络词典或相关文献获得解释，从而轻松跨越理解障碍。另外，数字博物馆也无需顾虑文字阅读量大而导致观众参观疲劳的问题，因为其利用方式如同看书，可以舒适地坐着观看，这是符合人们习惯的、体能消耗较小的学习姿势。关键是能使人长时间地集中注意力，从而为耐心地充分阅读解释性辅助材料提供了可能。可见，数字博物馆对实体博物馆能起到辅助理解的作用，消除人们看不懂实体博物馆的顾虑，其意义极为深远。

4. 诱发参观动机。数字博物馆通常会以网站形式作为入口，其中的设施介绍内容恰如实体博物馆活动广告，具有引发人们参观愿望的作用。另外，上述几点说明数字博物馆的信息服务具有很强的易得性和易读性，远比实体博物馆更容易亲近，无疑会增加人们接触博物馆藏品信息的机会。在接触藏品信息过程中，人们会从好奇开始探索，逐渐培养兴趣，进而诱发去实体博物馆一看究竟的愿望和动机，甚至逐渐养成喜欢参观博物馆的旅行习惯。数字博物馆对实体博物馆观众的培养和数量增加都会起到一定助推作用。

可见，数字博物馆以其独特的优势对实体博物馆起到拓展与辅助作用，拉近了博物馆与公众的距离，使教育传播功能发挥得更加充分，存在价值得到提升。

（二）数字博物馆的发展趋势

已有的实践证明，数字博物馆使藏品信息在共享化道路上向前大大迈进了一步。由此满足公众日益增长的文化生活需要，达到利国利民的目的，成为顺应社会发展潮流的重要事业。这将促使更多实物藏品拥有者的观念逐渐发生转变，投入共享的资源数量会日益增大。

数字博物馆也属于技术敏感型的事业，随着多媒体技术的不断进步，藏品信息表达手段日趋丰富。互联网已经实现与电信网、广播电视网的三网融合，网络性能得以提升，终端设备更加多样化、智能化和移动化，从而使得数字博物馆的资源利用水平有进一步提高。随着移动互联网和移动智能终端技术的进步加速，将为世人创造线上知识信息学习与线下实地参观体验紧密结合的良好环境，更加有利于实现数字博物馆的效用最大化。

在面对社会公众的信息服务机构中，博物馆与图书馆有很多相似之处，目前社会上有一种看法，认为未来数字图书馆将会在很大程度上取代实体图书馆。而数字博物馆的诸多优势也同样引发人们提出一个疑问：数字博物馆发展下去是否会取代实体博物馆？

我们认为，博物馆虽然主要以藏品信息服务于社会，但其载体与信息之间属于源流关系。必须先有载体（实物藏品）的存在，然后人们才能通过解读而产生有用的信息，实体博物馆无疑是数字博物馆存在的前提。同时，实物藏品所含的非言语性和非视觉性信息与物质载体呈交错共存的结构关系，不像图书那样本质性的信息与非本质性的载体泾渭分明，人们用数字化手段可以转移图书中本质性的信息部分，却无法穷尽转换实物藏品所含的全部信息和物证价值。由于数字化的对象仅限于信息而并不是载体，因而与载体相关的收集保管和信息解读工作就不能为数字化所取代。另外，数字化藏品展示也不能完全取代实体博物馆的陈列展览，恰如看照片不能完全取代看实物一样，许多优秀实体陈列为人们创造出的现场感、投入感、真实感等宝贵的情感体验效果，都是计算机屏幕显示方式所难以达到的。作为人类美好生活标志之一的实体博物馆利用方式，尚未出现被什么新事物所取代的必要性。由此可以断言：数字博物馆仅仅是实体博物馆的“翅膀”，而绝不是“掘墓人”。

总之，数字博物馆是现代信息科技与博物馆工作相结合的产物，通过数字形式的藏品信息展示发挥教育传播功能，从而丰富人们的文化生活。数字博物馆的信息传播具有高品质、跨时空和跨学科的优势，更有互动性、个性化、易得性和易读性等十分人性化的利用特点，对于提高馆藏利用效率和降低公众利用成本等都有十分独特的促进作用。随着信息科技的不断进步，相关技术环境和人才条件日趋成熟，会有越来越多的实体博物馆开展数字博物馆建设，实体博物馆与数字博物馆之间遥相呼应，短长互补，共同为社会公众提供更加优质和便利的文教科技信息服务。

思考题

1. 何谓数字博物馆？它与博物馆网站有何区别？
2. 博物馆信息化与数字博物馆之间是怎样的关系？
3. 上网利用一次数字博物馆，评价其有何独特作用。
4. 实体博物馆与数字博物馆之间是怎样的关系？
5. 你对数字博物馆未来的发展有何看法？

▶ 拓展阅读

第八章　博物馆教育与服务

博物馆教育是博物馆最重要的功能，国际博物馆协会几次修订博物馆定义时对教育功能不断强调。博物馆公众服务的核心是教育，任何博物馆的使命宣言中都有教育主张，教育是博物馆各项活动的中心。

第一节　博物馆教育的相关概念

一、博物馆教育定义

什么是博物馆教育？对于这个理论问题，很多研究者都提出过自己的见解。

民国时期蔡元培认为，博物馆与学校具有同样的功能，“都有教育的作用”①，且博物馆的教育重在科学与美育，“要求知识以外兼养感情”②。胡肇椿认为，“物品之利用”是“博物馆之主要目的，其功能有二：即（一）增加知识；（二）分布智识及乐趣”。“博物馆的使命在于利用物品以求教育之普遍化”。博物馆“教育活动可分两种方式：（1）例示本地社会生活各时期之各种形态”，“（2）对于儿童及学校之活动。”③ 曾昭燏认为，博物馆教育对于人来说第一就是获得某一方面知识，启迪人们探究世界；第二是陶养性情，使人人有爱美之心；第三是启发人民爱国家爱民族之心 。④

美国《博物馆教育工作者手册》这样给博物馆教育下定义：“博物馆教育被最广义地理解为任何促进公众知识或体验的博物馆活动”，并且“教育的愿景事实上也是博物馆使命和整体目标的愿景。教育和展览是彼此关联的，并应该相互包含。”⑤

2010 年国际博协博物馆学专业委员会委托法国博物馆学研究者编写了《博物馆学关键概念》，在这里对博物馆教育做了宽泛的定义：博物馆教育是梳理综合从

---

① 蔡元培：《市民对于教育之义务》，高平叔编：《蔡元培教育论著选》，人民教育出版社 1991 年版，第 473 页。

② 蔡元培：《美术与科学的关系》，高平叔编：《蔡元培美育论集》，湖南教育出版社 1987 年版，第 107 页。

③ 胡肇椿：《现代化博物馆与学校合作问题初论》，李淑萍、宋伯胤选注：《博物馆历史文选》，陕西人民出版社 2000 年版，第 137—140 页。

④ 曾昭燏：《博物馆》，南京博物院编：《曾昭燏文集 · 博物馆卷》，文物出版社 2009 年版，第 9 页。

⑤ Anna Johnson et al，*The Museum Educator's Manual*，2009，p. 8

博物馆获取的知识，通过知识整合、激发感知、获取新体验，帮助观众个人发展和获得成就。①

国内外有很多学者从不同角度对博物馆的定义进行界定和阐发，博物馆教育的定义多样化说明博物馆教育的复杂性。我们认为：博物馆教育是一种交往行为，它是以博物馆“物”为根本媒介而进行知识、情感、态度、观念的交流与对话，以形成相互“理解”与非强迫性“共识”的行为。

二、博物馆教育的发生

从历史上看博物馆教育的发生，博物馆教育并不是和博物馆共同产生的，是博物馆发展到一定阶段后才出现的现象。博物馆作为早期公共机构出现时其展览和库房一体化，观众在这里仅仅能满足猎奇心理，说不上获得系统知识，因而这时期的博物馆不具备教育功能。改变这一状况的是丹麦人汤姆森（Christian Jrgensen Thomsen，1788—1865）。他在考古学史上是鼎鼎有名的人物，考古界都认同他对史前考古的贡献。但他并不从事田野考古实践，而主要是从事博物馆工作。汤姆森在1836年撰著了《斯堪的那维亚古物指南》，这本书实际是把博物馆陈列编辑成一个图文并茂的图录，在书中他叙述了他的著名的“三个时代体系”（在史前考古学中以石器时代、青铜时代、铁器时代分期法作为欧洲技术发展的3个阶段）。这本书一出版即被翻译成英文、法文和德文，对欧洲考古影响很大。汤姆森是第一个用博物馆实物来论证三个时代为客观存在的人，他把横向的按质地进行藏品分类方法变为纵向的展现时间顺序的历史陈列，奠定了博物馆主题陈列的基石，成为开启博物馆教育的第一人。

汤姆森的三个时代陈列体系在国外开始产生影响。最先接受他这个观点的是瑞典隆德大学。隆德大学的B. E. 希尔德布兰德博士于1836年到汤姆森门下学习，回到德隆大学后把学校博物馆的藏品按照三个时代体系进行了新的展陈布置。三年后，他又到斯德哥尔摩负责那里的博物馆，于是他把那里的陈列也按照汤姆森的三个时代体系做了调整。

德国的博物馆也开始接受汤姆森的陈列体系。1836年弗·利施担任梅克伦堡—什未林大公的博物馆馆长，他一方面按照三个时代体系划分布置陈列，另一方面撰文阐述三个时代体系，主张以它作为博物馆藏品分类的基础。后来的法国、英国诸多博物馆也逐步接受了这个陈列体系，三个时代体系开始在欧洲大陆的各个博物馆陈列中得到接受和贯彻。随着三个时代体系的确立，史前史概念由学者的专业术语变为大众知识。

---

① 引自国际博物馆协会网站。

1855年巴黎世界博览会上，第一次有了展示主题——劳动的历史，展示了从石器时代到1800年的人类进化史。劳动历史馆展出了广泛收集来的欧洲各地和埃及的人工制品，并在导言标题上用了“史前生活方式”字样，通过展览方式向大众传播了“史前史”这一概念。1871年史前史与进化论概念一起进入学校教育课程体系，在一般知识系统中取得了应有的地位。在汤姆森提出“三个时代体系”之前的欧洲，神话或者宗教的历史观笼罩了知识界。汤姆森1819年推出三个时代体系主题陈列，促进了人们观念的更新。由这个博物馆主题陈列到汤姆森著述《斯堪的那维亚古物指南》阐述“三个时代体系”，再到一系列田野考古实践的证实、完善，人们终于认识到，早期的基督教教士们把耶稣基督降生之前的全部时间分成六个“世界时期”不是历史性的分期，而是神学性的分期。而“三个时代”是史前史上世界范围的三个历史阶段。在确定了历史的纬度之后，人们扩大了对世界过去和现在的眼界。

三、博物馆教育的特征

博物馆教育特征是博物馆教育基础理论研究的问题。随着时代的进步，博物馆的门类日趋完善，结构比例也日渐平衡，包括综合类、历史类、艺术类、自然类、科技类等在内的各类博物馆的功能也不断丰富。博物馆不仅是保存中心，也是文化中心、教育中心、学术中心，还是休闲中心，而教育作为其核心功能，在其完成社会责任、履行教育使命、提升公众素质的不断发展的过程中，呈现出独特的优势和丰富的特色。

（一）公众性

博物馆以公众为服务对象，以提高公众的科学文化素养，丰富其精神生活，促进人的全面发展为教育使命。博物馆教育是平等的，所有社会成员都可以自由地出入于各个陈列空间，参加博物馆组织的各类社会活动，吸取科学文化知识，获得理想情操和审美情趣的熏陶。

（二）社会性

博物馆高度关注全社会的精神文化需求，突出了最广泛的社会性特征。通过独具特色的博物馆爱国主义教育、乡土教育等多元化途径，传播正确的价值观，促使公众将道德观念和社会责任感转化为自觉的行动。博物馆公民素质教育的外延宽泛，涉及多元智能、审美、技艺、社交能力等各个方面，创造了一个综合性、系统性的“社会课堂”，为拓展博物馆教育功能提供了张力与维度。

（三）终身性

博物馆教育在时限上具有终身性的特点和无限性的优势，可以真正形成互动交换最频繁、最持久的“社会课堂”。作为社会教育的组成部分，博物馆教育内容广博，形式多样，效果显著。作为公共文化设施，博物馆是一部立体的“百科全书”，实物的“图书馆”。因此，博物馆是公众终身学习的重要设施，有着持续终生的教育目标。

（四）直观性

博物馆以展品为基础，精心组织陈列展览，综合运用文字、图版说明等形式，借助讲解服务、视听教育、参与性操作等辅助手段，表达陈列展览的主题、内容、内涵、意义与影响，普及历史、文化、经济、政治、自然科技知识。这种以实物例证向观众表达内涵和传送信息的方式，具有鲜明的直观性、形象性、可比性和强烈的说服力、震撼力，成为区别于其他教育方式的重要特色。博物馆通过物品“原始证据”让公众从体验中获得知识、信息和愉悦，这种学习是可触摸的、直观的、富有冲击力的，往往比书本和语言要生动得多，也更容易被接受。

（五）丰富性

数字博物馆、智慧博物馆、智能手机导览、社交媒体运用、虚拟现实技术等现代科技手段、人性化服务等，使博物馆教育活动呈现日益丰富的特征，更加符合现代人对文化生活的需求。利用高科技开展的立体视听影像多媒体为观众创造的身临其境的感觉，更是极大地丰富了博物馆的教育活动。

（六）拓展性

博物馆教育活动的规模、形式和举办场所灵活，不局限在展陈上，围绕展陈拓展开发出不同的教育项目。既可以走出博物馆走进学校、社区举办各种巡回展览，也可以在博物馆举行多样化的学习活动和教育项目，还可以举办义务讲解员培训班，开设公益性讲座，举行知识竞赛、征文活动等。通过增强计划性和针对性，保障教育资源的文化特色，定期向社会公布教育活动的日程，方便广大公众的参与，树立博物馆社会教育机构良好的公共形象。

（七）自主性

当代博物馆承载着“为公众自我学习提供服务而实现教育目的”的重任，博物馆里的公众素质教育具有绝对意义上的自主性：没有任何人被强迫学习；没有规定的课程和学习进度；没有考试，没有文凭，教育无所不在，受教育者在开放的条件下完成自我学习和教育。只要公众个体有提高自身素养的意愿，就可以根据自己所需去博物馆汲取知识、拓展视野、激发创意。公众素质提高的最佳途径是在完全自主、自由的状态下接受科学文化、道德礼仪等方面的教育与熏陶，博物馆恰好提供了理想的场所。

（八）愉悦性

博物馆不仅是知识殿堂，还是高雅的休闲娱乐场所，寓教于乐是其优势所在。博物馆通过陈列、展示设施、专家学者讲解等丰富多彩的手段，在同一主题下，以“人”与“物”的互动交流为中心，促使参观者通过观察、听讲、触摸和操作等方式，接受、加工、记忆信息，进而完成整个认知的过程。

任何教育形式都有其优点与不足，博物馆教育也存在不足。

第一，博物馆教育检测不容易实现。在大众传媒异常发达、新媒体广泛运用的今天，博物馆很难确切了解有多少公众享用博物馆教育资源。第二，博物馆无法大范围检测教育效果。即便我们可以获得公众使用博物馆资源的总人数，但是做不到对所有人进行教育效果的检测，而任何抽样的操作，都得以公众意愿为前提条件，样本教育效果的检测结论仅仅是接近总体而不能等于总体。

博物馆教育和学校教育具有互补作用，学校教育的缺陷由博物馆教育补充，同样博物馆教育的缺陷由学校教育来补充。但就知识的系统和层次来看，博物馆教育是学校教育的配角而不是主角。这种不足也是社会教育的不足在博物馆上的反映。

第二节　博物馆教育的理论

博物馆的教育理论受终身学习和自我教育的理论影响最大，同时和心理学不同时代的流派息息相关，历史上先后有行为主义、实验主义、认知主义和建构主义，这些心理学流派都对博物馆的教育理论产生影响，形成了博物馆的教育模式和模型。

一、博物馆教育的四种模式

1998 年美国博物馆专家乔治 · E. 海因、玛丽 · 亚历山大在其合著的《博物馆：学习的地方》一书中，对博物馆教育归纳了四种模式：第一代的说教解释型，第二代的刺激—反应型，第三代的发现型和第四代的建构知识型。①

（一）说教解释型

说教解释型是与学校传统教育相同的方式。学校课程依学科结构分成小单元，教师依循理性和程序从简单至复杂地进行教学。此种借由记忆和强调固定教学程序的机械式学习，仍普遍流行于学校和博物馆。例如，自然历史博物馆依生物进化史年代呈现生物标本，传统科技博物馆依科技发明先后顺序和科技门类编列展览，艺术博物馆则按照风格和作品的国别布展。说教解释型的展览通常有着明显

① ［美］乔治 · E. 海因、玛丽 · 亚历山大：《博物馆：学习的地方》，美国博物馆协会编：《美国博物馆协会博物馆管理丛书：博物馆教育与学习》，湖南省博物馆译，外文出版社 2014 年版，第 64—66 页。

的开始与结束，而且明显带有观众针对性。解释性的文字说明牌和整体介绍文字浓缩了希望观众所掌握的知识，各种信息通常由浅到深地一步步呈现给观众。

（二）刺激—反应型

刺激—反应型系指学习是经过不断刺激、增强与反应形成的结果，与说教解释型同属“教师教—学生学”的传统教育模式。博物馆的各项展览内容，同样是按部就班，有清楚的开始和结尾，并刻意依序安排。所不同的是，刺激—反应型特别强调教育方法与训练，不必掌握一整套内容，而说教解释型则强调教材和所学内容。在“刺激—反应型”教育理念指导下，在参观展览过程中，会设计一些互动环节，刺激观众做出反应，比如观众按钮等。在20世纪初进步主义教育运动的影响下博物馆开始出现了动态的展品。1933年开放的芝加哥科学与工业博物馆是应用这种新教育思想的典型。

说教解释型和刺激—反应型的理论源自行为主义。在博物馆领域，爱德华·罗宾逊、亚瑟·梅尔顿和美国博物馆协会的专家们在20世纪二三十年代分析研究了博物馆观众行为，用行为主义理论主张对博物馆观众的学习进行定义。

（三）发现型

发现型教育模式是以1960年美国布鲁纳的发现学习法为理论核心。这个理论认为学习是一种主动的过程，学习者只要能了解足够的信息，知晓世界上的各种现象，就能得出正确的结论，就能得出描述真实世界的各种普遍原理。教学者提供适合个别学习者挑战和刺激的情境，让他们参与、自行选择、掌握事物和解决问题等，实现希望达成的学习结果。早期科学中心的创立及其发展即是此理论的实际应用结果，当时科罗拉多大学物理学教授弗兰克·奥本海默批评了传统博物馆的“被动教育方法”，并亲自创建了旧金山探索馆，其“动手做”特征标志着发现学习法应用于博物馆的历史进程的开始。此后有不少博物馆被设计成互动式，旨在让观众参与进来，向他们提出挑战，激发他们去理解那些对他们而言是全新的概念知识。在自然科技类博物馆，观众们有时会被鼓励模仿一些著名的科学实验；在历史、艺术类博物馆，教育者会组织观众通过角色扮演来模拟一些历史事件和历史人物。

（四）建构知识型

建构知识型也称探究型，这个理论认为，学习需要学习者在身心两方面主动与世界互动：操作、尝试、得出结论。增强对他们所参与的现象的了解。学习不单是知识由外到内的转移和传递，更是学习者主动建构自己知识经验的过程，也即通过新经验与原有知识经验的反复、双向相互作用，来充实、丰富和改造自我的知识经验的过程。它强调学习者的内部生成，而学习者的主动性则是内部生成的核心动力。有些博物馆开始有意追求强化观众的建构体验。展陈被故意设计成没有固定线路、没有开始与结束，展品名称和文字说明的设计也与众不同，尤其会向观众介绍多种不同的观点。还有的博物馆设置了“发现屋”，里面放置各种物品，让观众在博物馆教育者指导下认真操作、观察和接触。

建构知识型的理论源自杜威的实验主义和皮亚杰的建构主义。

此外，20 世纪 80 年代霍华德·加德纳的多元智能理论对博物馆开展青少年教育活动也具有理论指导意义。他认为人的智能可以分语言、音乐、逻辑—数学、空间、身体运动、人际交流、自我认知、自然探索和存在，这种观点有助于学习者树立“天生我材必有用”的自信感，也启迪博物馆在开展博物馆教育活动时要注重实际动手、加强互动实践。

二、博物馆教育的三个模型

博物馆教育与博物馆学习两者有共通之处，但并不等同。区别之一是“教育”的机会源自博物馆，而“学习”的对象则是观众，也即博物馆通过提供教育产品和服务，鼓励观众学习。区别之二是“教育”一词中含有以教师为主导的意味，而“学习”则是学习者的主动参与。目前，博物馆界普遍认为，博物馆与观众的关系不应该是施教者与受教育者的关系，而应该是一种平等互动的关系，在这种观点的影响下，有关学习的各种理论被引进到博物馆教育中来，构成博物馆教育模型。

（一）情境学习模型

弗兰克和戴尔金在《博物馆体验》中提出了情境学习模型。他们认为学习是复杂的现象，所有的学习都发生在一系列的情境之中。换句话说，学习不是一些可以孤立地存在于试管中或实验室中的体验，而是发生在真实世界中的器质性的、集中的体验。学习是人类数以百万年进化的结果，是个体与所存在的客观环境与社会文化之间的持续性对话。情境学习模型包含了三个相互叠压的情境：个人、社会文化和环境。学习是三种情境彼此交互的过程或结果。情境学习模型的作用并不是它能试图将复杂性简化至一两条简单的原则，而是它能够将复杂性包容、组织进一个可测量的、可理解的整体中。

作者认为学习是一种处于社会文化和客观世界中个体的历时性建构，随着时间的推进，意义被逐层搭建，三个情境（个人、社会文化和环境）都不是稳定或恒久不变的。学习，以及它的组成部分都是瞬息万变的，且处于持续的变化之中。最终学习可以被视为为了意义建构的、三种情境永无止境的历时性交互结合。也许可以这样理解情境学习模型：将个人情境视作在时间中穿越：当个人“旅行”时，会被在环境情境中所体验到的事件持续地塑造和重塑，而这些内容又被社会文化情境所调节。学习者塑造环境，且被环境塑造。

（二）说教式学习模型

美国马萨诸塞州莱斯利大学的乔治·E. 海因教授认为，在观众将博物馆展示作为学习的对象这种情况下，学习的过程便是“来自教导者的‘传输’以及学习者的‘吸收’——信息、事实与体验的增长式消化，直至实现知识获取的结果”。在他看来，这是一种高度被动的方法：管理人员教，观众学。也就是说博物馆以逻辑顺序将所需传达的信息分割为若干可吸收的片段，而观众则不假思索地按其安排的顺序和方式接受。

首先，说教式展示之所以容易被接受，一方面因为它极易实现，另一方面是这种方式与大多数博物馆的机构框架相匹配。其次，传统的博物馆观众也是通过这种方式得到教育的，他们能很快认可展示中的说教式方法，并感受到“舒服”。相对而言，说教式学习在观众具有相似兴趣、知识和理解力水平的情况下效果最好。

（三）体验式学习模型

体验式学习的鼻祖是杜威，他在《我的教育信条》中这样说：“一切教育都是通过个人参与人类的社会意识而进行的。这个过程几乎是在出生时就在无意识中开始了。它不断地发展个人的能力，熏染他的意识，形成他的习惯，锻炼他的思想，并激发他的感情和情绪”。因此这个理论对“学习”的定义是：学习是一种主动参与到体验中的循环过程。做事然后从体验中学习，当再去做与之相关的新事情时，就会将之前获得的经验用上，从而形成一种循环。在这个过程中涉及人的技能、知识、理解力、价值观和能力提高。

对博物馆而言，它们需要鼓励观众参与，让观众从参观得到的经验中获益。体验式学习模型认为：该循环在观众感受到展示物与其自身生活的相关性，并看到所学能得到应用时才会发生。这样反过来还会激发观众进一步学习的热情，而体验式学习的结果可能是一种学习的行动或进一步学习的热情。在一种博物馆完美的环境中，观众通过参与到展示中，感知与其自身生活和需求的相关性，立即应用其发现并获得明确的回报，同时他们进一步学习的热情也提高了，正所谓“有效学习能带来改变、发展与进一步学习的欲望”。

第三节　博物馆讲解服务

一、博物馆人工讲解

讲解是以展陈为基础，运用准确生动的语言和其他辅助表达方式，将信息传递给观众的具有技术性和艺术性的社会活动。博物馆讲解是辅助观众参观博物馆的重要手段，也是一项向观众提供的服务。讲解的作用在于帮助观众对展陈加深理解，掌握重点，“唤醒”观众深处记忆，协助观众认知，增加观众参观兴趣，获得更多体验和知识。

博物馆人工讲解出现时期和博物馆对外开放时期基本一致，但那时讲解员还不是专职工作，往往是博物馆内的其他人员在有观众需要的时候做兼职讲解。博物馆出现专门从事讲解的人员要从1906年美国波士顿美术馆设立讲解员制度算起。波士顿美术馆设立专职讲解员制度是为了更好地把美术作品的信息传递给普通观众，由专职讲解员负责讲述展品名称、作者姓名、作品所表现的内容和背后的故事。此后各个国家的博物馆相继开始设立专职讲解员制度。

志愿讲解是各个博物馆中的一道风景线。大都市的博物馆志愿讲解已经走出了清一色的大学生圈，有公职的人开始主动来博物馆应聘做志愿讲解。退休人员和小学生也出现在志愿讲解队伍中。甚至一些残障人士也加入志愿讲解服务行列中。

讲解员培训可以分为岗前培训和岗中培训。首先，岗前培训对讲解员的成长尤为重要，博物馆要有专门的制度来规范管理讲解员，制定培训计划和培训制度，由博物馆邀请专家或由经验丰富的讲解员采取“传、帮、带”的方式，讲授博物馆知识和陈列内容与讲解规律及其技巧。其次，岗中培训是讲解水平提升的重要手段，主要是专业岗位培训，旨在提高讲解艺术和知识水平，可采取“送出去”或“请进来”的方式组织各种专业培训，同时要制定培训效果检验制度。

讲解员要有良好的精神风貌和职业道德，热爱观众，以诚待人，用心服务。同时，服饰得体、整洁，笑容端庄和优雅，精神饱满。不浓妆艳抹，不在身体裸露部位文身，不在展厅工作中出现有违身份的行为。

讲解员要掌握讲解技巧。做到善于沟通观众心理，善于把握讲解节奏，善于引导观众参与，善于调动观众情绪，善于用自己的语言深入浅出地讲述；善于针对不同对象，灵活运用不同的讲解方式，使观众得到知识的学习和愉悦的精神享受。讲解员做好讲解服务的关键是熟悉博物馆的讲解文案，在掌握讲解文案的主要内容后要能根据讲解对象进行口语化讲解。博物馆讲解工作的三个重要“连接点”：第一，连接物的历史性与现实性；第二，连接物的感性和理性；第三，连接物的情感内涵与观众的共鸣。

从1992年开始，讲解员参加省级和全国性的定期讲解比赛是世界范围内唯独中国博物馆教育具备的一个特色。这样的活动锻炼提高了讲解员的随机应变能力、语言表达能力、材料组织能力，提升了讲解服务水平，结交了同行好友，开阔了眼界，增强了职业自信。

讲解员的最高讲解境界是因需施讲，即可以做到根据观众不同的需要而进行讲解。外语解说、展演示范、手语解说等，是博物馆兼顾特殊观众的需求而进行的特殊形式的讲解。

二、博物馆电子导览

（一）电子导览机

电子导览机分类：根据显示画面不同，有文字导览机和地图导览机两类。地图导览机可以显示博物馆具体方位。根据显示触控方式不同，有触摸屏导览机和非触摸屏导览机。根据连线的方式有无线导览机和有线导览机。根据智能化程度不同有全自动感应导览机和人工手控导览机。根据观众是否跟团有团队导览机和单人导览机。

与传统人工讲解方式相比，电子导览机的优势在于：

第一，操作简便。观众只需借助提供的耳机和便携设备即可收听讲解内容，无需操作培训。

第二，它是一种新的参观体验，方便自主参观类型观众。

第三，确保讲解品质。传统的人工解说方式难免因讲解员自身业务水平、技能、发挥状况等因素的制约造成服务水准参差不齐的局面，电子导览系统则可以确保规范的内容和统一的服务品质。

第四，满足特殊观众对特殊语种的需求。方便外国观众特别是外籍自助游观众参观游览，解决语言障碍。

第五，缓解密集型博物馆内“人声鼎沸”的困扰。在旅游高峰期，密集型博物馆日接待量通常在 2 万人次以上，采用电子导览系统，观众互不干扰，会在一定程度上减小博物馆的噪声污染。

电子导览机与传统人工讲解相比，有优点也有缺点。不能互动，一切都是事先录制，无法随机应变。

（二）智能手机自动导览系统

观众用智能手机或平板电脑可在场馆官网或者服务台下载软件，完成安装和注册后，可通过列表选择、数字点播、二维码等方式收听讲解内容。若连接智能手机全自动讲解器，可使智能手机导览功能达到专业智慧游览终端的水平，实现自动定位及其他综合功能，为观众提供网络化、智慧化的全方位参观服务。

（三）微信导览

随着新媒体技术的不断成熟和发展，微信已成为很多人生活中不可或缺的通信方式，越来越多的博物馆也开始注意到这种新兴传播途径。

微信是腾讯公司于 2011 年 1 月 21 日推出的一个为智能终端提供即时通信服务的免费应用程序，微信支持跨通信运营商、跨操作系统平台通过网络快速发送免费（需消耗少量网络流量）语音短信、视频、图片和文字。博物馆为每一件展出品匹配专属编号，观众添加博物馆微信账号为好友后，只要发送展品编号，即可获得语音、图片和视频等形式的介绍。微信导览既省去了租用语音导览设备的费用，又能让观众快速了解展品背后的故事，让参观之旅更自由。

第四节 博物馆讲座

讲座本是学校内的一种教育活动，是在正常的课程计划之外，由教师不定期地向学生讲授与学科有关的科学趣闻或新的发展，以增长学生知识的一种教学活动形式。在大学里，有时也邀请校外的名家学者来做讲座。

博物馆讲座是在博物馆报告厅（礼堂）或者社会教育固定场所面向听众进行的文化传播活动。在世界范围内已有百年历史，在中国可以追溯到 20 世纪 50 年代的山东省博物馆。20 世纪末中国博物馆事业蓬勃发展，博物馆讲座作为一种教育服务形式先是在若干大型博物馆开始设立。2008 年以来，在政府免费开放博物馆、相关文件要求博物馆开展讲座活动的背景下，博物馆讲座开始在中小型博物馆逐步推行。

一、讲座的作用

博物馆开展讲座的作用在于：

第一，讲座是博物馆展陈的有效延伸。博物馆展陈限于展陈场地制约，不能将所有的信息都在展陈公共空间内展示传播。而通过配合展陈举办的各种讲座，就可以有效延伸展陈信息的深度和广度。

第二，讲座是博物馆讲解的升华。博物馆讲座的主讲人一般都是学者，其所讲的内容超出了博物馆一般讲解文案内容，有时是介绍最新研究成果和观点，并且可以和现场听众互动，回答问题。

第三，讲座有助于博物馆核心观众群的确立。持续开展博物馆讲座，可以吸引一批批观众走进博物馆报告厅，进而成为博物馆的核心观众群。依托这些核心观众群，博物馆向社会辐射的力度也将加强。

第四，讲座是加强博物馆社会影响力的重要手段。博物馆依赖于社会各界的支持才能健康发展，开展讲座是维持博物馆社会影响力的主要方面。博物馆只有不断提高社会影响力，才能获得社会各界的支持。

第五，讲座是博物馆和博物馆之间交流的重要内容。博物馆开展讲座也是博物馆和博物馆之间进行业务交流的重要渠道。当博物馆之间开展展览交流时，约请对方馆的专家学者来本馆做讲座也是协议内容之一。在有关博物馆宣传的社会活动中，讲座的举办也提供了拓展空间，实现了博物馆之间的双赢。

第六，讲座也是博物馆和学术界之间加深良性互动的方式。博物馆讲座可以围绕博物馆展陈内容进行策划组织，也可以不局限于博物馆的具体展陈主题，从文化传承角度组织策划讲座内容。可以在博物馆之外的机构和组织约请学者讲座。通过这样的联系，加深博物馆和学术界的良性互动。

二、讲座的要素

博物馆的讲座有五大要素：

第一，讲座的物理条件。讲座的物理条件由时间和地点两个方面构成。时间有时间点和时间段之分。一般而言，讲座的时间安排在双休日较为妥当，针对学生的讲座要错开课堂教学时段，一场讲座的时间限定在 2 小时左右为宜。地点因素包括交通和场地，讲座地点要选择在交通便利的地方，场馆一般选择在博物馆报告厅和社教活动的固定场所。

第二，讲座的宣传策划。讲座是由博物馆社教部门组织操作的工作，这项工作的重点就是宣传，分前期宣传和后期宣传两个组成部分。前期宣传的目的是预告信息，激发需求，吸引听众。可通过海报、宣传单、宣传橱窗、大众传媒和博物馆自媒体（网站、微信和微博）等途径，发布讲座的相关信息，便于听众事先掌握讲座的时间、地点、内容和相关情况进行预约报名。后期宣传是树立讲座品牌的重要举措，可以通过各种媒体，宣传讲座的动态消息、讲座要点、现场侧记、专家评价等，不断向公众灌输讲座的品牌意识，扩大讲座在时间、空间和深度上的影响，使讲座产生广泛、持久、深远的影响。

第三，讲座的主题。讲座主题是指主讲人准备的主讲内容。分普及性和专业性两大类，范围涵盖广泛，大致是自然科学、社会科学和人文艺术，具体依各个博物馆性质和任务而定。每个讲座专题还可以分若干讲，将一个题目讲深讲透。甚至是先后就同一主题约请不同观点的人来讲，给听众以启迪和思考。

第四，讲座的方式。讲座的方式是指讲座所运用的方法，一般有三种：一是主题演讲式，辅助以多媒体演示；二是课堂式讲授，类似学校教育；三是互动式答疑、讨论。这三种方式在讲座实施过程中可以相互补充。

第五，讲座的主讲人。主讲人有四个来源：（1）本馆的高级职称人员，博物馆获得副研究馆员以上职称的人员都属于高级职称人员，他们无论在哪个部室工作，都有义务承担博物馆的讲座任务。（2）外馆的高级职称人员，这里指其他博物馆的获得副研究馆员以上职称的人员。（3）大专院校相关领域的副教授以上或者博士学位获得者。（4）其他科研机构的高级职称人员。主讲人的公众人物效应是吸引听众的主要因素之一，大量听众慕名前来，使讲座活动收到事半功倍的效果。但是担任主讲人主力军的不都是公众人物，很多人不为公众所知晓，他们仅仅是某一领域的专家学者。所以，主讲标题的遣词造句，讲座内容的谋篇布局，欲擒故纵的演说技巧，诙谐幽默的语言风格，深入浅出的理论阐述等，这些都是保证主讲人讲座成功的关键。评价一场讲座的效果有通俗性、专业性、文化性和鉴赏性四个维度，主讲人要在四个维度之间做好平衡。

三、讲座的听众

听众是讲座的客体，由下列人员构成：

第一，博物馆的经常性观众。相当多的听众都是博物馆的经常性观众，他们把参观博物馆作为自己的生活方式之一，而且不满足于展厅浏览，他们关注博物馆讲座的信息，积极参与博物馆讲座，并且将讲座获得的信息向他人分享。

第二，博物馆所在社区的居民。博物馆所在社区的居民有参观博物馆的便利条件，博物馆讲座的开展，使得热心参观博物馆的居民又多了一个选择。尤其是退休赋闲在家、身体状况还良好的人员，博物馆讲座的举行，为他们的精神生活充实了内容。

第三，博物馆从业者。博物馆从业人员需要扩大知识面，更新专业信息，参与博物馆讲座是一种在职自我教育的途径。博物馆管理者也从制度制定方面要求博物馆人员在时间和工作安排许可的情况下，多听各种讲座。

第四，其他博物馆公众。社会其他关注博物馆的人从各种媒介渠道得知博物馆讲座信息后，也会根据讲座的内容有选择地来博物馆听讲座。

根据 1999 年上海博物馆开展的博物馆讲座听众调查，前来博物馆听讲座的听众年龄分布基本均衡，30 岁以下的人员比例略高于其他年龄段，接近 40%，说明青年人好奇心强，求知欲望盛，多数处于求学或工作不久，没有家庭负担，空闲时间自己可以支配。而 55 岁以上的听众占 10%，尽管比例不高，但是现场观察发现这部分人每场必到，到得最早，记录最认真。说明都市化社会老人在增长知识、丰富业余生活方面，博物馆已经成为一个选择。从学历上看，听众中受过高等教育者居多，占被调查人数的 66%。根据听众登记表上的信息得知较高学历的人中很多都从事和所听讲座内容不相关的工作。他们渴望从讲座中获得新鲜的知识，补充自己的文化知识体系。对于历史艺术类博物馆讲座，听众更加注意文物与人文环境的关系，即博物馆保存的文化遗产所具有的超越时空或本身特征的那部分特质。听众对讲座内容深度的要求与听众的学历程度成正比。大多数听众希望通过讲座了解中外历史、文化和艺术知识，对于主讲人的传播方式，多数听众对以实物幻灯辅助演讲的介绍性讲座感兴趣，少数学历较低的人对授课形式的讲座偏爱。对于讲座的时间段选择上，听众多数都选择双休日，而且集中在双休日的下午和晚间。讲座的时间长度多数听众选择 2 小时。①

博物馆讲座限于博物馆的场地不能容纳更多的听众前来听讲，这要靠互联网+博物馆教育的内涵建设来解决这个问题。

第五节 互联网+博物馆教育

一、互联网时代博物馆的教育特征

互联网时代博物馆的教育特征有以下几个方面。

（一）博物馆教育手段远程化

博物馆教育本来属于面对面的教育，可是互联网出现后却改变了这个情况。通过网络，博物馆的教育可以跨越一个物理意义上的博物馆限制，达到更大的范围。

（二）博物馆教育对象间接化

博物馆的教育对象本来是观众，可是互联网兴起后博物馆的教育对象发生了变化，在过去的直接对象基础上增添了间接对象，很多网民成了博物馆新的教育对象。什么是网民？中国互联网络信息中心对网民的定义是：半年内使用过互联网的 6 周岁及以上公民。从这个定义上看，博物馆教育对象几乎可以说覆盖了各个年龄段。网民通过访问博物馆网站浏览博物馆信息，过去博物馆对有多少观众参观博物馆可以做到统计计量，但是互联网时代有多少网民关注博物馆却无法确知。博物馆教育对象的间接化使博物馆教育效果更加难以确知。

（三）博物馆教育多元化

互联网兴起后，除了各个国有博物馆开始在网络上建立自己的社交平台外，民营的博物馆也纷纷建立自己的社交平台，另外，用多媒体技术办网上虚拟博物馆也正成为个人的一种行为。博物馆教育的主办者呈现多元化趋势。

（四）博物馆教育内容深入化

以往的博物馆教育内容局限在展陈上，尽管有一些辅助手段，但是内容还是受空间和时间的制约。互联网兴起后，丰富多彩的博物馆网站使得博物馆教育内容无论是深度还是广度都得到很大的拓展。观众可以根据自己的喜好来选择方向不同的博物馆网站。观众可以看到在实体博物馆中看不到的信息，例如大量的藏品背景资料和实验数据。

---

① 陈晴：《1999 年上海博物馆讲座听众的调查报告》，《中国博物馆》2000 年第 2 期。

（五）博物馆教育异时化

以往的博物馆教育是共时化教育，观众在参观过程中才能受到教育，而参观受场馆开放时间制约。互联网兴起后，博物馆教育的绝大多数内容都可以在网络上呈现，公众可以在任何地方任何时间登录数字博物馆，即便实体博物馆撤展，只要数字博物馆仍旧保留这个展览内容，公众以后也可以访问进行追溯学习。博物馆讲座的视频也可以在网络上存留，供访问者随时下载播放。

（六）博物馆教育平民化

网络兴起后，博物馆通过互联网实施教育，才真正使得博物馆教育成为平民的教育。参观网络博物馆是私人行为，在互联网中没有高低贵贱之分，没有因为知识的缺乏而产生的自卑感，没有了在实体博物馆参观时受到的各种制约，互联网使博物馆真正成为一个平民化、享有充分自由的学习园地。

二、网络时代的博物馆教育现代技术

（一）移动应用

由于博物馆开始将移动软件与博物馆参观体验融合在一起，应用程序的功能将继续朝着满足参观者实用需求和审美需求的方向发展。移动应用的灵活性和可扩展性使博物馆须重新思考博物馆体验的方式。个人移动设备为博物馆提供了难得的与参观者进行一对一直接互动的机会，并且让每个人都可以参与其中。应用程序还能让博物馆更好地为那些过去曾经被忽视的参观者提供服务。

（二）社交媒体

人类大多都有发自内心地想与他人分享经历和信息的意愿，而社交媒体提供各种论坛可以将这种意愿立刻变成现实。人们只须点几下鼠标或点几下智能手机屏幕便可分享视频、图片、新闻等。今天的网络用户无数次地上传照片、音频、视频至云端，创作、评论和分类在这些媒体上已经变得和搜索、阅读、观看和倾听这些内容同样重要了。学习者和传播者在这里融为一体。

在社交媒体应用大潮中博物馆开始从谨慎的旁观者变成了活力十足、精力充沛的参与者。过去，为博物馆展览和规划而将信息、图片和视频分享到网站视为博物馆进行宣传，或作为一个相对低成本的吸引参观者的手段。如今，这些服务越来越被大家视为用来鼓励和支持参观者参与的方法，同时也是提供一种存储重要数字内容的经济有效方式。

思考题

1. 博物馆教育的定义如何进行界定？

2. 试述博物馆教育与学校教育的区别和联系。
3. 博物馆教育理论的基本内涵是什么?
4. 博物馆讲座主讲人要注意哪些问题?
5. 试述互联网时代博物馆教育的新变化。
6. 如何通过博物馆教育活动来提升学生文化素养?

▶ 拓展阅读

第九章　博物馆观众

观众是博物馆教育的出发点，也是博物馆教育的落脚点。没有观众的博物馆，教育无从谈起。在“以人为本”理念下，博物馆观众构成博物馆最重要的要素，观众的反映也是最终判定博物馆教育效果好坏的唯一途径。博物馆观众的研究就是对人的研究，博物馆观众研究可以深化我们对人的学习形态、社会互动、性别差异、文化差异等方面的认识。博物馆工作者要不断了解观众，贴近观众，服务观众，提升观众，改变观众。

第一节　博物馆观众定义

观众是博物馆环境的直接体验行为人的集合体。

环境总是相对于某一中心事物而言的。环境因中心事物的不同而不同，随中心事物的变化而变化。围绕中心事物的外部空间、条件和状况，构成中心事物的环境。博物馆环境根据具体的博物馆而有所不同，对于生态博物馆和自然保护区而言，这个环境空间可能达到几百平方公里，此范围内的一草一木都构成博物馆的环境。对于其他博物馆而言，博物馆环境分别由馆舍建筑、庭院、讲解服务和购物场所等硬软件构成。博物馆的展陈是博物馆环境的硬件主体，那些采取科技手段所营造的人工氛围也属于博物馆环境范畴，例如三维幻影成像、水幕电影等。甚至没有展品实物但依靠特殊手段营造的气氛也是博物馆的环境组成部分。

体验是高级生物体通过感觉器官对环境进行了解和感受。对于人来说，体验既包括生理方面，也包括心理方面，在当下世界，人类的物质需求在现代化社会生产的极度丰富中得到不断满足，精神需求被提到空前重要的层面，由此体验成为人类生活的追求之一。对于博物馆观众来说，体验是其接触博物馆信息的主要方式，1992 年美国人约翰 · H. 佛兰克和林恩 · D. 戴尔金合著的《博物馆体验》出版后，体验一词被博物馆界频繁使用。在博物馆语境中，体验这个概念正悄然替代学习这个概念。

体验依靠人的感官而存在，人的感觉器官包括视觉、听觉、嗅觉、味觉、触觉器官。体验有直接体验和间接体验两种方式，博物馆的体验是直接体验，凡不是直接体验的人都不能归属到博物馆观众中来。在一个传媒非常发达的时代里，人们可以通过报纸、刊物、电影、广播、电视、网络等各种各样的媒体建构自己的博物馆间接体验。对于间接体验的人来说，他从属于具体的大众传媒受众。体验是内在的，存在于个人心中，是个人在形体、情绪、知识上参与的所得。没有两个人的体验是完全一样的，因为体验是来自个人的心境与体验对象的互动。对于博物馆的体验而言，体验又是人的一个行为的过程。

我们在界定博物馆观众定义使用“行为”是指人在主客观因素影响下而产生的出行活动，出行的地点就是博物馆，并且是一个过程。这里，有必要对博物馆公众的概念做界定。博物馆公众概念和博物馆观众概念既有联系又有区别。什么是博物馆公众？博物馆公众是所有关注博物馆的人的个体和群体的统称。在这里，关注是人的内心活动，心头一念便是一次关注，来博物馆参观之前的人是博物馆公众，参观中的人就由博物馆公众转化为博物馆观众，而参观结束他离开博物馆后若内心还时不时想这个博物馆，他就转化为博物馆公众。观众可以统计数量（尽管有误差），但公众数量无法估量。

观众的“众”在汉语中是由三个人构成的，“三”在中国古代人的观念中就是多数的意思，大量的实证研究显示，无论是成人还是儿童，在体验博物馆的过程中都扮演着积极的创造性的角色，每一个人根据他们自己的特定目的来挑选和关注博物馆的某一环境内容，对他们认为有用的和有意义的内容进行选择性理解和记忆，并且以自己独特的方式进行解读。

第二节 博物馆观众研究方法

一、观众的定性研究与定量研究

博物馆观众定性研究方法是根据观众的内在规定性来研究的一种方法或角度。它以一套演绎逻辑和大量的历史事实为分析基础，从博物馆观众的整体性和规定性出发，描述、阐释博物馆观众的概念界定以及博物馆观众和其他观众的区别和联系。

博物馆观众定性研究有两个不同的层次：一是没有或缺乏数量分析的纯定性研究，结论往往具有概括性和较浓的思辨色彩；二是建立在观众定量分析的基础上的、更高层次的定性研究。在实际研究中，定性研究与定量研究常配合使用。

博物馆观众定量研究是以若干数据为基础，对数据进行统计、分析，并得出描述性解释。

博物馆观众的定性研究与定量研究有下列一些不同点：

第一，着眼点不同。定性研究着重博物馆观众质的规定性探讨，定量研究着重博物馆观众量的分析。

第二，在研究中所处的层次不同。定量研究是为了更准确地定性。

第三，依据不同。定量研究依据的主要是博物馆观众调查得到的现实资料数据，定性研究的依据则是大量的博物馆观众参观事实和研究者的个人经验材料。

第四，手段不同。定量研究主要运用经验测量、统计分析和建立模型等方法，定性研究则主要运用逻辑推理、历史比较等方法。

第五，结论表述形式不同。博物馆观众定量研究结论主要以数据、模式、图形等来表达，定性研究结论多以文字描述为主。定性研究是定量研究的基础，是它的指南，但只有同时运用定量研究，才能在精确定量的根据下准确定性。

二、文献法研究

文献的现代定义为“已发表过的，或虽未发表但具有价值的一切载体”。博物馆观众文献法研究主要指搜集、鉴别、整理文献，并通过对文献的研究形成对博物馆观众的科学认识的方法。文献法是一种古老而又富有生命力的科学研究方法。从博物馆观众研究的全过程来看，文献法在研究的准备阶段和进行过程中，经常要被使用。我们需要了解、继承、利用前人的研究成果，只有这样才能提出新的观点、新的思路，进行新的探索。

文献的内容多种多样，根据不同需要有不同的分类。按照文献的物质形式，文献可以分为纸质印刷品和电子化（数字化）载体两种。纸质印刷品的文献包括图书、期刊、报纸、年报、年鉴、会议记录、报告、档案等。随着计算机的广泛应用和互联网的飞速发展，文献正越来越呈现数字化趋势。网络数据库、移动互联、身份识别、人脸识别、远程访问、社交媒体平台和自媒体飞速发展，有关博物馆观众的数字化文献正以惊人的速度海量增加。电子化的数据文献的大量产生需要运用计算机来处理，这又为博物馆观众定量研究提供了便利条件。通过物联网、云计算、大数据、移动互联网等新技术建立的观众行为分析系统可以全面记录观众参与博物馆活动的各类行为信息，行为分析系统包括观众预约、信息查询、票务管理、导览服务、教育服务、互动等。

三、观察法研究

观察法是指研究者根据一定的研究目的、研究提纲或观察表，用自己的感官和辅助工具去直接观察被研究对象，从而获得资料的一种方法。科学的观察具有目的性和计划性、系统性和可重复性。观察一般利用眼睛、耳朵等感觉器官去感知观察对象。由于人的感觉器官具有一定的局限性，观察者往往要借助各种现代化的仪器和手段，如照相机（或有照相功能的智能手机）、录音机（笔）、显微录像机等来辅助观察。博物馆观众观察法适于在博物馆公共空间进行，对涉及观众隐私的不能采用这种方法。

观察法记录的变量包括观众行走、停留的行为与时间，观众的参观路线，人口统计学数据（年龄、性别、群体数量），空间拥挤程度，观众参观的时间等。观察法可以单独使用，也可与访谈法配合使用。

博物馆观众研究常用的观察法有人工观察法和机器观察法。人工观察法是指调查员在一个博物馆真实环境中跟踪记录观众的行为和举止。博物馆的展厅可以作为一个观察单元，博物馆的庭院（如果有）可以作为一个观察单元，博物馆所在的地理空间也可以作为一个观察单元。机器观察法是利用馆内的闭路电视监控系统、语音导览系统、智能手机导览系统等现代化技术手段实现替代人员观察的一种方法。在获取资料时，机器可能比人员更便宜、更精确和更容易完成。但是在回放这些机器获得的影像时仍旧需要依靠人力，尤其是对数据的最终分析，人工分析仍具有不可取代性。

观察法实施的原则：第一是全面性。第二是遵守有关法令法规。不能在涉及观众隐私的地方进行观察。要在博物馆公共空间醒目处做出标识。第三是掩饰身份。

观察法的主要优点是：（1）它能通过观察直接获得资料，不需其他中间环节。因此，观察的资料比较真实。（2）在自然状态下的观察，能获得生动的资料。（3）观察具有及时性的优点，它能捕捉到正在发生的现象。（4）观察能搜集到一些无法言表的材料。

观察法的主要缺点是：（1）受时间的限制，观察法不能全年进行。（2）受观察对象活动场地限制。我们只能观察观众在博物馆某些公共空间的活动特征，因而做不到全覆盖的观察。（3）受观察者本身的限制。其一，观察者都有生理极限，超出这个限度后会十分疲劳，从而无法继续保持精力和体力进行跟踪观察。其二，观察是由人来进行的，观察不可能不受人的主观因素的影响。其三，观察法还受制于参与此项工作的人员素质和人力的多少。观察法不适于大面积调查。（4）观众的行为是复杂多样的，观察者只能观察外表现象和某些特点，无法做到分析全面而深刻。

四、访谈法研究

访谈法又称晤谈法，是指通过采访人和受访人面对面地交谈来了解受访人的心理和行为的研究方法。访谈，就是研究性交谈，是以口头形式，根据被询问者的答复搜集客观的、不带偏见的事实材料，以准确地说明样本所代表的总体的一种方式。尤其是在研究比较复杂的问题时需要向不同类型的人了解不同类型的材料。

访谈法的优点在于，访谈法收集信息资料是通过研究者与被调查对象面对面的直接交谈方式实现的，具有较好的灵活性和适应性。访谈既有事实的调查，也有意见的征询，更多用于个性、个别化研究。

因研究问题的性质、目的或对象的不同，访谈法具有不同的形式。访谈有正式的，也有非正式的；有逐一采访询问，即个别访谈，也可以开小型座谈会，进行团体访谈。在访谈过程中，尽管谈话者和听话者的角色经常在交换，但归根到底访员是听话者，受访人是谈话者。

根据访谈进程的标准化程度，可以分为结构型访谈和非结构型访谈。前者的特点是按定向的标准程序进行，通常是采用问卷或调查表；后者指没有定向标准化程序的自由交谈。

访谈法的局限性主要表现在以下几个方面。第一，成本较高。访谈调查常采用面对面的个别访问，面对面的交流必须寻找被访者，路上往返的时间往往超过访谈时间，调查中还会发生数访不遇或拒访，因此耗费时间和精力较多。另外，较大规模的访谈常常需要训练一批访谈人员，这就使费用支出大大地增加。与问卷相比，访谈要付出更多的时间、人力和物力。由于访谈调查费用大、耗时多，故难以大规模进行，所以一般访谈调查样本较小。第二，缺乏隐秘性。由于访谈调查要求被访者当面作答，这会使被访者感觉到缺乏隐秘性而产生顾虑，尤其对一些敏感的问题，往往回避或不作真实的回答。第三，受访谈人影响大。由于访谈调查是研究者单独的调查方式，不同的访谈员的个人特征，可能引起被访者的心理反应，从而影响回答内容；而且访谈双方往往是陌生人，也容易使被访者产生不信任感，以致影响访谈结果。另外，访谈员的价值观、态度、谈话沟通的水平都会影响被访者，造成访谈结果的偏差。第四，记录困难。访谈调查是访谈双方进行的语言交流，如果被访者不同意用现场录音，对访谈员的笔录速度的要求就很高，而一般没有进行专门速记训练的访谈员，往往无法很完整地将谈话内容记录下来，追记和补记可能会遗漏很多信息。第五，处理结果难。访谈调查有灵活的一面，但同时也增加了这种调查过程的随意性。被访者的回答是多种多样的，没有统一的答案，这样，对访谈结果的处理和分析就比较复杂，由于标准化程度低，就难以作定量分析。

访谈法在博物馆观众研究中一般不会单独出现，作为一种补充性的方法，访谈法与观察法、问卷法等方法往往配合使用，为定量数据分析提供定性的观点。

五、问卷法研究

问卷法也称“书面调查法”，或称“填表法”，是通过向调查者发出简明扼要的征询单（表），请其填写对有关问题的意见和建议来间接获得材料和信息的一种方法。博物馆领域开展观众问卷调查已有上百年历史。

问卷法的种类：根据问卷分发和回收形式的异同，问卷法分为直接发送法（访谈发送法）和间接发送法（报刊发送法、电话发送法、网络发送法和邮政发送法）；根据问卷填答者的不同，则分为自填式和代填式两种。问卷调查法有以下主要特点：第一，标准化；第二，书面化；第三，抽样化；第四，定量化。

（一）问卷的设计

问卷法实施的关键之一就是问卷设计。一份调查问卷除了要有题目，通常还应包括导语、问题、编码等。问卷中的核心是问题。问题设计分三种基本类型，即开放型问答、封闭型问答和混合型问答。开放型问答是指对问题的回答不提供任何具体答案，而由被调查者自己填写。封闭型问答是指将问题的几种主要答案、甚至一切可能的答案全部列出，然后由被调查者从中选取一种或几种答案作为自己的回答，而不能做这些答案之外的回答。混合型问答，是指封闭型问答与开放型问答的结合，它实质上是半封闭、半开放的问答类型。就一般博物馆观众问卷设计来说，采用混合型的居多。

1. 问题的分类

问卷中的问题基本上可分为四类：

第一类，观众人口学问题。主要包括性别、年龄、民族、文化程度、婚姻情况、职业、职务或职称、收入、宗教信仰、党派团体等。有时还包括被调查者的某类基本情况，如家庭人口、家庭类型、家庭收入等。博物馆观众调查涉及的背景问题不要过多，基本控制在5—6项即可，否则可能会遭观众拒填。

第二类，客观性问题。客观性问题是指已经发生和正在发生的各种事实和行为。如“您是第几次参观博物馆?”就是事实方面的问题，而“您今天看了哪些展陈?”就是行为方面的问题。

第三类，主观性问题。主观性问题是指人们的思想、感情、态度、愿望等一切主观世界状况方面的问题。如“您对今天的参观是否满意?”等，这类问题如果要了解其强弱程度，则要采用量表式问卷。

第四类，检验性问题。检验性问题是为检验被调查者的回答是否真实、准确而设计的问题。它们一般安排在问卷的不同位置，通过互相检验来判断回答的真实性和准确性。如在问卷中先问：“您的工龄?”后隔几个题目再问：“您哪年参加工作？当时的年龄?”

在这四类问题中，背景性问题是不可缺少的，因为它是对被调查者分类和对不同类型被调查者进行对比研究的重要依据。其他三类问题，则依调查目的、内容而选用。一般来说，比较复杂的调查问卷才需要设计检验性问题。

2. 问题的设计原则

为了提高问卷回复率、有效率和回答质量，设计问题应遵循以下原则：第一，客观性；第二，目的性；第三，必需性；第四，对象性；第五，自愿性；第六，具体性；第七，单一性。

3. 答案的设计原则

答案的设计也是影响整个问卷质量的重要因素。在答案的设计中，要遵循以下原则：第一，简捷性；第二，相关性；第三，同层性；第四，穷举性；第五，互斥性；第六，可行性。

问卷设计好以后，一定要进行试调查，在此基础上对问卷作若干次修改后，才能进行正式调查。

4. 编码

编码，就是对每一份问卷和问卷中的每一个问题、每一个答案编定一个唯一的代码，并以此为依据对问卷进行数据处理。对问题答案的编码有前编码和后编码之分，封闭型问答的每一个答案，在设计问卷时就设计了代码，叫前编码；开放型问答的答案，一般是在调查结束后根据答案的具体情况再编定代码，叫后编码。

（二）问卷的发放与回收

问卷调查分全员调查和非全员调查两种问卷发放方式，前者是对所有来博物馆的人进行调查，后者是选取若干样本进行调查。前者适用于观众很少的博物馆，后者适用于观众数量较多的博物馆。选取若干观众作为总体中的样本。一般采用两大取样方法——随机抽样和非随机抽样。非随机抽样分偶遇抽样、定额抽样、立意抽样、滚雪球抽样和空间抽样。

随机抽样又称概率抽样，就是总体中每一个单位都有同等被抽取的机会和可能。概率抽样的原则是，排除调查者的主观意见与选择，采用随机在总体中抽取若干单位作为样本。样本的大小与被调查馆的月观众流量有关。概率抽样有不同方法，对于参观人次较少的博物馆，可以采取空间抽样方式，即在博物馆公共空间内选一个排他性单元（以 1—2 平方米为限，如休息座椅），只要有一个观众进入这里，其他观众则被排除在外。理论上说来博物馆的所有观众都可能“落入”这个空间单元。对于参观人次较为密集（每天流量在万人以上）的博物馆，可选择有奖等距随机抽样法。具体做法是由负责该项问卷调查的两名工作人员在调查活动的总时限内每天在入口处发放调查卡 30 张，双休日和节假日发放 90 张。调查员根据观测到的客流量大小，确定间隔人数，或 20 人，或 30 人，双休日和节假日间隔 50 人。其中一人专门负责计观众人数，另一人负责发放调查卡，卡片代表了观众的样本身份，是填写调查问卷的凭证，在调查时会告诉观众在充分参观之后再来填写并且有礼品相赠。只有手持卡片的观众才可参与问卷调查，保证了样本的固定性和唯一性。所有卡片都编有序号。发给观众的卡片，如果观众拒绝参与调查，则此卡片不再发给下一个观众，而是作为被拒绝样本进行标注，并记录发放失败的原因，然后从下一个卡片开始发放。工作人员每日统计当天的调查情况，包括调查时间、工作时长，领取、拒绝、回收、未回收、作废、有效问卷数，拒绝率、有效率等。

为了增加观众问卷回收率，可以用“成本置换”的方法，给予观众其他方面的奖励，以置换其参与调查所花费的时间成本。用以置换的成本可以有以下几种：

1. 知识成本。即让观众可以了解一般参观途径所无法了解到的更深层次的知识或信息。譬如可以赠送涉及文物或是博物馆专业内容的相关书籍、图册、影视光盘，获得业内人士、专家学者交流、讲解的资格，甚至是参加业内学术活动的资格等。

2. 特权成本。所谓“特权成本”就是让参与调查的观众享受到其他未参与调查观众享受不到的某种“特权”，具体可以有很多途径，比如免费参观收费展厅，参观博物馆非开放区，与文物零距离接触等。

3. 实物礼品。顾名思义，就是赠予被调查者礼品。最好是赠予博物馆自主开发的产品，或者是具有本馆元素的纪念品，礼品成本不需要太高，主要以外观精美、实用性高、便于携带为宜。

总的来说，对应不同的观众群体和不同的情况，合理化、综合性地利用这三种可置换成本，就可以最大限度地置换观众的时间成本，从而成功地将观众留下，完成问卷填写和回收。

（三）问卷数据的处理和分析

收回的问卷在确认了有效问卷后开始用计算机录入数据，在录入之前需要建立观众调查问卷数据库。一般使用微软 Office 中的 Access 就可以，辅助用 Excel 做统计分析和各种图形输出，还可以使用 SPSS 软件进行各种统计。SPSS 是世界上最早采用图形菜单驱动界面的统计软件，基本功能包括数据管理、统计分析、图表分析、输出管理等。

基于数据的分析要靠研究者来完成，完成的水平取决于研究者的功力，也与研究者视角有很大关系。例如皮埃尔·布迪厄和阿兰·达伯尔从社会学角度进行观众研究，通过调查问卷获得的数据研究不同社会地位的观众与参观形态之间的关系。研究的结果显示，较之社会地位低、教育程度低的观众，家庭背景好、教育程度高、职业地位高的观众具有较多的文化资本，他们在博物馆中逗留的时间更长，主动参与性更高。

六、实验法研究

实验法指在控制条件下有目的地操纵某种变量来考查它对其他变量影响的研

究方法。实验法的依据是自然和社会中现象和现象之间相当普遍地存在着一种相关关系——因果关系。实验首先要确立自变量与因变量之间的因果关系。其次，实验必须科学地选择研究对象。再次，实验必须控制和操纵实验条件。

如果说观察法是为了了解已经发生或正在发生的博物馆观众行为，那么实验法则是创造、控制和改变一定的条件，促使观众一定的心理现象和行为产生，并对之进行分析研究的一种方法。博物馆观众实验法研究是心理学实验法的新领域。

（一）实验法分类

根据实验的场地不同可分为实验室实验法和展厅实验法两种。

1. 实验室实验法。这是指在实验室内利用一定的设施，控制一定的条件，并借助专门的实验仪器进行研究的一种方法。它的优点是便于严格控制各种因素，并通过专门仪器进行测试和记录实验数据，一般具有较高的信度。通常多用于研究心理过程和某些心理活动的生理机制等方面的问题。它的缺点是，第一，费用高，实验室的设备投入较大；第二，不能揭示个性心理和其他较复杂的心理现象。

2. 展厅实验法。这是在博物馆展厅的通常条件下，有目的、有计划地创设和控制一定的条件来进行研究的一种方法。相对于实验室实验法来说，展厅实验法易于实施，投入少。

根据参与实验的观众对象不同可分为单组实验、等组实验和循环实验三种方法。(1) 单组实验法。同一组观众先后接受两种不同实验因素的影响，在实验过程中，其他一切条件保持不变，仅对实验因素所产生结果进行观察和比较。(2) 等组实验法。研究者采用两个或两个以上条件相同的观众组作为实验对象进行对比研究的实验形式。或采用实验组和对照组，或采用两个实验组，对不同组施加不同的实验因素，而其他条件保持相同，然后将各实验因素影响所产生的结果加以比较，并进行差异显著性考验，从而得出结论。(3) 循环实验法。这是将单组和等组结合起来的一种实验方法，各实验因素可在各组获得阶段性成果后，再将实验因素对调，其他条件相同，最后再测验各实验因素所产生的结果，然后进行比较，得出结论。此种形式兼具单组和等组的优点，所得结果比较准确和可靠，但实施难度较大，也比较复杂。

（二）实验法原则

实验法的基本原则是，在其他若干变量被妥善控制的情景下，主试有系统地操纵某一自变量 A，使其他有所改变，然后观察 A 的改变对另一变量 B 的影响。这里变量 A 通常称为实验变量，而其他被控制的变量称为控制变量，B 称为因变量或称反应变量。

用实验法来测量观众的心理活动，通常应该只有一个实验变量，也就是说只针对某种心理状态。

（三）实验法操作程序

1. 研究问题的提出与假设的确立；
2. 以操作性定义界定实验变量与因变量；
3. 控制干扰变量；
4. 准备研究工具；
5. 根据实验目的，发展适当的实验设计；
6. 受试者的抽样与分派；
7. 决定实验步骤并进行实验；
8. 选择适当的统计方法进行统计分析；
9. 根据实验证据撰写实验报告。

使用实验法要注意的是：第一，在真实的世界中控制变量并不是那么容易。第二，要说服博物馆允许展示设计做必要的改动以测定因果关系有时是困难的，需要一定沟通技巧。第三，实验情境若没有经过审慎的设计，可能会缺乏体验的真实感（观众可能不把此次体验视为真实）。

第三节　博物馆观众研究内容

观众研究分基础理论研究和应用理论研究两个层面。基础理论研究指的是以概念或理论建构为目的，采用严谨的研究方法探讨假设与理论的基础性研究。应用理论研究有三大方面，即观众人口学研究、观众心理学研究和观众行为学研究。这三大方面构成博物馆观众应用理论研究的基本内容。

一、观众人口学

观众人口学是运用社会人口学有关知识研究博物馆观众背景状况的学问，是认识博物馆观众“他们是谁?”的第一步，内容涉及年龄结构、性别构成、居住地、职业结构、受教育程度、参观次数、观众流量等。

（一）年龄结构

是单位时间内被调查的博物馆观众各年龄组人口占观众总量的比重，又称观众人口年龄构成，通常用百分比表示。

博物馆观众年龄结构的研究，既要有整体观，也要有局部观。认知博物馆观众年龄结构不能停留在博物馆总体层面上，还要进入博物馆具体展陈上。对于具体博物馆的观众年龄结构而言，博物馆展陈主题和拓展教育活动内容是影响最大的因素。

（二）性别构成

是男性与女性观众参观人次在总人次中的比例关系。通常有两种表示法：

(1) 分别计算男、女人数各自占观众总数的百分比；(2) 常用的是用男性人数对女性人数的百分比计算性别比例。

性别是观众最基本、最重要的人口特征之一。虽然博物馆的观众男女性别比差异不是很大，并且较为稳定，但在不同的博物馆类型和博物馆的具体展览上，却存在着性别比的一定差异。

在参观博物馆核心家庭观众（核心家庭指两代人组成的家庭，核心家庭的成员是夫妻两人及其未婚孩子）参观博物馆中，女女（母女）组合和女男组合（母子）多于男女组合（父女）和男男（父子）组合。这与中国家庭中父母承担的角色差异有关。

(三) 居住地

观众居住地首先是一个地域概念，观众按其国籍以及生活和工作学习的行政区划分为县、市、省。其次，它又是一个空间概念，即相对具体博物馆而言存在着一定的空间距离。距离的远近会对观众是否选择参观博物馆产生影响。

1. 区域性观众。根据博物馆社会影响范围的不同，可将观众居住地分为本县（区）观众、本市观众、本省观众。还可以按照较大的地理单元进行区分，如中原地区观众、东北地区观众、西北地区观众、西南地区观众、东南地区观众。还可以按照大的江河流域划分出珠江三角洲地区观众、长江流域（上、中、下游）观众、黄河流域（上、中、下游）观众。

2. 国际性观众。这是从观众的国籍来划分居住地的方法。分本国观众和外国观众。那些闻名世界的博物馆，其观众往往来自世界各地。例如世界上著名的博物馆卢浮宫、大英博物馆、大都会博物馆和中国的故宫博物院。

(四) 职业结构

所谓职业结构，就是观众所从事的职业类型、比例和分布状况。观众职业的划分有不同的方法。一般是依据各个职业的主要职责或“从事的工作”进行分类。根据中国不同部门公布的标准分类，主要有两种类型：

第一种：根据2011年实施的《国民经济行业分类与代码》。这项标准主要按企业、事业单位、机关团体和个体从业人员所从事的生产或其他社会经济活动的性质的同一性分类，即按其所属行业分为20大类：A. 农、林、牧、渔业；B. 采矿业；C. 制造业；D. 电力、热力、燃气及水生产和供应业；E. 建筑业；F. 批发和零售业；G. 交通运输、仓储和邮政业；H. 住宿和餐饮业；I. 信息传输、软件和信息技术服务业；J. 金融业；K. 房地产业；L. 租赁和商务服务业；M. 科学研究和技术服务业；N. 水利、环境和公共设施管理业；O. 居民服务、修理和其他服务业；P. 教育；Q. 卫生和社会工作；R. 文化、体育和娱乐业；S. 公共管理、社会保障和社会组织；T. 国际组织。

第二种：根据国家职业分类大典修订工作委员会修订的2015年版《中华人民共和国职业分类大典》。该《职业分类大典》依据在业人口所从事的工作性质的同一性，将全国范围内的职业划分为八大类：（1）党的机关、国家机关、群众团体和社会组织、企事业单位的负责人；（2）专业技术人员；（3）办事人员和有关人员；（4）社会生产服务和生活服务人员；（5）农、林、牧、渔业生产及辅助人员；（6）生产制造及有关人员；（7）军人；（8）不便分类的其他劳动者。在八个大类中，第一、二大类主要是脑力劳动者，第三大类包括部分脑力劳动者和部分体力劳动者，第四、五、六大类主要是体力劳动者，第八类是不便分类的其他劳动者。

（五）受教育程度

即观众的文化程度，按照各级学校教育的层次，可分为研究生、本科、大专、中专、技工学校、高中、初中、小学（文盲者忽略不计）。尽管在调查时被调查的观众很多是在校学生，还未获得相应学历文凭，但在数据统计时一般按照同等学历对待。

观众的平均受教育程度和观众所在国家的国民文化素质有直接关系。每个国家的博物馆观众，都是受过高等教育者居多。就中国而言，当前博物馆观众的平均受教育程度高于国民平均受教育程度，以大专以上为主。

（六）参观次数

所谓观众参观次数，是观众在单位时间内参观某个博物馆的次数。观众既有第一次参观博物馆的首次观众，也有多次参观博物馆的经常性观众。

第一次参观博物馆的观众有被动式和自由式两种类型。观众年纪越小，被动式的比例越大。观众参观次数的多少是博物馆观众调查时的一个选项。也只有通过调查才能确认一个观众是首次参观还是多次参观。

（七）观众流量

观众流量有两种计算方式：一种是单位时间内来博物馆参观的人数，这个单位时间可以是年、季、月，甚至周、天、小时。一种是单位时间内博物馆具体公共空间的参观的人次。这个公共空间在博物馆内就是具体的主题展厅。前者是对博物馆整体观众而言，后者是对博物馆具体展陈观众而言。除了传统的人工调查统计外，智慧博物馆有关技术已经可以做到对即时状态下的观众流量进行统计分析。

二、观众心理学

观众心理学是运用心理学的知识对观众心理现象、精神领域进行的研究。个体观众心理包括动机、需要、兴趣、印象、满意度、记忆等，群体观众心理主要是个体与个体、个体与群体和群体与群体的关系，诸如独立与依赖、顺从与叛逆等。

（一）观众动机

观众动机指激发、维持、调节观众的博物馆活动，并引导这一活动朝向某一目标的内部心理过程或内在动力。它是参观行为的直接动力，决定着参观活动的自觉性、积极性、倾向性和选择性。动机水平的高低和强弱决定着个体参观活动的质量、水平和效果。参观动机是个体的内在过程，而参观行为是这种内在过程的结果。引起动机的有内在条件和外在条件。内在条件就是需要，动机是在需要的基础上产生的，离开需要的动机是不存在的。只有需要的愿望很强烈、满足需要的对象存在时，才能引起动机。

（二）观众需要

需要是观众内心一种不平衡的状态，它表现在观众对内外环境一种稳定的要求，并成为参观活动的源泉。需要和动机是有区别的。需要是人们对某种目标的渴求或欲望，主要和人们的主观愿望相联系。动机在需要的基础上产生，主要和人的行动相联系。也就是说，需要并不能直接产生行动，而必须先产生动机才能引起人的行动，动机是需要与行动之间必经的一个中间环节。动机虽然是在需要的基础上产生的，但并非所有的需要都能成为动机。这是因为，需要必须达到一定强度并有相应的诱因条件才能成为动机。而动机行动的结果，或是达到目标，产生新的需要，或是遭受挫折。

一般而言，在需要的理论解释上，马斯洛的理论最有影响。马斯洛 1943 年提出关于人的需要结构的理论，该理论基于两个基本假设：第一，人主要是受满足某种需要的欲望所驱使的需求动物。人类的需要是无止境的，当个人满足一种需要之后，就会产生另一种需要。第二，人类所追求的需要具有普遍性，这些需要有层次之分。他把人的需要分为不同层次：生理需要→安全需要→社交需要→尊重需要→认知需要→审美需要→自我实现需要。大量的博物馆观众调查表明，参观博物馆是观众社交需要、尊重需要、认知需要和审美需要以及自我实现需要综合作用的结果，观众在博物馆参观过程中也有其他低层次需要产生。诸如饥渴、疲劳感出现后有饮食需要和休息需要。

（三）观众兴趣

观众兴趣是观众以博物馆为对象所产生的积极的和带有倾向性、选择性的态度和情绪。兴趣是一种无形的动力，推动博物馆观众的参观路线走向和驻足时间的长短，每个人都会对他感兴趣的事物给予优先注意和积极探索。例如，对博物馆某类展品感兴趣的人，会用大量的时间去观赏展品，甚至对展品大量拍照。

任何一种兴趣都是由于获得相关方面的知识或参与相关活动而使人体验到情绪上的满足而产生的。兴趣受社会性制约，不同的环境、家庭背景、阶层、职业、文化层次和不同人生经历的人，其兴趣可能不一样。即便是集体相约参观一个博物馆，也会因个体不同的兴趣而在展厅中“各取所需”。

兴趣对参观博物馆活动的作用主要表现在以下几个方面：第一，对未来参观博物馆活动的准备作用。第二，对正在进行的参观活动起推动作用。第三，对参观活动的创造性态度的形成起促进作用。

（四）观众印象

所谓观众印象，是指留在观众记忆中的博物馆形象。任何人在参观完博物馆之后，都会在脑海中留下这样或那样的印象。有的是好的印象，有的是不好的印象，有的印象深刻，有的印象平淡。观众的参观印象是在观众知觉基础上形成的心理过程，这个过程一直持续到观众离开博物馆后很长一段时间。所以关于观众印象的研究，实际上是关于博物馆形象的研究。

（五）观众满意度

观众满意度是指观众对博物馆以及博物馆产品、服务的满意程度。观众满意度也是观众对博物馆的一种感受。满意度是一个相对的概念，是观众期望值与最终获得值之间的匹配程度：实际体验与预期一致或更好则观众将得到满足；反之，若实际体验不如原先预期则观众将不满意。观众的期望值与其付出的成本相关，付出的成本越高，期望值越高。

（六）观众记忆

记忆是人脑对经验过事物的识记、保持、再现或再认别，它是进行思维、想象等高级心理活动的基础。人类记忆与大脑海马结构、大脑内部的化学成分变化有关。具体到博物馆观众记忆，就是观众对博物馆体验在其脑中的反映。记忆是一个复杂的心理过程，从“记”到“忆”包括识记、保持、再认别或回忆三个基本环节。从信息加工观点来看，记忆就是对输入信息的编码、贮存和提取的过程。

观众记忆按其内容可以分为以下四类：

形象记忆：即对感知过的博物馆外在建筑形象的记忆；

情境记忆：对参观时的亲身经历（时间、地点、人物和情节的事件）的记忆；

情绪记忆：对自己参观时的情绪和情感的记忆；

知识记忆：又叫概念-逻辑记忆，是博物馆展陈涉及各种有组织的知识记忆。

除个别观众之外，绝大多数观众这四种记忆强度依次递减。

观众记忆方式还可以根据记忆活动的特点进行分类：

感觉记忆：又叫瞬时记忆，是指外界刺激以极短的时间一次呈现后，信息在感觉通道内迅速被登记并保留一瞬间的记忆。一般又把观众的视觉瞬时记忆称为图像记忆，把观众的听觉瞬时记忆叫做声音记忆。一般认为，瞬时记忆的内容为9—20比特，保持的时间为0.25—2秒。

短时记忆：短时记忆是记忆信息保持时间在1分钟左右的记忆。如果对瞬时记忆中的信息加以注意，或者说当意识到瞬时记忆的信息时，信息就被转入短时记忆，否则没有注意到的信息便会消失，也就是遗忘了。

语言文字的材料在短时记忆中多为听觉编码，即容易记住的是博物馆讲解员的声音而不是展板上的文字介绍；非语言文字的材料主要是博物馆实物形象记忆，因而博物馆视觉记忆的形象占有更重要地位。

短时记忆中既有从瞬时记忆中转来的信息，也有从长时记忆中提取出来的信息，它们都是当前正在加工的信息，所以短时记忆又叫观众学习记忆。

长时记忆：是指记忆信息的保持从 1 分钟以上直到许多年甚至保持终身的记忆。长时记忆的容量无论是信息的种类或是数量都是无限的。

观众长时记忆的编码有形象编码和语义编码两类。形象编码是以博物馆映像形式对博物馆的意象进行再现。语义编码是用语言对信息进行加工，具体而言就是博物馆展陈中的展品名称、时代等，按展陈的意义加以建构。

长时记忆中存储的信息如果不是有意回忆的话，观众是不会意识到的。只有当观众被某种外界信息重新刺激，需要借助已有的经验时，长时记忆存储的信息被提取到短时记忆中，才能被观众意识到。

三、观众行为学

观众行为学是借助心理学的分支流派——行为主义有关理论研究博物馆观众行为的学问。行为主义心理学是 20 世纪初起源于美国的一个心理学流派，它的创建人为美国心理学家华生。行为主义的出现，在西方近代心理学发展史上是一场革命。行为主义观点认为，心理学不应该研究意识，应该研究行为。观众行为就是观众作为人适应博物馆环境变化的各种身体反应的一系列组合。或者说观众在博物馆环境中带有目的性的行动的连续集合。研究观众的行为有助于评估博物馆展陈信息传播效果，有助于认识观众在博物馆空间的活动规律。

博物馆观众行为研究所关注的对象包括观众的方位判断行为、驻足行为、互动行为、蹭听行为、拍照行为、休息行为、购物行为、赞扬行为、批评行为。

（一）方位判断行为

方位判断行为指观众在博物馆公共空间识别位置的身体反应。博物馆对于观众而言是一个陌生的场域，观众来到博物馆后首先的行为是对自己的地理位置进行识别。这由观看博物馆视觉识别系统或询问博物馆服务人员开始，确定好位置后沿着既定的参观路线进行空间判断和位移，直至参观结束离开博物馆为止。

（二）驻足行为

驻足是停下来看的行为。观众是否有这个行为发生与博物馆的吸引力有关，于是有测量吸引力作为评估博物馆展陈指标之一。所谓吸引力是计算在某特定展陈前驻足的观众人数的百分比。我们可以肯定地说，如果观众不停下脚步，展示根本没有传达信息的机会，而再有趣的展示说明，乏人阅读，也几无意义。观众驻足不驻足，观众在哪里发生驻足行为，这与观众心理有关，也与博物馆展陈设计有关。

观看时间（通常以持续力来表示）。在观众停下脚步后，他至少要观看一段时间才能获得信息。展示能否持续吸引观众的注意，使得信息传达出去，就是测量展示成功与否的另一基本方法。而把观众平均观看的时间除以获得信息所需的总时间，就可把观看时间转换成常用的“持续力”测量法。

痕迹测量：观众反应产生后，即使经过一段长时间，有时也可能测到观众反应所留下的一些具体证据。例如从展示玻璃上所留下的手印、鼻印情况，就能粗略有效地评估出展陈所受欢迎的程度。观看博物馆是由一连串的驻足行为构成的。

（三）互动行为

观众互动行为有两层含义：一是观众和博物馆的互动，二是观众之间的互动。

观众和博物馆的互动既有人际的互动，也有人与博物馆展陈装置之间的互动。前者是观众和博物馆的现场服务人员之间的交流，后者是观众操控博物馆展陈辅助设施的身体反应。如操控数字虚拟沙盘、电子翻书系统、电子导览机、多点触屏设备等。

观众与观众之间的互动一般发生在相互熟悉的观众之间。结伴而来的观众和家庭观众之间这样的互动是频繁进行的。这种互动有成人之间的平等式交流、讨论和对话，也有成人和儿童之间的教学式提问和解释回答。

（四）蹭听行为

博物馆讲解分义务讲解和有偿讲解两种形式，所谓蹭听行为即观众没有付费而跟随已经付费的观众听博物馆讲解的行为。这不是预谋性的行为，大部分观众在进入博物馆之前本无此心理动机，之所以发生这样的行为，是和以下因素有关：第一，现场的讲解过于精彩，吸引了观众围观，主动蹭听行为由此产生；第二，观众本来在此观看，但是有讲解的团体过来进行参观，被动顺便听了讲解；第三，人类占便宜心理起作用，事先不知晓有讲解，发现有讲解后一路跟随讲解到最后。

蹭听行为在观众密集型展厅参观中较为多见。讲解员无线发射讲解器和观众无线接收器的使用使得蹭听行为大大减少。

（五）拍照行为

拍照行为指在博物馆环境里利用拍摄工具进行拍照的行为。很多博物馆允许观众进行拍摄，只要不开闪光灯和用三脚架固定机位就可以。观众拍照行为无论中外现在都是比较普遍的现象。

拍照行为根据研究的需要有不同的分类法：

从拍照工具看，目前数字拍照已经占绝对主流。数字拍摄可细分为手机拍照、相机拍照。

手机拍照具有轻便特点，智能手机拍摄还可以直接上传到微信微博上。随着手机新型机型的更新换代，手机拍照功能越来越强，大光圈、高像素和优良画质不断推陈出新，是博物馆拍照行为者使用最多的拍照工具。具备上网功能的手机在观众拍照完毕后可以马上分享到朋友圈，这样观众由学习者变成了信息传播者。

相机拍照受专业人士的青睐。对画质的追求和个性化拍照，使得用单反相机拍博物馆的观众仍然占有一定比例。这类属于学习型的观众，他们在博物馆逗留时间长，拍照时注重光线的利用，往往使用偏振镜消除展柜玻璃的折射光线不利因素，重点放到了展品影像记录上。

从拍摄对象来说，可分为自拍、拍别人、拍人又拍物和单纯拍物四种类型。

（六）休息行为

休息行为是指观众在博物馆环境内为缓解疲劳而出现的行为。观众参观疲劳是人的生理现象。观众疲劳的产生主要缘于三个因素：一是观众对所看的对象缺乏兴趣，二是博物馆展示设计不合理，三是参观时间过长超过了生理极限。为了缓解疲劳，观众有两种方式：一种方式是终止参观，离开博物馆；一种是继续待在博物馆内，选一个可以暂时缓解疲劳的地方休息，待解除疲劳后继续参观。

博物馆观众的休息行为主要是坐下来。博物馆公共空间要根据博物馆年观众流量平均值在适当位置上安置用于观众休息的座椅。美术展厅中间也要适度安置用于坐下来观看的无靠背座椅。休息行为有时是单纯的行为，有时是交叉行为，这期间或者用智能手机上网，或者饮食，或者抽空去一下洗手间。如果是彼此相互熟悉的观众在休息，在休息过程中还有可能互动讨论参观对象。家庭参观团体中，有的人用休息的方式等待家庭其他成员完成参观过程。

（七）购物行为

购物行为是指观众在博物馆内通过货币交换方式，获得对博物馆某种出售商品的所有权，并最终消费使用该商品的行为。博物馆在场馆内设有商品经销店（点），以满足各类购物需求。

根据观众的需要，购物行为可分为满足生理需要的购物和满足精神需要的购物。满足生理需要的购物集中在餐饮品上，满足精神需要的购物集中在图书和文创产品上。根据观众购物的货币支付方式，可分为现金支付、刷银行卡、手机转账三种购物方式。根据购物场所，观众购物可分现场购物和网上购物两种行为。

（八）赞扬行为

赞扬是赞誉、表扬，这是观众对博物馆提供的服务表示满意而发出的肯定性评价行为。

观众的赞扬内容有如下几种：（1）对博物馆提供的人性化服务满意；（2）对展厅空间设计满意；（3）对精美的展品赞叹；（4）对博物馆及时解决其困难满意；（5）购买到称心如意的商品。

观众赞扬的方式有现场口头表达，留言簿书写留言，事后在自媒体写观后感，在博物馆网站、微信（微博）平台和社交媒体上留言，给博物馆送锦旗等。

及时多渠道了解观众的赞扬行为，是博物馆获得客观肯定性评估的重要环节。

（九）批评行为

观众对博物馆提供的服务不满意而发生的否定性评价行为。是否有批评行为发生，首先是看观众个体特征，有一类观众是批判型观众，专门挑剔博物馆的不足、缺点和失误、错误；其次是看不满意程度。不满意程度一旦超过观众的忍耐程度，观众就会提出意见。

观众的批评内容涵盖了博物馆方方面面，主要如下：（1）博物馆参观路线设计不合理；（2）博物馆展览相关设施不完善，维修不及时；（3）博物馆文字说明书写错字和译文错误；（4）博物馆展品摆放不合乎审美要求；（5）博物馆讲解服务水平低，服务态度恶劣；（6）博物馆出售的商品品种单调，且价高质差；（7）博物馆提供的免费简介语种少，并且数量不足；（8）博物馆展览少，更新慢，并且档次不高；（9）博物馆环卫保洁不好，卫生间气味难闻；（10）博物馆休息设施太少，观众无地方落座；（11）博物馆不提供免费寄存服务和免费 WiFi 上网服务；（12）博物馆地理位置偏僻，不方便前来参观；（13）博物馆网站信息少，且内容更新缓慢。

观众批评的方式有现场口头表达，留言簿书写留言，事后在自媒体写观后感，在博物馆网站、微信（微博）平台和社交媒体平台留言等。

及时多渠道了解观众的批评行为，是博物馆改进管理的重要前提。

思考题

1. 试论博物馆观众和博物馆公众的区别与联系。
2. 一般社会科学研究方法在博物馆观众研究上要注意哪些问题？
3. 试述观众人口学、观众心理学和观众行为学的基本内容。
4. 观众可以从哪些角度分类？

► 拓展阅读

第十章　博物馆经营管理

博物馆作为一个机构组织，具有人工系统组织特征，其任务的完成、组织目标的实现，都是通过馆内所有员工的共同努力而达到的。在这样一个组织里，从馆长到普通员工，承担着不同工作责任的人员都扮演着各自不同的角色。博物馆精神产品的生产需要各部门员工的协作，有协作就有管理。管理是任何一个组织运作都不可缺少的。

第一节　博物馆管理体制与法律法规

管理体制一般指国家机关、企业和事业单位机构设置和管理权限划分的制度，法律法规是管理行为的最高法律依据。作为一个法治国家，博物馆管理必须依照法规来进行，而管理体制与法规是有序管理的基础。

一、博物馆宏观管理体制

博物馆管理体制就是国家以管理权限的划分为基础所设置的博物馆机构及其各种管理制度的体系。博物馆管理体制由宏观管理与微观管理两部分组成，宏观管理构成国家对全国范围博物馆的管理体系，微观管理指局限于一个博物馆内部范围的管理。宏观管理与微观管理都是对博物馆管理权限的分配，两者的区别在于：前者是政府主管部门从全国的范围、从国家的高度来进行的博物馆事业管理，是全局性的、综合性的管理；后者则是一个博物馆从自身的角度对具体的事务进行管理，它根据国家博物馆事业发展的大政方针和博物馆自身的宗旨与条件，实施达成博物馆工作目标的管理。两种管理主体在不同的层面各司其职，但彼此又存在着紧密的联系。

（一）发达国家博物馆宏观管理体制

从世界范围来看，各国的博物馆管理体制呈现多种形态，这与各国的政治、经济和历史文化传统有关。从管理的集权程度而言，大致有三种类型：集中管理型、非集中管理型和半集中管理型。在欧美发达国家中，法国、美国和英国分别是这三种类型的代表。

法国文化部系统的博物馆由文化部下设的全国博物馆总局统一管理。博物馆划分为“国家级”“国家保护级”和“国家监管级”三个等级，三十多座属于“国家级”的博物馆由博物馆总局直接管理，其余的或为国家其他部门，或为地方政府管理。在法国，国立博物馆占博物馆总数的90%，私立博物馆仅占10%。

与法国的高度集中型管理相反，美国没有一个统一的管理全国博物馆的行政机构，全国的博物馆管理权力，绝大部分都分散在各州政府或私人财团、社会团体和各种基金会等。在美国的3万多座博物馆中，联邦政府直接控制的国立博物馆仅占6%左右（主要是史密森机构下属的博物馆群和政府内政部之下国家公园署所管理的国家纪念物、历史遗址和自然保护区等），州政府管理的公立博物馆约为28%，而私立博物馆却达到60%以上。美国博物馆协会作为一个非官方的行业组织，担负着全国博物馆的业务指导与博物馆间的事务协调职责。

英国的博物馆管理属于半集中型。英国的国立博物馆和地方（公立）博物馆分别由政府内阁的相关部委和地方政府管理。遗址博物馆由环境资源部下属的历史建筑遗址和纪念物委员会管理，科学、艺术、人文类博物馆由科学、艺术、教育部下属的各专业委员会管理，苏格兰、北爱尔兰和威尔士地区的国立博物馆则分别由这三个地区事务部下属的教育部管理。地方公立博物馆则由地方政府的博物馆管理委员会管理。该委员会是一个由民间代表和官方代表组成的联合体，其成员由地方议会议员代表和其他社会团体成员代表共同组成。

（二）中国博物馆宏观管理体制

新中国成立以来，博物馆在管理体系上一直归属于文化和旅游部（或国家文物局）系统。中国博物馆宏观管理体制属于集中管理型，以分级化、属地化管理为特征，并具有管理主体多元化、公私所有制并存的特点。

1. 分级属地化管理。中国博物馆宏观管理体制以国家管理博物馆事业的行政管理体制为核心。在层级结构上，从国务院文物主管部门（国家文物局）到县级以上人民政府的文物管理部门（文物科、文管站或文管办等），形成层次分明的、纵向的分级管理，不同层级的文物主管部门拥有不同的管理权限，实现对博物馆行业的条状垂直管理。国家文物局以行业管理（即业务指导）方式管理全国博物馆事业，省（市、自治区）及以下的文物主管部门以行政区域为单位，管理其对应的下属博物馆，形成了鲜明的属地化管理特征。

2. 管理主体多元化。中国国有博物馆虽大多数隶属于文化和旅游部（文物局）系统，但还有相当数量的博物馆由政府其他部门、高校、科研院所、企业或公民个人设立，博物馆的人、财、物都独立于文物主管部门，仅接受文物主管部门的业务指导和履法监督。办馆主体的多元化，使中国博物馆呈现出多头管理和分散化管理的特点，形成博物馆管理的部门块状特征。

3. 公私所有制并存。我国的博物馆在所有制上分为国有博物馆和非国有博物馆两类，前者系利用国有藏品、资金等设立；后者则利用非国有藏品、资金等设立。目前在我国博物馆事业发展中国有博物馆占主流地位。国家对非国有博物馆实行的是“自我管理”“自我建设”“自我发展”政策，博物馆宏观管理体系只针对国有博物馆，非国有博物馆不在其行政管辖范围之内，这与欧美发达国家的博物馆管理状况相似。

在国家行政层面，国务院文化和旅游部是我国整个文化事业管理的最高责任部门，国家文物局则专门负责管理全国文化事业中的文物与博物馆事业部分。各省、自治区、直辖市政府机构中的文化厅（或文广新局）是各省、自治区、直辖市文化事业（包括文博事业）管理的主要责任部门，各地市级和县（市）级文广新局是各地市和县（市）文化事业（包括文博事业）管理的主要责任部门。就业务关系而言，国家文物局对各省、自治区、直辖市的文物局进行指导，各省、自治区、直辖市的文物局对其下的地级市文物处（或文管所）和县（市）级文物科（文管站或文管办）进行业务指导（参见图 10-1）。

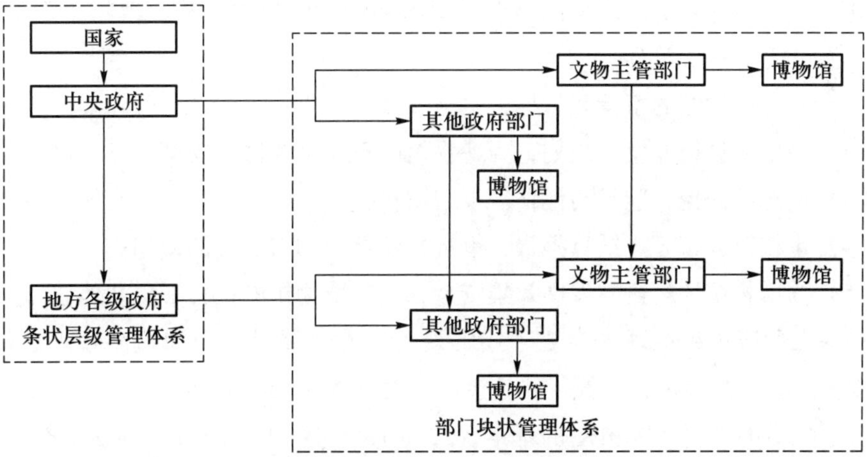

图 10-1　以条块相结合的中国博物馆管理体系

引自刘世锦主编：《中国文化遗产事业发展报告》（2009），社会科学文献出版社 2009 年版，第 18 页。

二、博物馆微观管理体制

博物馆微观管理就是从一个博物馆的性质、任务、现状和发展前景出发，制订具体的工作和事业发展规划，设置分工合理、运作高效的组织机构，建立切合实际的规章制度，聘用合适的员工等，使博物馆机构保持正常运行。微观管理主要是对博物馆内人与事的管理，涉及博物馆行政与业务的各个方面。概括地说，就是进行单体的博物馆工作和事业发展的管理。

（一）博物馆组织机构

博物馆的微观管理，常见有专业化管理和行政化管理两种模式。前者是指在博物馆与政府主管部门之间有一个专门管理博物馆的理事会组织，博物馆的一切重大决策都由理事会做出，博物馆馆长是理事会决策的执行者，馆长对理事会负责。这种管理模式突出博物馆运作的专业性，强调社会公众参与对博物馆的管理和监督，政府对博物馆实行间接管理。后者是指博物馆由其所属的政府主管部门直接管理，馆长由主管部门直接委派或任命，馆长对上级主管部门负责，博物馆的决策制定与执行都由馆长来做，政策制定者与执行者合二为一。

1. 专业化管理模式。博物馆理事会制是当今国际上颇为通行的一种博物馆法人治理结构形式，其核心是博物馆理事会（董事会）领导下的馆长负责制。理事会以一种法定受托人的身份，在接受受托责任的同时，也被赋予对博物馆藏品的保护与使用的支配权力。理事会要承担起这一责任，必须对博物馆实施有效的管理。为此理事会要为博物馆发展做出决策，挑选有能力的人才当馆长，还要为博物馆发展运行筹集足够的资金。

博物馆理事会是由若干位理事组成的管理组织，按照集体负责的形式，履行对博物馆的领导决策权力，是博物馆组织内部最高的权力机构。博物馆理事会的职责主要包括以下几方面：

（1）确定博物馆的宗旨和目标；

（2）制定博物馆的发展规划，为博物馆的重大事务做出决策；

（3）遴选、任免、监督与评估理事与馆长；

（4）审核财务预算、结算报告，审批并监督博物馆资金的使用；

（5）为博物馆的运行与发展筹集资金，提升博物馆的社会形象和地位。

一些大型博物馆在理事会之下还常设若干专业委员会，如藏品管理委员会、学术委员会、财政委员会、执行委员会等辅助性委员会，以便于理事会开展工作。各委员会成员的来源与委员会的基本权力和工作内容等，理事会章程中都有明确规定。

博物馆理事会的规模大小无统一规定。从理论上说，理事会应大到足以履行其职责，同时又小到足以作为一个能正常运行的审议机构。在实践中，博物馆都视其规模大小和业务运行的复杂程度而确定博物馆理事会的规模。一般的经验是在理事会成员人数 8—10 名的情况下，理事会可以良好运行。博物馆理事会组成人员的构成，因博物馆权属的不同而各有差异。国有博物馆系统的理事会成员多以政府主管部门委派的代表、企业界资助单位代表和社会上专家学者、博物馆的员工代表组合而成；非国有博物馆的理事会成员一般以博物馆主办者（包括出资者）和有筹资渠道的出资人为主体，吸纳社会上若干博物馆领域的专家学者共同组成。

理事会的主要角色是博物馆的决策制定者和政策执行的监督者。但在不同的国家，因历史和文化传统的不同，理事会在博物馆实际管理中发挥的职能也有差异。国有博物馆的运行经费主要靠政府拨款，政府一定程度上介入博物馆理事会事务，甚至直接委派博物馆馆长，因而理事会主要承担咨询和部分决策职能。非国有博物馆的经费主要靠社会支持，其理事会成员也来自社会各界，其决策一般不受政府的影响。也有一些由个人或股份公司创办并直接管理的私人博物馆，其理事会的责权较小，主要角色就是提供咨询。

2. 行政化管理模式。新中国成立后，我国对博物馆等文化事业单位如同行政机关一样来管理，利用行政手段由国家统一调动各地资源，集中力量建设一批新博物馆，在当时的历史条件下，这种管理模式对于支持博物馆建设起了积极的推动作用。改革开放以后，随着我国计划经济体制向市场经济体制的转型，博物馆行政化管理模式的一些弊端日益凸显。如办事效率低，决策的科学性欠缺，服务质量不高，缺乏有效的激励员工手段，社会公众难以参与对博物馆事务的监督等，这些都在一定程度上阻碍了博物馆事业的发展。

在我国行政管理体制改革向建设“服务型政府”的转型中，国家文物局对博物馆提出了加强“法人治理结构”建设的要求，将逐步推行博物馆理事会制提上议事日程。党的十八届三中全会文件中明确指出，要“推动公共图书馆、博物馆、文化馆、科技馆等组建理事会，吸纳有关方面代表、专业人士、各界群众参与管理”。这是国家领导层充分考虑到中国博物馆建设发展的现实需要而做出的“顶层设计”，它将为中国博物馆事业的发展带来新的动力和活力。目前国有博物馆系统已有少数博物馆展开了理事会管理制的试点，以后在总结这些试点单位实践经验基础上，将逐步在全国推广博物馆理事会制。

（二）博物馆机构设置

一个组织的机构设置，直接影响和决定该组织的运行方式与运行效果。博物馆应据其基本功能和业务活动特点，结合科学管理的一般原理而设置机构，力求精简，办事高效，责权一致，既合理区分馆内各项工作，又使之有序地组织起来，在管理系统的指挥下，保持顺畅运行的活力，实现博物馆的各项目标。

目前我国博物馆的内部机构一般分为行政与业务两大部分，行政部分有办公室、人事、财务、保卫和总务（或后勤）等几个部门。在业务机构的设置上主要有两种类型：一种是按照博物馆的业务流程和功能来设置各个工作部门；另一种是根据博物馆藏品的内容属性来设置工作部门。国内博物馆界将前者称为“三部制”，将后者称为“一条龙”制。

“三部制”即按藏品进入博物馆到陈列展出的流程，设立保管部、陈列部和教育部，每个部门的业务活动体现博物馆的不同功能。保管部主要负责博物馆藏品的征集、鉴定、研究和藏品的管理、保护等业务；陈列部门主要负责藏品的陈列展览研究、设计、制作、布置等业务；教育部主要负责观众的组织与接待、陈列讲解以及其他形式的社会教育活动等，配合陈列展览并将其内容普及引向深入，成为陈列展览的延伸。

“一条龙”制是按照博物馆藏品的学科专业属性设置业务部门，每一个专业部门既包含藏品的征集、鉴定、保管和研究，又负责陈列展览的设计与布置，每个专业部门都是一个相对独立的实体，内部以纵向链式分工。各专业部门的业务人员既从事藏品征集、保护和研究，又负责陈列展示工作。

欧美国家博物馆大都为“一条龙”制设置，“三部制”为苏联博物馆机构设置模式。我国民国早期博物馆机构设置普遍仿照“一条龙”制，新中国成立后则一律采用“三部制”。1979 年文化部颁布的《省、市、自治区博物馆工作条例》中还明确规定，博物馆业务机构设置要以保管部、陈列部、群工（即教育）部为主。改革开放以后，国内博物馆界曾对“三部制”与“一条龙”制展开讨论，褒贬不一。一些大型博物馆从本馆实际状况与发展要求出发，开始逐步实施机构设置改革，力求打通藏品保护与陈列研究之间的壁垒，合理区分业务活动，减少部门之间的矛盾。如上海博物馆将原陈列研究部与藏品保管部中的藏品研究工作分离出来，整合到新设立的青铜研究部、书画研究部、陶瓷研究部和工艺研究部中，提升了博物馆藏品研究的整体实力。湖南省博物馆则建立以业务为核心的大部制，即将整个博物馆机构分为三大部门：（1）典藏研究部，负责与藏品有关的征集、保护、研究和策展等工作；（2）公众服务部，负责开放接待、社会教育、公共关系以及一切直接面向公众的服务工作；（3）行政保障部，负责行政、人事、财务、后勤等工作。①尽管国内博物馆的机构设置改革各有各的做法，但总的方向是一致的，即为达到增强博物馆活力，提高工作效率之目的。

三、博物馆管理的相关法律法规

不少发达国家都已有专门的《博物馆法》。我国虽尚未制定博物馆法，但已基本形成一个以宪法为统帅，以文物保护法为骨干，以行政法规为补充的多层次的中国特色社会主义博物馆法律体系。博物馆机构作为文物藏品的受托管理者，公共文化服务的提供者，在其管理和运行过程中涉及宪法、行政法、民商法、刑法和国际法等多层面、多领域的法律关系。

（一）《中华人民共和国宪法》和《中华人民共和国文物保护法》

《宪法》是我们国家根本大法，是国内所有法律中的最高位阶法。我国《宪法》第二十二条规定：“国家发展为人民服务、为社会主义服务的文学艺术事业、新闻广播电视事业、出版发行事业、图书馆博物馆文化馆和其他文化事业，开展群众性的文化活动。”《宪法》既确立了国家发展博物馆的基本责任，也赋予博物馆获取

① 国家文物局博物馆与社会文物司编：《新形势下博物馆工作实践与思考》，文物出版社 2010 年版，第 148 页。

和支配相应公共资源的权力。

《中华人民共和国文物保护法》以文物的保护和利用为出发点和落脚点，规定了博物馆馆藏文物的获取方式、藏品档案管理、调拨、借用和交换、损毁核查、备案报告等制度，确定了博物馆作为馆藏文物的受托管理者所应承担的权利和义务，是博物馆行政法律体系的核心和基础。博物馆作为政府文物行政管理部门的管理对象，既有获得政府帮助和支持的权利，也要接受管理部门一定的限制、约束和监督，并承担相应的社会义务。《中华人民共和国文物保护法》基本确立了博物馆与政府文物行政管理部门之间的法律关系框架。

（二）《博物馆条例》和国家相关部门制定的部门规章、规范性文件

2015 年 3 月 20 日起施行的《博物馆条例》（以下简称《条例》），是新近我国博物馆法规建设的一项最重要成果。该《条例》是 21 世纪以来我国博物馆事业空前发展的背景下，国务院针对许多新情况和新问题而颁布的除《宪法》《文物保护法》之外的，层级最高的行政法规。《条例》对我国现有的博物馆做出明确界定，根据创办博物馆的资产利用情况，划分为国有和非国有博物馆两类。《条例》明确“国家在博物馆的设立条件、提供社会服务、规范管理、专业技术职称评定、财税扶持政策等方面，公平对待国有和非国有博物馆”。条例还强调“博物馆应当完善法人治理结构，建立健全有关组织管理制度”，为进一步深化我国博物馆体制机制改革提供法律依据，充分体现了我国博物馆事业建设与发展的时代精神和特征。

国家相关部门制定的博物馆管理方面的制度以规章和规范性文件形式颁布。20 世纪八九十年代以来，国家相关部门制定和颁布的部门规章和规范性文件主要有：《博物馆管理办法》《博物馆藏品管理办法》《文物系统博物馆风险等级和安全防护级别的规定》《文物出境展览管理规定》《文物复制拓印管理办法》《文物藏品定级标准》《中国文物、博物馆工作人员职业道德准则》《博物馆建筑设计规范》《博物馆照明设计规范》等。这些规章和规范性文件对博物馆管理和馆藏文物的保护管理、博物馆建筑等方面的专项工作进行了更为详细的规定，为文物博物馆工作的有序开展提供了法规依据。

（三）刑法和民商事法规

博物馆作为具备独立法人资格的机构，为维持其有效运行，在保护馆藏品的同时，向公众提供公共文化服务，实现其社会功能，对内对外都必须依法实施管理与经营。博物馆活动的方方面面都涉及不同领域的民商事法律法规。博物馆内部管理的法律关系涵盖了博物馆管理其组织结构、藏品、人力资源、固定资产与财务和安全设施等方面的关系。

有关博物馆外部经营的法律法规涉及面更广，如博物馆建设运营中的固定资

产、设备的采购、服务等合同问题，博物馆经营中的商标权、著作权、专利权等问题的界定和维护。博物馆购买藏品和接受社会捐赠所涉及的权利与义务的问题，均涉及民商事法律法规。另外，《中华人民共和国刑法》第三百二十五条“非法向外国人出售、赠送珍贵文物罪”和第三百二十七条“非法出售、私赠文物藏品罪”的主体均指博物馆等文物收藏单位。如果博物馆员工有私自向外出售、赠送馆藏文物行为，作为具有独立法人资格的博物馆，其法人代表将承担连带法律责任。

（四）国际公约

博物馆在开展藏品征集活动时，应遵守我国政府已加入或认同的国际公约规定和原则，禁止购买和收藏来源不明和来源不合法的藏品。这些国际公约和国际准则主要包括：

联合国教科文组织：《武装冲突情况下保护文化财产公约》（1954）；

联合国教科文组织：《关于禁止和防止非法进出口文化财产和非法转让其所有权的方法的公约》（1970）；

联合国教科文组织：《保护水下文化遗产公约》（2001）；

联合国教科文组织：《保护非物质文化遗产公约》（2003）；

国际统一私法协会：《关于被盗或非法出口文物公约》（1995）。

第二节　博物馆人事管理

任何一个机构的管理，无论多么庞大、多么复杂，归纳起来主要是对人、财、物的管理，其中对人的管理是核心。从博物馆的领导到普通员工，都有各自不同的岗位职责与权益，都有各自的追求。怎样使博物馆员工在馆长的领导下，相互合作，齐心协力，共同为完成博物馆的各阶段目标而努力工作，这是博物馆人事管理所要解决的根本问题。主管人事部门要制定各种规章制度，提出有效的激励措施，鼓励员工为实现博物馆的使命做出自己应有的贡献。

一、博物馆管理规章制度

博物馆为了正常有效地运行，必须适当地处理机构内部各个环节之间的关系和博物馆与其外部的各种关系。怎样做到正确处理这些关系？博物馆管理部门本着“切实可行，行之有效，符合博物馆工作规律”的原则，将处理各种问题的准则条理化，并用文字表达为具有可操作性的具体规定，形成要求博物馆全体员工共同遵守的文件，这就是博物馆管理规章制度。建立和健全博物馆规章制度，是博物馆科学管理、以法治馆的体现，它使博物馆员工在工作中有章可循、有法可依，保障博物馆工作有条不紊地展开，保证工作任务的完成，稳步实现博物馆的目标。

（一）博物馆章程

博物馆章程是管理博物馆的重要文件，是博物馆法人治理结构建设和运行管理的基本准则。章程中阐述了博物馆的宗旨与目标，界定了博物馆理事会成员（理事）、行政主管（馆长）、部主任和所有员工的角色与职责，并将体现博物馆藏品保护、研究、展览与教育功能的所有活动都囊括其中。具体而言，博物馆章程明确说明以下几方面的内容：

博物馆的正式名称、所在地及其具体位置的详细信息；博物馆举办单位（或举办者）、经费来源、登记管理机关。

博物馆的使命（宗旨）、博物馆的目的、博物馆的业务范围等。

博物馆理事会、上级主管单位或其他博物馆管理单位等的组成，包括理事会成员的人数与理事任职资格条件，并且明确理事会成员的提名、选举方式与程序和任期等，详细列出理事会理事的权利与职责、理事会会议与决议程序、理事长的产生方式和理事长的职权等。

博物馆管理层的组成、馆长的任免方式与任期、馆长的责任与权限，博物馆员工的职责与权益（包括福利待遇等）。

博物馆财务和资产管理方面的规定。

关于博物馆终止和剩余资产处理。

关于博物馆章程的修订。

（二）人事管理规章

人事管理规章是对博物馆所有员工的管理制度，涉及员工的聘用、考勤、工作考核、业绩评估、奖惩办法、职务（职称）晋升、在职培训和社会福利待遇等，对这些内容在操作上都做出明文规定，目的在于明确员工的权利与义务，保障员工的合法权益，形成有效的竞争机制，充分调动员工的积极性与创造性，使员工圆满完成各自承担的岗位任务。

（三）行政管理规章

行政管理规章是关于博物馆中的一些行政和后勤事务的制度，包括博物馆文书处理运转管理办法、博物馆档案管理办法、博物馆工程设备设施管理办法、博物馆网络和电脑设备使用管理办法、博物馆财务制度、博物馆固定资产管理办法、博物馆低值易耗品和办公消费品管理办法、博物馆安全保卫制度、消防安全管理办法和博物馆物业管理制度等。

（四）业务活动管理规章

博物馆的业务管理规章是围绕博物馆从藏品征集、保护、研究到陈列展览和社会教育各个业务活动环节制定的操作规程，以保证各项业务活动有条不紊地展开。包括博物馆藏品的征集管理办法、藏品管理制度、文物修复管理办法、博物馆信息资源（主要是藏品数据库）使用管理办法、博物馆著作权管理办法、博物馆馆藏文物出借展览管理办法、博物馆社会教育管理办法、博物馆文化交流管理办法、博物馆展览管理办法、博物馆图书使用管理规定和博物馆志愿者管理章程等。

二、博物馆馆长

（一）一馆之长的重要性

博物馆馆长是博物馆的第一责任人，在博物馆管理中处于主导地位。馆长的选聘和职能定位对于博物馆的运行与发展非常关键。在实行理事会领导下馆长负责制的博物馆中，虽然博物馆的战略规划等方面的重大决策和博物馆的筹资主要由理事会负责，馆长负责博物馆的日常运作，执行理事会的各项决策，但理事会的决策能否在博物馆中得到有力的贯彻落实，这就要看馆长的执行能力了。从博物馆的实践看，选一位道德素质好、业务水平高、组织活动能力强的馆长对博物馆的发展至关重要。

（二）馆长的任职条件

早年的博物馆馆长主要从藏品保护与研究人员中产生。现在的博物馆馆长管理事务范围除了藏品保护、研究之外，还有展览、教育服务等，甚至还包括博物馆的经营。因而现代博物馆馆长在公众心目中，具有专家学者、管理者、决策者、社会活动家等多重身份。各国对博物馆馆长的选聘条件，因不同的国情，侧重点也有些差异。在西方发达国家，要求一位好的馆长不但是有一定声望的专家学者，还应该是一位社会活动家，对外要有开拓精神，与社会建立广泛的联系，为博物馆争取各种人力和财力资源；对内要有管理能力，善于调动员工的工作积极性。因此，在选聘馆长的时候，要求其具备的各种能力中，管理、筹款、沟通、领导的能力放在前面。而我国选拔博物馆馆长，政治思想和道德素质的要求放在首位。2001 年国家文物局颁发《博物馆馆长专业资格条件（试行）》中提出的博物馆馆长任职的条件，主要包括政治思想、职业道德、领导管理能力、从业经历、专业知识、专业研究能力和学历等，没有“筹款”能力等要求。随着我国市场经济体制的成熟和博物馆管理体制机制改革的进一步深化，对博物馆馆长在筹资方面的能力要求将会逐步提高。

三、博物馆职员

（一）博物馆员工分类

尽管各博物馆规模有大小之别，有类型差异，藏品数量也不相同，但它们承担着相同的社会职能，所面临和所要解决的问题也大体相似。在博物馆的人才配置中，区别只在于大型博物馆专业分工较细，小型博物馆则更多地考虑人才的通用性和兼容性。

根据博物馆内部不同的工作岗位，博物馆员工主要分为四类：专业研究人员、专业技术人员、行政管理服务人员、后勤服务人员。专业研究人员是博物馆业务活动的主要力量，他们承担着博物馆藏品征集、保管、研究、展览和社会教育等工作，这些业务活动直接体现博物馆的基本功能。专业技术人员有两类：一类从事藏品的修复、复制、保护和实验室技术工作；另一类从事博物馆内各种设施设备的操作与维护工作，他们都属于支撑博物馆业务活动的辅助技术部门。行政管理服务人员中，除了馆领导之外，还有馆办公室、人事、财务、安全保卫和图书资料服务等职能部门的工作人员，他们属于博物馆行政管理与服务系统，是人、财、物管理的主干力量。后勤人员包括博物馆的清洁服务人员、司机、保安人员、搬运工等，过去都由博物馆在编人员担任，现在许多博物馆实行后勤服务社会化后，这部分工作任务基本都已外包给专门的劳动服务公司。另外，随着博物馆走向市场，有一些大型博物馆增设了公共关系部、市场营销部，从事博物馆经营活动，其员工属于博物馆文化产业开发与经营人员，不在上述四类人员中。

我国博物馆专业研究人员的职称，从初级到高级分别为助理馆员（初级）、馆员（中级）、副研究馆员（副高级）和研究馆员（正高级）三个层级；专业技术人员职称有两个系列的三个层级：高级工程师、工程师、技术员，或高级技师、技师、技工。

在不同的国家，博物馆专业人员的称谓也不尽相同。日本博物馆的业务人员称“学艺员”，主要承担博物馆的藏品征集、鉴定、保管、研究、陈列展览和社会教育工作，是日本博物馆的业务主干力量；另一类称“事务员”，主要从事博物馆经营管理的辅助工作，将来发展为合格的博物馆管理人员。

在英美国家，博物馆专业人员有一种“Curator”职称，在中文中很难找到一个直接与其对应的词。就美国博物馆的情况看，“Curator”大体与我国博物馆中的研究馆员相当，但其职责涵盖藏品的保护管理、学术研究和陈列展览策划、设计等，是美国博物馆最主要的学术研究力量。在英国，“Curator”还有资历深浅之分，资历深的称“Senior Curator”，资历浅的称“Junior Curator”。

（二）博物馆员工的考核

博物馆员工管理的一般手段主要是实行定期的考核。考核有半年期或一年期考核。考核的依据是员工的《聘用合同》。参照合同中的任务和指标，考核员工完成工作的情况。因此，考核从员工招聘录取时就要做好准备。人事部门首先要拟订一份详细的《聘用合同》，根据博物馆不同的岗位要求，确定不同责权与义务、利益，之后博物馆与员工签署合同。员工录取后，要用“岗位说明书”形式，告诉员工该岗位的特点、上岗条件、关键任务和主要责任，还要说明该岗位工作的质量要求，使上岗者充分了解自己所承担的工作责任与利益。“岗位说明书”也为员工的年终考评提供了基本的评估指标与依据。《聘用合同》是具有法律性质的文件，人事部门拟订合同，一定要充分考虑到各方面的因素，力求内容完整而翔实，一旦发生用工纠纷或其他问题，都可根据合同中的规定来处理。

一份规范的《聘用合同》至少应包括以下几方面的内容：

聘用合同期限（包括试用期、见习期）；

岗位及其职责要求和工作任务；

工作报酬和社会福利待遇；

岗位工作纪律；

聘用合同的变更、解除和终止条件；

违反聘用合同的责任；

双方认为需要约定的其他事项。

（三）员工的激励机制

引进现代人事管理理念，探索建立新型博物馆员工激励机制，这是当前我国博物馆管理体制机制改革内容的一部分。在员工激励机制方面，最主要的是员工的职称（职务）晋升制度与收入分配制度。国有博物馆都按照事业单位的管理办法，确定博物馆人员的工资标准，按照国家规定发给员工薪酬。由于博物馆不同职称（职务）岗位薪金待遇与员工的职称（职务）相挂钩，职称（职务）晋升不仅仅体现为对员工业务水平和工作能力的综合认定，对工作业绩的认可，还意味着员工可以获得更多的物质利益。博物馆人事管理部门要了解员工在业务发展和职称（职务）晋升方面的需求，制订个性化的发展规划，帮助与督促员工脚踏实地一步步前进，以实现其业务能力发展和职称（职务）晋升的目标。

职称（职务）的晋升都有一定的工作年限限制，还要有业绩，因而比较缓慢，可以说是一种中长期的激励机制。短期的激励机制主要体现在月度（或季度、半年、年终）的奖金分配与项目结束后的奖励或其他的特殊嘉奖等。这方面应坚持“效率优先，兼顾公平”的原则，按岗位、任务和业绩定酬的收入分配方式，形成重实绩，重贡献，向优秀人才和关键岗位倾斜的收入分配激励机制。

（四）员工培训

在新科技高速发展的今天，新知识的产生比以往任何时代都快。作为一名博物馆员工想要依靠其开始博物馆职业生涯时所掌握的一些知识来维持其长期工作的资格已远远不够，必须不断地“充电”，通过各种途径的再学习，补充新知识，增添新能力。博物馆员工的职业培训是人事管理中不可忽视的内容。博物馆员工的培训主要有两类：一是新进员工培训，二是员工职业发展培训。

新进员工培训主要是针对新招聘进入博物馆的员工进行岗位工作培训，目的是要让新进员工对博物馆机构的性质、使命、功能和任务等有一个基本的了解，明白博物馆的各项业务活动是如何运作的，知晓每个业务岗位与实现博物馆整体目标与计划之间的重要关系以及应发挥的作用。

员工职业发展培训指对已有几年博物馆工作经历的员工的培训，目的是帮助其进一步提高业务技能、更新知识。这种培训既可以在博物馆内进行，也可以外出进修的形式完成培训。国际博物馆协会编辑出版的《博物馆专业发展课程指南》中，以“树状”模式阐释了当今博物馆工作中员工所需具备的共同职能与功能性职能（即“一般性职能”“博物馆学职能”“藏品保护和管理职能”“公共活动项目职能”和“管理职能”领域的知识能力）。在该模式中，“一般性职能”和“博物馆学职能”的知识能力位于树的根部与主干，是所有博物馆员工都必需的，其他三个功能性职能因不同工作岗位的员工而各有侧重，交互地呈现在这棵树的枝干与树叶上。

四、博物馆职业道德

职业道德是从业人员的立足之本。作为一个公民，必须遵守国家的法律，遵守社会共同的职业道德规范。如果从事某种职业活动，还必须遵守该行业的职业道德规范。社会共同的职业道德规范既是人们对各种职业道德关系和道德行为要求的概括与总结，也是社会各行各业的劳动者在职业活动中必须共同遵守的基本行为准则。行业的道德规范更突出了该行业的职业特性与要求，与社会共同的职业道德并不矛盾。博物馆职业道德是社会共同的职业道德规范在博物馆职业活动中的特殊表现形式。

2012 年，国家文物局根据我国文博事业的发展变化，对 2001 年颁布的《中国文物、博物馆工作人员职业道德准则》作了修订，由原来的八条内容简化为五条，强调博物馆员工应做到“不收藏文物，不买卖文物，不违规占用文物及资料，不以文物、博物馆职业身份牟取私利”；“自觉遵纪守法，践行社会公德，艰苦奋斗，甘于奉献”。新修订的博物馆职业道德规范，符合了社会对博物馆人员在市场经济条件下恪尽职业操守的要求。

在国际上，2004 年国际博物馆协会发布了《国际博物馆协会博物馆职业道德》，为世界各国博物馆从业人员提供了在博物馆领域中的自我规范的准则。尽管各国的政治体制不同，在公共领域方面的法规也不一样，但该《职业道德》所表述的是被国际博物馆界普遍接受的原则，明确了博物馆人员最基本的行为和工作准则，也是我国博物馆从业人员应该遵守的。

第三节　博物馆的科研工作管理

科学研究是一种探索、认识未知，并将求得的新原理、新知识在实践中运用的创造性活动。博物馆的科学研究是博物馆的一项重要职能，是博物馆综合竞争力的主要指标之一。保持和提升博物馆的研究水平和学术信誉，不仅是博物馆自身发展的需要，更是社会对博物馆提出的要求。而实现这一目标，则需依靠专业人才的汇集和博物馆科研环境的优化。

一、博物馆科学研究的任务与作用

博物馆的科学研究职能产生于 17、18 世纪的欧洲，即博物馆从古代形态演进到近代形态之际。当时的一些博物馆，特别是自然类博物馆，因其在收藏自然标本、历史文物等实物材料上的优势，成为近代科学研究原始资料的主要提供者，并逐渐成为科学家的工作场所。随着博物馆藏品的种类和数量的不断丰富，博物馆教育职能的日渐凸显，博物馆从最初的为其他专业学科提供资料的收藏机构，发展成为包括藏品研究、博物馆学研究在内的科学研究机构。

（一）科学研究的对象与任务

对于博物馆科学研究的对象与任务，已有不少学者作过探讨，但尚未达成共识。从博物馆科学研究职能的产生、发展，与当代博物馆科学研究所关注的内容看，我们大致可将其研究对象归纳为两个方面：一是藏品及其相关学科，西方博物馆界称之为博物馆物件，即以博物馆收藏的文物、标本和其他物品为研究对象，并且连带藏品相关的学科也成为研究对象；二是博物馆，即以博物馆为研究对象，包括博物馆本身及其与社会的关系。从学科的归属考察，藏品及其相关学科研究属于相关专业学科的范畴，博物馆研究则是博物馆学关注的重点。

将藏品及其相关学科看作博物馆科学研究的主要对象，这一点在学术界已没有异议。因为博物馆科学研究职能的出现，就是建立在藏品研究基础上的。博物馆的本质特征——实物性，也决定了博物馆的科学研究必须以藏品为基础和出发点。所以，无论是自然博物馆，还是社会历史博物馆，抑或是艺术类博物馆，甚至是非物质遗产类博物馆，都是通过对自己收藏的文物、标本和其他原始材料的研究来履行科学研究职责的。围绕藏品的科学研究，不仅彰显了博物馆科学研究的特色，还为博物馆赢得了科学研究机构的美誉。

是否将博物馆列为博物馆科学研究的对象，在博物馆界存在不同的观点。有的认为博物馆科学研究的对象就是藏品，没有其他；有的则认为博物馆也是其主要研究对象之一。争论的焦点主要有二：一是围绕博物馆和博物馆与社会关系的博物馆学研究是否为严格意义上的科学研究？二是博物馆学研究是否与作为科学研究机构的博物馆之间存在必然的联系？关于第一个问题本教材绪论已作出了回答，对于第二个问题，我们认为，科学研究与科学研究机构虽然存在天然的联系，却并不能简单地将两者画等号。有很多开展科学研究的社会机构，并没有因此而成为科研机构。例如，图书馆需要研究图书馆学，档案馆应该研究档案学，甚至百货公司也要研究市场营销、顾客心理和橱窗设计等问题。在当今社会，这种研究对其自身的生存与发展的重要性是毋庸置疑的，但这并不必然地为这些机构戴上一顶科学研究机构的桂冠。图书馆和档案馆就没有因为研究图书馆学或档案学而被社会认作科学研究机构。博物馆学研究也属于这类学术活动，它与博物馆是否能成为科学研究机构确实没有必然的联系。换言之，政府和社会之所以赋予博物馆科学研究机构的属性，是因为有藏品及其相关学科研究的存在，而并非因为有博物馆学研究的存在。在此想强调的是，博物馆学研究的出发点和归宿是博物馆自身的生存与发展，也就是说，博物馆是博物馆学研究成果真正的消费者和得益者，一个博物馆没有理由将博物馆学的研究排除在外。所以，我们认为，博物馆也是博物馆科学研究的主要对象之一。

正是有了藏品及其相关学科、博物馆这两个研究对象，博物馆的科学研究也随之承担了基础性研究和应用性研究两个基本任务。根据科学研究的目的、任务和方法的不同，人们一般将科学研究划分为基础性研究、应用性研究、开发性研究三种基本类型。除开发性研究针对的是生产或工程领域，与博物馆基本没有关系外，基于藏品及其相关学科的研究显然属于基础性研究范畴，而围绕博物馆的博物馆学研究则带有鲜明的应用性研究色彩。

基础性研究的主要任务是获得关于现象和可观察事实的基本原理和新知识，它通常不以专门的或特定的应用、使用为目的。如今，尽管人类已经掌握了大量的科学原理与科学知识，但对于纷繁复杂的人类社会和多姿多彩的自然界来说，只不过是沧海一粟。因此，博物馆与其他科研机构一样，都将探索自然界的种种奥秘，解释人类社会的各种现象，并寻求其发展、变化规律，作为自身的基本任务之一。所不同的是，博物馆对这些问题的探究主要是围绕藏品而展开的。需要解释的是，我们之所以强调博物馆对此类问题的研究应围绕藏品，并不是将其他研究排除于博物馆科学研究之外，而是说明藏品及其相关学科研究最能体现博物馆基础性研究的特点，也是博物馆科学研究最基本职责之所在。

应用性研究的主要任务在于将基本原理和新知识运用于实践，它往往针对某一特定领域，有明确的应用目标或目的。与基础性研究相比，应用性研究并不以发现新原理、获取新知识为归旨，但是它对一个领域、一个事业的发展至关重要。博物馆学研究就是一种应用性研究，其核心任务是寻求博物馆更好的运营与发展途径。例如，博物馆观众研究、教育研究、陈列研究等，实质就是利用教育学、传播学、认知学、艺术学以及其他相关专业学科的基本原理与知识，并结合博物馆的实际而展开的应用性研究。它们的共同任务是使博物馆更好地为社会教育服务。因此，围绕博物馆开展应用性研究，也成为博物馆科学研究的基本任务之一。

（二）科学研究的地位与作用

与博物馆科学研究的对象、任务相关联，博物馆科学研究的地位与作用，可以从博物馆科学研究与整个科学研究事业的外在关系，和博物馆科学研究与博物馆自身的内在关系这两个层面来分析。

博物馆科学研究的地位与作用，首先是从博物馆科学研究与整个科学研究事业的外在关系中表现出来的。在近代，一些新学科的产生，就与博物馆的收藏与研究存在或多或少的关联性。尤其是一些依赖文物、标本等原始资料的学科的发生与发展，更与博物馆的科学研究紧密相关。例如，汤姆森的“史前三期说”的提出、林奈的“生物分类系统”的完成、赖尔的“地质学原理”的阐发等，这些奠定考古学、生物学、地质学等近代科学重要基础的基本理论，没有博物馆的收藏与研究，无疑是难以实现的。这些基于藏品的科学研究不仅赋予了博物馆科学研究的职能，并且使博物馆成为能与大学分庭抗礼的科学研究场所。进入现代，尽管实物资料在整体科学研究领域的作用有所下降，但博物馆仍然是人类学、考古学、历史学、艺术史、古生物学、地质学、动物学、植物学等传统学科的研究重镇。如美国自然历史博物馆在体质人类学、古生物学等方面的贡献，英国大英博物馆在世界历史、艺术史等方面的研究，日本国立民族学博物馆在文化人类学、世界民族学等方面的探索，都在国际学术界享有盛誉。当前，博物馆研究人员每年发表的学术论文数以万计，仅美国博物馆界平均每年发表在 ISI 公司收录的核心期刊上的学术论文就在 2000 篇以上。虽然博物馆与庞大的科学研究群体相比，只是很小的一个领域，但其科学研究在整个科学研究事业中的地位与作用却不容小觑。

从博物馆科学研究与博物馆自身的内在关系看，科学研究既是博物馆各项业务活动的保障，也是博物馆事业持续发展的学术与技术支撑。有人为了强调博物馆科学研究的重要性与广泛性，将日常事务与科学研究等同起来，这显然有把博物馆科学研究扩大化、庸俗化之嫌，但是博物馆的各项业务活动必须建立在科学研究的基础上，则早已是博物馆界的共识。博物馆的征集、保管、陈列、教育等业务活动，皆需要相应的科学研究作支撑。假如没有科学研究的介入，就难以判明征集对象的真实性与典型性，也难以保证保管手段的针对性与适用性。同样，如果没有科学研究的介入，就难以实现博物馆陈列科学性与艺术性的统一，也难以达到博物馆教育过程中认知客体与认知主体之间的平衡。博物馆的科学研究还为博物馆事业的发展注入新的动力。例如，当今的生态博物馆与社区博物馆运动，数字博物馆与智慧博物馆的构建等，都离不开博物馆科学研究的推动。此外，科学研究还是锻炼、培养博物馆专业人才的主要途径。博物馆的专业人才培养既与培养对象之前的教育背景有关，更与其在博物馆的工作实践有关。即便是著名高校的毕业生，如果没有接受过博物馆科学研究实践的洗礼，仍然难以成为合格的博物馆科研、管理人才。

二、博物馆研究工作的领域划分

博物馆通过各种途径建立了自己的收藏。然而，在我们对藏品进行深入研究与细致解读之前，它们还只是没有被人类智慧照亮的物质堆积，既不能为人类的知识库增添新的内容，也无法为博物馆的陈列、教育等提供科学的依据。只有通过藏品研究这个环节，博物馆才能沟通社会公众与自然和人类历史的对话。

（一）藏品研究的性质与意义

严格地说，藏品研究有两种不同的类型：一种是关于藏品的应用性或程序性研究，如藏品的搜集、保管问题研究，藏品与陈列、教育的关系问题探究等。这类研究是为博物馆业务活动服务的，属于博物馆学的研究范畴。另一种则是基于藏品的基础性研究或学术性研究，即通过藏品研究来探索、认识自然和人类社会。例如，利用历史文物来解释一些历史现象，解决一些历史问题；通过生物标本来解释生物的演化，探索生物进化规律等。在这里，藏品是我们认识自然和社会的一种媒介或一种史料，其研究的成果也融入了人类探索自然与社会的相关专业学科之中，诸如历史学、生物学等学科的知识体系之中。

我们在这里所讨论的是后一种类型的研究。虽然有些时候上述两类研究的界限看上去似乎并不那样明晰，但是根据其具体的研究目的、任务，还是能够将两者区分开来。譬如，如果我们为了更妥善地保护藏品而对藏品的物质结构进行分析，那么它属于博物馆学中藏品管理学的范畴；而如果是为了通过分析该物品的工艺特点来了解当时社会的生产水平，那么它就属于历史学中工艺发展史和物质文明史等专业学科的范畴了。博物馆所从事的藏品研究，很大一部分属于专业学科范畴。例如沈从文的《中国古代服饰研究》就是一部基于藏品研究的物质文明史著作，通过对中国历代服饰抉微钩沉式的考述、研究与探讨，填补了中国服饰史的诸多空白，成为中国服饰史乃至物质文明史研究的经典，也为博物馆赢得了学术声誉。

博物馆正是凭借基于藏品的基础性研究、学术性研究，才得以跻身于科学研究机构的行列。不过，藏品研究的意义绝不仅是为了证明博物馆是科学研究的机构，为博物馆的陈列和教育提供科学的依据，同样是藏品研究的主要意义之所在。如果缺少藏品研究这样一个环节，观众与自然和人类历史的对话就无法沟通，博物馆作为一个社会教育机构的性质也无从体现。倘若没有《中国古代服饰研究》等学术研究成果支撑，博物馆要举办一个系统反映中国古代服饰的展览则几无可能。所以，无论从博物馆的科学研究职能出发，还是从博物馆的社会教育职能的角度考虑，都离不开博物馆的藏品研究。

（二）藏品研究的内容与方法

藏品研究有着丰富的内容与形式。从信息论的角度看，藏品研究的实质就是将信息载体与信息相分离，所分离的信息就是藏品研究的成果。当这些信息以专业的语言阐述，就是学术论著；当它用通俗的语言表达，就是科普读物；当它以数字化的方式呈现，则成了电子档案、数字博物馆。在特定的场合下，它并不是以纯信息的样式独立出现的，而是通过展品布置的形态与序列体现的，当信息与信息载体合成一个可以自行表达的整体，就构成了“陈列语言”。

藏品研究的成果无论以何种方式呈现，其成果的获得都是从藏品个案研究开始的。当一件物品入藏博物馆时，不仅要对其真伪问题、时空坐标做出准确的判断，还需要对其价值做出恰如其分的评估。在藏品编目卡里，就有这些栏目。尽管编目卡栏目狭小的空间不允许研究者展开充分的论证，但结论性的文字是对研究者学术修养的一个考验。一位有经验的博物馆专家曾感慨地说，在这里，不仅须惜墨如金，还需做到每一个字都掷地有声。当然，藏品研究绝不只是判断真伪、时代、地域、价值等单纯的器物学研究，透过器物的物质表象进入对人的研究，也是藏品研究不可或缺的方面。譬如，当我们面对一件历史遗物时，我们就要努力通过它去探寻、认识那个久已消逝的制造者。他为什么要制造这件器物？他用怎样的材料和技艺制作这件器物？器物上那些由他运用或创造的纹饰和图案蕴含着怎样的一种美学上甚至哲学上的思考？在这样的思索中，我们才能了解隐藏在物质背后的人的能力、动机和情感，了解这个人所处的时代的经济生活、政治生活和文化生活的某些方面。

在此，我们强调了对藏品开展具体而琐细的个案研究的重要性，但这并不意味着博物馆的藏品研究就应当始终停留在这样一个层面。因为个别的、孤立的个案研究还只是进一步研究工作的基础，仅凭它们还无法揭示出一个时代的特征，更不用说表现出时代的变化和发展。博物馆藏品研究的一个更高的要求是开展对藏品系统的、综合性的和比较学方面的研究，这不仅是产生高质量学术论著的前提，而且是博物馆陈列主题得以形成的保证。当然，这种研究往往需要集体的智慧来完成，不仅需要博物馆研究人员的合作，也需要馆外科学研究机构及其人员的配合。在这里有一点需要明确，那就是，博物馆的藏品研究与研究者的身份并没有必然的联系。一个博物馆的研究人员如果发表了不是基于博物馆藏品而是纯粹从他个人兴趣出发的研究成果，这项成果或许对某一门学科的发展带来重要的影响，但它并不属于藏品研究的范畴；相反，那些由馆外的学者们从事的、以博物馆藏品为主要研究对象而展开的研究，则应当纳入博物馆藏品研究的成果中。

藏品研究内容的丰富性，决定了藏品研究方法的多样性。一般而言，藏品研究的方法与两个方面有关：一是它作为实物研究，具有与文献研究、实验研究不同的方法，也就是说，实物研究有它自己的方法论特点；二是各类藏品都有自己的学科归属，受到各自学科方法的制约。在博物馆藏品研究领域，上述两个方面时常交织在一起。

将实物作为直接的研究对象，在东、西方均有悠久的历史，例如，中国的金石学、西方的古物学，就不约而同地将人类的实物遗存作为证史补史的资料。不过，古代的实物研究较为零散，方法上也缺乏科学性。随着近代考古学、地质学、生物学等学科的加盟，不仅使得历史文物、地质标本、生物标本等实物资料的重要性更加凸显，更使各种实物研究的方法不断涌现。以史前文物研究为例，从地质学、生物学等学科借鉴、发展而来的地层学、类型学等研究方法，为不借助文献记载来解读这类文物提供了可能。正是有了这些方法，我们对没有文献记载的人类历史有了基本了解。即便是对时代较为晚近的文物研究，地层学、类型学等方法仍是行之有效的方法。但是，我们必须承认，假如没有相应的文献资料，要充分而深入地解读实物仍十分困难。所以，尽可能地结合文献资料，成了藏品研究的又一重要方法。例如，王国维对出土甲骨卜辞的研究，如果不利用《史记·殷本纪》等历史文献，就难以考证出商代先公、先王姓名及其先后顺序。同样，《史记》等历史文献中有关商代历史的记载，如果没有甲骨文、青铜器等实物资料的佐证，也会有人怀疑其记载是否属于“信史”。因此，王国维所提出的“二重证据法”就明确主张，学术研究应当将出土实物与传世文献相结合。

藏品研究有时还须通过实验的方法来进行。譬如，在矿物标本的研究中，我们要获得对某一矿物的矿物形态（单体形态、集合体形态等）、光学性质（颜色、条痕、光泽、透明度等）、力学性质（硬度、解理、断口、弹性、挠性、延展性等），以及比重、磁性、发光性等基本特性的正确认识，必须依赖相应的实验。实验方法不仅是矿物、生物等自然标本的研究所必需的方法，在当今的历史文物研究中的运用也十分普遍。譬如，通过对古代工具、器物的再制作实验，可以大大加深我们对某件人工制造品的理解，并由此扩大我们对制造者的认识。如研究者在研究肯尼亚考古遗址出土的工具时，就设计了一个制造该类工具的模拟实验。

在这个过程中研究者惊奇地发现，在那些原始工具中，大多数显然是用右手制作的，这表明工具的制造者中右利手占了绝大多数。而在猿群里右利手和左利手的数量相当，没有一方占优势，只有现代人才是独一无二的右利手。通过这项实验，加深了研究者对这些早期工具的理解，也丰富了我们对人类进化的认识。

藏品研究不仅要与文献研究、实验手段相结合，还要与理论研究相结合。相比之下，这一点是容易被忽略的，或者说，它比较不容易被人们所认可。人们通常不愿意相信理论在实物研究中所具有的重要性。相反，他们更愿意相信，正确的结论只来自于对实物认真和细致的观察、考证、实验，理论只是研究的终点而绝不是起点。事实上，任何一位研究者都不可能从一种真正的空白状态开始他的研究工作，在着手研究之前，他的认知结构中关于对象的知识和理论已经在起作用，并由此构成他在研究中进行选择、判断的依据。也就是说，科学研究工作并不是像一些人想象的那样，即首先是对事实或现象的观察、考证和实验，并在此基础上进行归纳和抽象，最后上升为一般性的理论。相反，我们时常先根据某种理论假设来决定我们观察、考证、实验的目的和方法，观察、考证和实验的结果不可避免地受到理论前提的“干扰”，但观察、考证和实验有其自身的主动性，其结果可能印证和支持理论，也可能修正甚至推翻理论。正是这种从理论开始进行研究的实践，经由观察、考证和实验结果证明或证伪理论假说的方式，构成了实物性研究的工作程序。这一点，无论在藏品的个案研究，还是藏品的综合性、系统性研究方面，均有充分的体现。

（三）藏品相关学科研究

藏品研究与众多的学科相联系。这些学科大致可归纳为两个方面：一是各种专业学科，如历史学、生物学等；二是博物馆学。所以，对于研究者而言，理想的知识结构是，既有相关专业学科的训练，也有良好的博物馆学修养。

正如科学有社会科学、自然科学之分，博物馆的藏品也有历史文物、自然标本之别。藏品研究既涉及历史学、考古学、人类学等众多的社会科学领域，也涉及生物学、地质学、地理学等众多的自然科学范畴。这些专业学科的理论与方法可为藏品研究提供必要的基础，而藏品研究的成果则能进一步充实这些专业学科的内容。

藏品研究与各专业学科的关系较易理解，但藏品研究与博物馆学的关系则容易被忽视。虽然藏品研究侧重学术性的探究，而博物馆学基本属于应用性科学的范畴，但是两者的关系并没有因对象、任务和方法的不同而形同陌路，相反，两者是形影相随的。一方面，藏品研究是博物馆学研究的基础与前提。假如一个博物馆不开展藏品研究或很少开展藏品研究，那么博物馆学研究既失去了依靠，也丧失了大部分的意义。试想，一个不以藏品研究作为支撑的博物馆陈列，即便运用了大量的博物馆展示理论与方法，它也不会成为一个成功的陈列。另一方面，博物馆学对藏品研究起着一定的规范作用。如上所述，博物馆的藏品研究除了为人类的知识库增加内容外，还有为博物馆陈列、教育提供科学依据的任务。这就是博物馆学规范藏品研究的一种体现。倘若一个博物馆的藏品研究只关注纯粹的专业学科问题，却不重视博物馆陈列、教育的要求，那么这种研究无法成为博物馆式的藏品研究。有时，博物馆学还对藏品研究起着某种引领作用。例如，博物馆的陈列展览在之前一个很长的时期里都停留在器物定位型的展示模式上，随着信息定位型的展示实践的增多与相关理论探索的开展，藏品研究的内容与重点亦随之发生变化。如果说器物定位型的展览中的学术问题，诸如展品的真伪、时代、产地、功用等大多可通过藏品的个案研究就得以解决的话，那么信息定位型的展示除了个案研究外，则需要更多的综合性、系统性的藏品研究成果作为支撑。

对于博物馆而言，单纯的博物馆学研究或许不能使博物馆成为一个名副其实的科学研究机构，但博物馆若要成为一个优秀的博物馆，必须重视并开展博物馆学的研究。

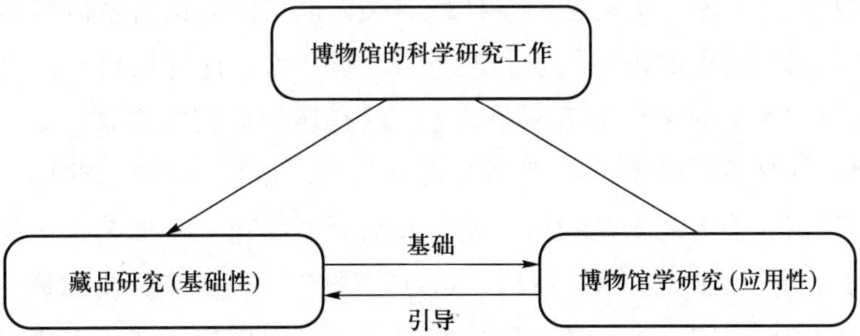

图 10-2　藏品研究与博物馆学研究关系图

三、博物馆科研工作的特点与管理

应该说，博物馆科学研究的特点与博物馆科学研究的组织管理属于不同的范畴，但因篇幅所限，故将它们放在一起阐述。

（一）科学研究的主要特点

博物馆科学研究的特点主要有实物性、实用性、综合性等。

实物性特点显然是由博物馆本质特性所决定的。与直观性、广博性这样一些概括性特点相比，实物性更准确地反映出了博物馆独特、鲜明的个性。尽管有人提出了“博物馆是否还需要实物?”这样的追问，但实物仍然是当代博物馆的基础。藏品研究的本质就是实物研究，之所以称它为藏品研究，是因为这些实物恰巧保藏在博物馆的库房里。博物馆学研究也与实物有着千丝万缕的联系。且不说藏品的征集、保管问题研究与实物有密切的关系，即便是陈列、教育问题研究，其主要目的也是为了将隐藏在实物背后的信息更好地传达给公众。所以，日本博物馆学家鹤田总一郎就将博物馆学的本质归结为“物与人”的关系研究。如果说，实物性将不同时代的博物馆、不同类型的博物馆联系起来，使我们得以辨识博物馆从产生到发展的历史轨迹，那么，实物性也将藏品研究、博物馆学研究联结起来，成为博物馆科学研究有别于其他机构的最主要标征。

实用性特点与博物馆科学研究的主要目的与任务相关联。博物馆学研究的指向性、应用性我们已有提及。其实，藏品研究也带有指向性、应用性的某些色彩。从整体上看，藏品研究属于基础性研究的范畴，但基础性研究也有纯基础性研究和应用基础性研究之别。所谓应用基础性研究，是指为了实现某一特定的或具体的应用目的而获取应用原理、规律的新知识所进行的独创性研究。博物馆围绕藏品所进行的诸如历史学、生物学等研究，并不全是纯基础性研究，在很多场合仍须顾及博物馆自身的需求，即为陈列、教育提供学术支撑。如王振铎对古代车辆、鼓风皮橐的研究便是如此。所以，藏品研究与博物馆学研究一样呈现出实用性的特点。

综合性特点既与博物馆类型的多样性有关，也与博物馆科学研究必须兼顾相关专业学科与博物馆学的内在要求相联系。宏观地看，博物馆科学研究所涉及的学科几乎可以与大学的学科涵盖面相媲美。从具体的博物馆考察，也是如此。一个典型的例证就是美国国家博物馆即史密森机构。该机构辖有美国历史博物馆、自然历史博物馆、美国艺术博物馆、航空和航天博物馆、非洲艺术博物馆、美国原住民博物馆、弗里尔美术馆、阿瑟·M. 萨克勒美术馆、史密森动物园等多个博物馆、美术馆和动物园。除了各博物馆从事与自身性质相关的基本研究之外，该机构还有一些专门的研究设施，如史密森天文馆，开展天文学、天体物理学、太空科学和地球物理学方面的研究；史密森环境研究中心，其研究集中于世界大部分人口的沿海地带各生态系统之间的联系问题；史密森海洋站，从事海洋科学研究；史密森热带研究所，除进行一些基本研究外，还深入研究热带生物体和环境的生态、行为和进化问题；博物馆保护学会，开展有关博物馆藏品的分析和保护措施方面的研究。也许有人会说，这只是一个特例，但事实是，即便是一个小型专业博物馆或行业博物馆，同样涉及众多的学科和技术领域。

（二）科学研究的组织管理

一方面，博物馆的科学研究与其他科学研究一样，是以个人脑力劳动为基础的创造性劳动，博物馆必须尊重这种个人的主动性和创造性。另一方面，作为科研机构的博物馆科学研究，已超越了个人行为，是一种需要分工协作的社会化活动，因此科学的组织管理工作就显得非常必要。

严格地说，博物馆科学研究的组织管理至少包括宏观和微观两个层面。宏观层面即指国家对博物馆科学研究的管理，它通常由相应的法律、行政等制度来体现。如《日本博物馆法》不仅明确了博物馆的科学研究职责，而且对其从业人员的资格也做出相应的规定。微观层面是指博物馆本身对科学研究的管理。我们这里讨论的是微观层面的组织管理。

既然博物馆是科学研究机构，那么博物馆应该有与之相适应的科学研究组织管理机构。然而，因博物馆的多样性与复杂性，博物馆科学研究的组织管理机构的设置目前尚无一个相对固定的模式，也难以形成相对一致的模式。不过，在国际博物馆界有一种较为普遍的做法，那就是按照理事会或馆长决策、学术委员会或项目委员会审核、基金会或政府经费支持的方式，来对博物馆科学研究进行管理。通常，学术委员会或项目委员会担负着科学研究组织管理的主要任务。在我国，大中型的博物馆大多设立了学术委员会。学术委员会的职责主要包括：制订或审议科研工作的长远规划和年度计划；制定或审议科学研究管理制度；组织或审定科研课题、科研项目的立项；审议科研成果，审定成果出版资助；评审或推荐专业人员专业技术职称；组织各项学术研讨、交流活动等。

博物馆的科学研究需要有相应制度的规范与约束。为此，一些博物馆制定了诸如科研规划、科研计划、课题管理、项目管理、经费管理、奖惩制度等科研管理制度。毫无疑问，这些制度是博物馆科学研究得以有序、有效实施的保障。不过，需要注意的是，严谨、严肃的管理制度固然重要，但营造一个清新和谐、学术研究氛围深厚的科研环境也同样重要。因为博物馆科学研究的任务最终都要落实到人的身上，而良好的科研环境是博物馆吸引、留住人才的重要前提。说到人才，博物馆研究队伍的构建，通常需要考虑这样几个因素，即人员规模、学术水平、专业分布、年龄结构等。这些因素是提升博物馆科学研究的规模效应、学术影响力、学科交叉性、可持续发展能力的关键。

博物馆的科研评估，也是博物馆科学研究管理的一项有效手段。因为通过评估、分析，可以较全面地了解一个博物馆的科研水平、科研潜力和不足，为博物馆制定发展规划、科研计划、人才计划等提供重要依据。例如，英国国家科技馆曾邀请国内外专家学者，对该馆的科研工作进行同行评议。评议内容包括：研究工作指导方针的效率，研究成果的质量和数量，研究工作对馆藏品的理解、开发和保护的贡献，研究工作对展览的贡献，学术活动、公开演讲和学术研讨会的质量和数量，工作人员的素质和专业经验等。其评估结果和建议为该博物馆制定工作规划、管理制度提供了参考。

总之，以藏品、博物馆为研究对象的博物馆科学研究，是一种社会科学、自然科学与博物馆学相结合的探究活动。它是博物馆赢得学术声誉的保障，也是博物馆可持续发展的后劲力量。因此，博物馆应该重视博物馆的科学研究工作。

第四节 博物馆财务与安全管理

我国国有博物馆属于公益性文化事业单位，所需经费全部或部分由国家财政拨款供给，①博物馆的财务活动按照国家事业单位财务管理的规定进行。博物馆是国家文物收藏与保护的主要机构，由于博物馆收藏的珍贵物品时时处于由盗窃、被破坏、水、火、化学物等造成的风险之中，所以博物馆是一个“高风险”的单位，安全责任十分重大。

一、博物馆财务管理②

（一）建立财务管理制度

为了规范财务行为，提高资金效益，博物馆要制定财务制度，明确财务管理的基本原则和财务管理的主要任务，对资金的收入与支出做出具体的规定，对专用资金和固定资产的管理等做出概念和操作的规定。此外，博物馆还应制定《财务报销审批制度》与《低值易耗品和办公用品管理办法》等具体实施细则。

财务管理的基本规则是：（1）执行国家有关法律、法规和财务规章制度；（2）坚持勤俭办事业的方针；（3）正确处理事业发展需要和资金供给的关系，社会效益和经济效益的关系，国家、集体和个人三者利益的关系。

财务管理的主要任务是：（1）合理编制单位预算，如实反映博物馆财务状况；（2）依法组织收入，努力节约支出；（3）建立健全财务制度，加强经济核算，提高资金使用效益；（4）加强国有资产管理，防止国有资产流失；（5）对博物馆的经济活动进行财务控制和监督。

（二）编制预算

博物馆运行和开展各项活动的资金，一般都是博物馆在前一个财政年度预先做出的计划，上报上级主管单位获批准后才陆续分配到位的。预算是指博物馆根据事业发展的目标和任务编制的年度财务收支计划，由收入预算和支出预算组成。

---

① 目前我国政府对国有博物馆的财政拨款有全额拨款和差额拨款两种形式，故又有“全额拨款单位”和“差额拨款单位”之分。全额拨款是指该博物馆所需支出全部由国家预算拨款，该馆所取得的各种收入全部上缴国家，即“收支两条线”。差额拨款是指博物馆以自己的收入抵补支出，支大于收的差额部分，由国家财政拨款补助，收大于支的差额则上缴国家。这种差额拨款形式一般适用于有经常性业务收入的博物馆。

② 本书中的财务管理限于国有博物馆，国家对非国有博物馆的政策是“自愿办馆、自筹资金、自负责任、自主管理。”

财务部门参考以前年度预算执行情况，根据预算年度的收入增减因素和措施、业务活动的需要与财力可能，测算编制收入和支出预算。应力求收支平衡，不编制赤字预算。博物馆的经费使用根据上级主管部门审核批复所下达的预算额度执行。

如果有些项目的开展，因在当年申报预算时未纳入其中而没有经费额度，一般可从其他项目中“借用”（借用数额按不超过总经费的5%调剂使用）。有些项目完成时间较长，要跨年度，可分年度分批申报预算。有些项目如果当年的预算未用完（项目未结束的情况下），可顺延至明年使用。但有些项目按规定必须到年底要结清的，未用完的经费要收缴。

博物馆除了一般的预算之外，还有用于特定用途的专项资金。它是上级主管部门拨给的用于指定用途、专项使用的经费（如大型设备购置费用、大修理费用或购买某些特殊藏品、用于开展特殊项目的资金等）。专项资金要专款专用，独立核算，专案结报。

（三）收入与支出

收入指博物馆开展业务和其他活动依法取得的非偿还性资金。由财政全额拨款的国有博物馆的各项收入，全部纳入单位预算，统一核算、统一管理。博物馆收入主要包括：（1）财政补助收入，即博物馆从财政部门取得的各类事业经费；（2）上级补助收入，即博物馆从主管部门和上级单位取得的非财政补助收入；（3）事业收入，即博物馆开展业务活动及其辅助活动取得的收入；（4）经营收入，即博物馆在业务活动及其辅助活动之外开展的非独立核算经营活动取得的收入；（5）附属单位上缴收入，即博物馆附属独立核算部门按照有关规定上缴的收入；（6）其他收入，即上述规定范围以外的各项收入，包括投资收益、利息收入、捐赠收入等。

支出指博物馆开展业务和其他活动发生的资金耗费。主要包括：（1）事业支出，即博物馆开展业务活动及其辅助活动发生的支出，包括工资、福利支出、商品和服务支出、对个人和家庭的补助支出；（2）经营支出，即博物馆在业务活动及其辅助活动之外开展的非独立核算经营活动发生的支出；（3）上缴上级支出，即博物馆按照规定的定额或者比例上缴上级单位的支出。

（四）财务报告与财务分析

财务报告是反映博物馆一定时期财务状况和经营活动的总结性书面文件，由博物馆财务部门定期编制，上报馆长和上级主管部门。年度财务报告应包括资产负债表、收支情况表和有关财务情况说明书，以具体说明博物馆收入和支出、结余和分配、资产负债变动的情况、对财务状况发生重大影响的事项等。

财务经理负责完成每年的财务分析报告，供馆长和上级主管部门参考。财务分析的内容包括预算执行、资产使用、支出状况等。财务分析的指标包括经费自给率、人员支出与公用支出分别占事业支出的比例、资产负债率等。财务分析是对财务活动的一种监督，重点评判资金使用是否合理和对财务绩效进行评估。

（五）财务审计

审计的基本职能是经济监督，具有独立性和权威性的本质特征。博物馆财务审计是由国家授权或接受委托的专职人员，依照国家法规、审计准则和会计理论，运用专门的方法，对被审计的博物馆的财政、财务支出、经营管理活动及其相关资料的合法性、合规性、真实性、正确性、效益性进行审查和监督，评估经济责任，用以维护财经法规、改善经营管理、提高经济效益的一项独立的经济监督活动。

内部审计是指由博物馆内部专门的审计人员对本单位财务收支和经济活动实施的独立审查和评价。审计结果向本单位主要负责人报告。内部审计具有显著的建设性和内向服务型，其目的在于帮助本单位健全内部控制，改善经营管理，提高经济效益。

二、博物馆安全管理

博物馆受托于国家而对文物实施具体的保管措施。博物馆安全工作涉及的对象除了博物馆藏品（展品）之外，还包括人（观众与员工）、博物馆设备（设施）和博物馆建筑等。其中藏品（展品）的安全最为主要。

（一）博物馆安全保卫机构

关于博物馆安保机构设置和保卫人员配备，《博物馆安全保卫工作规定》中明确，中央直属、省、自治区、直辖市的博物馆和藏品较多的地、市博物馆，应该专门设置保卫处、科，其他的地方博物馆，应该设置保卫股或专职保卫干部。博物馆保卫干部和警卫人员（包括技术安全设备管理人员和巡逻人员）总数应占全馆职工人数的百分之十左右，百人以下或地点分散的博物馆可超过百分之十的比例。尽管现在许多博物馆的安保工作都社会化了，普通安保岗位的工作人员都从社会上招聘，但鉴于这一工作的特殊性，博物馆内还是要设保卫部门（如保卫科或组），或配备专人，负责组织与安排并检查与监督馆内的所有安保工作。

（二）博物馆安防系统

1. 制定博物馆安全制度。要确保博物馆安全有序地运行，必须制定确实可行的安全制度。博物馆应根据国家《文物系统博物馆风险等级和安全防护级别的规定》《文物系统博物馆安全防范工程设计规范》等有关法规，结合本馆具体情况，制定安全防范的规章制度，规范馆内各部门的安防工作，明确各层面从负责人到普通员工承担的安全保卫工作的职责，严格遵守藏品保管、设备安全等相关工作规范和其他涉及博物馆安全技术防范条件、消防技术防范条件、藏品保存场所的自然条件与环境监控等规范。

2. 建立博物馆安全防范技术系统。博物馆以技术手段为支撑的安全设施系统主要包括下列设置：电视监控系统的闭路电视、内部监控中心（控制室），门禁系统的机械性关卡或智能识别门禁；周界防护和入侵报警系统的无线对讲机等，还有自助火灾侦测（监控）与报警系统等。博物馆的藏品库房、展厅、走道和办公区域主要出入口均为重点安全保护区域，除安装全方位视角的监控摄像头等设备之外，同时要配备入侵式侦测器和视频监控的防火防盗装置、红外线报警装置等。对展厅内展品实施保护，可选用由各种不同传感器组成的报警装置，如震动传感器、压力传感器、拉力传感器、位移传感器等。

（三）博物馆安保的核心

博物馆藏品的安保手段主要有“人防”“物防”“技防”等。其中人防最关键，是博物馆安保的核心。落实博物馆安全工作的有效措施之一是在员工招聘上岗之时就与新进员工签订《安全责任书》，并对员工进行安全培训，培养员工树立“安全之事，人人有责”的观念，提高安全意识和安全责任感，自觉遵守博物馆内的各项安保制度。博物馆保卫部门作为博物馆安全管理的主要职能部门，是博物馆安全管理的中枢，具体负责各项安防制度和措施的检查、实施。要定时、定期对馆内的各处安保岗位进行巡查，巡查结果都要记录并归档。发现问题要及时处理解决。发生重大安全责任事故，将追究相关责任人的责任。

（四）应对安全突发事件的预案

博物馆要建立突发事件（或事故）预防预警机制，设置突发事件（或事故）应急工作规程和处置流程，明确突发事件（或事故）善后处理和问责追究规定，并定期进行安防应急事件演习。通过演习，不仅可使员工将安防之事记在心头，有效防止突发事件，而且即使突发事件真的来临，亦可将损失减少到最低程度。

第五节　博物馆经营

“经营”一般专指经管办理经济事业，主要用在与经济有关的工农业、商贸与金融和其他服务业等领域。博物馆在机构性质上属于“非营利机构”，但并不等同于博物馆不能营利，而是“不以营利为目的”。西方发达国家博物馆 40 多年的经营实践告诉我们，博物馆可以从事一定范围的经营活动，在为博物馆带来社会效益的同时，也获得一定的经济效益。正因为博物馆中的某些部分可以进行商业运作，于是博物馆管理中也就有了“经营”的内容。

一、文化产业与文化事业

（一）文化产业

文化产业是以生产和提供精神产品为消费者服务的行业，同时，文化产业也有着经济过程的性质。我们可以从“文化”和“产业”两个层面来理解文化产业的概念：在文化层面上，主要包含着艺术、创造性等精神内容；在产业层面上，主要包含生产、销售和服务等经济内容，而后者是对前者的发展和历史延伸。在西方发达国家，博物馆以智力资本、文化资本的经营运作而融入文化产业之中，博物馆被明确地划为文化产业链中的“交易”部分。我国将博物馆明确划为文化事业单位，但也不否认遗产的文化资源价值，在博物馆中确实有些部分是可以当作文化产业来运作的。

（二）文化事业

文化事业是指政府为提高国民素质而兴办的公益性文化内容，如博物馆、图书馆、文化馆等。博物馆作为文化事业，虽然其中的部分工作内容具有一般文化产业的共性，但是其强烈的公益性特征，以文化价值为导向的原则，不以营利为目的，以社会效益为第一的基本宗旨，决定了博物馆整体不能像其他文化企业单位一样完全搞产业化经营。

文化事业与文化产业是同一体系中的两个既有区别又有联系的关联体。从经济活动的角度考察，“文化事业单位”是指为社会公益目的，利用国有资产，基本没有收入，不搞经济核算，运营经费由国家财政拨款的文化单位；而“文化企业单位”是指从事文化产品生产、流通、经营和服务性活动，以营利为目的，进行工商登记和独立经济核算的单位。博物馆作为社会公益性机构，其经济活动性质表明是属于文化事业单位的性质。

（三）博物馆的“非营利性”。

1974 年国际博协制定的新章程关于博物馆的定义中，首次明确规定博物馆是“非营利机构”（nonprofit institution）。“非营利机构”是西方国家从法律、经济学、社会学角度对特定社会机构、团体组织的称谓。国际博协在博物馆的定义加入“非营利”三个字，其目的不仅仅在于强调博物馆的社会公益性事业机构的性质，更重要的是从法律上明确了博物馆的社会身份和经济属性，从而为一些西方国家博物馆能够享受到本国法律对非营利机构的优惠政策开绿灯。国际博物馆界对“非营利”这一命题的解释是：“非营利”是对博物馆机构性质的确定，并不是对博物馆组织行为的限定，博物馆的“非营利性”并不等同于博物馆不能营利，而是“不以赢利为目的”①。首先，博物馆的经营不是以利润为导向，而是以文化价值为导向；其次，博物馆在文化价值导向下的经营，力求获得最大经济收益；第三，博物馆的经营利润不用于分红，而是用于对博物馆发展的再投入；第四，博

① 苏东海：《当代博物馆发展中的几个问题》，李文儒主编：《全球化下的中国博物馆》，文物出版社 2002 年版，第 25 页。

物馆有权获得政府的补贴与社会赞助，有权享受免税或部分免税。博物馆的非营利性质促使博物馆必须在社会公众面前，处处体现出其社会公益性的一面，把社会效益放在第一位。博物馆的经营活动也必须符合博物馆为社会服务的宗旨，不能凡是可以获得经济利润的事都做，而且博物馆经营活动的收入只能用于博物馆建设和事业发展，只能用于博物馆所举办的社会公益性活动。另外，博物馆经营活动的收入也不能超过博物馆总收入中的一定的比例，因为从事过多的经营性活动，必然不会把大部分工作精力都放在博物馆的主业上，这就有悖于博物馆的宗旨。40 多年来，西方博物馆的经营实践告诉我们，博物馆属于“非营利”机构，但博物馆可以从事一定范围的经营活动，即从事符合自身性质、符合自身社会形象等的经营活动。至于在具体的操作中如何把握“与自身性质、自身社会形象相吻合”这一原则，不是没有学者表示担忧。但博物馆没有必要因博物馆定义中有“非营利机构”的规定而束缚自己的手脚。

（四）博物馆经营的内容

2015 年国务院颁布的《博物馆条例》第三十四条指出：“国家鼓励博物馆挖掘藏品内涵，与文化创意、旅游等产业相结合，开发衍生产品，增强博物馆发展能力。”对于这段内容，我们可以从两个层面来解读。在社会文化层面，公众的文化消费需求与日俱增，对博物馆服务社会公众有了更高的要求。博物馆开发衍生产品（文创产品）带有博物馆展（藏）品特有的文化元素，可以成为博物馆展览参观的延伸和补充，是博物馆的“最后一个展厅”。它将博物馆所蕴藏的文化知识，转化为另一种有经济效益且更有社会效益的推广形式，打通了观众的兴趣与文化消费的转化通道。

就经济层面而言，在市场经济条件下，博物馆的运营经费不能完全依赖国家，要多渠道地开辟经济来源。博物馆开发衍生产品（文创产品）是培养博物馆自身“造血”机能的一个方面，以使博物馆可持续发展。目前我们的国有博物馆都是国家财政全额拨款（或部分拨款）单位，国家经济的发展总是会有上下波动的，如遇上国家经济不景气的时候，对博物馆的财政拨款必然就会减少。因此，开发博物馆藏品资源的经营创收，可以用来弥补博物馆运营经费的不足，维持博物馆的生存与发展。

二、博物馆经营战略

博物馆作为社会公共文化机构，具有自己的使命和社会价值。因此，博物馆在经营过程中，必须采取既不辱使命，又能在众多行业竞争中出奇制胜的战略。

（一）博物馆的产品

从经济学角度看，社会产品可分为两大类，即物质产品和精神产品。根据市场经济的理论，凡是产品（包括物质产品和精神产品）都以商品形式进入市场，当产品进入市场流通领域，按其价值和使用价值进行等价交换时，产品就成为商品。在社会主义市场经济条件下，博物馆也是一个以生产精神产品为主的特殊商品的生产者。博物馆的主要精神产品——陈列展览是供社会消费，为社会公众的需求提供服务。陈列展览具有科学价值、艺术价值、文化价值和社会伦理价值等使用价值，它在进入流通领域为人们“消费”后，满足了人们的精神需求，产生了社会效益。尽管这种社会效益的大小或程度很难以具体数量来表现，但这种社会效益就是博物馆陈列展览使用价值的实现。

陈列展览是博物馆人员经过科学研究、内容设计和美工制作等一系列“劳动”过程后形成的，耗费了体力、脑力和物力，凝结着人们劳动的价值，所以陈列展览具有商品的两个基本属性，即价值和使用价值。陈列展览作为商品进入流通领域的形式是向社会开放，公众来看展览，享受博物馆提供的服务。博物馆观众在参观陈列展览中，在博物馆人员的服务中，得到了一定的精神享受，博物馆的陈列展览和服务也就是博物馆的产品。当然，博物馆陈列展览的交换价值不像其他一般商品一样的等价交换，而常常是远低于举办陈列展览所投入的劳动和资金，这是博物馆作为一个社会公益性服务机构受其性质的制约所致。正因为如此，国家在对博物馆的各种形式的财政拨款中，实际上也包含着对博物馆生产的精神产品在流通领域因不等价交换而带来损失的一种经济补偿因素。

博物馆除了精神产品的生产之外，也有物质产品生产。博物馆收藏的大量实物（如古代工艺品、书画、自然标本等）是博物馆物质产品生产的重要资源，博物馆可以充分利用博物馆的人力、物力和技术力量，借助博物馆藏品的特色资源进行自然标本、文物和艺术品的复制或仿制，生产各种有特色的博物馆旅游纪念品，出版各种博物馆藏品图录或相关书籍以及各种与博物馆及展品有关的音像制品等，这些物质产品是博物馆精神产品的延伸和扩大，或者说是博物馆陈列展览的副产品，它不受博物馆公益性机构性质的制约，可以在流通领域实行等价交换。我们讲博物馆走向市场，开拓经济创收的领域，开发文化创意产品，主要是指博物馆物质生产的这一块领域，可以产生较好的经济效益。

（二）突出博物馆特色

博物馆的经营之道首先应该是充分利用自己的资源——博物馆藏品和专业人才，开拓独特的市场，其他行业即使想同博物馆竞争，但缺少博物馆特有的资源，也就竞争不过博物馆。所以博物馆经营应以本身现有的条件为基础，以自己的优势打造品牌，只有发挥自己的优势，才能显示博物馆的特色。在这方面，发达国家的博物馆实践已经给我们提供了很好的经验。国内这方面的例子也有不少。譬如，故宫博物院以院内 180 万件藏品为基础，首先开发出一系列清宫文化内涵的文创产品，有“千里江山图”胶带纸、“朝珠耳机”、“冷宫”冰箱贴等，打开市场销路，形成故宫博物院的文创品牌。又如台北“故宫博物院”以镇院之宝“白菜”(翡翠）与“东坡肉”（玛瑙）为样本仿制的工艺品“白菜东坡肉”，是博物馆观众喜闻乐见的旅游纪念品。该馆还有反映清宫太监文化的“宫仔”系列、“朕知道了”胶带纸等，都是观众乐于购买的文创产品。

（三）围绕展览综合开发产品

以展览为契机，派生出围绕展览主题而展开的社会服务与纪念品销售。博物馆在确定展览项目之后，立即进行围绕展览的社会服务项目设计与纪念品生产制作准备，到展览开幕之时，与展览主题相关的社会服务项目和各种纪念品同时投放市场，可以获得较为理想的综合效益。美国旧金山的亚洲艺术博物馆商店在这方面做得较为成功，其经验值得借鉴。该馆的主要经营战略是“依托特展举办活动”。如该馆举办与印度有关的展览时，不但商店的装饰、布置尽量体现出印度文化特色，而且从印度引进有关的工艺品、纪念品销售；举办与日本有关的展览时，商店出售的纪念品就采用日本传统方式进行包装。这种方法现在国内的不少博物馆也都学会了。譬如，2015 年故宫博物院为配合院庆九十周年，策划了“石渠宝笈特展”等大型展览活动，同时配合展览研发了“御品听香・听琴图”套装、“梅溪放艇”水晶镇纸等文创产品五百多种。2017 年 6 月底上海博物馆举办“大英博物馆百物展：浓缩的世界史”，在上海博物馆的商店中，提取展品中元素开发的文创产品在展览期间颇受欢迎，有些品种经常卖到脱销。该次临时展览的销售额高达 300 万元。只要围绕博物馆展览，充分利用博物馆资源的优势，开发好的创意产品，即使是在商店销售的淡季，也同样能够赢利。

三、博物馆市场营销

营销是指一个企业把产品（或服务）提供给客户以获得利润的过程。1972 年，菲力普・科德勒提出了“广义的营销”概念，即营销的概念不仅指营利性交易，而且也包括非营利性的交易。这就为非营利性机构的博物馆开展营销活动扫清了理论障碍。博物馆虽然不以营利为目的，但并非没有销售活动。英国伦敦科学博物馆和美国芝加哥科学与工业博物馆以成功的营销吸引了大批观众，证明博物馆不仅需要营销，而且可以成功营销。博物馆开展的营销活动，并不是出于一种单纯的商业目的，而是为了让更多的公众了解博物馆的社会价值，享受博物馆提供的服务，从而给予博物馆以更多、更大的支持。博物馆的营销活动主要集中在对市场的调查研究、对观众市场的培育、对博物馆产品包装和开展营销公关等方面。

（一）市场调查

营销活动是为了最大限度地满足客户的需要从而获利，为此博物馆需要对客户和产品进行市场调查，以便掌握市场信息，决定营销策略和手段。博物馆的客户是观众，博物馆的客户调查也就是观众调查。出于营销目的的博物馆观众调查和产品市场调查，是为了了解博物馆观众的需求和博物馆产品的形式和适应性，为博物馆制订营销策略提供分析依据。许多博物馆为寻找“产品”的生产与公众需求和博物馆资源之间的平衡点，开展博物馆客户和产品的市场调查，这是博物馆了解社会对其“产品”评介和公众对博物馆需求的一个重要的工具。

（二）培育观众市场

博物馆观众市场的形成有多方面的因素，但最主要的是内环境因素和外环境因素。博物馆的内环境因素就是其自身的目标和努力的程度，外环境因素是政治、经济、文化等形成的社会背景。对于外部因素，博物馆虽无力改变，却可以加以利用。如20世纪八九十年代，重庆红岩革命纪念馆在全国进行“红岩魂”巡回展，在市场运作中颇为成功。当时正逢国家提出加强对青少年学生的革命传统教育、爱国主义教育的形势，该馆审时度势，正是利用外环境因素，再加上博物馆自身的努力而取得成功。

（三）博物馆产品包装

就产品销售而言，产品经过包装，可以吸引客户的眼球，这种事例在商品市场可谓比比皆是。在文化领域，我们看到一些出版社对出版物的名称反复推敲，标新立异，为的就是要让读者看到书名眼睛一亮，引起阅读兴趣。既然经过包装的产品可以吸引更多的观众，那么博物馆没有理由不对其产品进行包装。仍以重庆红岩革命纪念馆的“红岩魂”全国巡回展为例。1988年，当该馆开始以“重庆中美合作所集中营史实展”南下广东展出时，还没有产品包装的意识，跟一些单位谈借展时，对方没有兴趣。以后在市场闯荡中，逐渐悟出了陈列展览的“产品”需要包装的意识，遂将“重庆中美合作所集中营史实展”改名为“歌乐忠魂 世代英华”，后又改名为“红岩魂”，吸引了更多的观众来参观，从而产生更大的社会影响。20世纪六七十年代，一本描写解放战争年代革命先烈与国民党反动派斗争的小说《红岩》，曾在全国产生过重大影响，小说中的故事情节与人物事迹几乎家喻户晓。红岩革命纪念馆将巡回展览的名称改名为“红岩魂”，唤醒了人们对《红岩》小说与革命先烈事迹的记忆，这不是简单的展览名称的变更，而是其产品作顺应市场需求的结构调整与包装出新。

（四）营销公关

博物馆为推销产品而开展的公关，是博物馆营销的一种手段，称为“营销公关”。公关的主要目的是为公众提供关于机构与其产品的可靠信息与印象，并满足公众的需求、期望、关注与兴趣，借此提升公众的满意度。公关所追求的是增进公众对产品的认知，进而影响公众对产品的态度。产品宣传是博物馆公关最重要的层面，能将触角深入一般的公众之中，为博物馆建立观众群。公关人员通过媒体等各种可用的渠道，广为宣传博物馆及其产品，向公众提供信息，促使他们参观博物馆（或参加博物馆其他活动）并购买博物馆的其他产品。过去讲“酒香不怕巷子深”，这句话不错，但是在博物馆产品尚未成为品牌的时候，在社会上还没有产生影响力的时候，加强博物馆产品的广告宣传是必要的。

（五）网上营销

近年来我国电子商务的飞速发展，为博物馆文创产品的营销提供了新的机遇。在文创产品的营销领域，除了在博物馆实体商店出售文创产品之外，还可同其他商品的销售一样，挂在网上销售。在国家文物局“互联网+”的政策推动下，国内一些著名的一级博物馆纷纷将文创产品放到电商平台销售，故宫博物院可能是最早将其文创产品放到网上（“淘宝网”）的单位之一，四川博物院、山西博物院等博物馆也已实现基于淘宝网集市平台的文创产品营销。最近，大英博物馆也来中国争夺市场，在天猫开了首家旗舰店，售卖博物馆的文创产品。这种网上销售模式不可小觑，其特有的方便与灵活性，尤其吸引年轻人，线上与线下结合的营销模式，一定程度上弥补了实体店存在的不足。2016 年故宫博物院文创产品销售额达 10 亿元，其中就有电子商务的一部分。

尽管博物馆开发文创产品在全国已渐渐形成热潮，但其发展面临着两大困难：一是专业人才匮乏。博物馆开发文创产品是近几年的事，过去搞“文创”被认为是博物馆“不务正业”，受到批评或打压，因而许多博物馆专业技术人员队伍中没有这方面的人才。现在许多博物馆的文创产品开发只能以同馆外相关公司合作的方式进行，博物馆主要提供知识产权资源，双方分利，博物馆的经济收益并不显著。二是与国家的财务政策改革不同步。作为国家事业单位的国有博物馆遵照事业单位财务制度进行费用收入与支出的管理，文创产品开发与营销主要是商业化的行为，理应参照企业财务来管理，但是目前博物馆的财务制度中没有关于文创产品开发的特殊政策，因而在博物馆文创产品开发费用的收入与支出方面与财务制度常常出现“政策打架”，很大程度上影响了博物馆开发文创产品的积极性。

为了探索建立多元化的文创产品开发模式，探索建立既符合相关政策要求又适应市场规律的收入分配制度，探索有效的激励机制，2016 年 12 月国家文物局确定 92 家博物馆为全国博物馆文创产品开发试点单位。希望通过这些博物馆的创新实践，为解决文创产品开发瓶颈问题提供可操作性的范例，形成规模和龙头示范效应，推动全国的博物馆文创产业的展开。对此我们寄予厚望。

思考题

1. 何谓博物馆机构的“三部制”和“一条龙”制设置？两者在博物馆业务活

动中各有什么特点？

2. 博物馆理事会的主要职责是什么？我国为何要逐步推行博物馆理事会制？
3. 一名合格的博物馆馆长至少应具备哪些条件？为何说“成也馆长，败也馆长”？
4. 博物馆科学研究的对象与任务是什么？
5. 藏品研究有哪些内容与方法？
6. 谈谈你对藏品研究与博物馆学研究关系的理解。
7. 谈谈你对博物馆科学研究发展历程的认识。
8. 调查一个博物馆，分析科学研究在该博物馆中的地位与作用。
9. 何谓博物馆经营？为何博物馆要有经营？博物馆经营的主要内容有哪些？

► 拓展阅读

第十一章　博物馆建筑

博物馆建筑是为满足博物馆的收藏、研究、展示自然与文化遗产和开展社会教育的需要而营造的公共性文化建筑。早期的博物馆主要是利用皇家宫殿、贵族府邸等现成建筑。19 世纪后，随着博物馆数量的增加，专门为博物馆而营建的建筑也随之增多，博物馆建筑逐渐成为公共建筑的一种类型。进入 20 世纪，博物馆建筑的理论探讨受到博物馆界、建筑界的重视，并在建筑选址、空间布局、功能构成等诸多方面达成了一些共识。

第一节　博物馆建筑的选址与总体布局

一座博物馆建筑的营造，首先是从选择建筑基址、确定总体布局开始的。博物馆的馆址选择、总体布局是否得当，既关系着博物馆功能的发挥，也关系着博物馆未来的发展。

一、建筑选址

（一）选址的基本要求

不同类别、不同规模的博物馆在馆址的选择上有不同的标准，但也有一些共同的要求。第一，便利的交通条件。博物馆社会效益的发挥，在很大程度上有赖于观众的积极参与，而交通的便利与否是影响观众是否积极参观博物馆的重要原因。所以，大多数博物馆都希望将馆址选择在交通便捷的市区或近郊。第二，有利于藏品保护。收集、保管自然与文化的珍贵遗产是博物馆重要职责之一，而不恰当的选址会给藏品的安全带来显性或隐性的危害。因此，是否有利于藏品的保护成为博物馆选址又一必须考虑的因素。尽可能避开环境污染、地质不稳定的区域，远离易燃、易爆物和震源等，是博物馆选址时普遍的做法。第三，留有发展余地。博物馆具有生长性的特性，随着时间的推移，原有的建筑空间时常会因藏品的增多、教育范围的扩大、观众服务要求的提高而变得局促，因而改建、扩建博物馆建筑成为博物馆界常见的行为。所以，博物馆不能囿于眼前的需要和经济状况，将馆址选择在狭窄的、无法拓展的地带。第四，兼顾区域的发展。博物馆的选址，除考虑博物馆自身的发展外，也要顾及博物馆所在区域的经济、文化的协调发展。如西班牙毕尔巴鄂古根海姆博物馆的选址与建设，就为毕尔巴鄂市老城区的环境改善、经济文化发展做出了诸多贡献。

（二）常见的选址方案

基于博物馆选址的基本要求，这样的一些区域最为博物馆所青睐：第一，城市公园与近郊风景区。这既有利于博物馆的藏品保护、社会教育，也提升了公园与风景区的文化品位，两者可谓相得益彰。第二，城市文化中心区。一个城市通常有一个公共文化设置相对集中的区域，博物馆与其他公共文化设施的联合，不仅能凸显区域文化特色，还能提高博物馆自身的集客能力。第三，博物馆聚集区。将多个博物馆集中在一个区域内，在营造颇具规模的文化景观的同时，也方便观众的选择参观。如美国华盛顿的史密森博物馆群、德国法兰克福美茵河畔博物馆群、日本东京上野公园博物馆群等。第四，历史环境地段。博物馆与文物建筑、历史风貌相结合，不仅有利于城市文脉的延续，还能为历史环境地段注入新的活力。第五，旅游娱乐区。尤其是水族馆、科技馆、儿童博物馆等有强烈游乐色彩的博物馆，常常将旅游娱乐区作为选址的场所。在这里，游乐活动与博物馆参观交织在一起，将教育寓于娱乐之中。第六，事件原生地。一些历史事件纪念馆、名人故居博物馆、考古遗址博物馆等，因其保护、展示的对象具有鲜明的在地性、不可移动性，所以这类博物馆大多建在事件的原生地。第七，所属社区。一些社区博物馆、学校博物馆、企业博物馆等，或因其主要服务对象的特定性，或出于便于管理的目的，时常将馆址选择在所在社区、学校、企业之内。

二、总体布局

选定馆址之后，如何将建筑落实到基地之中？如何处理建筑各部分之间的关系？这是建筑总体布局所要考虑的问题。与其他建筑一样，博物馆建筑的总体布局也应与环境相结合，并满足区域规划的基本要求，更重要的是，作为博物馆建筑必须符合博物馆自身的功能要求并满足其今后的发展。

（一）建筑密度

建筑密度是指建筑占地面积（即首层建筑面积）与基地总面积的比例。作为公共性的博物馆建筑，其所需的基地面积不仅仅是建筑本身的占地面积，还需要一定的绿化面积、广场道路和停车面积，以及预留扩建用地面积等。如果一个博物馆基地面积过于窄小，建筑布局过于局促，不仅会制约博物馆各项工作的开展，还会影响博物馆的可持续发展。那么，博物馆的建筑密度控制在怎样的范围才合适呢？从博物馆建筑实践看，将建筑密度控制在25%—30%，是国内外博物馆界较为推崇的一个标准。

（二）功能布局

我们大致可将博物馆建筑空间分为陈列空间、库藏空间、办公空间、公共空间等几个部分。其中陈列空间、公共空间为对外开放区，应布置在靠近由道路进入建设地段的前沿位置，也就是基地中的主要部位。观众入口也宜布置在易于辨识和便捷到达的位置，并用标志物加以引导。库藏空间、办公空间是内部作业部分，空间应相对独立，通常布置在建筑地段较次要的部位。对外开放部分与内部作业部分的建筑面积比例，虽没有统一的标准，但有一个可以参考的做法，是将两者的面积比确定在 1∶1 左右。而一些小型博物馆和以教育、科普为主的专题博物馆，对外开放部分所占比例则更大些，有的甚至占 70%左右。

（三）交通组织

对地段内人流、车流、货流的组织，主要体现在对道路、室外场地、出入口位置的安排上。博物馆的交通组织与它对内、对外两部分功能相对应，也应分为内、外两部分。这两部分流线的组织应相对独立，尽量减少相互交叉、重复、干扰。

第二节　博物馆展厅设计原则与要求

展厅是博物馆活动的“前台”，可以说是博物馆最重要的建筑空间。其设计恰当与否，会直接影响博物馆的教育、传播效果。展厅的设计必须遵循这样三个原则：一是有利于观众的参观和学习；二是有利于陈列设计与布置；三是有利于展品的保护。

一、展厅布局与参观路线

博物馆的参观活动是一种动态的观众观赏相对静止的陈列展览的过程。这就要求展厅的布局必须与观众的动线相结合，并将这一流线落实到展厅的空间组合中。

博物馆展厅的组合可谓千姿百态，但从观众流线上看，大致可以归纳为三种基本类型。一是串联式，是一种将各个展厅串联组织的布局方式。因其具有参观路线明确、连贯的优点，故适用于那些展出内容连续性、逻辑性较强的博物馆。二是放射式，是一种将各个展厅环绕放射枢纽布置的布局方式。各展厅之间还可以相互串联，形成放射串联的综合模式。观众参观完一个或几个展厅之后，再回到放射枢纽，并由此前往其余展厅。这种布局灵活性大、可选择性强，对于顺序性或非顺序性的展出都适用。同时也使观众能够得到视觉停顿，减轻参观的疲劳。这是现代博物馆，尤其是在大型博物馆中十分常见的展厅布局方式。三是大厅式，是一种将展厅设计成一个大厅的特殊布局方式。巴黎蓬皮杜国家艺术文化中心就是大厅式布局的典型实例。这种布局的优点是空间紧凑、灵活性大，但也容易带来诸如参观路线交叉无序、噪声干扰等弊病。

至于单个展厅的类型，亦可根据参观路线大致分为口袋式、穿过式、混合式三种基本类型。口袋式展厅的进、出合用唯一的出入口。穿过式展厅的出、入口分开设置，一般设在相对的墙面上。混合式展厅的出入口不止一个，每个出入口兼有出、入双重功能。三种类型各有优点和缺点，应根据实际情况灵活运用。

二、展厅空间处理

现今物质材料的丰富、技术条件的改善，为展厅空间处理带来了更大的自由度。但是，立足功能要求仍是展厅空间处理应遵循的最基本的原则。

（一）门厅处理

门厅是外部环境与内部展示的过渡环节，观众进入博物馆的第一个印象就是从这里开始的。因此，门厅的空间处理成为博物馆设计特别关注的部分。从实践看，门厅的处理方式多种多样，但有一点是共通的，就是通过门厅的巧妙设计来达到外部环境与展示空间的协调，甚至融为一体的效果。如德国的罗马-日耳曼博物馆在入口甬道和门厅布置了一批参差不齐的粗石展品，支撑物是酱红色的立柱，这种安排使得展览突破了展厅的局限，观众在还未正式进入展厅时便能感受到展览的气氛。

（二）展厅的层位与空间尺度

为方便观众，博物馆的展厅安排在一、二层较为适宜，最高不要超过四层。每一个展厅的面积通常不要小于 200 平方米。现在更多的博物馆倾向于设置较大面积的展示空间，如日本许多博物馆单个展厅面积就在 500 平方米左右，当前我国新建的博物馆中单个展厅面积达到 500 平方米，乃至 1000 平方米的也已不在少数。500 平方米或 1000 平方米的空间规模既可作为一个整体，也可根据实际需要做临时的空间分割，显得较为灵活。展厅空间的高度，取决于陈列的性质、展品的大小、采光的形式、空间的比例等因素。通常情况下，展厅的净高在 4.5—5.5 米较为适宜。

（三）展厅的装修与音响

一般情况下，展厅的装饰应以简洁、大方、朴素为宜，色彩也宜淡雅。墙面、地面、吊顶应尽量平坦，避免外凸或繁琐的装饰花纹。为保持展厅的安静和良好的音响效果，需要对展厅做适当的吸音处理，尽量避免四周墙面、地面与吊顶的声音反射，以减少混响现象产生的可能性。

三、展厅采光与照明

关于展厅的采光与照明在之前的章节已有涉及，这里仅从工程的角度略作介绍与分析。博物馆的光源有自然光源与人工光源之别。无论是自然采光、人工照明，还是混合采光，都应遵循舒适、节能、安全与真实的采光原则。

（一）自然采光

自然采光是一种利用自然光源的采光方式。根据引入自然光源的不同形式，自然采光大致分为侧窗式、高侧窗式、顶窗式三种基本类型。侧窗式采光的窗户构造简单，方便易行，但是存在室内照度分布不匀，垂直面上的眩光也不易消除的弱点。同时，侧窗式采光口要占据一部分墙面，使展厅墙面的利用受到一定程度的影响。目前，采用侧窗式采光的展厅已很少。当侧窗窗口升高到离地面 2.5 米以上时，即为高侧窗。高侧窗式采光可提高墙面照度，减少眩光产生，并能扩大墙面的利用率，不过需要增加建筑的层高。顶窗式采光通过屋顶天窗或采光屋面进行采光，其优点是展厅内照度均匀，采光效率高，采光口亦不影响展品的布置。其不足之处是采光口的构造较复杂，管理与清洁也不方便，且只能在单层建筑或多层建筑的顶层使用。

（二）人工照明

人工照明是一种利用人造灯具的采光方式。人工照明紫外线含量较自然光少，有利于藏品、展品的保护，也便于控制，还有利于营造展示所需要的特殊效果。所以，人工照明在当今博物馆得到广泛的运用。但人工照明通常要求封闭外墙，用空调调节室内温度，能源耗费较大，造价也相对较高。

（三）混合采光

事实上，在博物馆还经常看到自然采光与人工照明相混合的情形。如伦敦泰特美术馆的各展厅都是通过天棚引入的自然光作为主要光源，但为了在阴天能有足够的照明，在展厅的上半部还安装了人工照明系统。日本东京国立西洋美术馆也是通过顶部金字塔形的天窗引入自然光，而在自然光线不足的情况下，则启动安装在展厅内的灯具装置进行人工照明。这种混合采光若通过智能化控制，可以取得更好的效果。

四、展厅设计的保护学要求

展厅也是藏品展出时的保管所，所以展厅的建筑设计和设备安装必须考虑展品的安全问题，预防各种人为因素和自然因素对展品的损害。如采用自然采光时要防止阳光的直射，运用人工照明时应选择紫外线少的灯具。又如对展厅的温湿度须做一定的控制，尤其是展柜内的温湿度应保持在展品的安全范围内。还应特别注意非自然因素的危害，尤其是在防盗、防火等方面，必须遵守博物馆和展厅的相应要求。

观众的参观安全也应重视。陈列区除了必须有在紧急状态下疏散观众的安全门、安全通道，并配备醒目的标识系统外，展厅内的地面高差、通道照明的盲区等影响观众观赏、通行安全的因素也应尽量避免。

第三节 博物馆库房设计原则与要求

藏品是自然和社会历史的见证，是人类的珍贵财富，也是博物馆开展业务活动，进行社会教育的物质基础。有人把存放藏品的库房看作博物馆的心脏，只有安全的库房才能将藏品像血液一样输送到展厅或研究者手中。因此，库房设计要特别慎重。其基本原则是为藏品提供理想的保管场所，并便利藏品安全、有效地使用。

一、库房布局与类型

（一）库房布局

库房的布局大致有这样几种方式：一是将库房布置在建筑的底层或地下室。这种布局方式建筑空间较为紧凑，有利节省用地。展厅与库房联系也较便利，可以降低藏品因远距离搬运而受到损坏的风险。但库房设置在底层或地下室，常常会因湿度过大，给藏品保管带来不利。二是将库房布置在建筑的顶层。这种布局方式同样具有建筑空间紧凑、与展厅联系便利的优点，但不利于大型、重型藏品的搬运。同时，库房空间与展厅空间很难隔绝，对库房防火不利。三是库房与展厅毗连，或用连廊与展厅联系。这种布局方式既方便库房与展厅的联系，又使库房与展厅保持一定隔离，对防止人流路线干扰、安全防火均有利。同时，库房的结构处理较为容易，也有利于库房的扩建。所以，在博物馆用地并不十分紧张的情况下，这是一种较理想的库房布局方式，对大、中型博物馆尤为适用。四是库房独立于陈列区之外。这种布局方式对库房结构处理、库房管理、安全防火等均有利，适用于大型库房。不过此种布局方式占地较多，与展厅联系也不便利，不利于藏品的安全运输。

（二）库房类型

博物馆的藏品根据其历史价值、艺术价值、科学价值的高低，通常分为珍贵藏品和一般藏品两大类。其中珍贵藏品又分为一级、二级和三级藏品。对于一级藏品较多的博物馆，应设立专门库房，即珍品库进行保管。二级、三级藏品可分设专门的库房进行保存，也可以在一般库房内保管。无论是珍品库还是一般库房，其建筑、设备和安全防范措施，都应遵循相关规范的要求。此外，博物馆还应设预备库或暂存库，供临时存放待鉴定、分类的藏品。

二、库房面积与空间处理

库房面积的大小，取决于博物馆的性质和馆藏量的大小。在各类博物馆中，历史类博物馆和自然类博物馆藏品数量的增长率通常要大于艺术博物馆、纪念馆和其他专业性博物馆。因此，历史类博物馆、自然类博物馆库房面积所占的比重也相对较大。实践表明，将历史类博物馆、自然类博物馆库房的建筑面积，设定在全馆总建筑面积的20%—25%，是一个较适宜的比例。其他藏品量增长较快或较慢的博物馆，其库房面积可参照上述比值做灵活处理。

库房柱网跨度应结合各种设备布置的灵活性、建筑结构的经济性加以确定。通常，面阔方向的柱网跨度以5—6米较为合理，进深方向柱网跨度宜控制在6.5—7.5米。如采取正方形柱网，其柱间尺寸应不小于5米×5米。库房地面至梁底面的高度以2.8米左右较为理想，藏品柜架的高度一般以2.2米左右较为适宜。

三、库房设计的保护学要求

（一）结构材料与室内装修

库房建筑应选择坚固耐久、防火性能好、有抗震刚度的结构材料。最好选用钢筋混凝土结构体系，其抗震烈度应高于八度设防。如采用砖混结构，就需加强抗震的措施。其外墙应注意热工性能，提高热阻力，减少耗能，防止结露等问题。装修材料应选择经久耐用、防火保温和吸音的品种。库房地面如采用水泥地面或水磨石地面，虽施工方便，但无弹性、不保温，也易起尘。采用弹性、保温性能较好的合成橡胶地面，是较好的选择。库房如需安装吊顶，也应采用防火性能好的材料，如轻钢龙骨配以岩棉板或钙塑板等。

（二）库房门窗设置

库房视其等级可以设置一层或多层库房门。普通库房可设一层金属密闭门，以隔绝空气与防潮湿；一层金属安全门，以防盗。珍品库最好设两道安全门。库房的窗户对库内的防尘、室内小气候的稳定影响很大。所以，库房开窗面积不宜过大，一般为库房面积的1/8左右。如自然采光不足，可用人工照明辅助。窗户宜采用一层密闭金属窗，一层安全防盗窗，既能平时密闭，也能在必要时开窗通风换气。

（三）其他要求

库房的保护学要求还有很多，如库房的采光照明、通风和湿度调节，生物危害、空气污染的防范，防盗与消防等。

第四节　博物馆公共空间与办公空间设计原则与要求

博物馆建筑是一个综合体，除了陈列空间、库藏空间，公共空间、办公空间等也是博物馆建筑的重要组成部分。此外，随着对博物馆社会教育作用的重视，用于辅助教育的专门空间，也已成为博物馆建筑的重要组成部分，许多博物馆都设有讲演厅、儿童活动室和视听教育室等。无论是公共空间、办公空间，还是辅助教育的专门空间，其设计都应遵循适用、经济、安全等原则。

一、公共空间的构成与设计

博物馆的公共空间需要满足多种功能要求，如票务、等候、咨询、通行、休息、购买纪念品等。根据观众的需求与行为，我们可以大致将公共空间分为两大类：交通空间与服务空间。

（一）交通空间

博物馆的交通空间是在水平和垂直方向上组织参观人流的过渡性空间。交通空间按其功能可分为两类：其一是独立交通空间，指只起到交通作用的空间。例如，独立的楼梯间、电梯间、过道等。独立的交通空间功能单一，形式也相对简单。其二是复合交通空间，指既起到交通作用，又融入观赏、休息、营造气氛等其他功能的公共空间。如德国柏林犹太人大屠杀纪念馆布置了由 2711 块灰色的、高低不一的巨形水泥墩组成的“丛林”，其间地面高低不平，行走起来颇为困难，但参观者必须在这片极易迷路的水泥“丛林”中找寻出路。此时，交通空间便成了体验式参观方法的组成部分。

（二）服务空间

服务空间是指为观众提供票务、问询、导览、存物、休息、餐饮、纪念品购买等多种服务的公共空间。这些空间既可以独立设置，也可以结合、依附于其他空间而设置。服务空间中票务、问询、导览、存物、纪念品购买等服务，一般都是观众进出博物馆的刚性需求，因此，其位置一般邻近入口或出口。这一类空间常常是结合门厅或者大厅而设置。而对于门厅面积较小的小型博物馆或者展厅分散的大、中型博物馆，也可以在主体建筑之外独立设置。满足观众休息、餐饮、咖啡茶座等需求的公共空间，也是服务空间重要的组成部分。休息空间的设计目的是满足观众在参观路途中休整的需求，其位置一般选择展示空间的过渡位置或参观流线的末端。咖啡茶座和餐饮空间除了供人休息的功能之外，还可以起到促进观众交流的目的。这些空间在大、中型博物馆中往往独立设置。

（三）教育空间

教育空间既是陈列空间的延伸，也是公共空间的有机组成部分。它通常由影视厅、报告厅、教室、实验室、阅览室、博物馆观众之友活动室、青少年活动室等组成。当报告厅、影视厅等兼具庆典、礼仪活动、新闻发布会或社会化商业活动等功能时，其空间尺寸、设施和设备容量、疏散安全等应满足使用要求，并宜有独立对外的出入口。为青少年和学龄前儿童专设的活动区，应设置在首层、二层或三层，并应为独立区域，且宜设置独立的安全出口，设于高层建筑内应设置独立的安全出口和疏散楼梯。

二、办公空间的构成与设计

办公空间是博物馆的“后勤空间”，它是保证博物馆能正常运转的中枢之所在。从功能上看，办公空间大致分为四类：一是藏品技术处理用房，其主要功能是藏品的技术处理与修复，包括摄影、熏蒸消毒、修复、复制、标本制作、装裱等。二是研究阅览用房，是专业人员从事科研活动的空间，一般包括研究室、资料室、阅览室、小型研讨室等。三是管理行政用房，是工作人员的办公、休息、会议等所需的空间。四是设备和消防控制用房，是为博物馆提供能源与保障的必需空间，包括水、暖、空调、强电、保安监控、消防控制等。各类办公空间的规模和位置，可视具体情况确定。除了设备和消防控制用房外，应避免将办公空间安排在地下空间。

第五节　博物馆建筑智能化

伴随着计算机、通信、控制等信息技术在博物馆领域的广泛应用，博物馆建筑智能化也应运而生。博物馆建筑智能化，使博物馆的运行更加安全、舒适和高效。

一、概念、构成要素与技术基础

博物馆建筑智能化是以博物馆建筑为平台，以藏品和观众为中心，采用系统集成的方式，将计算机技术、通信技术、控制技术与博物馆建筑有机结合，为博物馆提供一个安全、高效、舒适、便利的运行环境的管理系统。

博物馆建筑智能化的主要构成要素有三：一是博物馆建筑。博物馆建筑智能化依附于博物馆建筑之上，博物馆建筑是构成博物馆建筑智能化的物质基础。二是智能技术。要想实现博物馆建筑智能化，必须依靠各种信息技术，这是实现博物馆建筑智能化的技术基础。三是博物馆功能。博物馆建筑智能化的根本目的是为了博物馆能更好地实现其功能，所以在设计过程中需要牢牢把握博物馆区别于其他机构或设施的功能特性。

就技术基础而言，博物馆建筑智能化虽离不开必要的建筑技术、工程技术，但以计算机、通信、控制为核心的信息技术是其最主要的技术基础。

二、博物馆建筑智能化系统

博物馆建筑智能化系统是由多个子系统共同构成的。虽然目前对这些子系统并没有一个明确、清晰的界定，但办公自动化和通信网络系统、楼宇自动化系统、安全防范系统、消防监控联动系统是博物馆建筑智能化不可或缺的组成部分。

（一）办公自动化和通信网络系统

随着计算机网络技术的发展，通信自动化和办公自动化的功能正逐渐融合，很多功能既可理解成办公自动化范畴，也可以看成通信自动化范畴。博物馆的办公自动化和通信网络系统应具有信息的收集、查阅、存储、传递等功能。为实现这些功能，博物馆的办公自动化和通信网络系统需要由日常办公自动化系统、藏品数据库系统、图书数据库系统、计算机检索系统、多媒体导览服务系统、公众问询系统等多个子系统构成。

（二）楼宇自动化系统

楼宇自动化系统通常由暖通空调系统、环境监控系统、配电系统、照明系统、电梯系统和给排水系统等子系统构成，其目的是对机电设备运行进行自动监控和有效管理。对博物馆而言，解决藏品、展品保护中的温度、湿度、光线的自动监测、控制问题，是这一系统的重点。

（三）安全防范系统

博物馆作为一级风险等级机构，安全防范系统是博物馆智能化系统的重中之重。它通常由电视监控系统、周界防护和入侵报警系统、门禁控制系统、无线对讲实时巡更系统、停车场管理系统等子系统构成。其目的是通过智能化管理，提高博物馆的整体安防能力，尤其是提升对突发事件的快速应对能力。

（四）消防监控联动系统

按照消防的内在逻辑，消防系统应由监控、灭火、疏散等几个环节构成。智能型消防监控联动系统的特点是，能将监控、灭火、疏散等环节实行一体化管理、智能化联动。当智能型火灾探测器探测到火灾发生时，即可发出报警信号；同时根据着火部位有选择地切断非消防电源，启动相关区域的防排烟系统和消防灭火系统；在着火区域及相邻地区，则起动消防广播、消防警铃，开启疏散照明，从而达到提高消防整体效率的目的。

三、综合布线系统与系统集成

博物馆的综合布线系统是指按标准、统一和简单的结构化方式编制、布置博物馆建筑内各种系统的传输线路，包括网络系统、电话系统、监控系统、电源系统和照明系统等。也就是说，综合布线系统是一种标准通用的信息传输系统，目的是为博物馆建筑智能化的各个系统提供信息化、智能化的物质介质。

综合布线系统为博物馆建筑智能化系统集成提供了可能。博物馆建筑智能化系统集成分为中央集成和子系统集成两个层次或两种模式。中央集成是一种将所有系统一体化的集成模式，而子系统集成是一种针对某个子系统的一体化的集成模式。就现实情况而言，目前博物馆建筑智能化实现一体化的中央集成模式的条件尚未成熟。譬如，消防监控联动系统因其特殊性，有关部门就不允许将其集成到一个大系统中去。同时，博物馆建筑的智能化系统极为复杂，如片面地追求形式上集成，有可能造成人力、物力和财力上的浪费。现阶段较可行的方式是采取子系统集成，即将对象、功能、目标相对一致的子系统实施一体化集成。这既可提高子系统的效能，也有助于完善整个博物馆建筑智能化系统的功能。

第六节　博物馆建筑的功能与评价

当我们羡慕那些出自建筑大师之手的一流博物馆建筑时，其实已暗含着对博物馆建筑的评价。当然，科学的评价应建立在对博物馆建筑功能了解的基础之上。

一、博物馆建筑的功能

结合建筑的共性与博物馆建筑的特殊性，我们大致可以把博物馆建筑的功能因素分解为四个层面。

首先，与其他任何建筑物一样，博物馆建筑也是一个“掩蔽体”，即能为博物馆的日常活动提供一个坚固、安全的活动环境。人类的建筑活动，有着悠久的历史。从远古的穴居、巢居时代起，人们就注意到建筑的最基本要求，即安全、坚固，如不垮不塌、抗风挡雨等。现代社会，建筑的安全性仍是一切建筑物的最基本的功能要素。所不同的是，现代建筑的安全性的含义、范围和要求比过去拓展了许多。作为公共性的文化建筑，博物馆建筑的安全性既关乎人的安全，也关乎物的安全。所以，博物馆建筑设计不仅要十分重视结构的可靠性，还得充分关注使用的安全性。

其次，一座博物馆建筑犹如一种特殊的“孵化器”，能为博物馆的各项业务工作的开展创造一个合宜、适用的空间条件。国内外一些建筑学者在谈及建筑的本义时，常常援引老子在《道德经》中所说的一段话，“埏埴以为器，当其无，有器之用；凿户牖以为室，当其无，有室之用。故有之以为利，无之以为用。”这段话的用意在于说明围成空间的外壳与空间本身的关系问题，但也道出了建筑的本意，即人们盖房子的目的在于“用”。用今天的话来说，“用”就是建筑的适用性功能。博物馆作为一种为社会及其发展而服务的、对公众开放的非营利常设机构，并为了教育、研究、欣赏的目的，而征集、保护、研究、传播并展出人类及其环境的物质与非物质遗产的场所，其建筑的适用性既体现在博物馆的馆址选择与总体布局上，也反映在展厅、库房、公共空间、办公空间等各部分建筑空间的设计上，更表现在博物馆建筑智能化的探索上。

再次，有时，博物馆建筑也可看作一种特殊的“艺术品”，因为它往往反映、承载着一个时代、一个区域的文化特性。人们常说“建筑是石头的历史”，“建筑是凝固的音乐”，这虽是一种比喻，却形象地道出了建筑的文化性与艺术性。正因为如此，德国斯图加特美术馆、美国犹太人大屠杀纪念馆、西班牙古根海姆博物馆等，不仅被博物馆界津津乐道，而且在建筑界也常被当作一个时代建筑艺术的范例。

最后，与其他建筑一样，博物馆建筑也是一种特殊的“消耗品”。营造一座博物馆建筑既要考虑建造费用，也得关注维护与运营成本。如果不关注博物馆建筑的经济性要求，就有可能造成浪费，并给日后运营带来困难。

二、博物馆建筑的评价

显然，上述每一层面的功能都有其自身独特的内涵和要求，这也为我们提供了评价博物馆建筑的不同视角。

（一）安全性评价

对博物馆建筑的设计者来说，安全性既是一个定性问题，更是一个定量问题，即博物馆建筑设计安全度的量化问题。保证博物馆建筑的安全，主要取决于两个方面：一是对可能的外来作用，包括自然因素和人为因素的合理估计；二是针对这些外来的作用，提供恰如其分的内在抵抗力。两方面的综合形成了博物馆建筑的安全性概念。通常合理的安全度是通过相应的建筑规范来确定的，因此，我们在评价博物馆建筑的安全性功能时，可依据现行的建筑规范来进行。当然，前提是建筑规范必须完整、科学。

（二）适用性评价

与安全性功能一样，适用性也是博物馆建筑最基本的功能要素。不过，博物馆的类别繁多，其适用性的内涵与要求也存在很大差异。所以，从适用性角度评价博物馆建筑必须充分考虑每一类博物馆，甚至每一座博物馆的特点与要求。譬如，对于历史类博物馆而言，需要有较大比例的建筑空间用以收藏；对于科技类博物馆来说，则需要有更多的空间用于展示。

（三）艺术性评价

多年来，博物馆建筑设计者在美观性、艺术性方面做出许多努力，如有的关注传统建筑形式的借鉴，有的注重现代科技的运用，有的尝试古典式的象征，有的追求抽象性的隐喻等。于是，无论是国外还是国内，都出现了一些艺术性特征鲜明的博物馆建筑。当然，我们不可能也没有必要要求所有的博物馆建筑都成为杰出的艺术品，但是，关注建筑的美观性、艺术性，则应是一种共同的追求。必须注意的是，体现博物馆建筑艺术性功能的创作方法，不同于满足安全性、适用性功能的设计方法，后者以逻辑思维为主，而前者更多地依靠形象思维，因而对博物馆建筑艺术性的评判方法也有所不同。

（四）经济性评价

从经济性的视角看，博物馆建筑的代价主要由三层次费用所构成。一是用以满足安全性、适用性功能所付出的代价，即“第一层次费用”；二是用以追求美观性、艺术性功能所付出的代价，即“第二层次费用”；三是日后维护成本和运营成本，即“第三层次费用”。通常，“第一层次费用”必须充分保证，“第二层次费用”和“第三层次费用”应该控制在适度的范围内。

从安全性、适用性、艺术性、经济性等视角，有可能判明一座博物馆建筑或一个博物馆建筑设计方案在相应功能层面的得与失。但是，局部的优化，并不能代表博物馆建筑整体的优化。因此，在评价博物馆建筑时，我们还需在不同视角评价的基础上，进行全面的考察和整体性的评判。

总之，博物馆建筑既是博物馆的构成要素，也是博物馆各项业务活动得以开展的物质基础。一座成功的博物馆建筑，既可为今天的博物馆运营提供适宜的空间环境，也可为博物馆未来的发展创造条件。为实现这一目标，需要建设者的智慧，更需要博物馆人的努力。

思考题

1. 博物馆建筑选址有哪些基本要求？常见的选址方案有哪些？
2. 博物馆展厅、库房设计应遵循哪些原则与要求？
3. 谈谈你对博物馆建筑智能化的理解。
4. 谈谈你对博物馆建筑发展历程的认识。
5. 调查一个博物馆，从博物馆建筑功能的视角评价该博物馆建筑的得与失。

▶ 拓展阅读

阅读文献

■ 包遵彭：《中国博物馆史》，台湾“中华丛书”编审委员会1964年印行。

■ 中国大百科全书总编辑委员会《文物·博物馆》编辑委员会、中国大百科全书出版社编辑部编：《中国大百科全书·文物　博物馆》，中国大百科全书出版社1993年版。

■ 吕军编著：《藏品管理学》，吉林大学出版社1996年版。

■ 严建强：《博物馆的理论与实践》，浙江教育出版社1998年版。

■ 王宏钧主编：《中国博物馆学基础》（修订本），上海古籍出版社2001年版。

■ 邹瑚莹等：《博物馆建筑设计》，中国建筑工业出版社2002年版。

■ 段勇：《当代美国博物馆》，科学出版社2003年版。

■ 郭富纯、史吉祥主编：《2002：博物馆公众研究——以旅顺日俄监狱旧址博物馆为例》，吉林人民出版社2003年出版。

■ 吕建昌：《博物馆与当代社会若干问题的研究》，上海辞书出版社2005年版。

■ 陈红京、吴勤旻：《数字博物馆资源建设规范与方法（人文艺术类）》，上海科学技术出版社2006年版。

■ 吴元樑：《科学方法论基础》（增补本），中国社会科学出版社2008年版。

■ 中国文化遗产研究院：《中国文物保护与修复技术》，科学出版社2009年版。

■ 王蕙贞编著：《文物保护学》，文物出版社2009年版。

■ 中国国家文物局、中国博物馆协会编：《博物馆法规文件选编》，科学出版社2010年版。

■ 郑奕：《博物馆教育活动研究》，复旦大学出版社2015年版。

■ 陆建松：《博物馆展览策划：理念与实务》，复旦大学出版社2016年版。

■ 杨晓飞主编：《信息技术在文物保护与博物馆中的实践》，科学出版社2017年版。

■ 周婧景：《博物馆儿童教育——儿童展览与教育项目的双重视角》，浙江大学出版社2018年版。

■［日］伊藤寿朗、森田恒之主编：《博物馆概论》，吉林省博物馆学会译，吉林教育出版社1986年版。

■［英］肯尼斯·赫德森：《八十年代的博物馆——世界趋势综览》，王殿明等译，紫禁城出版社 1986 年版。

■［澳］雪伦·狄肯曼：《如何行销博物馆：推广博物馆、美术馆和展览的概念与方法》，林洁盈译，台北五观艺术管理有限公司 2002 年版。

■［美］修·杰诺威斯、琳恩·爱尔兰：《博物馆行政》，林洁盈译，台北五观艺术事业有限公司 2007 年版。

■［加拿大］盖尔·洛德、拜伦·洛德：《博物馆管理手册》，杨康明、郝黎等译，北京燕山出版社 2007 年版。

■［英］帕特里克·博伊兰主编：《经营博物馆》，国际博协中国国家委员会、中国博物馆学会译，译林出版社 2010 年版。

后　记

《博物馆学概论》是马克思主义理论研究和建设工程重点教材，由教育部组织编写，经国家教材委员会审查通过。

在教材编写过程中，得到了国家教材委员会高校哲学社会科学（马工程）专家委员会、思想政治审议专家委员会以及教育部原马工程重点教材审议委员会的指导。同时，广泛听取了高校教师和学生的意见建议。

本教材由陈红京主持编写。绪论，黄春雨撰写；第一章，第三章第一节、第三节，张文立撰写；第三章第二节、第四节、第五节，第十章第一节、第二节、第四节、第五节，吕建昌撰写；第二章，第四章第一节、第二节、第三节、第四节、第五节，吕军撰写；第四章第六节，第七章，陈红京撰写；第五章，陈刚撰写；第六章第一节、第三节，陆建松撰写；第六章第二节，郭长虹撰写；第八章，第九章，史吉祥撰写；第十章第三节，第十一章，项隆元撰写。

2018 年 12 月 28 日

读者意见反馈

为收集对教材的意见建议，进一步完善教材编写并做好服务工作，读者可将对本教材的意见建议通过如下渠道反馈至我社。

咨询电话　400-810-0598

读者服务邮箱　gjdzfwb@pub.hep.cn

通信地址　北京市朝阳区惠新东街4号富盛大厦1座

　　　　　高等教育出版社总编辑办公室

邮政编码　100029